松阳舆地图志

潘树丰　潘惠民　编辑

田园松阳文化丛书
第七辑

松阳县档案馆（党史和地方志研究室）编

浙江工商大学出版社
ZHEJIANG GONGSHANG UNIVERSITY PRESS
·杭州·

图书在版编目（CIP）数据

松阳舆地图志 / 潘树丰，潘惠民编辑．— 杭州：浙江工商大学出版社，2024.7

（田园松阳文化丛书．第七辑）

ISBN 978-7-5178-5991-8

Ⅰ．①松… Ⅱ．①洪… Ⅲ．①历史地图 – 松阳县 – 地图集 Ⅳ．① K992.6

中国国家版本馆 CIP 数据核字（2024）第 072429 号

松阳舆地图志

SONGYANG YUDITU ZHI

潘树丰　潘惠民　编辑

责任编辑　张晶晶
责任校对　李远东
封面设计　杭州富阳正大彩印有限公司
责任印制　包建辉
出版发行　浙江工商大学出版社
（杭州市教工路 198 号　邮政编码 310012）
（E-mail: zjgsupress@163.com）
（网址：http://www.zjgsupress.com）
电话：0571-88904980，88831806（传真）
排　　版　杭州富阳正大彩印有限公司
印　　刷　杭州富阳正大彩印有限公司
开　　本　710 × 1000mm　1/16
总 印 张　141
总 字 数　1744 千
版 印 次　2024 年 7 月第 1 版　2024 年 7 月第 1 次印刷
书　　号　ISBN 978-7-5178-5991-8
审 图 号　GS（2024）2664 号
定　　价　400.00 元（全 5 册）

总　序

古之君子，有“见礼而知俗，闻乐而知政”之说。故积句成章，积章成篇，发为文章。若能感于性情而动于声音，则文章与“乐”同出，可以知政；若能融心三才而游步千古，则文章与“礼”同出，可以知俗。自“田园松阳”发展战略实施以来，“田园松阳文化丛书”一直立足松阳乡土文化底蕴，致力于知俗知政，匡矫时弊，宣化承流。

本丛书前五辑，在一定层面上提升了“田园松阳”文化发展之动力和活力。归而纳之，有特征四。

一曰包容。包容何在？在体裁也，在门类也。论体裁，有汇编如《松阳历代书目》《松阳历代文选》《松阳历史人物》，有诗词如《松阳历代诗词》，有书法如《松阳历代书法》，有散文杂记如《松阳乡俗散记》，还有古籍校注如《午溪集校注》。论门类，有涉及历史学的《松阳从历史走来》、涉及风俗学的《松阳民俗·岁时节令》、涉及姓氏学的《松阳祠堂志》、涉及金石学的《松阳金石志》等。

二曰自信。文化自信，是更基础、更广泛、更深厚之自信，是更基础、更深沉、更持久之力量，如《松阳百姓族规家训》彰显了松阳的深厚文化底蕴和人文荟萃，《松阳·中国传统村落》介绍了众多格局完整的传统村落，《松阳农家器用》体现了绵延千年的耕读文化，这都是祖辈留给当代松阳之宝贵精神财富。《民国松阳往事》《民国松阳记忆》则在往事记忆中透露出松阳的独特魅力和价值，唤醒群众之文化自觉，增强群众之文化自信，这也进一步坚定了本丛书推动乡土文化繁荣复兴的信心和底气。

三曰传承。发掘、整理、弘扬“田园松阳”文化，传承松阳文脉，讲好松阳故事，达到繁荣松阳文化、培育社会正气之目的。本丛书之分册，多以“历代”冠之，尤其彰显传承。本丛书为全县的乡村博物馆建设、农村文化礼堂建设，拯救老屋行动、古村落保护，以及古祠堂和古道修复等工作，起到示范提示的作用。

四曰创新。团结、凝聚、联合社会力量，加强“田园松阳”文化的对外交流，使“田园松阳”文化内生动力越来越足，发展后劲不断增强。本丛书在某种意义上成为松阳地方对外交流之书籍。

复览本丛书第六辑与第七辑，上述四特征，皆有所进。

包容愈广。第六辑中，新增门类，《松阳藏石》属工艺学；新增体裁，《烽火浙西南》是小说。《二〇〇〇年的冬天》虽是散文，但主线贯彻全书，有别前辑。第七辑中，新增门类，《松阳舆地图志》属方志学；新增体裁，《张玉娘诗词赏析》是文学鉴赏。《闲时乐着》虽是杂文体裁，但全书涵盖风俗、教育、医药、矿石等方面。除体裁、门类之外，本丛书最新两辑，个中论著，不求放意寓言，不求僭称法言，不求苟同，不求苟异。

自信愈固。丛书第六、七两辑有望激发县域文化界人士对松阳文化底蕴的高度自信，以及对乡土文化生命力、创造力的高度自信，如《松阴溪帆影》《桃源诗藻撷萃》，是继本丛书第三辑中的《松阳乡村诗歌三百首》和本丛书第四辑中的《松阳田园诗藻选辑》之后的又两部诗歌集。作者积极从“田园松阳”文化沃土中汲取养分、激发灵感，在新时代的文艺创作舞台上自信满满。

传承愈坚。包容才可会异归同，传承方能涵揉充畅。本丛书编纂委员会认为，儒、释、道同为古县松阳璀璨文明之写照。千年传之承之，总是金鸣石应；一如刊之版之，亦得激浊扬清。

创新愈勇。时下，中国文化事业正迎来大发展大繁荣之黄金时代，松阳，则把文化上升到了指引县域发展的战略地位。大好机遇，来之不易。本丛书第六、七两辑，展示了松阳良好形象，弘扬了时代精神。如《闲说松阳话》非但保留了生活化的方言，还原了语境的趣味性，并且有意识地将文字的意义向外拓展。这种对品质与内涵的追求，就是一种创新。

总之，感于性情而动于声音，融心三才而游步千古。“田园松阳”文化，孕育于松阳璀璨的历史文明之中，体现在当下全县人民建设“田园松阳”升级版的火热实践中，展现在每一个优秀的古今松阳人、新老松阳人身上。愿松阳文化界人士，永葆胸中有大义、心里有人民、肩头有责任、笔下有乾坤。更愿“田园松阳文化丛书”，能久经历史和人民检验，推动地方文化事业发展，推出更多反映时代呼声、振奋松阳精神之优秀作品。匡矫时弊，宣化承流，无患知俗知政之用。

编　者

2023 年 5 月

前　言

“舆地”或“地舆”一词时常出现在旧县志或民间宗谱、族谱中，意为土地，又解释为地理，是地理学旧名。舆地图即地图，旧时，载在《松阳县志》或民间宗谱、族谱上的县域图、县城图、村境图亦称为舆地图或地舆图，有关县域或村境的记载，称为舆地志或地舆志。

古人选择县城或村庄基址的过程称为堪舆，其实质是根据自然规律勘测宜居环境。堪舆是中华民族传统文化之一，在上古的时候堪舆活动就很频繁了。《易·系辞》说：“古者包牺氏之王天下也，仰则观象于天，俯则观法于地，观鸟兽之文，与地之宜，近取诸身，远取诸物，于是始作八卦，以通神明之德，以类万物之情。”堪舆在上古时期就与天文历法、自然地理结下了不解之缘，仰观天文、俯察地理是堪舆的两大特征。观天察地就是古代先民对自然规律进行深入观察，并将其运用到改造自然的活动中，从而获取物质需求和精神需求的过程。

古代先民在堪舆活动中不断总结经验，最终形成了堪舆学。堪舆学实际上就是当今地理学、地质学、星象学、气象学、景观学、生态学以及人体生命信息学的先声。古代先民从天道、地道、人道三者的关系，审慎周密地考察、了解自然环境，顺应自然，有节制地利用和改造自然，创造良好的居住与生存环境，达到天人合一的至善境界。天道即天体运行规律，古人认为天体会影响人们的生存状态；地道就是对自然地理的认识，掌握山川河流、地形地貌的变化规律，并对其进行合理利用，以求打造舒适的生活环境；人道就是研究人与人的和睦相处，以及人如何遵循天道、地道，从而达到天地人三者之间的和谐与统一。这个统一是地球颐养生命的规律和生命本身的运行规律的统一。在县城和村庄布局以及住宅建设方面，要把人文建筑和生态环境紧密地结合在一起，实现人文环境和自然环境的和谐统一，要体现物质需求和精神需求的统一。当前，我们必须全力保护赖以生存的自然环境，努力营造满足人们精神需求的人文环境。具体来说，我们必须全面治理空气污染、水污染，全力抓好五水共治，践行"绿水青山就是金山银山"理念，建造我们心目中的风水宝地。

堪舆这门学问在流传的过程中，被一些别有用心的人士渗进了许多糟粕，故而在民间也有堪舆不可信之说。我们在探讨堪舆学的时候必须摒弃糟粕，吸取中华文化的精髓，将中华优秀传统文化发扬光大。

古代先民在选择城址、村址、住宅址的时候都会把避风向阳、水源充足、能提供丰厚的物质资源作为首选条件。只有具备了这些条件才能营造舒适的人居环境，才能不断满足人们的物质生活和精神生活的需求。松阳的先民们在选择城址、村址、住宅址时也会考虑合乎上述条件。把建成的城镇、村庄、住宅绘成图，名曰舆地图或地舆图，刊印在志书、宗谱中，并配上图说（图引）、舆地志、村居志、村境（景）诗等，为后人保留了完整的历史信息。我们将舆地图或地舆图、志、诗等编纂成册，与读者分享。我们要从古人的智慧中汲取营养，把先辈们建造的古城、古镇、古村、古民居保护好，发掘其深厚的文化内涵。让传统的古城、古镇、古村、古民居重现昔日的辉煌，使之展现给人们的是一处处宜居、宜游的风景名胜。这就是我们美好的家园。

编纂说明

1. 编纂资料来源：清乾隆《松阳县志》，民国《松阳县志》，民间四十二个姓氏的一百二十七部宗谱、族谱等。

2. 本书辑录乾隆《松阳县志》、民国《松阳县志》刊载的松阳县域图，松阳达府、达省、达京交通图，松阳县城图及松阳县文庙图、松阳县立第一小学校图和附城十景图。利用相关姓氏的宗谱、族谱，辑录古市城区图、村庄村境图。编者撰写的图介排在舆地图之前，与舆地图相关的图说、志、诗等录于图后。

3. 辑录范围：本书辑录的舆地图涵盖松阳县域、县城，古市城区（含旧地名怀德里）和县内、县外的一百六十一个村庄（含自然村）。其中，辑录山东省邹城、武义县宣平、遂昌县、云和县、龙泉市等地的村落二十一个，这些村落的常见姓氏与松阳常住居民有密切联系，有的从松阳迁往县外定居发族兴村，有的从县外迁入松阳繁衍成族，他们不忘祖居地，绘村庄舆地图载于宗谱，供后世子孙观览，故收录之。

4. 编排顺序：依次为松阳县域图、县城图、古市镇城区图、乡村舆地图。本县镇乡排序以舆地图多的镇乡在前，县外村境舆地图列后。

5. 县内和县外的行政村名称，采用 2019 年 8 月行政村规模调整前的名称。自然村名称前冠行政村名称。

6. 本志所用里程为直线距离。

7. 民国以前采用年号纪年，括注公元纪年；民国时期用民国纪年，括注公元纪年；中华人民共和国成立后采用公元纪年。

8.舆地图标题与原图标题或有不同，因原族谱、宗谱中的“郡望”，不能体现现有聚居地的“村名”，故省去，特用现聚居地的“村名”作标题。古人在志、诗中运用的异体字，经编者查阅《汉语大词典》核对后，改为现代规范的汉字。

9.关于栝苍的“栝”字使用问题，查阅相关版本书籍，其中“栝”“括”混用。民国《松阳县志》凡例：“旧志栝苍，栝字均误作括。栝系木名，处州地势由苍栝而来，因木名山，因山名地，此栝州所由来也。今凡遇‘栝’字，悉改用木旁。”本书“栝苍”采用木旁“栝”字。

目　录

一　松阳县境域

二　西屏街道老城区

三　古市镇

四　大东坝镇

五　新兴镇

六　玉岩镇

七 枫坪乡

八 竹源乡

九　樟溪乡

十　安民乡

十一　赤寿乡

十二　象溪镇

十三　水南街道

十四　叶村乡

十五　望松街道

十六　斋坛乡

十七　三都乡

十八　四都乡

十九　板桥乡

附　外　县

一 松阳县境域

SONGYANG XIAN JINGYU

1. 松阳县全境图简介

清乾隆《松阳县志·松阳县全境图》、民国《松阳县志·松阳县图》均为旧时松阳地图。

东汉建安四年（199），分章安县南乡地置松阳县，此地因处长松山（今遂昌牛头山）之南，故名松阳，至今已有1800余年历史。其间，县名也经多次变更，唐武德四年（621），升为松州；武德八年（625），复为松阳县；天宝三年（910），吴越王钱镠改松阳县为长松县；天福四年（939），改长松县为白龙县；自宋咸平二年（999），复名松阳县后，县名沿用至今不变。松阳县域也经多次变更，隋开皇九年（589），析松阳东乡地置栝苍县；唐武德八年（625），遂昌县并入松阳县；景云二年（711），遂昌县从松阳县析出；乾元二年（759），析南乡地置龙泉县；明景泰三年（1452），析东北地置宣平县，至此，松阳县域基本稳定。松阳县域图分别载入清乾隆、光绪和民国年间修编的《松阳县志》。

今辑录清乾隆《松阳县志》中的《松阳县天文丑分牛宿图》《松阳县全境图》《由县达府之图》《由县达省之图》《由县达京图》，以及民国《松阳县志·松阳县图》于后，以览松阳旧时疆域。

2. 乾隆《松阳县志》

松阳县天文丑分牛宿图

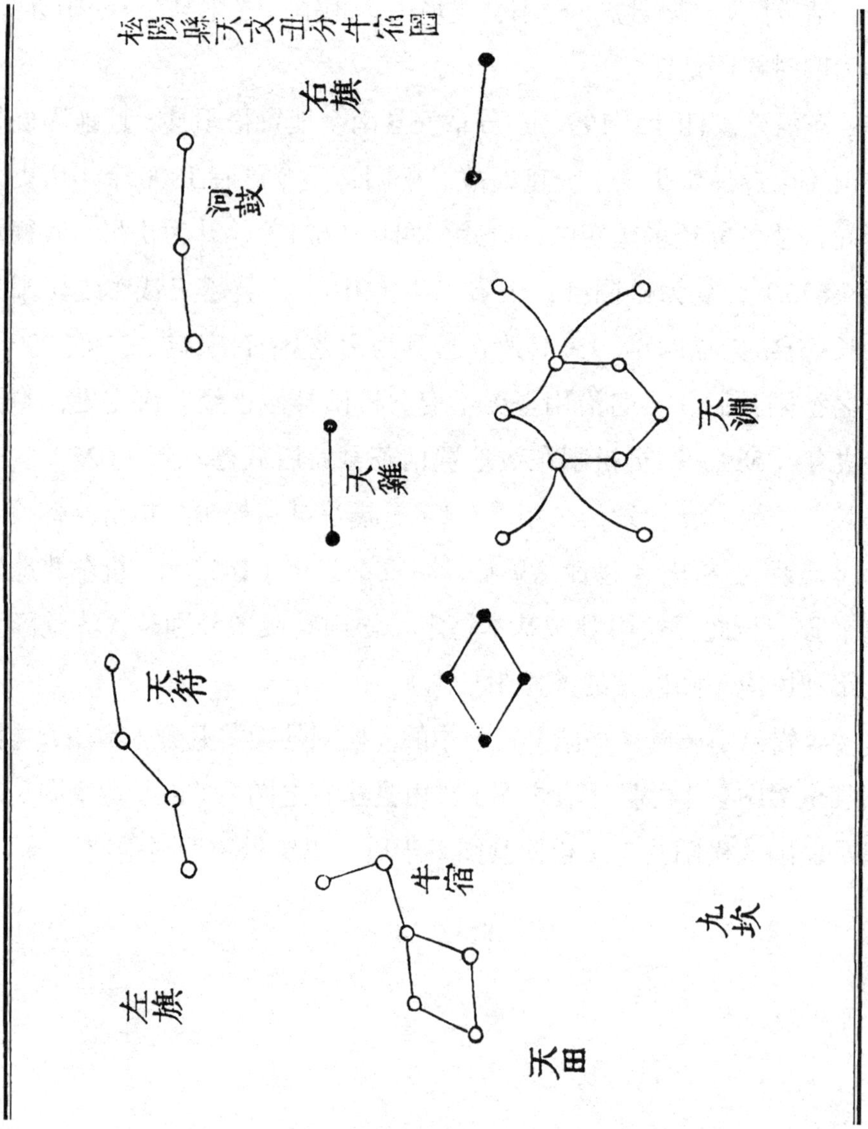

松阳县全境图

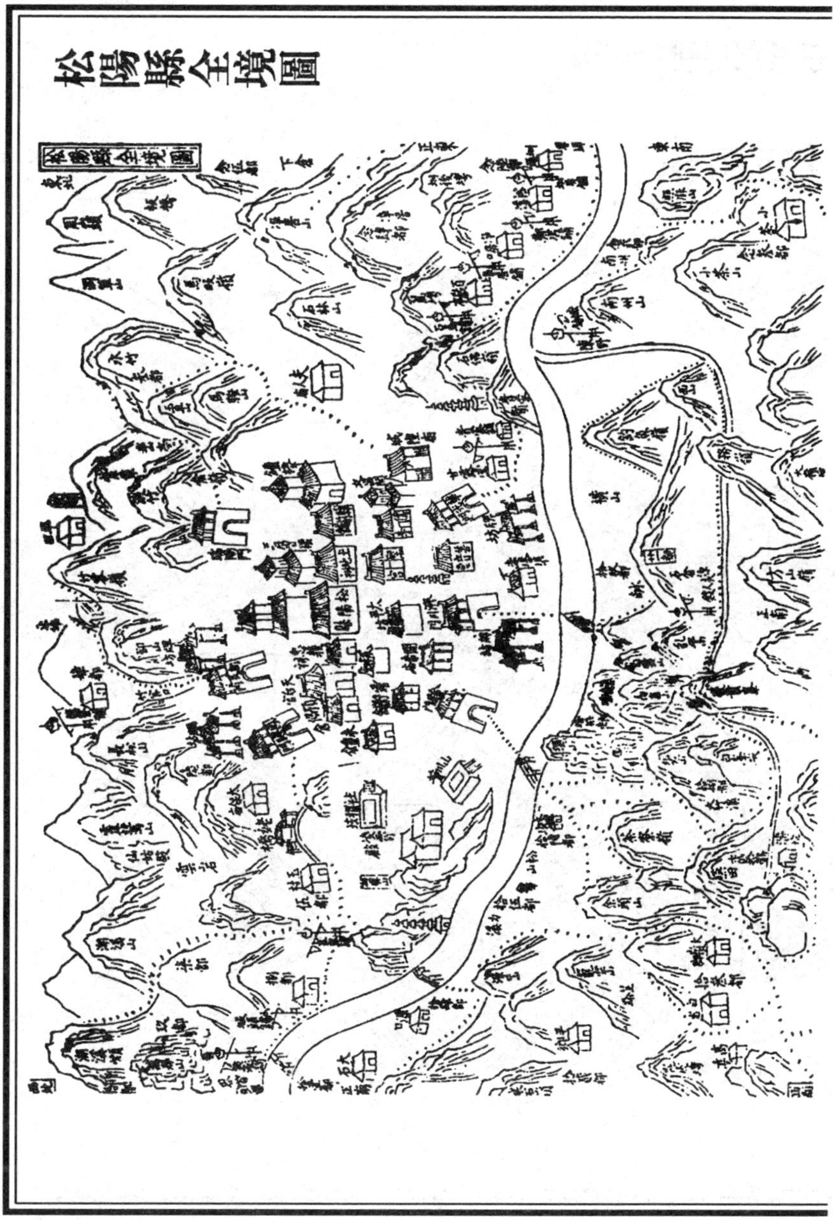

由县达府之图

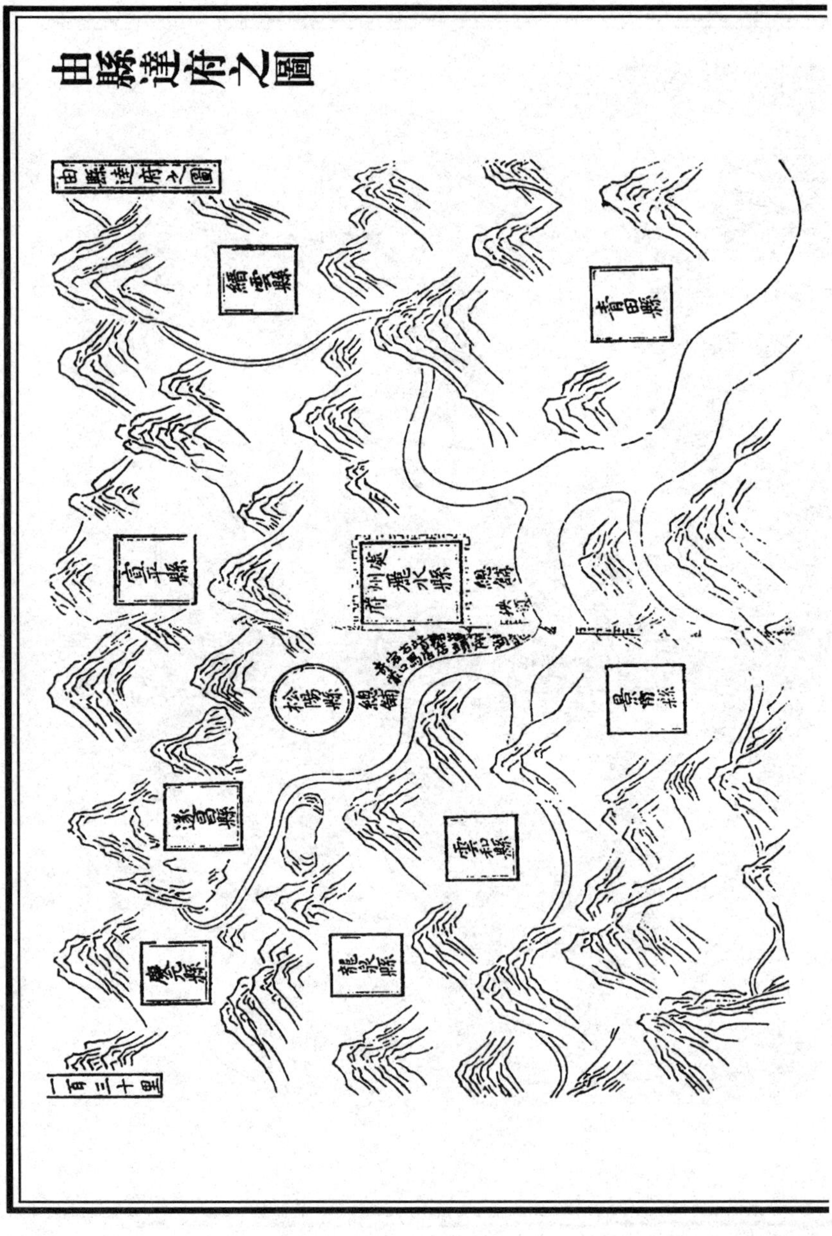
由縣達府之圖
由縣達府之圖
縉雲縣
青田縣
宣平縣
處州府麗水縣
總舖
松陽縣
總舖
景甯縣
遂昌縣
雲和縣
慶元縣
龍泉縣
一百三十里

由县达省之图

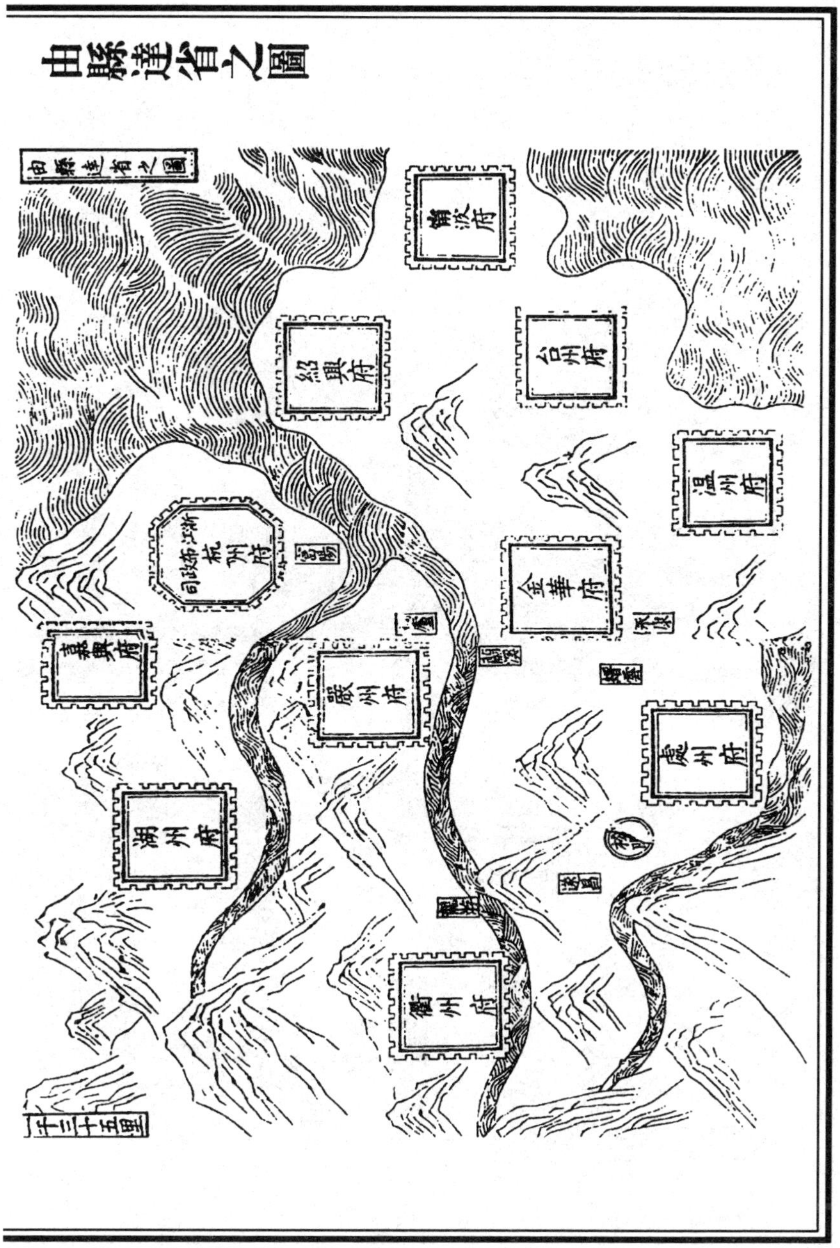

由县达京之图

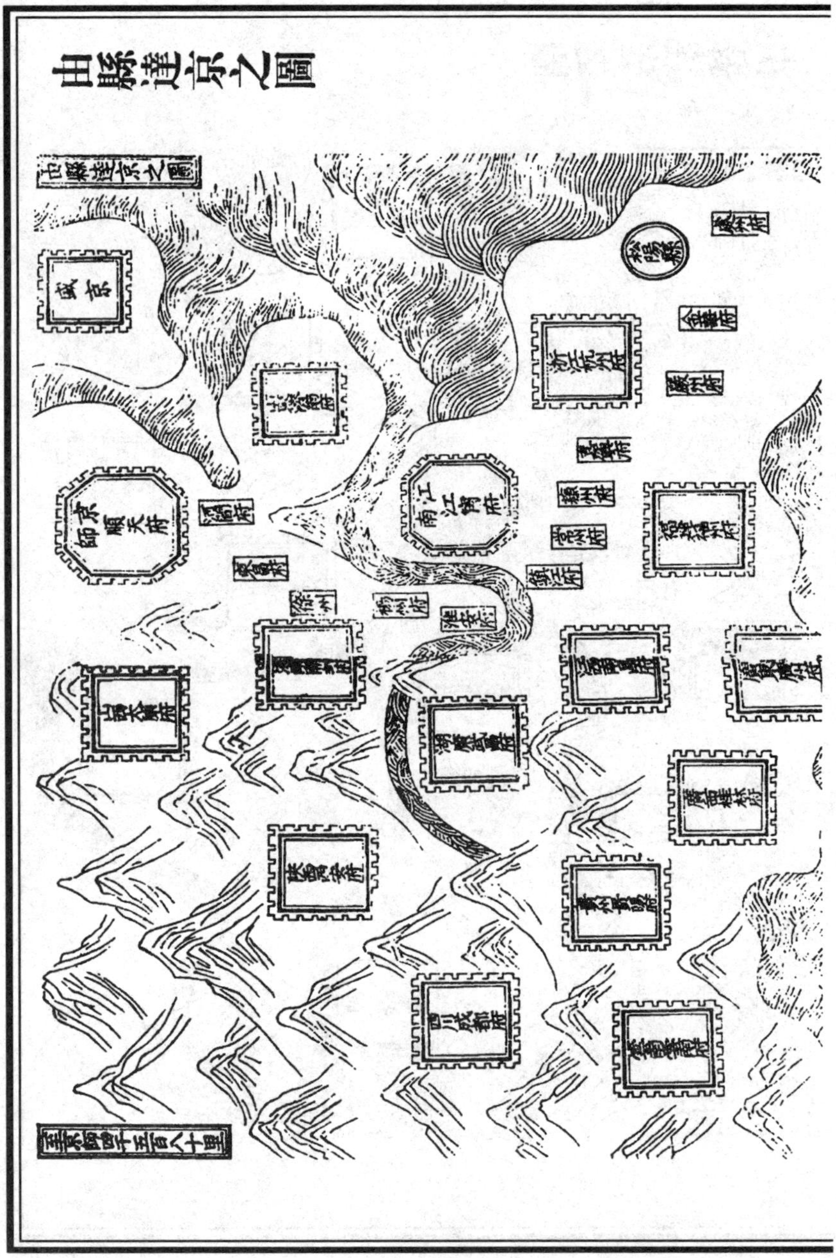
由縣達京之圖
由縣達京之圖
盛京
京師順天府
南江寧府
浙江杭州府
松陽縣
金華府
四川成都府
淮安府
鎮江府
常州府
陝西西安府
至京師四千五百八十里

3. 民国《松阳县志》

松阳县图

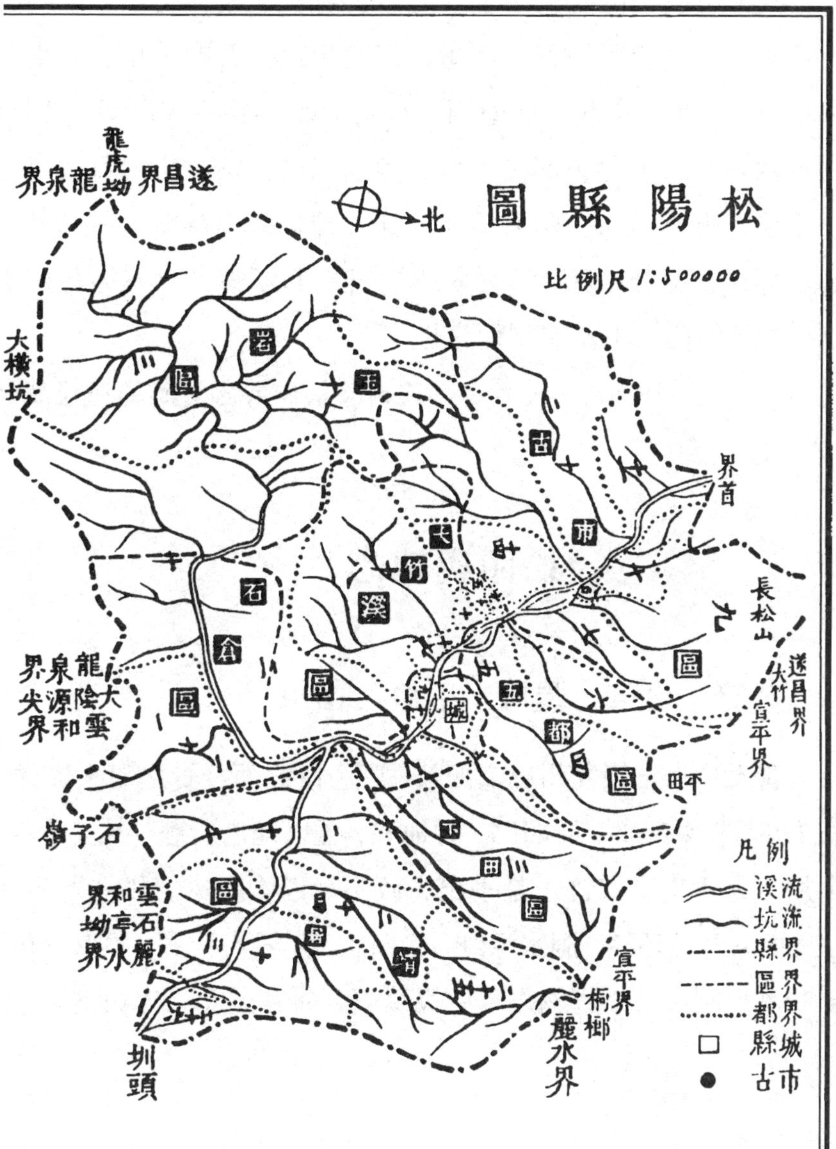

图　说

我松虽僻在山隅，而土田之广、村户之繁，实甲他邑。合全境而计之：东西相距一百二十里，南北相距一百四十里，东南至西北亦一百二十里，东北至西南则一百八十里，面积一千八百四十方里；领乡六、里二十九、都二十六、图四十八，领村庄八百有奇。若逐一填绘，限于篇幅，非但不能周详，抑且模糊难辨。兹计其道里，环以界线，中分八区，仅填都名，俾一目了然。至其余村庄名目，则详载疆域门，不难案图而索也。

民国《松阳县志》总编高焕然记并题

松阳舆地志（节选）

分野　沿革　疆域　形胜　山川

昔禹平水土肇九州以宅四隩，疆土既画而分野之星次以详。《周官》：司空掌邦事。居四民，时地利，盖以地之所载。凡夫广谷大川，财用于是乎生，衣食于是乎出，政不徒以幽壑灵岩供登览游泳而已也。松邑群山环绕，涧水潆纡，物曲土宜，各有攸利。察其平陂高下，辨其燥湿刚柔，于焉物以阜，民以安，胥在是矣。志舆地。

（一）分　野

府志载：疆域之有分野，以疆土奠。丽上与列宿相应，所以察灾祥、稽氛祲也。《汉书·地理志》：吴地斗分野。即今之会稽等郡，则处虽偏隅，孰非天之垂象乎！《晋书·天文志》：于辰在丑，吴越之分野。

府志载：按天文斗次星纪。

旧志载，《隋书·地理志》：自斗十二度至须女七度为星纪。

《宋史·天文志》：南星者，魁星也，北星，杓也。石申曰：魁第一主吴，二会稽。松，会稽之支邑也。

《史记·天官书》：吴楚之疆，候在荧惑，占于乌衡。荧惑、乌衡，南方星也。观斗魁之躔度，则邑之休征咎征可觇矣。

崇祯《处州府志》：处州，古栝苍地，于天文属扬州斗分，为牛女之次，上直少微星，应处士。

旧志载：按天文星纪，在丑而吴越扬州应之。松，次吴越，乃扬州域也。扬州上应星纪祥系斗牛。以上旧志。

谨按：《处州府志》云，志乘首列星野，均主吴越斗牛恒星不移之说。但列宿丽天东行随天西转七十二年差一度，是以月令中星与《尧典》不合，如房宿次卯今次寅、娄宿次戌今次酉矣。非竟不移也。若以厚重不迁之地统健行不息之天，证丽天东行之宿，谓某县入某宿若干分析及微茫援古例今，而不知今于《汉志》亦犹《月令》之于《尧典》也。惟分野之说，沿习已久，未便遽删，姑存其说，并附旧图于后，以俟精于推步者。高焕然谨志。

附说松阳县地球经纬之位置

谨按：《浙江省地理志》云，中华建国五千年，定都北京历七百年，是以地球经度定京兆中央观象台为中线，全国经度以此为准。松阳为东经三度一分。纬度以赤道为准，松阳为北纬二十八度二十六分。此说似较分野为有据。高自卑记述。

（二）沿　革

禹贡扬州域，春秋属越，战国属楚。

秦始皇五年，灭楚，以其地属闽中郡。

汉初，从诸侯灭秦，又佐汉击楚。孝惠三年，立越王之后摇为东海王，属东瓯国。武帝黄龙元年伐东瓯。以其地为回浦县，属会稽郡。

东汉，为章安县南乡地。献帝建安八年，分置松阳县。

三国吴太平二年，以会稽东郡为临海郡，松阳属临海郡。晋太宁元年，分临海为永宁郡，太康元年为永嘉郡，松阳属永嘉郡。

隋开皇八年，废临海、永嘉两郡为县，又分松阳之东乡地置栝苍县。九年，合栝苍、松阳、临海、永嘉四县为处州。寻改为括州。松阳仍属之。

唐改括州为缙云郡，以临海县置台州，永嘉县置温州，改栝苍县为丽水县，升松阳县为松州。武德八年，废松州，复为县。景云二年，刺史孔琮复奏括州为处州，分松阳以西地置遂昌县。乾元二年，分松阳以南地置龙泉县。

五代梁开平四年，吴越王钱镠改为长松县。晋天福四年，岁旱，县令陈时祈雨于百仞山，白龙见，以闻于吴越王元瓘，改为白龙县。

宋咸平二年，郡守杨亿请复为松阳县，隶处州路，属浙东道。元改处州路为总管府，属浙东道，松阳县仍隶之。

明改总管府为处州府，隶浙江布政使司，仍属浙东道，松阳县隶处州府。

清因之，仍属处州府。

中华民国，处州府废，松阳县改隶瓯海道。

（三）疆　域

东界距西界一百二十里。按：松阳地势，东至堰头七十里，西至洋坑五十里，合一百二十里。旧志作一百九十里，无据。

南界距北界一百四十里。按：松阳南至大横坑一百一十里，北至平田三十里，合一百四十里。旧志作一百三十里，无据。

东南界距西北界一百二十里。按：松阳东南至石子岭六十里，西北至界首六十里，合一百二十里。旧志作一百一十里，无据。

东北界距西南界一百八十里。按：松阳县东北至桐榔六十里，西南至龙虎坳一百二十里，合一百八十里。旧志作一百四十里，无据。

由城东至堰头界止七十里，东即丽水县，松阳距丽水一百二十里。按：旧志：至堰头作七十五里，距丽水作一百三十里，误。

由城东南至石子岭下界止六十里，南即云和县，松阳县距云和一百二十里。按：旧志：至石子岭作七十五里，距云和作一百三十里，误。

由城西南至龙虎坳界止一百二十里，西即龙泉县，松阳距龙泉二百二十里。按：旧志：至龙虎坳作一百七十里，距龙泉作二百四十里，又作一百九十里，均误。

由城西北至界首界止四十里，西北即遂昌县，松阳距遂昌六十里。按：旧志：距遂昌亦作六十里。

由城北至平田界止三十里，北即宣平县，松阳距宣平六十里。按：旧志又载：东北至宣平县一百一十里。查东北至宣平均系小路，计有四条，里程未能详载。旧志所载里数均不适合，未悉何指。

由县至处州府一百二十里。按：旧志作一百三十里。

由县至瓯海道四百里。按：旧志未载。

由县至浙江省六百里。按：松阳由龙游至兰溪二百四十里，兰溪至杭县三百六十里，合六百里。旧志作一千三十五里，误。

由县至北京四千里。按：《中国形势图说》载，北京至天津二百五十里，天津至浦口二千一百七十里，浦口至江宁十二里，江宁至上海六百零三里，上海至杭县三百六十五里，合省至县计程六百里，共四千里。旧志作四千五百八十里，误。

附：都庄

松阳，旧设六乡二十九里二十六都四十八图。今依旧志，分都列庄，并有旧志漏载庄名悉查补之，仍将各乡里名目列表于前，以备稽考。

移风乡：济川里　绥和里　会宁里　善政里　遵化里　昭融里　白沙里

旌义乡：茂春里　平馆里　景化里　报政里　瑞应里

布和上乡：彰教里　怀德里　永政里　务财里

布和下乡：归厚里　永德里　鸣弦里　永风里

九芝乡：三秀里　仙兴里　康济里　协宁里　嘉德里

惠洽乡：乐安里　千秋里　石马里　忠原里

一　都：城东：桥亭　下马　东阁　要津　朱山　明德

城南：南济　荷田　骥湖　善观　太唐　官塘　陈巷　济川

城西：太平　五福　东琳　山川　儒行　南勋　大市　明伦　状元

城北：仁寿　永庆　朝天　家兴　熙宁　文华

二　都：项弄　中央圩　白沙　过路郎　永福　周垒　青蒙　匣头　水车　乌形山　坑塔儿　阳坛头

外三都：葛山头　林村　桐溪　官溪　大路口　铺门　匣源
寺后山　梁连　彩湾　五尺坑　茂坛

内三都：源内　孙源　刘富岱　岭上　碗寮　淡竹　紫草
黄岭根　呈回　周山头　墓旺　后湾　油田　泉址
仓陇源　上田　半岭　杨梅坪　思步　下田　朱竹
上庄　里庄　杨家堂　宋庄　毛源　尹源　后畲
里黄　水竹　洞军　上源

外四都：竹客口　西河　发祥　项桥下　茂洋塔　塘村　北山
乌石前　双坑口　上项　乌岱　河村　丁山头　邵山脚
西囮　坛下　白仙冈

内四都：柘坑　上浪树　东坑　西坑　陈家铺　平田　庄后　下包

五　都：王村　石门　大徐　石门圩　石角　炉下　灰弄
上林头　塔寺下　中央圩　十五里　高峰　下亨
冈后　五都洋　乌井　官囮　大塔头　姥桥后　翁村
黄冈头　馒头石　叶家　徐庄　李宅　姥桥下　处冈山
大荒田　乌石下　刘宅山

六　都：吴弄　瓦窑冈　应店　寺口　后村　维新　仪桥
郑家　太村　半岭　砌坛　高山　和尚寮　山后
山下洋　寺后　里河　山儿下　西路　郎下　五岭
上囮　李村

七　都：黄埠头　上河　新处　谢树寮　坳头　冈下　五木
角头　梧村　圳头　黄连山　东湖　西湖　新村
大湖溪　上寮　金村　新坞　徐学　安宁　下连畈
黄处　黄圩寮　净村

八　都：古市　下街　塘岸　大井头　城头　三角坛　观口　陈村

九　都：庄门　叶川头　缸窑　半架月　下定　卯山后　东角垄

卞头山　马踏岭　黄坑口　太平山　黄山头　刘坑　横坑　大竹　千义坑　外坌　梧桐口　叶家田

十　都：上方　上湾　永兴　田铺　高金　乌连　朱坑　浪下　长濂　大岭脚　角陷　塘栋　楼石头　赤岸　择梓山

十一都：界首　大石　后周包　匣坑　小竹囮　西明周　杨村头　泉庄

十二都：内孟　上源口　徐郑　外孟　大墓山　墈头　上墈头　横溪　上艾　宋坦　大畈　建坞　大岭根　孟坑　坳后　丁岱　合湖　淡竹　大南坑　云台山　塔岭　北坑下　半山　平卿　大铺　上庄　李山头　周坑　谢村　道惠口　道惠　郑岭根　墓田　大岭里　白沙冈　直源头　烧火坑　程路　洋坑　西坑　应岱　帝石

外十三都：上安　潘连　项宅　后刘　下源口　西源　球坑　小南坑　外石塘　坳后　洋岭脚　内石塘　杭坑　新处　东钵头　石板岭　珠岱　冈头　官岭　张山头　竹囮　后郑　庄后　杭坑下　周坑　上杭　丁岱

内十三都：大岭脚　丁坑　犁埠坑　斗潭　白麻山　盘坑　吴往　安坑　泥山头　根坑　大树后　金竹　黄坛　支木　山乍口　范山头　神坛　排居口　岩坑　济上　高寮　小珠岱　西演坑　高亭　坛头背　西演头　粗垄　竹蓬　散甫　下陈　陈坑　小吉　周安　溪口　白岩　东渡寮　吴山头　吴树坞　大垢下　文岭后　乌岩　枫坪　大栗湾　梨树下　南坑儿　茭塘　军廷殿　何庄窟　潘山头　埠坞　叶寮　塘鱼冈　根下　洋庄源　老鸦坑　金山头　白坛沿　大山　安岱后　白客寮　大畈　大根　全畈　沿坑岭头　大坌头

十四都：力溪　高岭村　下马坑　高岸　泉塘口　包村　顺村

塘头 林泽 溪下 黄田 徐山 后肖 李村 大徐
周弄口 新村 冈头 净村 陈村 城村 福村 坑前 兴村
十五都：斋坛 桐村 小石 横冈山 东市 毛庄 郎衣山
十六都：毛村 大路 墈头 东关 桐楼 坑西 塆口
上栋圩 浮桥头
十七都：下杨 官田 杨村 叶村 上项弄 叶墙头 寺岭下
丁项村 上叶塔 外村 河头 新村
上十八都：赤岩 下南岱 上南岱 岱头 项坑 横坑 斗米坳
正间山 膳垄 吊石玄 大坑源
下十八都：可重旺 潘坑 北山 周岭根 黄庄 龙坑 陈田
内十八都：小竹溪 横冈 下坑 后畲 大岭头 赤圩 石井
蒲弄 紫坞
外十八都：大竹溪 松山 大荒田 三家堂 麻寮 花田垄
廖家 前坑 苦马塘 东坞 西岭根 杨里洞
盘龙 东关源 乌石垄 朱口 牛背脊 小岭头
包安山
十九都：赤塔 塘寮 水南 黄泉头 安乐山 外水碓 山垄
东江寮
外二十都：徐村 程村 白沙圩 掌内 郑弄口 南山 大陂头
路里 横山 踏埠头 岩下 新村 清源垄 桥头
上黄 岩西 冈顶 冷水坑 项坑源 东岭 潘村
马蹄泉 坑口劄 宅沿头 占坛 石玄 岩壳下
内二十都：横水口 树梢 梅村 大东坝 大阴 横樟 燕田
小后畲 何山头 王山头 余叶 召楼 黄南 五部
西坑口 曹竹 李坑 大横坑 乌弄 台坑 潘坑
中桥 仁里塆 小苏坑 司武坪 高坛背 蟾湖

洋坑埠　双坑口　洋坑源　小源　青石坝　坳里　双港
叶名山

二十一都：百步　五合圩　茶排　夫人庙　南山下　蔡宅　大片头
仓源头　南岭　大寮　后宅　三接桥　上山头
下山头　港口
上包　西山　包山脚　樟树下　赵圩坝　外塆子
下包　桐坑　山边　梦岭脚　天堂坑　周弄源　茶铺
下宅街　社处后　周岭脚　温岱冈　高坑　白麻山
三坑子　金钟山　横路下　白峰　梨树冈　包处坑
牛栏湾　后门山　周宅寮　潘山头　芥菜源　石寺源
麻厂　小山头　二滩坝　大阴源　虎山坝　下寮
坑门口　香菇寮　赤圩坑口　麻园　后岱山　上山寮
苦株树下　下垄　大岭后　天鹅孵蛋　大樟源　弓桥
百鸟朝凰　小地源

二十二都：项山头　吕　潭　程路后　南坑源　南坑口　黄店铺
排铺　西山脚　五尺口　士源坑　吴村　东田　石鼓
龙塆　牛铺　杨高坪　南洲　鲁坑　陈下　下木厂
田铺　西坑　章村源　风洞　西山　蓝蓬　潘弄
田边　西坑口　黄岩　大王庙　石马铺　潘山头
陈乐山　企坛　东风坳　小槎垵　蓝田河　獭背
白马寮　白鹤岭　樟树下　大乌棚　黄庵　七里岚
金山头　坑头源　上弄源　石马源　中央坑

二十三都：小槎　内陈　田塘　东坑　石坑　源坑　乾坑　雾岭坟
务公庄　西夏源　上牛塘　柴后　西坑　龙潭背　后斜
徐山　金村圩　裕溪　源底　青田圩　青枥山　叶细后
支山头　双坑口　隔溪山　陈村　赤路圩　新渡

姜山岭脚　茶坑　乌奴　黄地　陈坳　碓谷埠　凰弄源
洋大坑　大坑头　香山寺　霭溪　黄店圩　麦垵

二十四都：象溪　山庄　岭下　高岭　下坑源　净居口　毛弄
大坞　金钟　对山　大塔　坑里　东源　冈下庵
猪獐　吴司　大坑　西坑　黄店　净居包　楼底
上梅　垅背　小步塘　高书　大垦　石牌门　小佛儿
小西　陈坳　焦树　西山　西垵　陈家里　风门坳
白鹿山头

二十五都：鲁峰　板桥　下仓　桐榔　潘八　苦竹弄　插葱
对村　东坑　张山　潘山　水艾坳　庄头源　枫岭根
鲁西　村头　黄岭头　山背　高山　楼山　大山后
驮猫窠　牧牛山头　荠上　半岭　塘里源　仰天河
板桥岭头　角边　石玄　头凸　田垵春　西焦　双隔坵
大坵笼　黄碧垵　安成畈　后塘　雷山头　岗沿
潘家弄　靛青弄　大纺车　金弄　木杓弄　万岭脚
银坑　骑马冈　坑上源　沙岸坑　白坑　塘弄　后山垵
下寮儿　杉树园　石马下　叶家田　横岚

二十六都：堰头　堰阁　堰山　平地　堰后　乔木瑾　驮林
公墓　内寮　外寮　莪山坳　火炎山　大片　章山
田寮　谢坑　书堂　白岭　排墓　东后　风洞坛
金坑坳　金瓜塘　阴弄　新渡坑　寨头　仰天饭甑
金坑

（四）形　胜

府志载：松阳在郡西上游，境内平衍宽广，西北以赤溪竹客为扃钥，东南以寨头南岭为藩篱。

嘉靖通志云：松阳县马鞍、青蒙列其东，云岩、翠屏峙其西。旧志云：马峰屹立，牛岭纡回。东则万派分流，以入于海；西则千溪共汇，以入于江。悬岩巨壑，卓阜崇冈，翠劭称雄，白峰耸秀。层峦绵亘，望中开百里之郊原；众市回环，幅里联万家之鸡犬。

旧志载：宣慈后峙，剑水前深。丽泽左纡，平昌右据。

旧志云：广谷大川，足征灵淑。名山伟泽，壮观东南。

府志载：古松阳县治，在今县治西二十里旧市。唐贞元间，始徙于今治。旧县址至今犹存。旧市，其间居民稠密，尤为一邑之胜。

（五）山　川

旧志云：松之山川，自天姥中攒，则为箬簝山，为龙凤山，为百圣山，稳坑之水出焉。分而为香乳山、玉岩山，左右二流出焉，会为夏川。龙凤山蜿蜒百叠，为凤门山，中为南岱山，其极高处为望祀山。又折而为亚岱山，其上出霏溪，又上水出横溪源。中为留名山，南岱水出其右，亚岱水绕其左，左右合流，为中澳川，出白龙津。稳坑水出平昌龙凤峡，过平昌侵云岭，东转为长松山。右水出宣慈，左水为平昌大溪。长松山下出水为梧桐源，与大溪合，东行一百二十里，与宣慈水合於石牛。长松山中，上为马鞍山、石罂山，下为蔡尖山，为钟门山，为北斗山，为卯山，为酉山、蔡尖山。水为湖溪，出石龟山、仑山，为仑溪源，至河云桥。仑山之东，为封寿山，下为邵尖山水，至婺桥，出石笋山，与白龙堰合流。邵尖山左，自七星岩淡竹寨山曲折而南，为马鞍山，山下众水合，出于回龙桥，至青蒙山石虎潭。风门山诸水由九芝山出大竹溪。夏川诸水出大阴山、石仓山，为宏溪。白龙津之水积于百仞山下，汇于钟潭。自青蒙山与横山，合左水出裕溪，右水出小楂溪，又左水出五赤溪，右水出南坑，此松邑山川之大凡也。

谨按：天姥山在栝苍东北，近于缙云，而与松阳则远，不相属。松阳境内，又别无天姥之名。龙凤峡，即龙虎坳，在松西南龙泉界。侵云岭，在松北遂昌界。中隔溪港，绝不相连，何以得过？其实，松阳山川发源虽共出于枫岭，而正脉一枝则来自遂昌侵云岭，旁脉一支则来自龙泉龙虎坳，南北分行，互不相涉也。又裕溪、小槎溪在下游，距横山远；五赤溪南坑口在上游，距横山近。溪道顺流，自上而下，须先五赤溪，而后裕溪。旧志所载，南北混淆，上下倒置，殊多失实。因命。代往追寻，悉心查勘，分山脉水系记述之，庶较为详实尔。

高焕然谨识

附说松阳县山脉

谨查松阳山脉起点于仙霞，仙霞东南有枫岭，乃浙江、瓯江之分水岭，即闽浙之分界也。分界以后，其一自东经遂昌侵云岭入松阳，迤逦北东而下宣平、丽水，与栝苍山脉相连。其一自南经龙泉入松阳，迤逦西南，而界云和、丽水，与雁荡山脉相接。此两大干也。

其属于北东一脉，首为长松山，俗名牛头山，南水出松阳，北水流宣平，实为松、宣之分界。向南起伏为西马鞍山，为石罂山，为万寿山，山下为赤溪岩山，即狮子岩。长松山中，蜿蜒为太平山，为卯山，为北斗山，为庄门山，为蔡尖山，为灵鹫山，为封寿山，为邵尖山。分脉为石龟山，为上方山，为石笋山，为云龙山，为望松山，为西屏山，为洞阳观山，为青云山，为玉莲山。又长松山中曲折为淡竹碗寮山，为紫草山，为洞军山，南下为东马鞍山。分脉为白麻山，为白鹤山，为石佛山，为黄山，为雅溪山，为风洞山，为石马山，为第一峰，为循居口山。向东北为朱尖山。分脉为垄崆山，为高山，为张山，为崇觉寺山，界丽水之鼓板山、马尾山、詹山。向东南为莲花山。分脉为东山，为铜钟山，为封山，为徐山，为楼山，为章山，为潘山，界丽水之外寮山、莪山。此一大脉也。

其属于西南一脉，首为龙凤山。向东南为箬寮山，为小苏山，为五衷山，为燕山，为蛤湖山，为大英山，为石仓山。向南为莲华山，界云和之凤尾山。向北为周岭山，折东为南洲山，为象溪山，为小槎山，为兰花山，为杨山，为堰山，终止于火炎山，伸入溪流。此又一大脉也。

又自龙凤山向北为香乳山，为百圣山，为全豪山，为太平田山，为高翠山，为烂泥山，为卓峰山，为隆瑞山，为云台山，为紫全山，为凤凰山，为酉山，与狮子岩、卯山相对。此一小脉也。

又自龙凤山向东北为金钟山，为天马山，为玉岩山，为芦塘山，为弹子山，起伏为风门山，为南岱山，为望祀山。左为玉华山，右为留名山，外为九芝山，独立为百仞山，与望松山相对。此又一小脉也。

其亚岱山向东南为后岱山，折东为白峰尖，为西山，终止于钓鱼岭。其留名山向东为有道观山，即南岩山，为双童峰，为白云山，起伏为横山，与钓鱼岭相接。此又小脉中之支脉也。

凡此皆松阳山脉之大概也。

高自卑记述

附说松阳县水系

谨查松阳水系分两源。

一自界首至堰首，自西北达东南，直下丽水者为大溪，即松川也。发源于遂昌贵义岭，至佳溪，即界首，入松阳境。

溪流至大石，则有南来内里源水入。至狮子口，有北来赤溪源水入。至后周包，有南来匣坑源水入。至横溪，有南来大岭根、大南坑、上源口各水入。至赤岸，下有北来择子山水入。至古市，上有梧桐溪自遂昌北来水入。至排铺，曰清溪，有南来杭坑、小南坑、官岭各水入。至古市，下有北来黄坑口水入。至黄淤寮，有北来庄门水入。至力溪，有南来东关源水入。至上河村外湖溪，有北来湖溪源水入。至和仁桥，即河云桥外仑溪，有北来砌水入。至河头，有南来横坑、南岱各水入。至寺岭下，曰竹溪，有南来黄庄、潘坑、小竹溪、大岭头、大竹溪各水入。至石笋脚，有北来四都源姥桥水入。此处以下曰赤塔溪，离佳溪四十里。古紫荆村在大溪北岸，今松阳县治在焉。至项弄，有北来刘富岱水入。至横山，有南来岩西、郑弄口各水入。至青蒙，有北来三都源、淡竹、上田各水入。下至金钟潭，有石岩如带，横亘中流，仅留小缺通舟，曰石门枕。至水车，有北来思步水入。至港口，与小港相汇合，离佳溪六十里。此松川上游也。

小港，一自龙松坳，即龙虎坳，至港口。自西南达东北，横入大溪者为小港。其发源，又分斗潭、玉岩两小支。

斗潭一支，发源于龙松坳。至金马桥，有南来南坑水入。至高亭，有西北来岩坑水入。至斗潭，有北来稳坑、岭泥山头各水汇焉。南流至枫坪，有南来丁坑水入。至黄步坞，有南来李树下水入。曲折至排居口，乃与玉岩支水合，离龙虎坳四十五里。此一小支流也。

玉岩一支，起源于洋坑、梨步坑，东南流至周安桥，有北来周安水入。至白岩，有西来乌岩水入。至溪口，曰夏川，有南来吴树坞、东渡寮、神水岭各水，北来乌水入。东北流至竹，有北来大岭脚、松树坑各水入。曲折至黄，有东北来范山头水入。东南流至排居口，乃与斗潭支水合，离洋坑、梨步坑二十里。此又一小支流也。

两流相合，东北至坳头，有北来余叶、洞主源各水入。此处可通舟筏焉。东流至黄南，有南来大平田水入。曲折至弓桥，有西南来大潘坑、大苏坑、大横坑、小苏坑各水入。南流至洋坑埠头，有南来洋坑源水入。至大阴有南来箬竹水入。至横水口，有南来石仓源水入，曰宏溪，直出港口，与松川大港相合。

自龙松坳至港口百四十里。此小港一源之总汇也。

两源合流于大溪。东下至里潭，有南来寺源坑水入。至雅溪口，有北来里庄、尹源、雅溪坑各水入。至南坑口，有南来陈六山、中央坑、南坑源各水入。至黄庵口，有北来石马源水入。东南流至循居口，有北来蓉川、鲁西坑里各水入。至小槎，东南来西坑、东坑、西夏源各水入。东流至裕溪，有北来黄岭头、裕溪源各水入。至寨头，有北来乌啾水入。至源口，有南来洋大坑、凤陇源各水入。至岭脚，有北来章山水入。至霭溪，有南来麦垵水入。至堰头，有西北来驮林源水入。直下丽水之大港头，与龙泉、云和诸水相汇合。经青田入瓯海。自港口至此五十里，此松川下游也。

独有稳坑之水西北流出遂昌安口。又呈回、周山头、黄岭根各水，东北流出宣平五尺坑。又洞军、上源、里黄各水，东南流出宣平白下。又潘八、张山、板桥、桐榔各水，北流出丽水畎岸。另一溪流，直至石牛方与大溪汇合，顺流到海。此则虽在松界之水，而非松川之所容纳者也。

凡此皆松阳水系之大概也。

高自卑记述

二

西屏街道老城区

XIPING JIEDAO LAO CHENGQU

1. 松阳县城（老城区）全图简介

松阳县城处于松古盆地东部，坐落在松阴溪北岸。

清乾隆《松阳县志·松阳县境图》、民国《松阳县志·松阳县城全图》标示的松阳县城为当今的西屏街道老城区。

松阳县城池向无城墉，清乾隆《松阳县志》、光绪《松阳县志》、民国《松阳县志》均记有六门。民国《松阳县志》载："城池：松邑傍山环水，向无城墉。有关门六。"东曰光华门[①]，南曰济川门[②]，西曰金屏门[③]，北曰朝天门，东北曰瑞阳门，西北曰凤臻门。东出光华门经项弄达丽水，南出济川门跨松阴溪经大竹溪达云和、龙泉，西出金屏门经玉岩达龙泉，北出朝天门达宣平，西北出凤臻门经古市达遂昌。

县署故址坐落在老城区东北，今人民大街北端紫荆路以南，钟楼路以北，社仓弄、龙头坑以西，志书记载，宋咸淳，元元贞，明嘉靖，清乾隆、咸丰、同治年间历经修葺。民国县公署、县政府驻此。民国三十一年（1942），窜犯松阳的侵华日军纵火烧毁县署，仅存遗址。县署被烧后，县政府移至大井路文庙。1949 年 5 月后，松阳县人民政府也驻大井路文庙，至 1958 年 11 月松阳县并入遂昌。1982 年 1 月，松阳复县，5 月，中共松阳县委、县政府驻此。1985 年 5 月，县委、县政府迁至府前街 1 号新址。旧县署遗址于 1968 年辟为人民广场，1987 年改造为人民大街，大街两侧空地安置企事业单位建房。

松阳县老城自北至南 2 里，南宽北窄；东西广里许，东伸西宿。至 1982 年，城郭少有变化。旧时，老城内坛庙祠堂众多，除文庙辟为县政府驻地外，城北天后宫（妈祖庙）辟为县立第一小学校。松阳环境优美，附城有十景。文庙图、县立第一小学校图和附城十景图载于民国《松阳县志》。与松阳县城（老城区）相关的文庙图、县立第一小学校图、附城十景图及图说，本书一并辑录，以飨读者。

注：民国《松阳县志·松阳县城全图》关门标示与文字叙述有误，图中标示①东华门、②大敦门、③金居门。

2. 乾隆《松阳县志》

松阳县境图

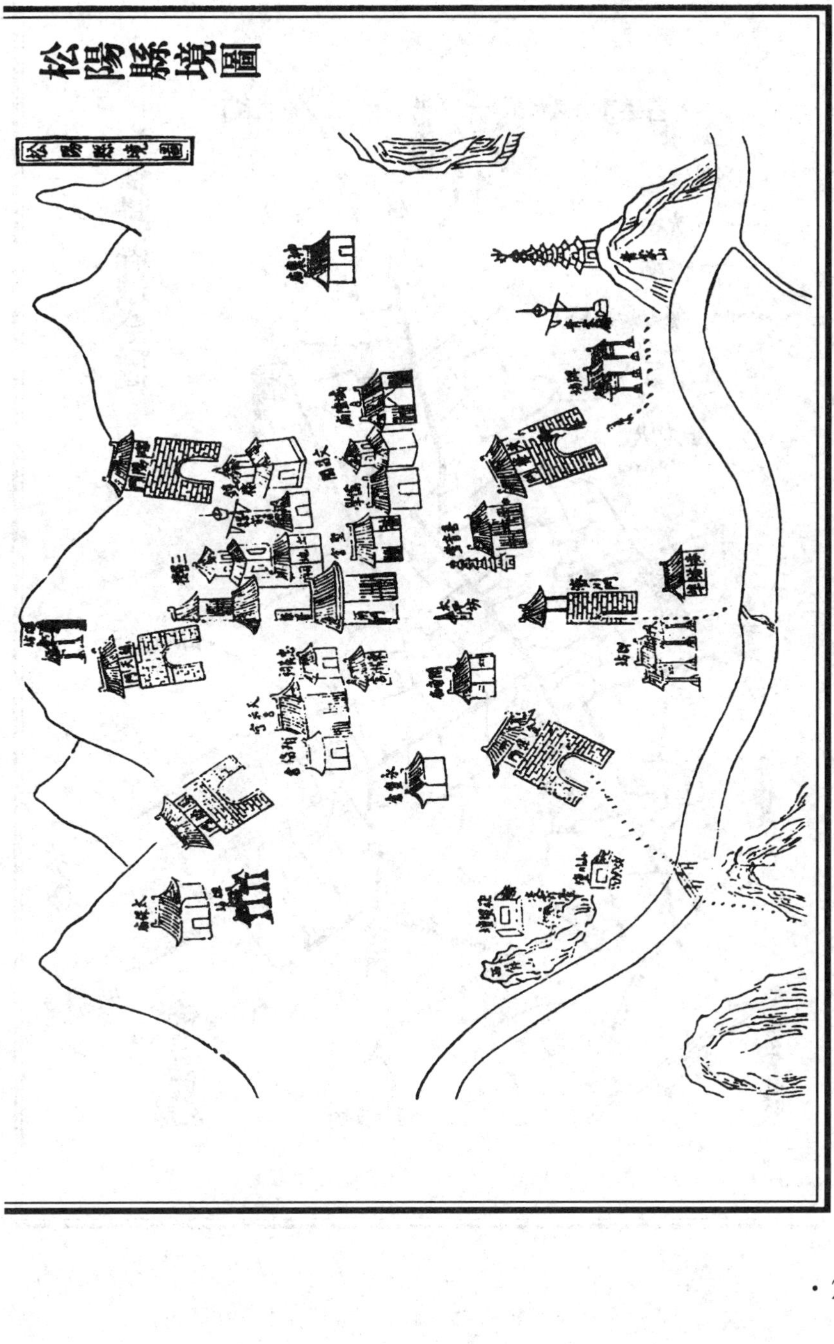

3. 民国《松阳县志》

松阳县城全图

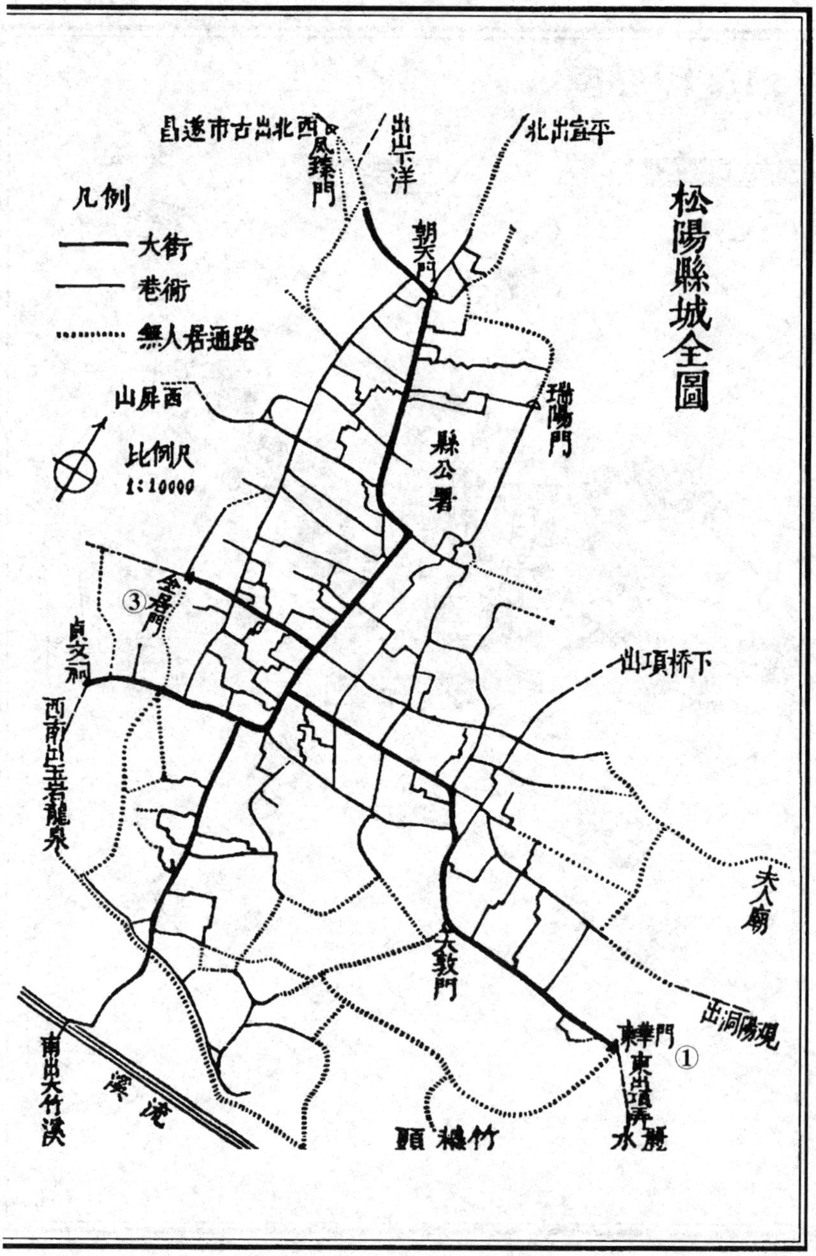

图　说

松阳县治,向无城,仅筑城门六。自北至南修二里,东至西广里许,东郭伸而西市缩,南街尤长,似仙人赤脚形。旧说以为似美女形者,误也。中分三十四社,民居稠密,店户繁盛,殷富甲于四乡,而蓄积谷米者为尤多,亦山县中之佼佼者。每逢一、六日为市,熙熙攘攘,颇有肩摩毂击之势。近年食用昂贵,数倍于前,谋生之难,亦逾畴昔。既庶何加?是在加富加教者加之意尔。

民国《松阳县志》总编高焕然记并题

松阳县文庙图

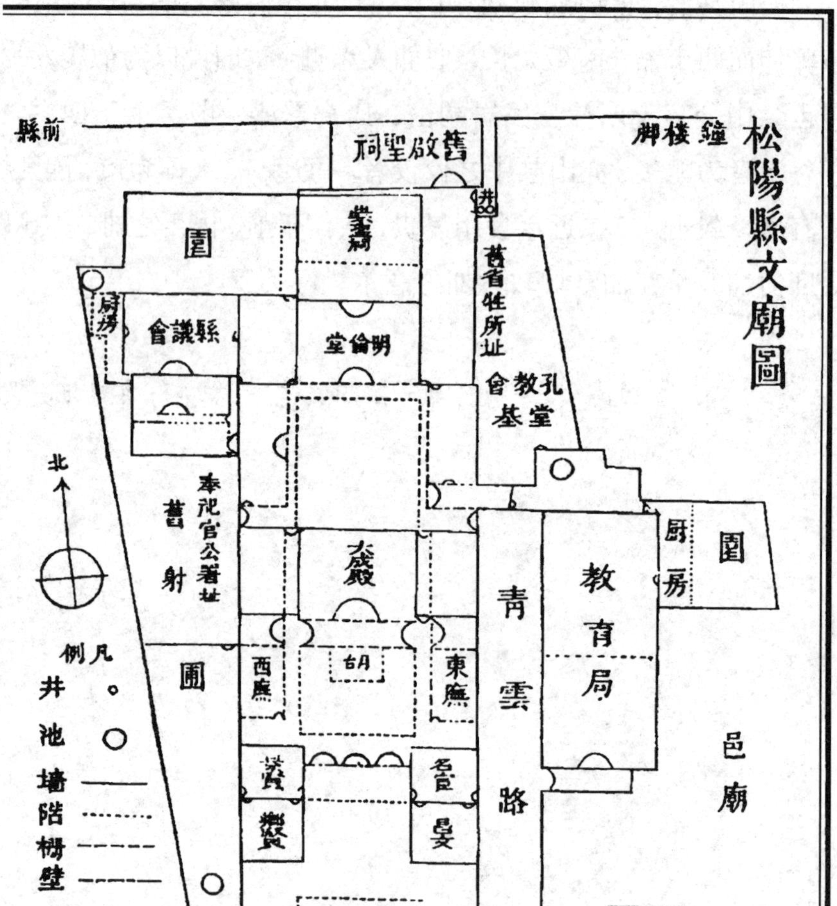
松陽縣文廟圖
舊啟聖祠
鐘樓脚
縣前
園
廚房
縣議會
明倫堂
舊省牲所址
孔教會
堂基
奉祀官公署址
舊射圃
大成殿
月台
西廡
東廡
青雲路
教育局
廚房
園
邑廟
泮池
儒學
班房
文昌宮
明倫社
宮牆
狀元坊
北
凡例
井
池
墻
階
柵
壁
門
比例尺 1:700

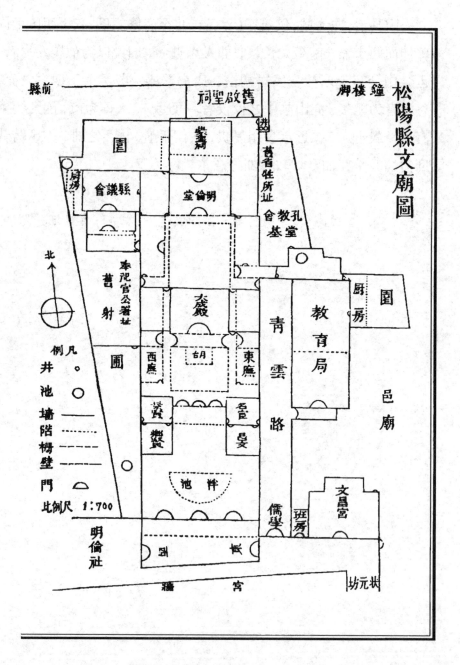

图　说

松阳文庙，自万历年间迁复城中，屡经修建，或独助，或协捐，不知几费经营而始有此景象。至于附属基地，或侵占，或私售，不知几经评论而始还我故物。载在志乘，历历可考。兹当民国改元，学官裁撤，儒学旧署暨尊经阁、明伦堂，虽为各机关所借用，而学宫范围以内之地，已奉学部批明，永远归孔庙管理，不得任人侵越，有案可稽。今特详绘全图，俾后人披览，弗忘保守有据，并以知前人缔造之难，而尊崇圣域之心油然靡已也。

民国《松阳县志》总编高焕然记并题

松阳县立第一小学校图

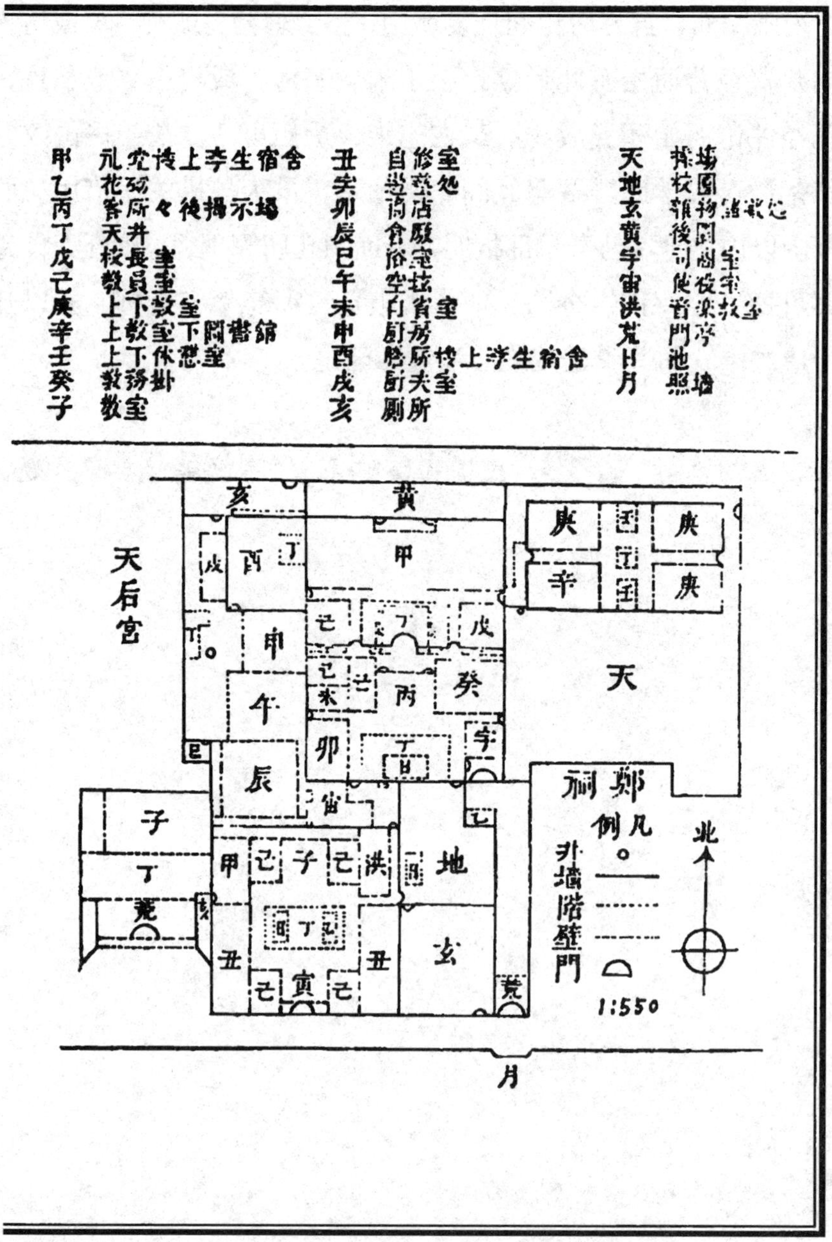
丁 天井
戊 校長室
己 教員室
庚 上下教室
辛 上教室下圖書館
壬 上下休憩室
癸 教務掛
子 教室
丑 自修室
巳 浴室
申 厨房
戌 厨夫室
亥 厕所
天 操場
地 校園
黄 後園
洪 音楽教室
日 池
月 照墙
天后宫
郑祠
凡例
北
1:550

图　说

县立第一小学校，初为毓秀高等小学校，其校址在城北天后宫弄，系由旧明善书院遗址改葺而扩充之，或添购民房，或捐拨改造。新志已详志之。惟规模既广，修整为难，主购屡更，管保匪易。兹图将礼堂、操场、教学各室以及厅、园、庖、厕，计三十余间，逐一填绘，俾典守有资，而兴修较易，若能再加扩充，虽古之鹿洞、鹅湖，亦不多让矣。

民国《松阳县志》总编高焕然记并题

松阳附城十景总说明

附城十景厘订于何时，旧志无所考。清乾隆间，邑令曹立身题之以诗，其名乃定，然未有次序也。迄今二百余年，兴废修改，相差甚远。特富天工者，变更少；美人工者，游览多。兹故先叙天工而后人工，以定其次序焉。如望松夜月，首揭松阳之名，因列为第一景。云岩石屋，峭壁天成，建筑华美，列为第二景。石笋仙踪，双峰矗天，仙居雅洁，列为第三景。凌霄岚翠，山境清幽，层台高峙，列为第四景。百仞云峰，孤峦独耸，下临清溪，列为第五景。塔溪绿涨，江天一色，地是景迁，列为第六景。柳池鱼跃，近在城隅，虽已颓坏，尚饶幽致，列为第七景。梅墩春色，墩已无存，梅又疏落，仅有延庆寺塔，峙立不移，为可想象，列为第八景。邮亭远眺，亭已久废，附建之甘露寺亦待修理，列为第九景。双童积雪，距城较远，又无院宇，点缀其间，层岩相依，横空无际，但宜于远望而已，列为第十景。

民国《松阳县志》总编高焕然记

4.［清］曹立身·松阳十景诗

松阳第一景：望松夜月图

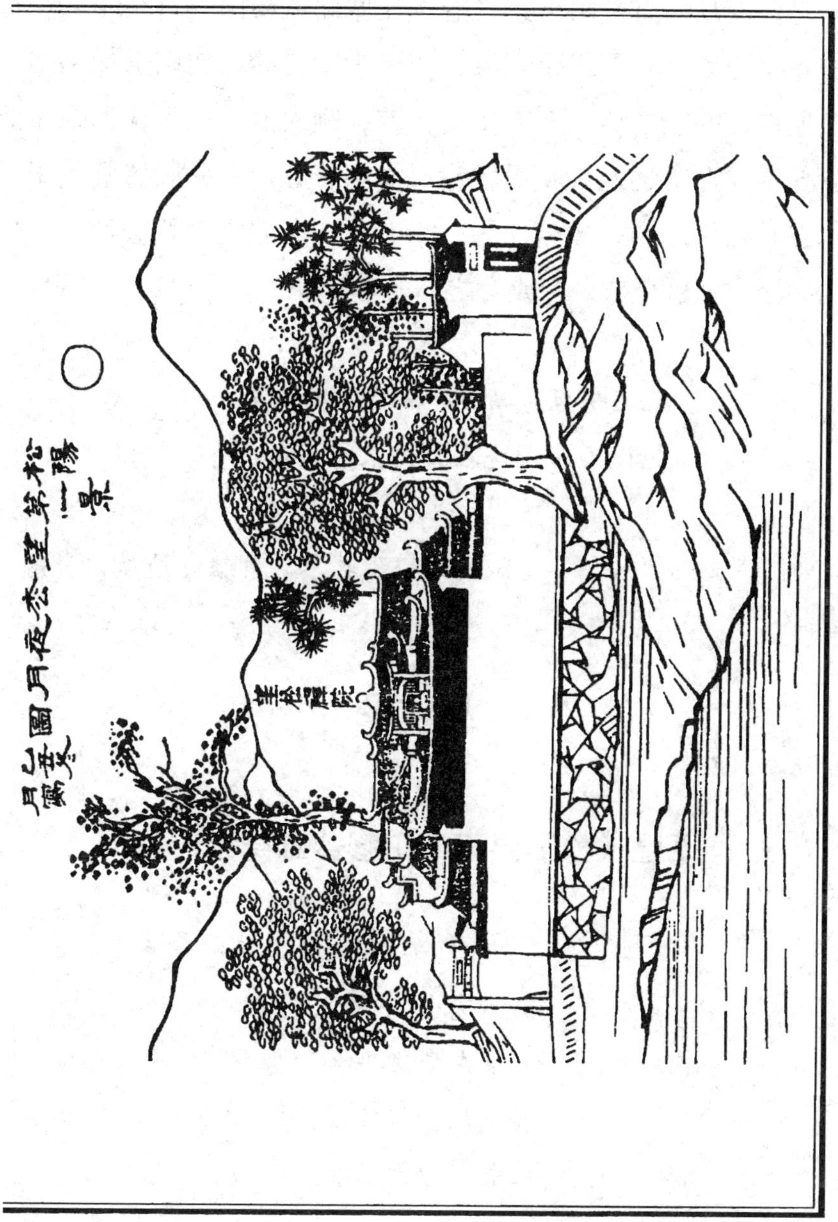

图 说

望松夜月，为松阳十景之冠。在城北凤臻门外百余步，相传为王右军望松处，有石级十六层，俗名为望松岭，实则道途平坦，乃古市通衢，并非高岭。上有望松禅院，颇宏丽，供太保温琼于此。每岁仲春，迎赛逐瘟，乡民麇集，举国若狂。考松阳置县始于汉，其地在长松山之阳，故名松阳。王右军，名羲之，晋会稽人，松阳附属会稽，因事来兹，容或有之。

北城选胜觅清阴，一曲松风万籁吟。
艳说右军遗迹在，时来步月慢追寻。

民国《松阳县志》总编高焕然记并题

丛 录

乾隆《松阳县志》主修曹立身诗一首

松间透出玉蟾蜍，
闲步东皋逸兴余。
秋雁几行留字影，
摹求可似右军书。

松阳第二景：云岩石屋图

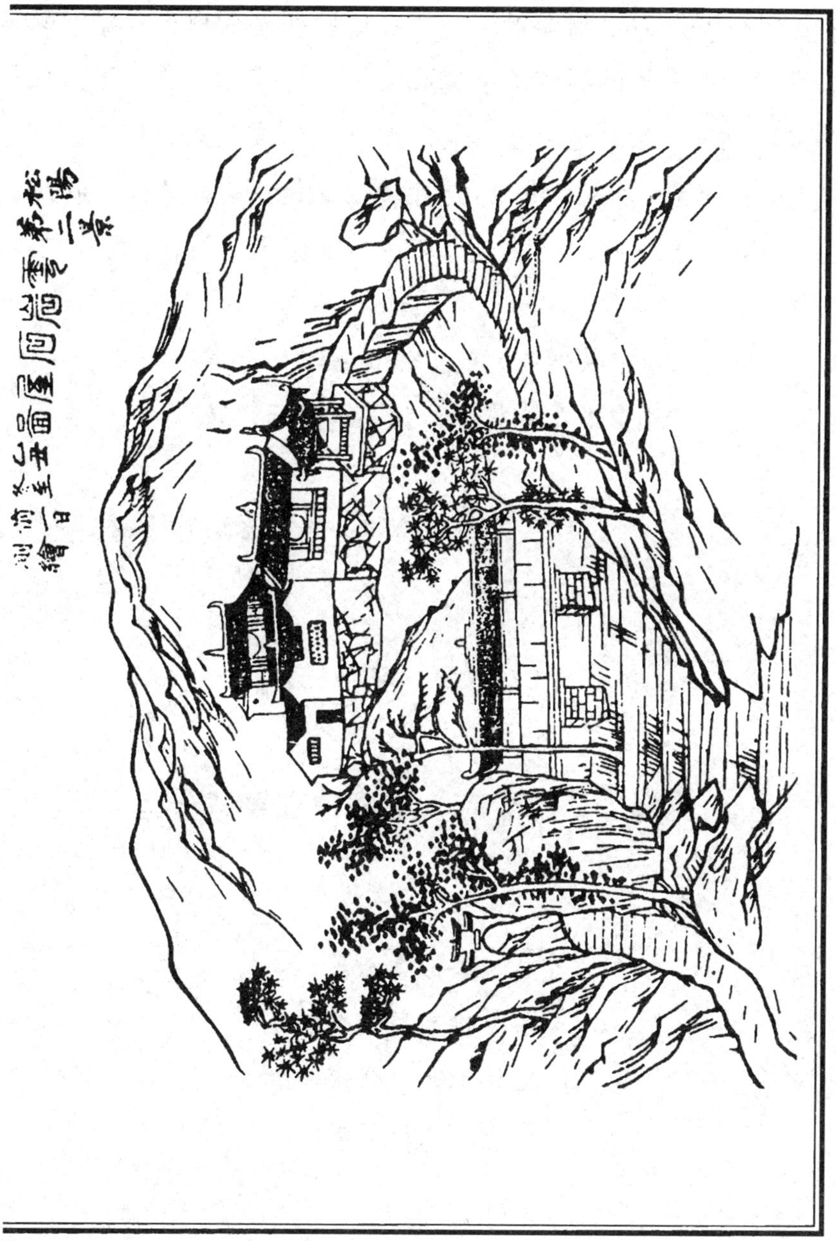

图　说

云岩石屋，为松阳十景之二。在望松禅院后里许，峭壁巉岩如云鬟佛髻，有上下两石龛。下龛高丈许，深广各三丈，正方如屋，屋外接造堂楹；层级达上龛，高广略逊，形成三角，加以人工，亦足容人。龛外建三层楼，可以凭栏远眺，最饶兴趣。又有丹泉、月池、天门、仙桥之胜，游人消夏纳凉，如入广寒清虚之府，不啻一洞天也。

石壑崚嶒纵大观，依稀宫殿列云端。
此中若奏霓裳曲，犹是人间一广寒。

民国《松阳县志》总编高焕然记并题

丛　录

乾隆《松阳县志》主修曹立身诗一首

悬崖恰似白云堆，
石屋惟宜薜荔栽。
坐久总无尘俗韵，
松花时点壁间苔。

松阳第三景：石笋仙踪图

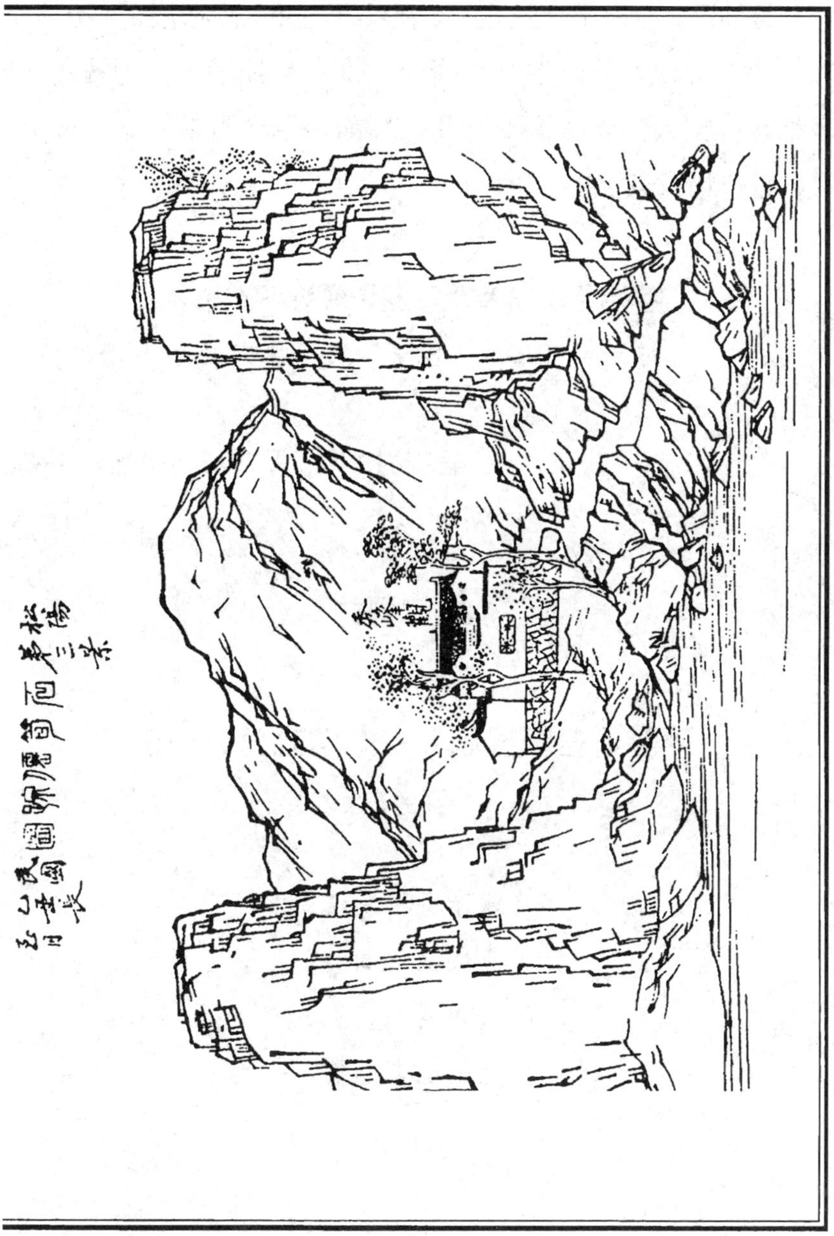

图　说

石笋仙踪，为松阳十景之三。在县西五里。削壁层峦，穷极奇峭。双峰对峙，尖耸如笋。中有秀峰观，供奉吕纯阳。仙师扶鸾，题诗每多雅句。文人学士，恒聚于此。峰前镌题“野鹤归来”四大字，笔致秀雅，惜没其名。

双峰壁立似天开，石箨磷磷不点埃。
欲觅仙踪何处是，言随野鹤未归来。

民国《松阳县志》总编高焕然记并题

丛　录

乾隆《松阳县志》主修曹立身诗一首

名题赤壁俯溪流，
可有坡仙记旧游。
和曲洞箫人在否，
水光山色自悠悠。

松阳第四景：凌霄岚翠图

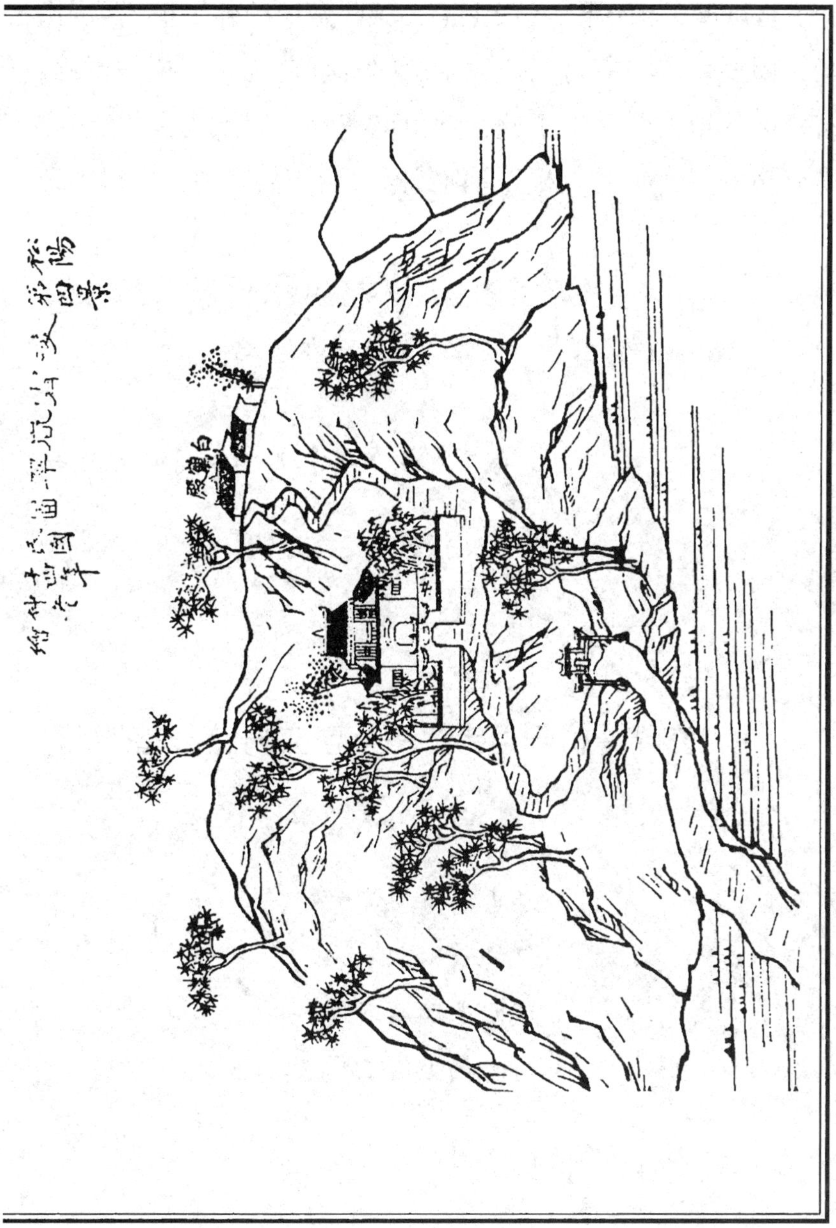

图 说

凌霄岚翠，为松阳十景之四。在城西金屏门外半里，西屏山之麓。有米襄阳题崖“凌霄台”三大字。旧有亭台院宇，招僧供佛。现复添筑数楹，拟设图书馆于此。然山境清幽，固足为读书之所，而松阴横亙又恐多蠹蚀之虞。上有白鹤殿，后有偃月池，大旱不竭。

层岚叠翠望迢迢，高阁凭凌上九霄。
更有图书重假馆，石渠天禄共名标。

民国《松阳县志》总编高焕然记并题

从 录

乾隆《松阳县志》主修曹立身诗一首

层台高峙碧芙蓉，
环绕云山积翠浓。
试问米颠题石处，
何如袖里第三峰。

松阳第五景：百仞云峰图

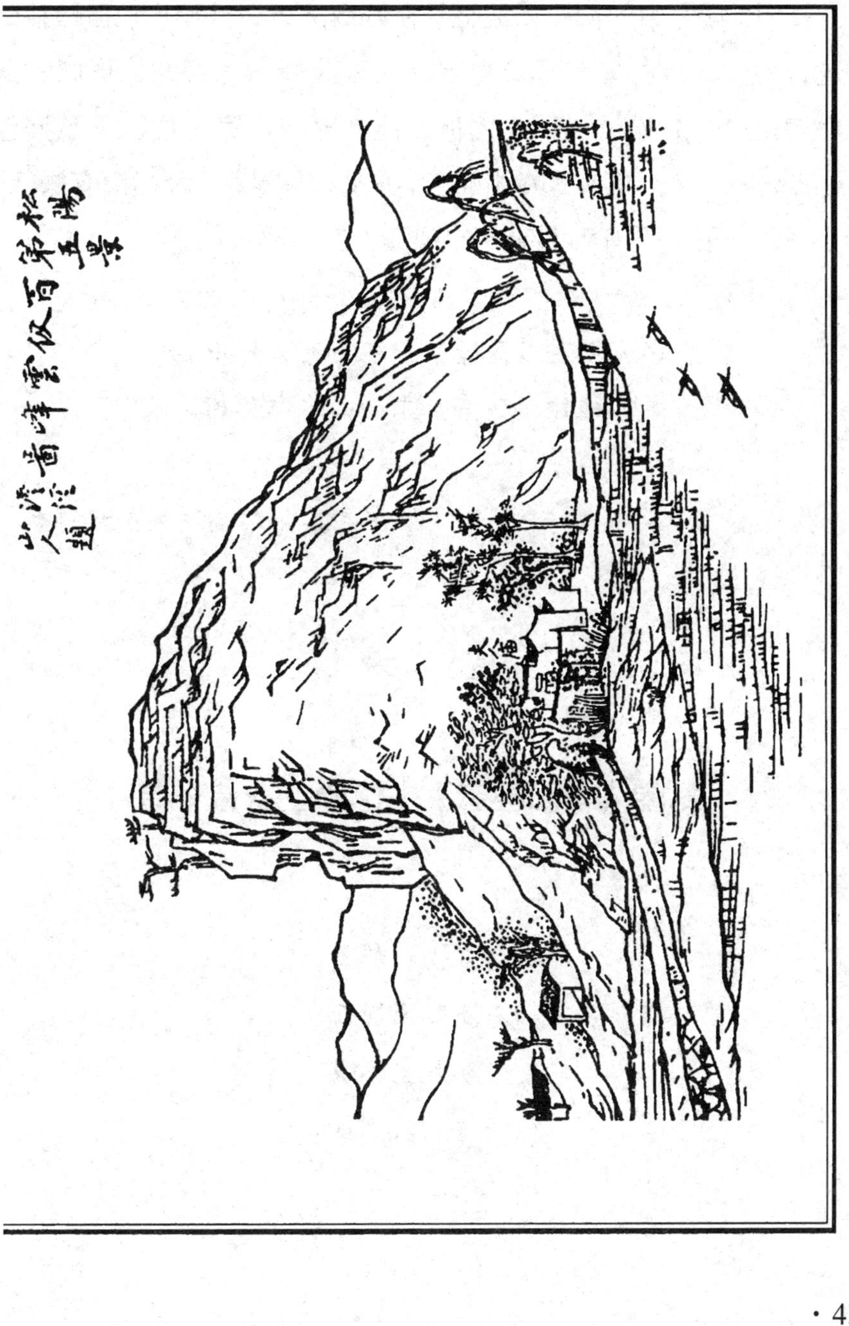

图　说

百仞云峰，为松阳十景之五。在城南济川门外南岸。孤峰独擎，高逾百仞，相传昔人量日影得之。又云此峰向南背北，形同蟾跃，反面如角弓。故松邑民风少团体，此则惑于形家之说，不足据也。然秀占一方，与桂林独秀峰相媲美，亦足以称雄耳。峰巅旧有蟾峰阁、太乙亭，今废。下有大慈寺、瑞现夫人庙，香火颇盛。

山城近对最高峰，如在苍苍云气中。
争似桂林夸独秀，东南山水亦称雄。

民国《松阳县志》总编高焕然记并题

从　录

乾隆《松阳县志》主修曹立身诗一首

峰高百仞接苍雯，
触石还疑涌夏云。
树影参差空际现，
岚烟数点散氤氲。

松阳第六景：塔溪绿涨图

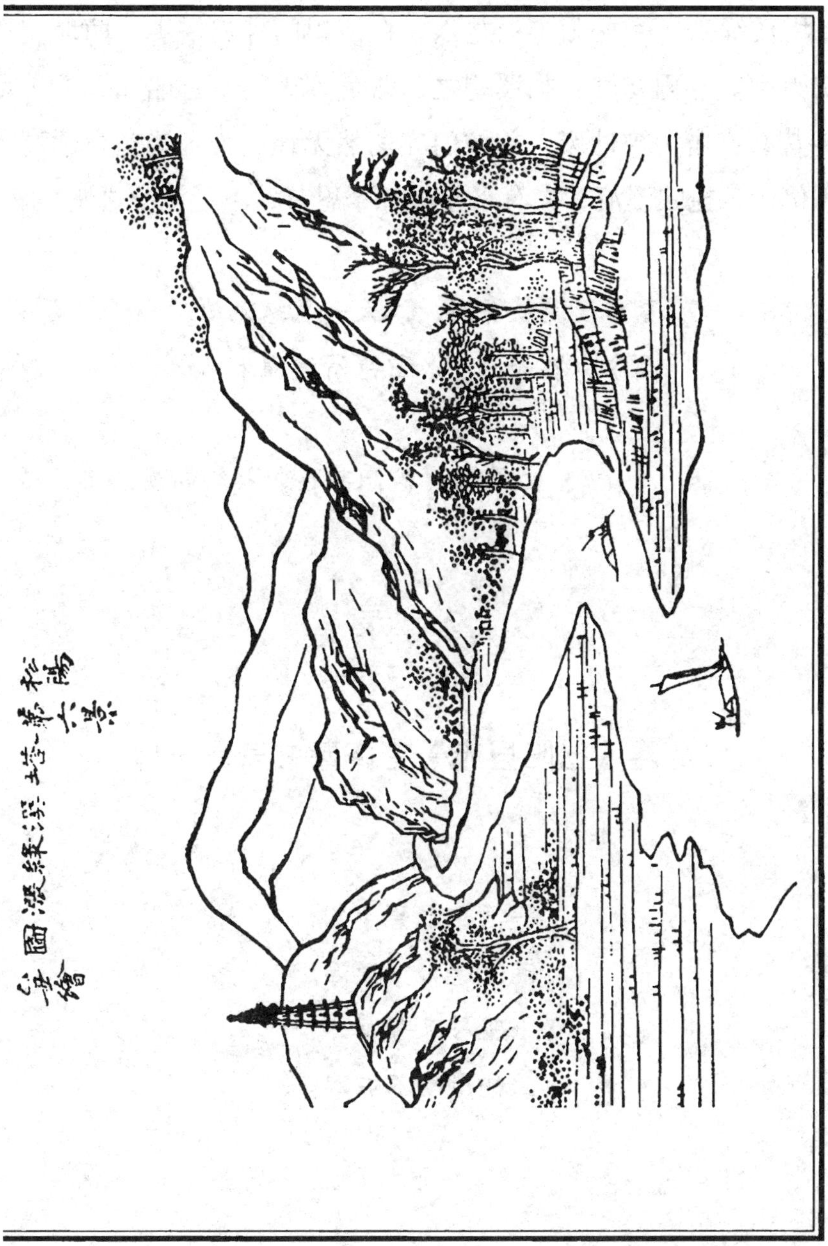

图　说

塔溪绿涨，为松阳十景之六。在济川门外赤塔埠，两堰交通，灌田万顷。春雨初涨，临溪望之，碧色连天，不啻船如天上坐焉。相传昔有赤塔久被冲废，并城门亦荡然无存。今则遥望青蒙高塔，夕阳倒影，掩映溪流，亦有兴趣。抚今思昔，不免沧桑之慨矣。

春水漫漫赋济川，江天一色绿无边。
至今赤塔知何处，留得清溪灌万田。

民国《松阳县志》总编高焕然记并题

从　录

乾隆《松阳县志》主修曹立身诗一首

一篙春水碧于油，
雨洗遥山黛欲浮。
小艇移来芳草岸，
兰桡微动不惊鸥。

松阳第七景：柳池鱼跃图

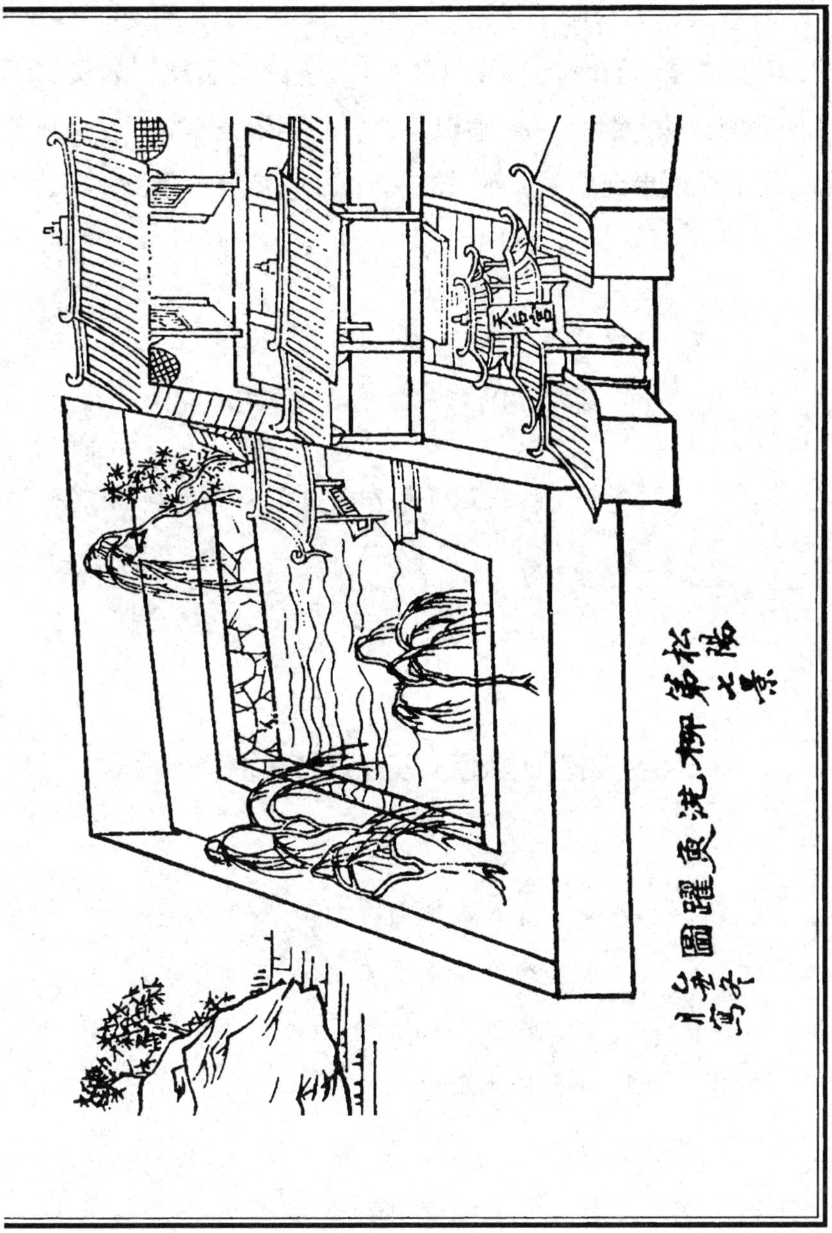

图 说

柳池鱼跃，为松阳十景之七。在城北天后宫之西厢。昔年绿荫垂钓，宛若隋堤，乃鱼柳俱亡，已非一日。光绪壬辰，焕[1]曾读书于此，为补种垂柳数株，畜鲤数尾，暇辄凭栏，风景依然，尝吟“春暖观鱼跃”之句。后于戊戌果捷春闱，亦先机欤？民国庚申，闽商醵修天后宫，池东添建一亭，而荒芜如故。苟将此地改造喷水池，尤为绝妙胜景也。

记曾补种柳千丝，摇曳春波影满池。
幸得登龙偿夙愿，尝年跃鲤已先知。

民国《松阳县志》总编高焕然记并题

丛 录

乾隆《松阳县志》主修曹立身诗一首

几条弱柳嫩于丝，
金缕依依映玉池。
悟到天机活泼处，
任他鱼乐我安知。

①焕：高焕然（1861—1934），讳贤襄，学名焕然，又名邦伟，字昕斋，号鲁才，松阳象溪镇象溪村人。民国《松阳县志》主编。

松阳第八景：梅墩春色图

图　说

梅墩春色，为松阳十景之八。在县西五里上方山前。旧志载，上方福安寺，即今延庆寺，前行六七十步有梅花墩。今墩已不存，梅仅有小叶村数株，其地与小赤壁、小桃源相接壤，延庆寺塔巍然相衬。唐宋名人恒隐于此。想当年梅雪争春，骚人搁笔顿忘，其为孤山处士之胜焉。

昔年湖畔惯寻芳，放棹孤山问短长。
此日梅墩重选胜，何来处士共吟香。

民国《松阳县志》总编高焕然记并题

丛　录

乾隆《松阳县志》主修曹立身诗一首

美人香绕罗浮梦，
处士吟成疏影诗。
莫道空山多寂寂，
春风先透最高枝。

松阳第九景：邮亭远眺图

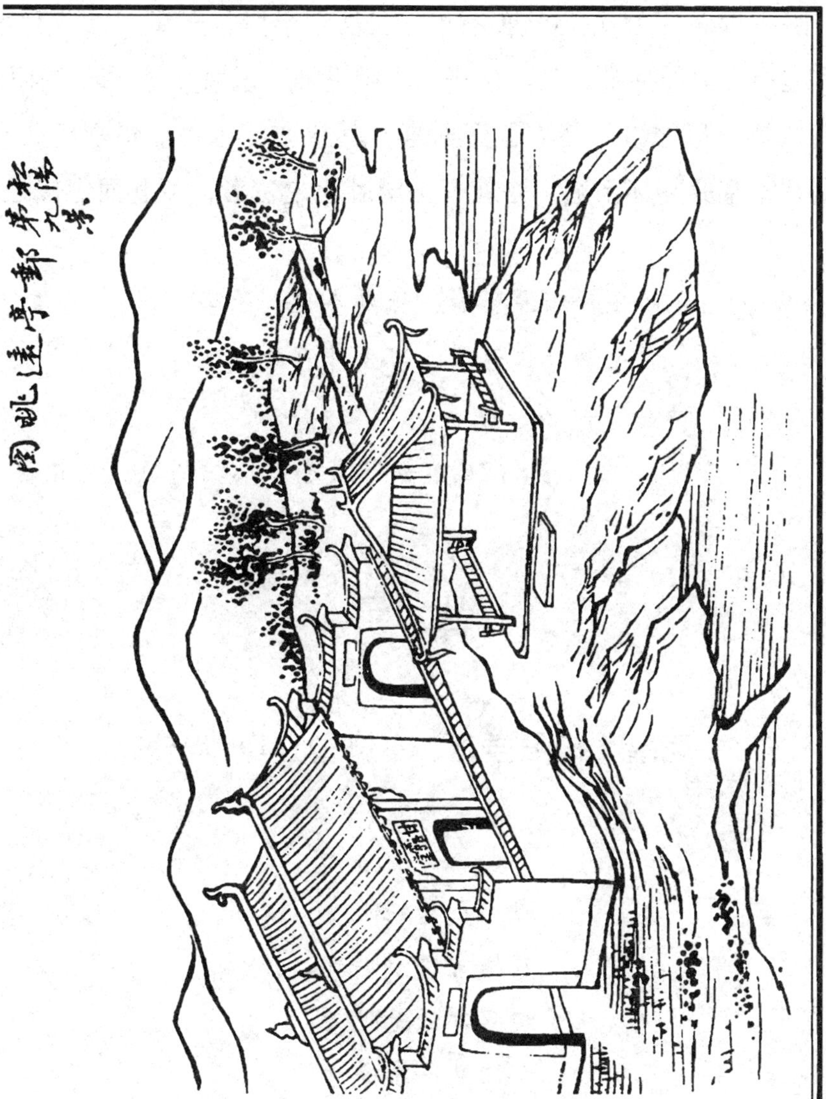

图　说

邮亭远眺，为松阳十景之九。在县东半里甘露堂前。昔为接诏迎官之所，道通括郡，路达京华，一望平畴，远风交送，倚亭闲眺，具有扶摇万里之思。昔人创建斯亭，其意亦深远也。惜亭废久矣，今则甘露堂亦颓坏不堪。是在有保留胜境之责者，急起而倡修之。

一望平畴草色青，春郊半里到长亭。
往来多少蓬瀛客，万里冲霄此发硎。

民国《松阳县志》总编高焕然记并题

从　录

乾隆《松阳县志》主修曹立身诗一首

春风匹马到邮亭，
花靥含娇柳眼青。
极目郊原无限景，
莺啼又过小渔汀。

松阳第十景：双童积雪

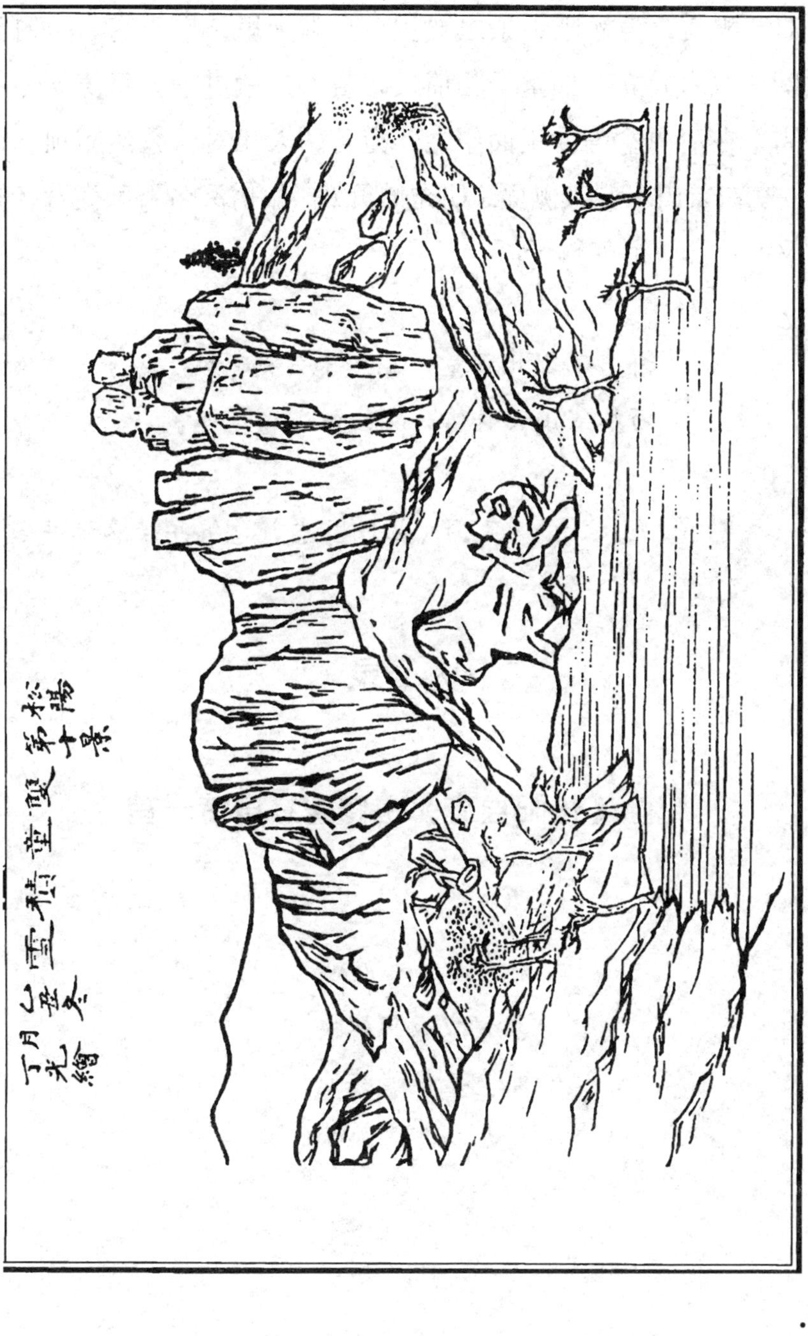

图　说

双童积雪，为松阳十景之殿。在县南十里，界于南岩、白云两山之间。双岩并立，如童子相倚负，俗名二童讲书。每值严冬，峰头积雪，在清源垄等处正面望之，宛若两人相对，秃然露顶，情形毕肖。在白云山上望其侧面，如秃僧负妇，故俗又名石和尚背老婆。岩麓又有巨石，形如狮子。

讲书不辍此顽童，兀立峰头笑晚风。
历尽寒山天作雪，穷经皓首白蓬蓬。

民国《松阳县志》总编高焕然记并题

丛　录

乾隆《松阳县志》主修曹立身诗一首

柳絮梨花一夜吹，
寒鸦寂寂宿林枝。
双童兀坐谈经处，
笑尔功深雪映帷。

三

古市镇

GUSHI ZHEN

1. 古市城区

古市城区地舆图介

古市城区为古市镇政府驻地，位于县政府驻地西北 12 公里，坐落于松古盆地中部、松阴溪上游北岸。

东汉建安四年（199），分章安县南乡置松阳县，古市为县治。唐贞元年间（785—805），因水患，县治改设在松阳紫荆村。古市以旧县治得名，故又称“旧市”，是丽水市最古老的集镇，位居浙西南四大古镇之首，素有“历史重镇”之美称。明、清为乡里制，古市城区属旌义乡瑞应里。1930 年始设古市镇。古市城区居民姓氏颇多，其中厦田叶氏、塘岸叶氏、观口潘氏、三角坛刘氏、大井头叶氏、下街潘氏、城头洪氏、内孟孟氏在修编宗谱时绘有古市相关地舆图。这些姓氏均为古市望族。

厦田叶氏，派衍卯山。叶俭廿九世孙叶修己，号居敬，宋雍州学士，封冲和先生，见古市之地北倚卯山，南傍大溪，田地开阔，又有永宁观等诸多胜景，可耕可读，遂择古市厦田之地（后又称塘岸），卜筑而居，是为厦田叶氏始祖。后世子孙绘《古市地舆之图》和《永宁观图》载于宗谱。

塘岸叶氏，支分厦田。叶俭五十二世孙叶长潆（1724—1789），字位育，号翼趋，世居塘岸，于清乾隆年间（1736—1795），置买位于古市塘岸东北数十处厅屋堂及前后左右空基，抽作己产，隐然有创祠之意。其子孙为承祖意，于道光元年（1821）营造家祠，构造享堂，置叶位育神位。其子孙尊叶位育为塘岸叶氏祖，同时接续家谱。后世子孙绘《古市里居图》载于家谱。

观口潘氏先祖潘盛，宋举孝廉，任杭州别驾，致仕遂居于杭州武林之漾沙坊。卒后，其子潘谋、潘谅迁居丽水横塘丁川。传数世，潘渊徙居武义上坦；又传五世，潘钊因避乱迁松邑之太平坊；再传至潘润二，见旧市之地有卯山映翠，溪水环流，仙迹灵秀，景色可人，遂于元至正丙午年（1366），自太平坊徙居旧市观口，开创基业。后世子孙绘《古市地舆之图》载于宗谱。

三角坛刘氏祖籍河南汴梁。始祖刘辉，南宋建炎元年（1127）官封镇国上将军，生二子，长子刘勋为评事大夫，次子刘煦为御史大夫。因从宋高宗南渡，时与秦桧不合，恐为所害，遂解组归田，于绍兴十二年（1142）举家隐于松邑外十三都朱岱而居。之后，刘煦仍归汴梁，而刘勋则相中旧市之地钟灵毓秀、民风淳朴，遂于绍兴二十二年（1153）自朱岱迁徙至旧市三角坛，买宅建宗庙，安家创业。后世子孙绘《旧市舆图》载于宗谱。

大井头叶氏，派衍卯山。叶俭廿九世孙叶修睦，宋大理寺评事，因爱旧市之地田园秀丽、地灵人杰，遂择吉卜筑古市大井头而居。后世子孙绘《古市地舆图》载于宗谱。

下街潘氏始迁祖潘福五，字寿先。于南宋德祐年间（1275—1276），自遂昌四都殿岗墓岭后入赘松阳古市叶氏。为古市下街潘氏一世祖。后世子孙绘《古市舆地图》载于宗谱。

城头洪氏始迁祖洪嘉猷（1608—1650），字文远，于明末，由徽州歙县（从事盐业）至温州永嘉，再至丽水，后至松阳之古市，见其地山水清奇，地势平旷，又有水运之便利，遂择古市城头之地，卜筑而居。后世子孙绘《古市居址图》载于宗谱。

内孟孟氏始祖孟世醴，字醇，号东瀛，宋乾道进士。淳熙元年（1174）由秘书郎改授松阳主簿。致仕卜居十二都内孟村，今为新兴镇内孟村。

孟氏一族云仍繁衍，簪缨鼎盛，后裔播及周边一带和遂昌等地。内孟孟氏传四世后，留守基业的族人分文、行、忠、信四房。孟世醴十五世孙孟士生（1630—1700），字宾予，属忠房。见离村6公里之古市，青山后拥，绿水前环，钟灵毓秀，遂自内孟迁徙至古市，卜筑而家。后世子孙绘《旧市之图》载于宗谱。

厦田叶氏宗谱·古市地舆之图

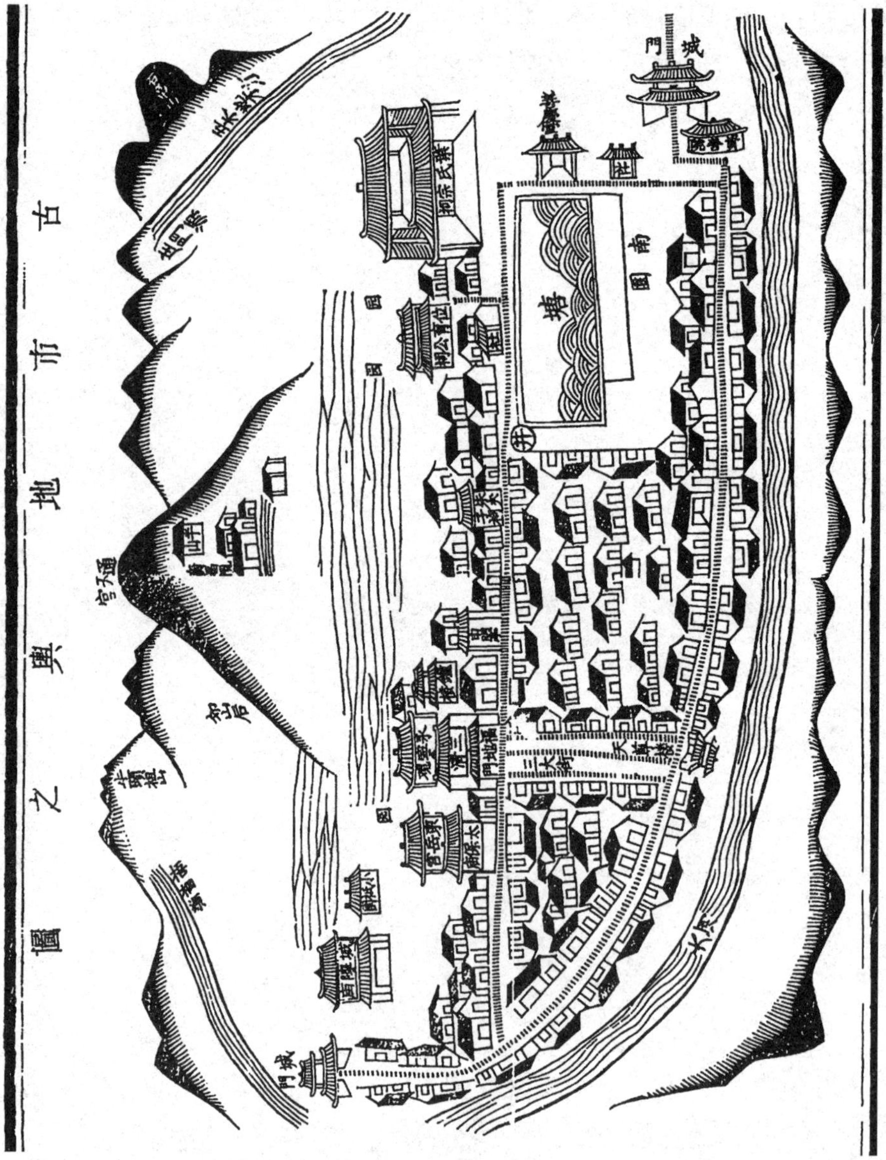

厦田叶氏宗谱·永宁观图

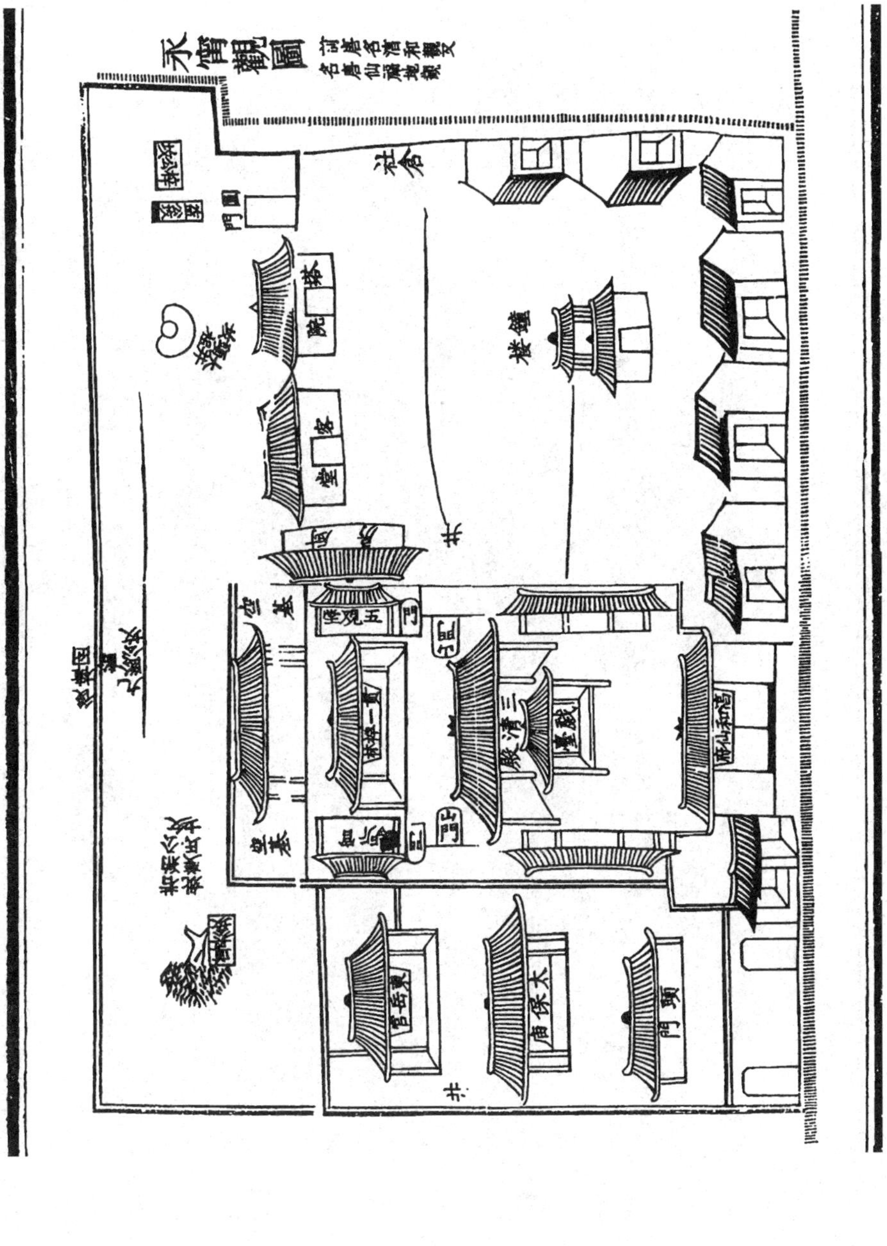

塘岸叶氏宗谱·古市里居图

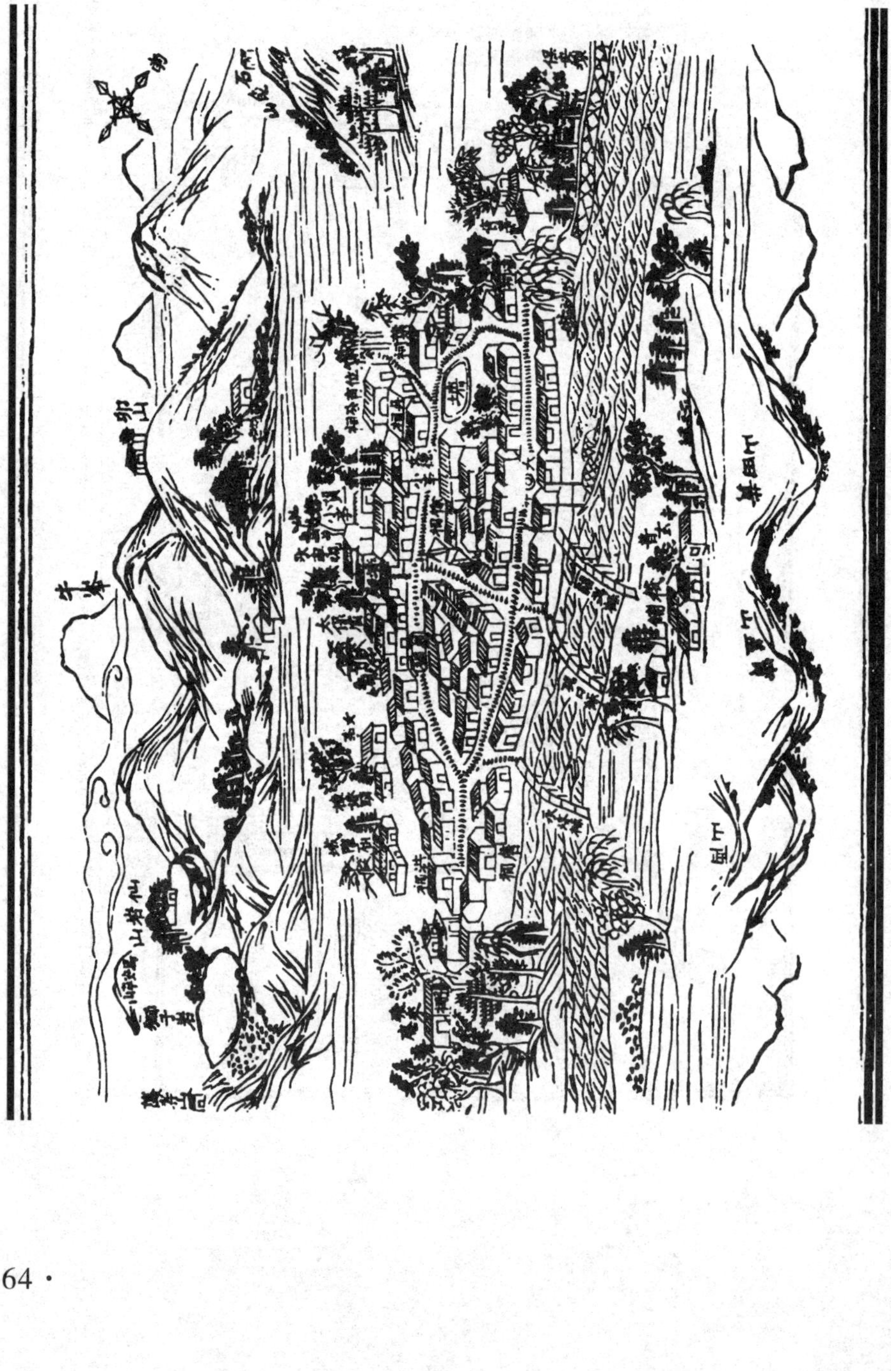

观口潘氏宗谱·古市地舆之图

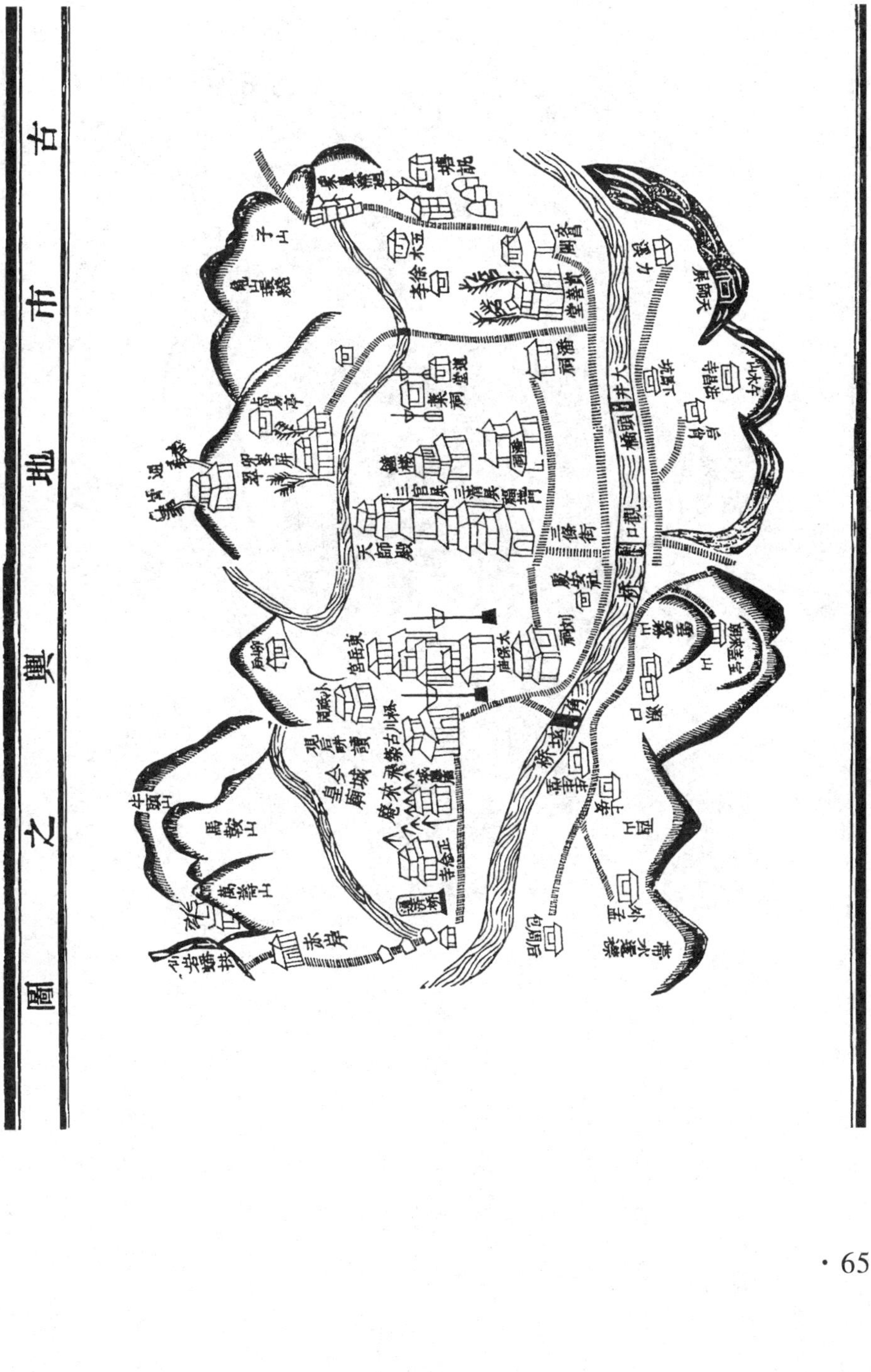

三角坛刘氏宗谱·旧市舆图

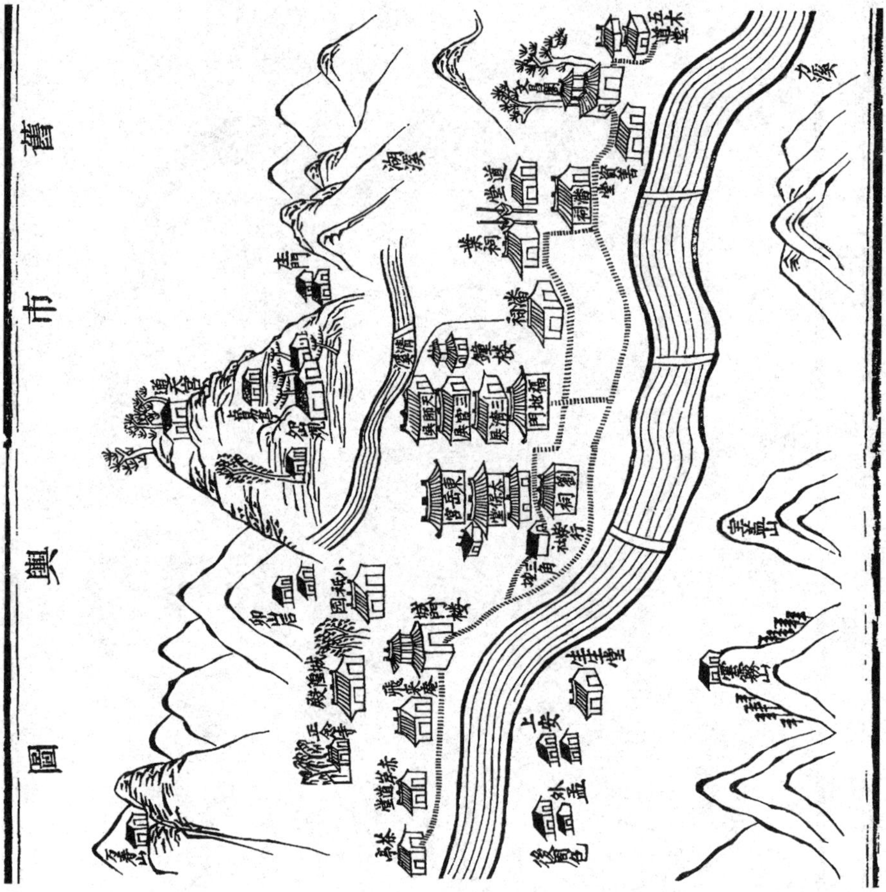

大井头叶氏宗谱·古市地舆图

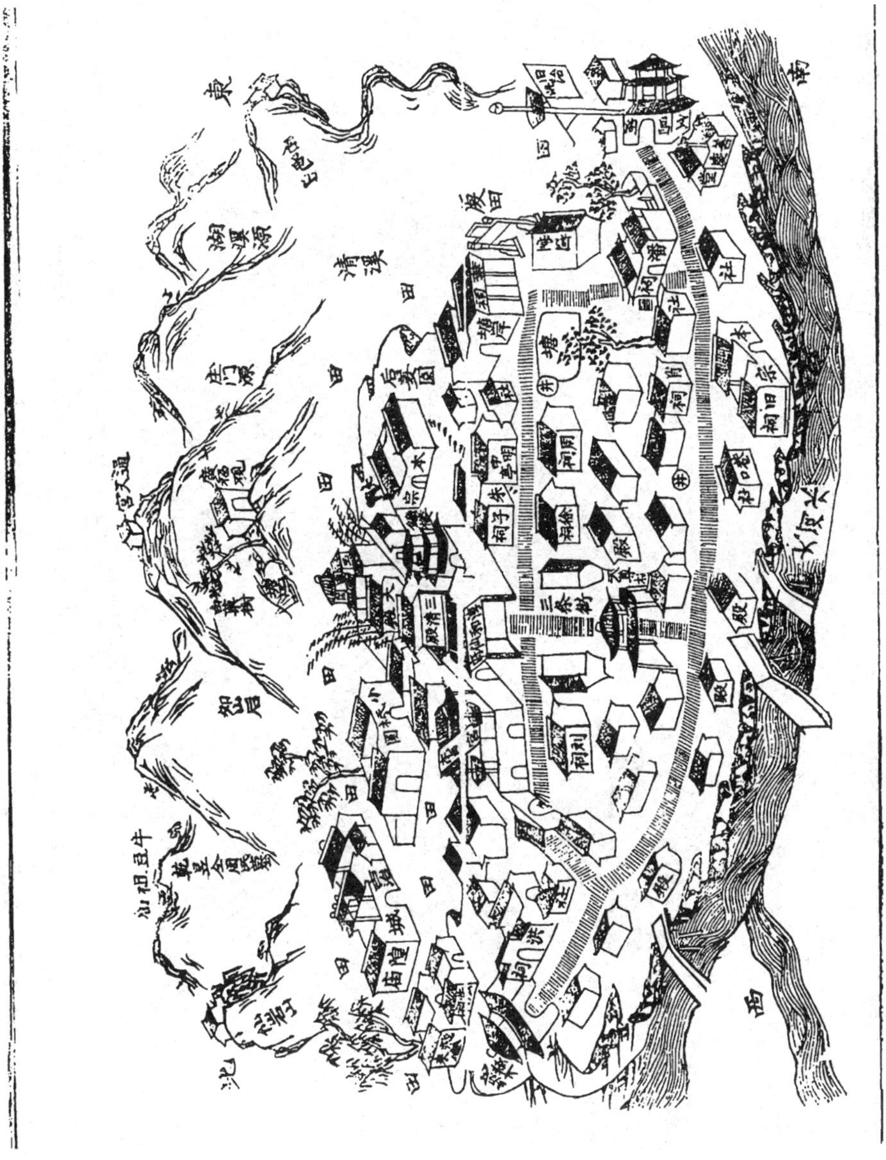

下街潘氏宗谱·古市地舆图

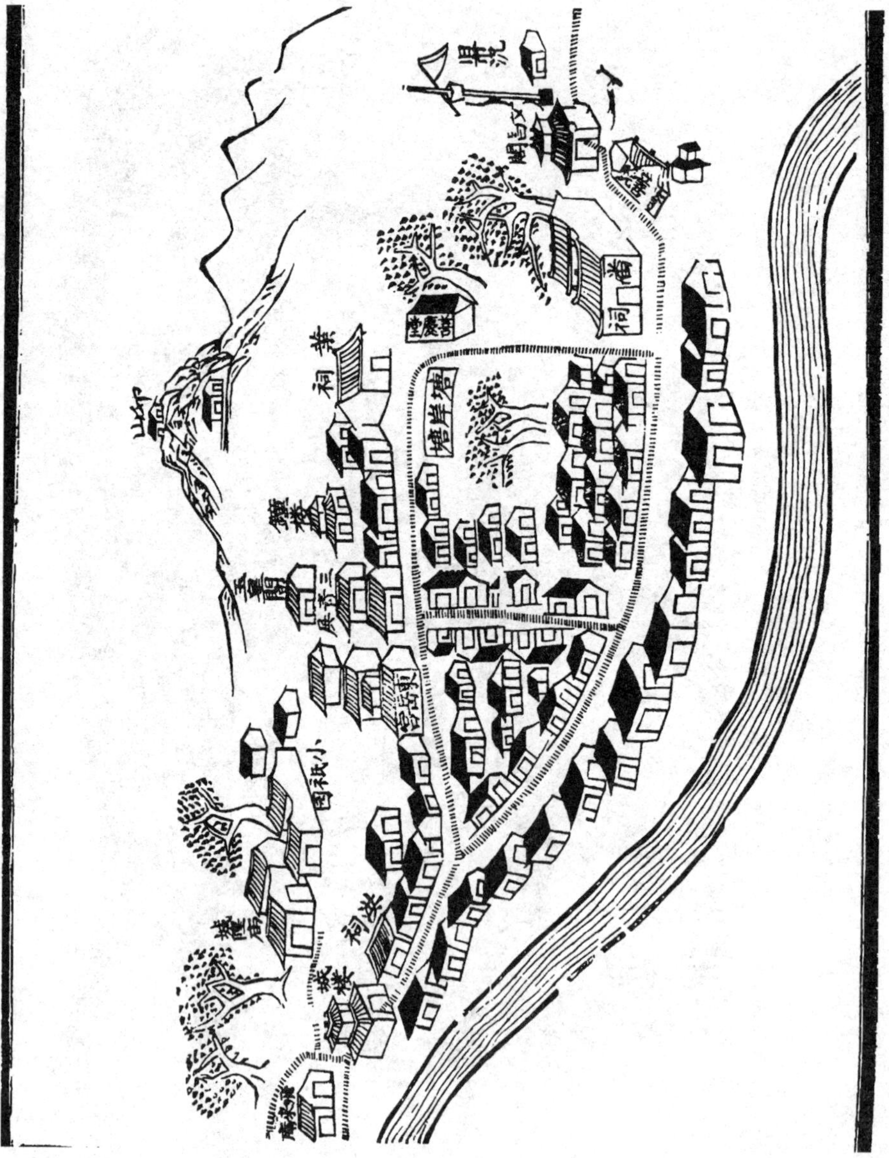

城头洪氏宗谱·古市居址图

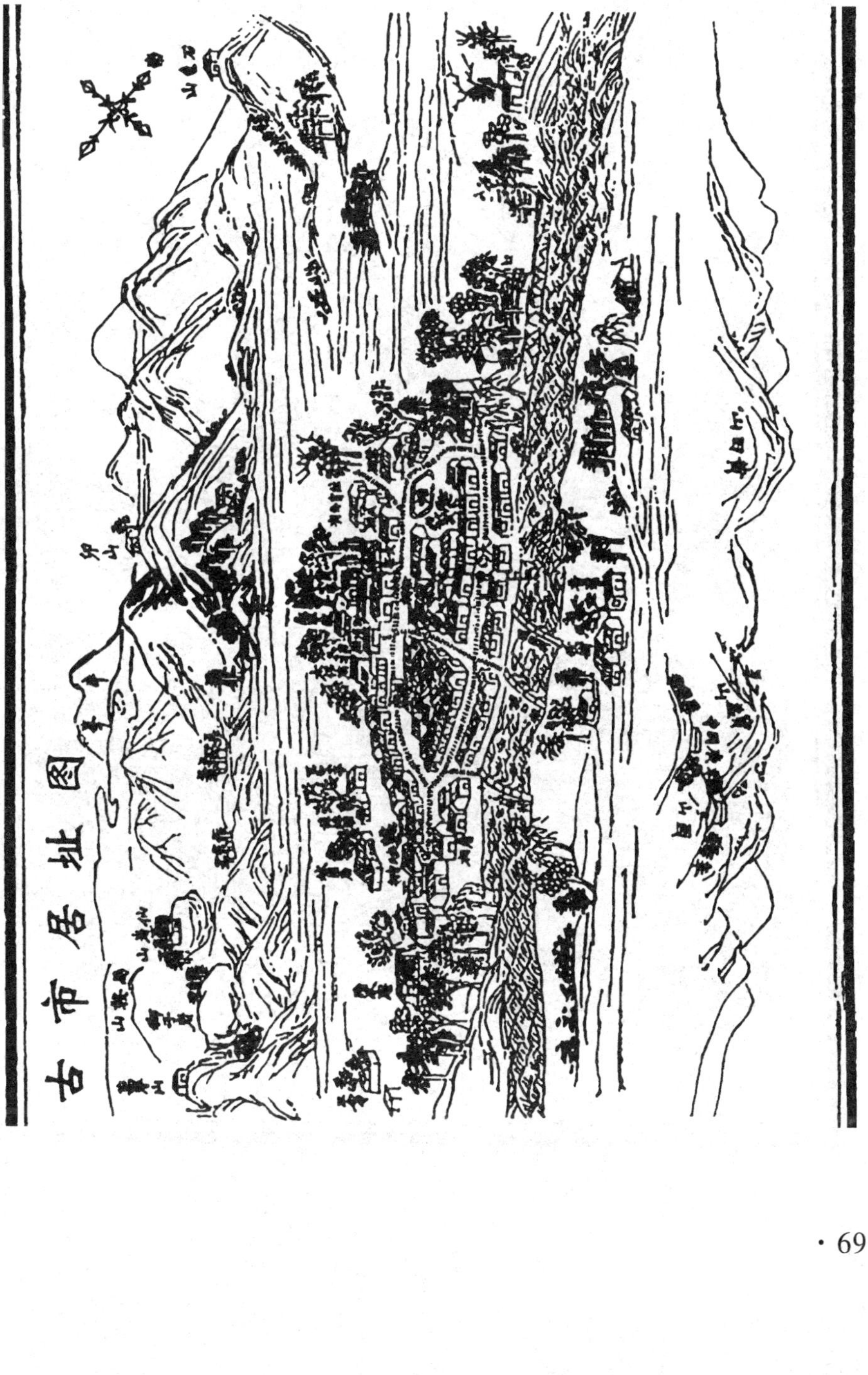

内孟孟氏宗谱·旧市之图

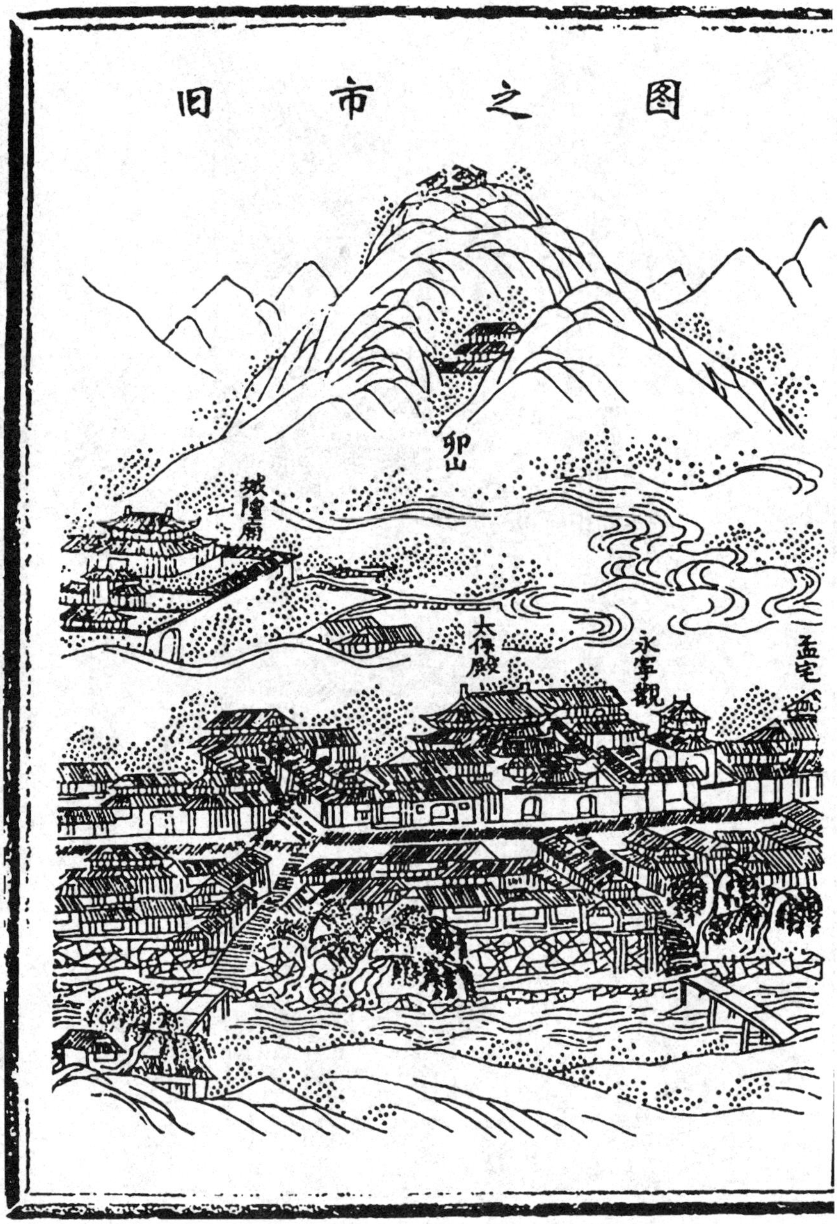

丛　录

厦门叶氏宗谱·记古市诗

括郡通衢接遂昌，家居古市通南阳。
四山圣迹仙峰异，一水源流祖脉长。
丹井龙潜云气湿，苍穹鹤唳月光凉。
真人造就朝天去，后裔犹闻道德彰。

南阳裔孙性存

塘岸叶氏宗谱·古市记（节选）

古市叶氏自晋始。晋俭公解郡职，卜居于卯山之阳地，即今之古市。古市亦名旧市，在松城北，距城二十里，属旌义乡。乡之义士谁何，旌于何代，今已不可稽矣。亦名瑞应里，相传本境有皂角树一株，每逢连理枝生，必有人出仕，故名瑞应里。

古市禹贡为扬州域，春秋属越，战国属楚，秦属闽中郡，西汉属回浦县，东汉属章安县。至汉献帝建安八年，孙吴割章安南乡、永宁县西乡地置松阳县，县治设旧市。刘宋太平元年改松阳为缙州（见徐文范《东晋南北朝舆地表》），即为州治。隋开皇九年，割县东乡地为栝苍县，置处州，松阳仍为县。唐武德三年改松阳为松州，五年升为总管府，六年改都督府，古市又为州治、府治。八年松阳仍改为县。德宗贞元年间，县治被水，迁于治东二十里紫荆村，即今县治是。古市今一乡镇耳，而溯其历史，曾为县治、州治、府治，盛衰易势，陵谷变迁，不其然欤？

古市山脉自梧桐山蜿蜒而来，后枕卯山，南面宝盖，回环若屏风，北则长松、庄门诸山如游龙围绕，马鞍峙其西，邵尖障其东，数十里内地势平衍、田畴接壤。历处属十邑县治地面开畅无有出其右者。处属置县松阳为最早，县治首置于古市其以此欤？

古市水源出于遂昌之西，中合细流经六七十里之遥，自古市南，经邑治、丽水、青田而达于东瓯。上流水势湍急，但小舟竹筏往来尚舒畅，凡土货输出，外货输入，胥赖此一沟水以交通焉。故老相传此溪曾由上方经古市之背，出五木象鼻嘴而去，此等变迁唐欤？宋欤？元明欤？记载无证。但今市后田畈有上后塘、下后塘、下溪垅等土名，顾名思义殊可证信也。“后”松土音与“河”同，后塘即河荡之转，想见积水成荡、积砂成田之变迁。一线细流变迁如此无常，无怪长江大河浩浩荡荡，东迁西徙不可思议也。

市之住户现约千二三百户，分六庄：曰城头、曰三角坛、曰观口、曰大井头、曰塘岸、曰下街。市南隔溪相望有住户六七十家，曰筏铺，古名水南属观口庄。市之西北，中隔小田畈，有住户十数家，曰樟塔头，属三角坛庄。樟塔头西有住户十数家，曰小祇园，属于城头庄。古时六庄外犹有陈村一庄，在塘岸东北，废于何时已不可稽考，今只邑志有此记载，田畈中有此土名耳。又市杪为金弄街，市后为后姜园，相传古时为市中繁盛处，今则蓬蒿满目，荒冢累累，念昔人华屋山邱之句，不禁有同慨也。

市之古迹城隍庙，闻设治后即有，但庙址已数迁，今可知者最早在城杪金弄街，现有田三亩，土名曰古城隍庙基者是。其次在城头庄外飞来庵前，现为沙圩清溪。小祇园上首，今有宫巍巍署城隍庙者，即清道光间旧庙水冲。吾家方魁、方泰诸叔祖与乡人潘佐廷等协同新建者也。溯吾市废治已千有余年，而此治制时留遗物，迭遭灾劫，仍保留勿替，亦可见吾乡先辈爱护古迹之至意矣！

叶保彝志

观口潘市宗谱·古市地舆之图引

古者画疆宇以奠，民居要必川源秀丽，足称名胜者民斯鸠聚焉。旧市为古县治，自唐别迁分析为乡而旧市始著。然山川之永镇朝霭犹是也，河岳之灵耸拱照如故也，维流维峙。

诚有足观吾潘氏，自润二公卜筑兹土由来久矣。使毕登高远眺，始得其胜。孰若就世之工画者，付诸剞劂列之谱中以便观览，则其间梵刹之遗规、比屋之联烟、畎亩之鳞积，一望而尽在目中矣。

观口潘市宗谱·古市十景诗

松川古筑

城郭峥嵘依碧空，繁华不减旧豪雄。
旌旗冠盖成遐想，箫鼓鱼盐觉倍丰。
书馆静开深巷里，酒帘斜舞通衢中。
犹然闾井长无恙，古市独存太古风。

霏溪练白

谁将素练挂长川，逐浪随波独擅娟。
一道常涵明月照，千寻每与白云连。
飘扬疑是西施浣，漾荡浑如织女捐。
应为染人染未得，中流一匹自年年。

龟山朝旭

朝来龟岭彩云周，知是红轮出海游。
乍看一痕精魄动，转观万道霞光浮。
青松破溟婆娑立，草露泻金照曜流。
鸣凤高冈应预待，愿将葵悃献君侯。

仙岩蟠拱

仙岩屹起郁嵯峨，地得仙名景气多。
漠漠恍如虎踞壁，离离宛似龙藏阿。
长空云净峰争出，天半风恬鸟互歌。
试上城楼闲眺望，纵横叠嶂信如何。

象鼻潆洄

烟霏象鼻石成斑，牢锁地脉水一湾。
潜伏岸旁波婉转，喘呼沙际气潺湲。
涨平半似凫浮浦，滩瘦全疑鳌驾山。
岩岩垒垒重重捍，应有贤豪毓此间。

明善书声

书斋自昔驻名贤，讲道泽流几百年。
灯向青藜阁下得，经从白鹿洞中传。
春弦夏诵功无间，此唱彼和志相连。
十载寒窗诚未易，鹏程万里须争先。

永宁钟韵

市镇谁道漏声遥，古刹鸣钟彻九霄。
云外敲来音袅袅，风前吹去韵飘飘。
唤回鹤梦影孤只，惊动秋砧月寂寥。
夜半乍闻几起坐，诗思勃发把灯挑。

卯山屏翠

我爱卯山积翠深，凌空屹立宛如屏。
巍峨观绕数竿竹，阴翳树围半亩亭。
石上灵芝千载秀，崖边古柏四时青。
山翁漫道看无厌，来往游人谁不停。

荷塘新野

绿点池塘总是春，一番风雨一番新。
接天芳草欲迷眼，点水圆荷更可人。
牧笛声声村巷雅，秧歌细细葛天民。
三时农事从兹始，叱犊北郊忘苦辛。

宝盖夕晖

霏微宝盖郁葱葱，霭霭余晖作意红。
云彩辉煌金世界，霞光灿烂蕊珠宫。
数声啼鸟斜阳里，一色林峦落照中。
更望寒烟连翠嶂，暮山晚色景无穷。

大清乾隆十八年癸酉秋月十二世孙昶咏

三角坛刘氏宗谱·旧市舆图引

古者画疆宇以奠，民居要亦山川秀丽，稍称名胜者民斯鸠聚耳。旧市古称白龙县治，自唐改迁越宋元明以来，士敦诗书，农勤稼穑，工乐利市，三倍商庆，岁取什千。觇国者于此往往以人杰而征地灵也。矧夫日中为市，定以四九，肩摩毂击，八都称要冲焉。慨自甲寅兵燹，梓里蹂躏几为草莱之区也。

幸赖王师赫濯伏蟒歼除，长享太平久矣，第念山川人物每应运而生色，井疆土宇以踵事而增华。使必登高极目始得其胜，孰若就世之工画者列之于谱以便观览。其间比屋之蝉联、畎亩之鳞积一望而尽在目中矣。

三角坛刘氏宗谱·旧市舆图诗

崇祀亲亲洽德邻，地灵人杰振家声。
巍峨宫殿当庭拱，蒸蔚云霞绕户萦。
寺观绎连依保障，山河带砺托磐根。
辉联奎壁文光射，端许彭城巨族人。

宝婺邵雍和拜撰

大井头叶氏宗谱·古市地舆图诗

旧族南阳郡，卯峰仙迹堂。
清溪流泽远，瑞应建坊乡。
阀阅家声久，簪缨国典光。
宗功祖德宏，高曾季英长。
东山名广照，北面济冠裳。
鸿才窥学海，彩笔焕奎芒。
春至鱼龙化，秋来鹿鸣香。
古市培乔木，金枝衍蕃生。
汉柏煌封镐，江林灿璧钦。
甘裳辉玉锦，淳相耀圭铭。

光禄大夫裔孙惟鞠题

城头洪氏宗谱·古市居址图志

我敦煌洪氏发源于皖之歙，至清初康熙间*，嘉猷公从事盐业，初至永嘉，再至丽水，后至松阳之古市，见山水清奇、地势平旷，遂宅居焉。厥后生齿日繁人口众多，于清嘉庆间，议建宗祠于古市之城头。

夷考古市地方为古日之县治，不特东岳宫、城隍庙古迹俱在，即永宁一院其规划布置亦宛然县署规模也。唐德宗贞元间，县治被水迁于治东二十里之紫荆村，即今之县治是也。不曰古治而曰古市者，盖市字即治字之转音也。其地前临巽水，后枕卯山，仙岩峙其北，象鼻出其南，云山环绕郁乎穹苍，数十里内地势平衍，田畴肥美，历处属十邑无有出其右者。

我祖卜居于此，殆有审择而处之非偶然也。至若由此分出者则有仁房茂炘公迁居于城之东阁街，义房传尧公迁居于北乡之佳溪，礼房传祥公迁居于西乡之上源口，智房传泰公迁居于西乡之下源口，亦各历数世传有子若孙矣。大抵人事之更改与地势之变迁历年既久，但知现在之情形，安识当年之来历，即使父告其子，兄告其弟，不过约略而已，正恐辗转相告反致失真。故语言之传播不若文字之流传也。兹当修谱备志颠末，使后人有所稽考焉。

时民国二十一年七月十五日

九世孙家范志

*此处有误。《城头洪氏宗谱》载：洪嘉猷，生于明万历戊申年（1608），终于清顺治庚寅年（1650）。至康熙年间（1662—1722），嘉猷公已去世。

2. 卯峰·怀德里

卯峰怀德里地舆图介

卯峰（即卯山）怀德里，古属旌义乡，南与瑞应里为邻，今皆属古市镇。卯山位于古市镇东北 2.5 公里，是卯山叶氏发脉之地。

汉献帝建安二年（197），叶公之廿二代孙叶望，为避战乱，举家南下，择居松邑之卯山。尔后，嗣孙散居四方，其六世孙叶俭，号仲廉，于东晋建武元年（317）致仕回归故里，居卯山之南麓，重整基业。子孙繁衍，遍及江南各地。传二十七世，留守基业的族人叶劝，值宋庆历壬午年（1042），祖宅罹于兵火。再创新居后，更号卯山为“卯峰”。后世子孙绘《卯山怀德里地舆图》，载于宗谱。

卯峰广远叶氏宗谱·卯峰怀德里地舆图

丛　录

卯峰广远叶氏宗谱·卯峰怀德里地舆图记

卯峰者，松邑北乡之怀德里也，不知辟自何人，亦不知其肇于何代。余族二世祖俭公为晋折冲大将军，除临海太守，致仕择居于此，系僻壤荒陬之地，第宅无多；而学诗习礼之家，弦诵不辍。语所云：十室之邑必有忠信者。将毋同耶。

推其地脉之发源，远者未之或追。其近龙出祖则起自九云峰，幔天云水宛转，委蛇盘折，以至于太平之巅复起星峦，重开屏障，跌落平洋穿田过峡而来；一带冈陵分枝擘干迤逦而南侍，从星辰迎送夹辅直至宗祠之后，团聚营结方住脉焉。其前则左右二砂钳护，过宫山脚下各有涧水一湾，屈曲潆洄环绕村庄。双流汇聚之处则架石以为桥，为之外关两傍王道荡平舒徐曲折，由庄后村方穿塍越磴以达于白龙古市庄前。大道旁各建一亭，左名壮观，右呼小憩。至其下砂空缺处，高竖数楹而巍然独耸者，则为文昌奎阁也。是里也，后枕黄陵，前临绿野，卯山镇乎东，泽冈障乎西。里顶建立宗祠，由祠而东，左向而下之依山傍水之隈筑花坞一座，额曰：似园。乃余太祖韬光养晦之所也。其间竹木参差，楼台掩映，劚松石以堆岩，引清泉而蓄沼，琴书鱼鸟之乐莫是过也。一方名胜全在兹矣。

延及五代，传之隋唐，虽或盛或衰而名哲间出，世不乏人。如唐则有真人越国公，宋则有尚书石林公，明则有分居叶川头始祖御史希贤公。或学究天人，或名垂宇宙，功勋节义彪炳千古。何莫非山川灵秀所发祥耶。

我国朝定鼎以来，簪缨之世泽未泯，俗美风淳由称乐土。至康熙十三年，突遭耿獗猖狂，田园庐舍废遭过半，人民散乱，祠宇倾覆几乎不可复振。幸皇仁丕冒，师武威扬，跳梁小丑，顿时殄灭，家庭宗庙赖得渐次修复，然颓靡之余规模尚难猝就也。

余思先人创业之艰，既能大启尔宇以昭来兹，而为之后者苟弗能增其式廓守成之谓何。余是以商之宗人同心协力，有基者循其序而修葺，已毁者革其故而鼎新，斜者整之，缺者增之，不数年对衡望宇之际，园亭楼阁焕然聿新矣。而昔之悲寥落者，于今复见繁盛焉。自此以往，余愿世世子孙聚族兹土，永守勿替焉可尔。

乾隆二十五年岁次庚辰桂月　裔孙以光谨志

怀德里八景全图诗引

予家聚族于斯有年矣，瓜瓞长绵，簪缨相继，固先泽之培植独深，亦山川之钟灵独厚也。前人揽其胜概曾有八景之咏。予因修谱复请同人续和数章，亦足以见当年卜地之胜而流泽之甚远也。

五十三世孙万春谨识

卯山挂月（六首）

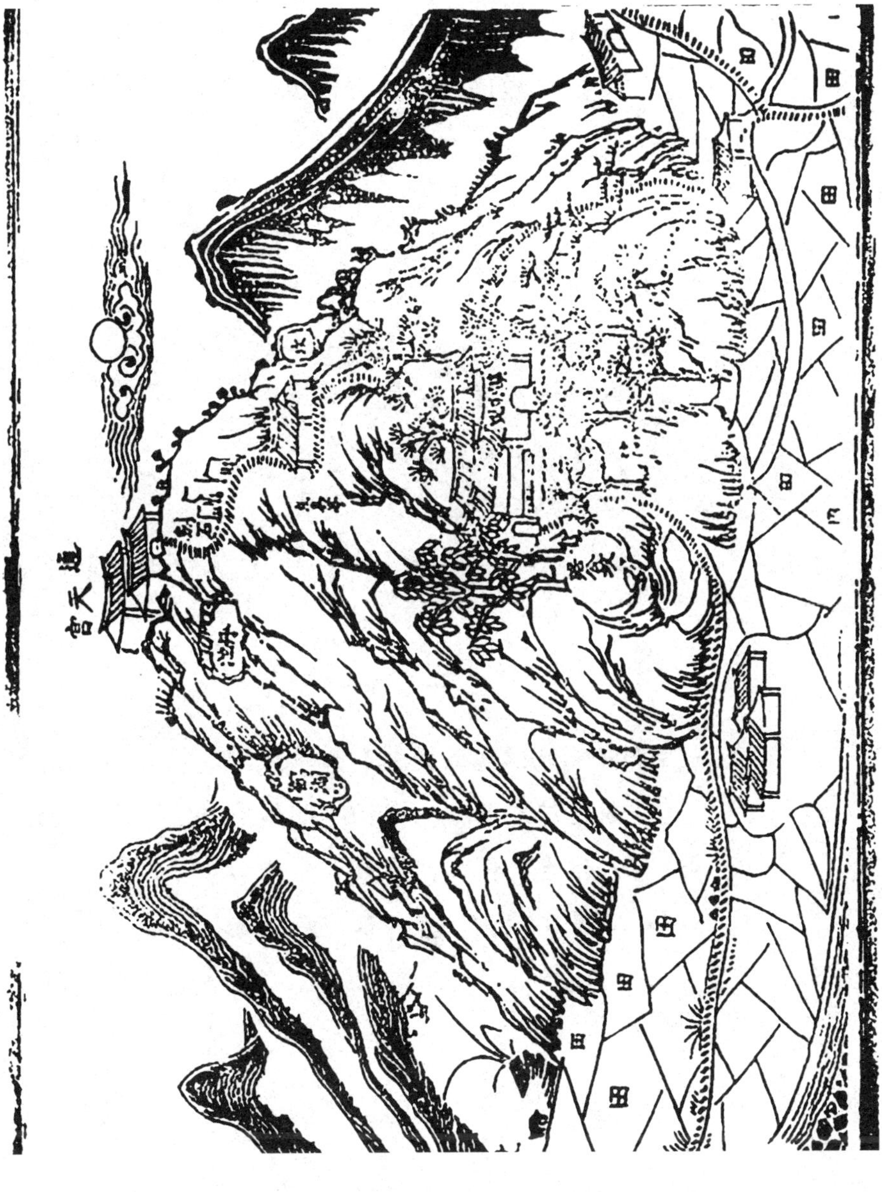

一

翠微成独立，绝顶露金波。
质受阳光满，魄涵凉气多。
运机旋昼夜，倒影缀山河。
笑仰传虚语，广寒有素娥。

士琳题

二

谁擎珠一颗，悬上卯山头。
皓魄升东海，清波映碧流。
光吐黄金殿，形成白玉球。
兔儿捣何药，杵落未曾休。

省斋潘润题

三

插汉峰峦势独嵬，芙蓉削出翠成堆。
庭空横起广寒殿，良夜高撑明镜台。
对我素娥空自笑，问渠丹桂自谁栽。
一枝欲折乘风去，直伴仙翁跨鹤回。

潜斋朱龙题

四

一轮高挂碧峰头，影样琉璃万顷秋。
凉籁奏成羽衣曲，恍疑身在广寒游。

水心适题

五

孤高耸翠出诸峰，万仞凌霄体势雄。
景是先天开洞府，秀从平地拔芙蓉。
远悬月色云痕灭，高挂山顶夜气冲。
皓魄一轮堪望赏，清辉相对广寒宫。

味道题

六

孤峰疑涌出，明月正当中。
玉镜高悬处，清光亘远空。

蒿生郑培椿题

璜岭横云（六首）

一

怪石如璜积，横云绕翠微。
暗同鸦弄影，闲共鹤忘机。
坳岫无心出，依岩有暇飞。
莫着浮空去，南北竟何依。

爱愚周杰题

二

青山横绕路歧通，万木森森翠几重。
常触闲云从石出，偏来危岫任时封。
高低变态苍还白，远近成痕淡更浓。
片片油然含雨意，峰头半接太虚中。

雪庵希贤题

三

锁岭闲云漠漠垂，因风舒卷住还飞。
随时变幻迎吟眼，五色文章缀锦机。

清臣题

四

峻岭起重云，蒙蒙时未曙。
中多采药人，常在云深处。

蒿生郑培椿题

五

重重五色霞，缥缈弄光明。
峦势飞来巧，罗文织得成。
长埋璜岭暗，横补缺山平。
收入吾儒腹，落毫锦绣生。

省斋罗文题

六

凌虚山骨耸，云气映霏微。
磊落琼堆障，悠扬锦散机。
连天苍狗变，夹日赤乌飞。
深处抱珠睡，螭然相附依。

士林题

太平仙府（六首）

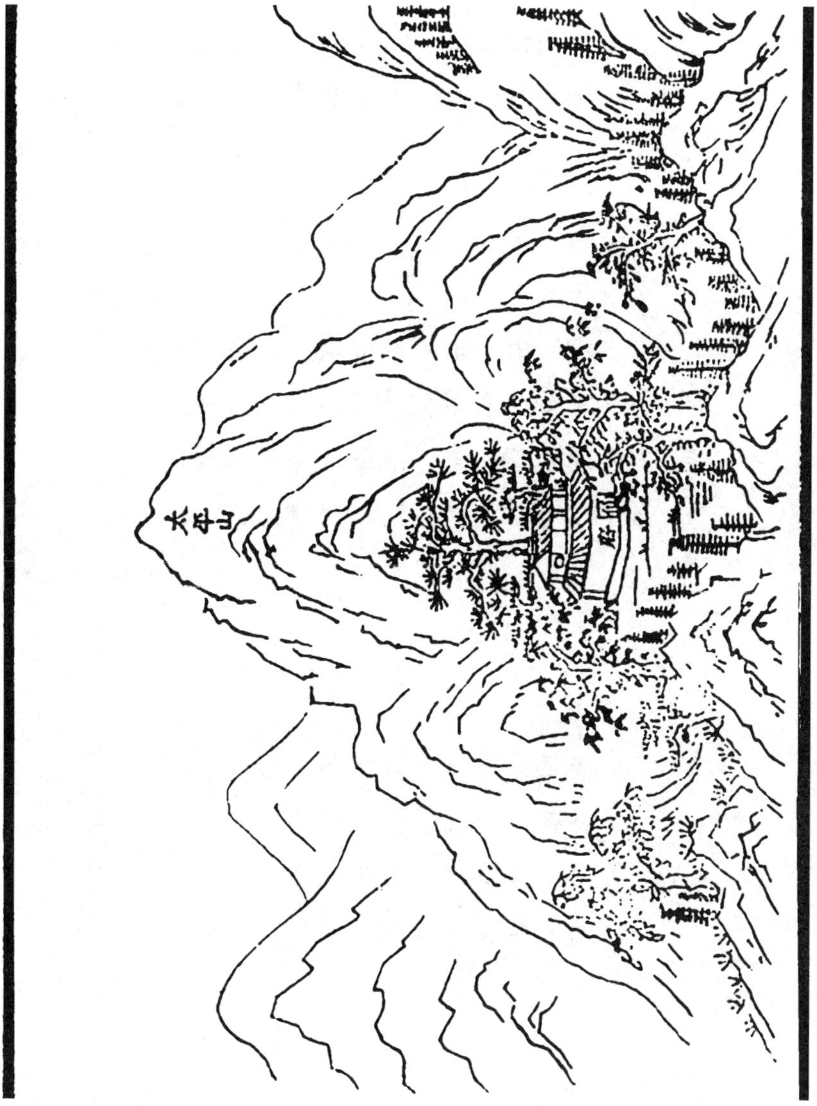

一

太平真胜景，故迹耸仙台。
窟邃云吞吐，洞虚月往来。
高明方岛屿，清净却尘埃。
插石题诗句，嘲风展浪才。

士琳题

二

太平人陟太平山，时际太平人自闲。
黄鸟呼余林木翠，清鞋踏破石苔斑。
流光逐电伤春老，浪迹凌空惜景悭。
话了三生归去晚，洞门深锁白云关。

潜斋朱龙题

三

深远太平处，洞天第一台。
林高留月住，门窄锁云来。
仙去遗奇迹，人游绝点埃。
飘然飞逸兴，顿觉陋凡才。

姜文佑题

四

凿破巉岩石，洞天深处开。
谁知仙子府，即是阆风台。
净地无尘染，剿云有鹤来。
琼浆何处觅，醉倒紫霞杯。

孟居仁题

五

高陟名山纵大观，壶天凿破几分宽。
风生两腋清诗思，何异梯云入广寒。

蔡懋建题

六

太平山上叠层峦，凿破巉岩一窍宽。
骑鹤上天云可抚，研硃点易露难干。
清溪洞口流无息，丹井泉中水最寒。
游月神仙何处去，常关仙府未曾还。

徐友蕃题

巷口似园（七首）

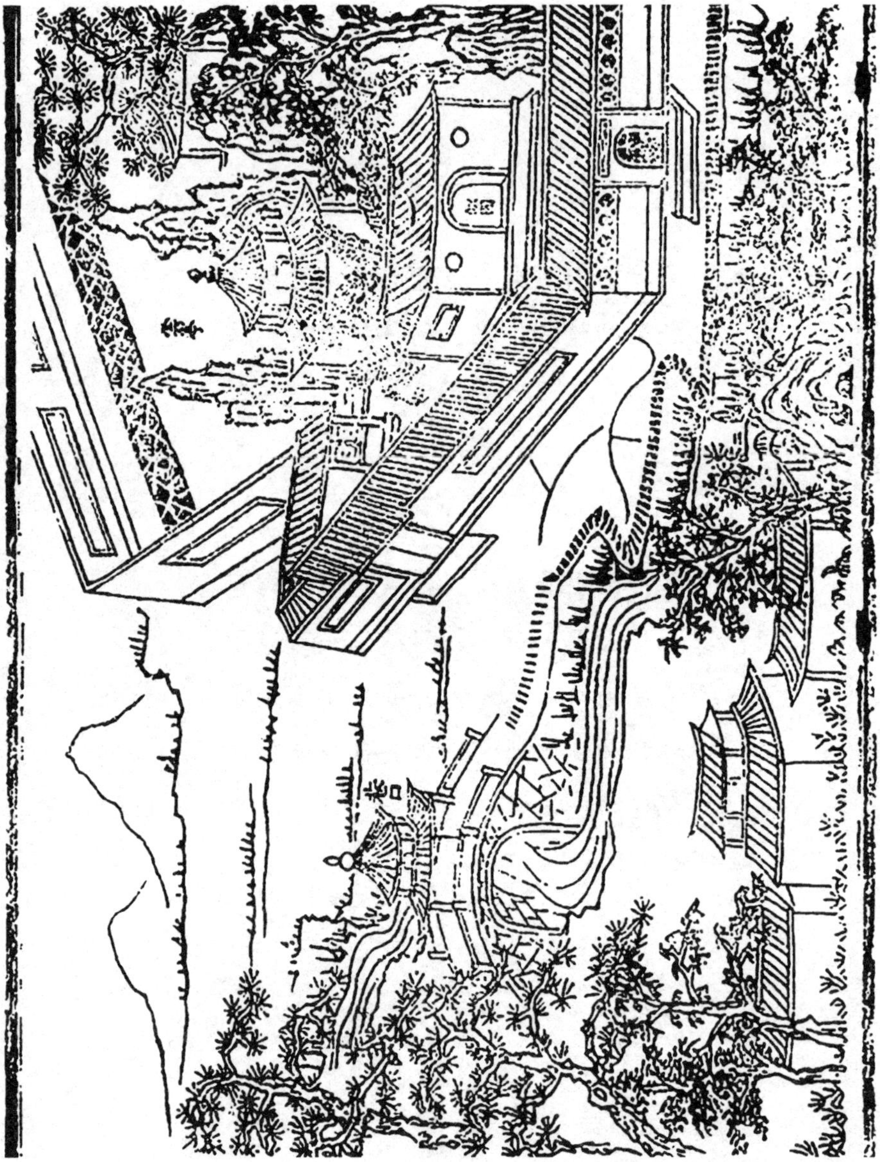

一

曷以园名似，分明一洞天。
方隅多胜景，幽邃隐高贤。
雨沫山容净，风含花气鲜。
徘回穿巷过，曲径小桥连。

程樟题

二

寻芳倏至卯山村，夺目迎眸乃一园。
怀德高人常独乐，闲时载酒赏东轩。

萧必强题

三

曲巷深幽古树遮，名园景色独纷华。
亭栽竹木呈苍翠，地接楼台映碧霞。
日涉游观多雅趣，时临赏玩有奇葩。
鸢鱼踊跃知留恋，题咏常迎长者车。

沈晦题

四

为访高人步似园，兰亭桂阁及风轩。
玉壶积翠花香润，石洞藏丹云气温。

水影倒栖松顶鹤，谷音遥和岭头猿。
个中妙处谁能画，写入篇章赋赠言。

瑭珪题

五

荒凉剥落孰重培，胜地竟成吊古台。
一自咏诗人去后，更谁人为咏诗来。

研生杨孙芝题

六

巷口通幽处，园林别有天。
来游参至道，进谒访各贤。
石化松绞古，琴调竹韵鲜。
鸢飞鱼跃处，赏玩意流连。

项安世题

七

卯山巷口百花香，挹自名园味益长。
得邀高贤尚题咏，鸢鱼历久有余芳。

练鲁题

巷口似园记

卯峰怀德里自仲廉公解组迁居于此，结构花园一座，颜其额曰“似园”，取以洞天意也。其中云亭、桂阁、雪洞、松岩参差错落，位置天然，台依干霄之竹，沼游读月之鱼，树影花香，琴声鸟语，极四时之佳，至成一邑之美观。往来游咏其间，景物宜人至足乐也。在南宋时，族聚千家，居称五宅，地方有五宅名，文章诗礼之盛甲于一乡。

时朱文公夫子访贤至松寓居斯园，曾题“鱼跃鸢飞”四字于园壁以志胜焉。平昌学博郑国林先生有诗云：“半亩方塘活水培，栏杆曲屈绕楼台。分明一幅西湖景，却被高人摹仿来。”

芳树听啼鸟，深池探古源。
昔贤留翰墨，何必羡西园。

蒿生郑培椿题

三桥通济（六首）

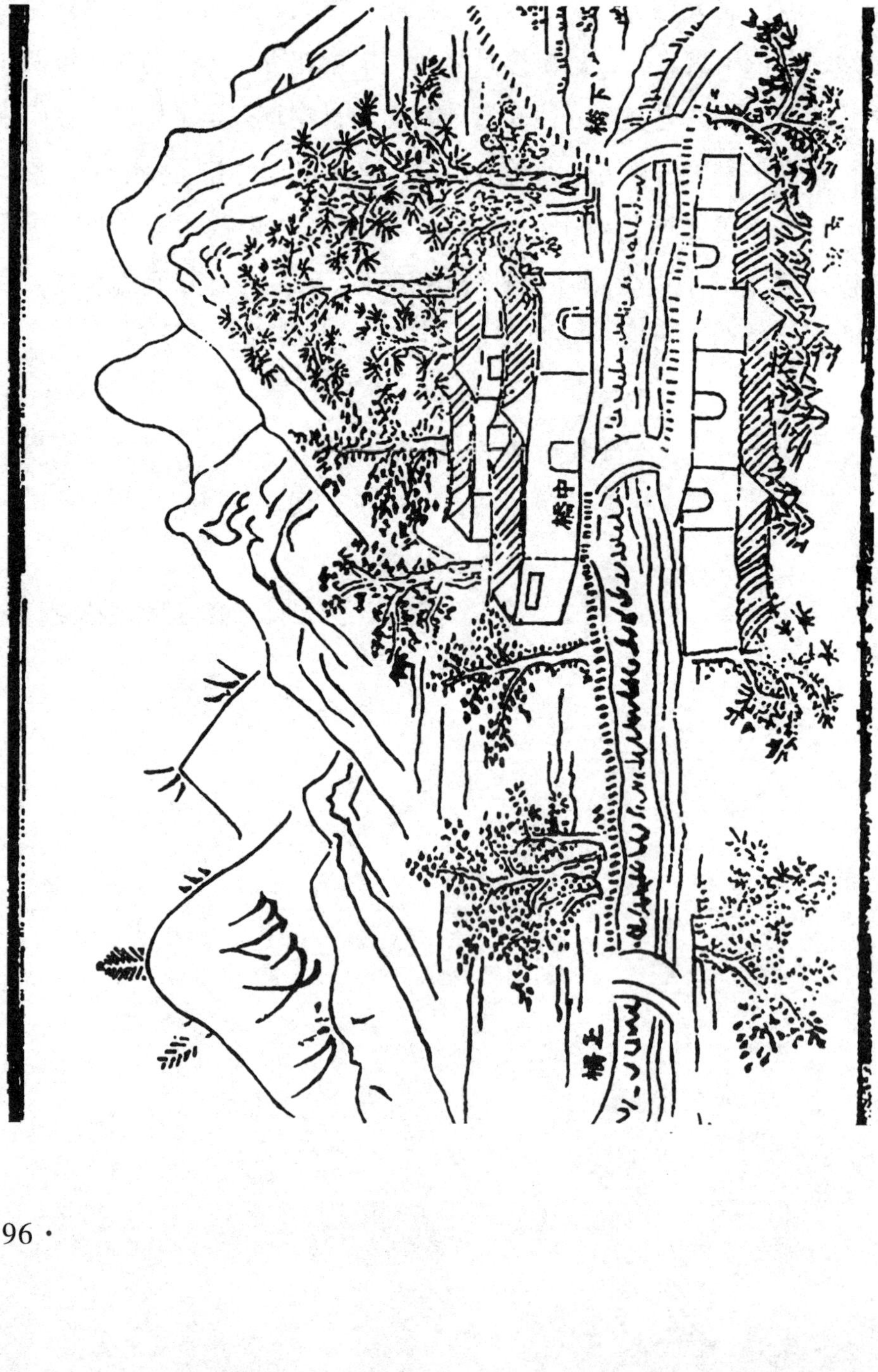

一

三桥分上下，曲似彩虹跨。
截断溪腰阔，接来地脉赊。
迢迢通客路，节节抱人家。
缓向石栏倚，闲看流水斜。

詹伟题

二

长虹跨绿水成文，通济要津次第分。
却羡当年题柱客，高车不负志凌云。

周永台题

三

斜穿水流抱幽居，分合原生天一初。
断岸形跨三蝃蝀，临堤足列两蟾蜍。
康庄已得通于旅，溱洧何须济以舆。
拔笔欲伸丈夫志，昂头题柱效相如。

刘玠题

四

涧水流行涉者艰，舆梁王政古攸关。
地维断处金鳌补，山骨胶来玉蛛环。

三接坦途车辙稳，四围周道钓丝闲。
本来剥复占时运，水口元资砥柱间。

詹伟题

五

山径多深涧，长虹卧水隈。
乘舆无用济，驷马复归来。

蒿生郑培椿题

六

谁鞭顽石起，三叠拱流横。
足列蟾蜍立，形分螮蝀成。
跃蹄迎马快，濡尾绝狐惊。
若得杜陵句，河梁送子卿。

清臣题

二水交流（六首）

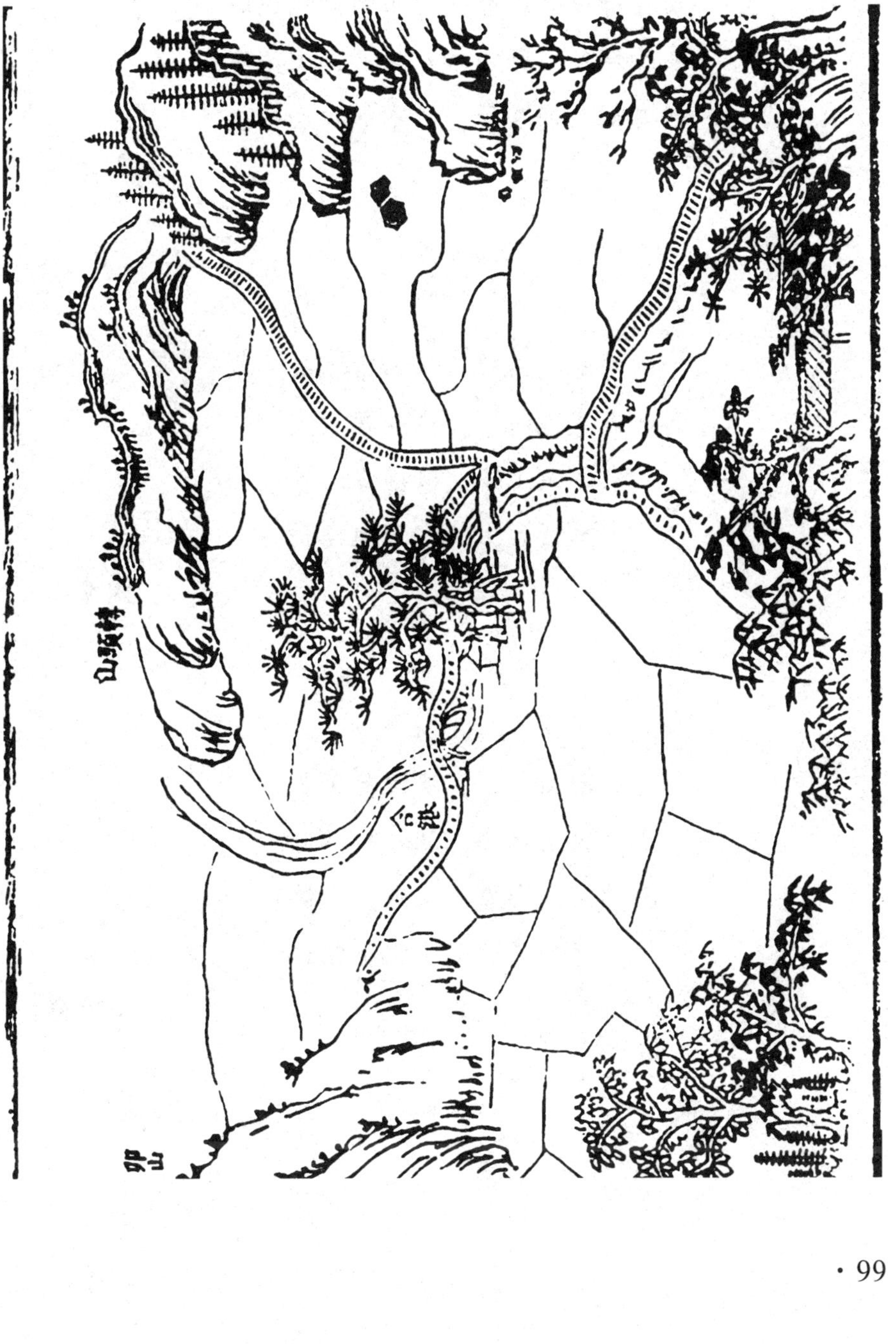

一

双溪发迹异源头，燕尾斜交同一流。
泉脉奇逢分更合，化工妙吻纵还收。
浪翻烟气东西出，水映天光上下浮。
逝者如斯斯道著，静中徐步动中求。

萧一鸣题

二

两龙飞玉峡，泻石落峰头。
燕尾抱村出，蜂腰接涧流。
泉涵天上下，波漾日沉浮。
近水楼台上，湘帘随意钩。

刘章题

三

泉蒙山下出，混混异源头。
迢递双溪合，汪洋一水流。
锦涵云影看，金跃月光浮。
环绕足清隐，临机下钓钩。

士琳题

四

源异流同一性通，天成形势泻盘龙。
甘霖未为苍生施，直吐长涎入海东。

五

左右川涵一鉴秋，澄鲜活水出源头。
风吹白浪飘双练，月上青天映二流。
前港清溪缨可濯，后源碧涧钓堪投。
潜龙未并云雷势，蛰向寒潭尚久留。

味道题

六

伊人秋水曲，绕屋夹清流。
借问中分处，何如白鹭洲。

蒿生郑培椿题

雾亭晚唱（七首）

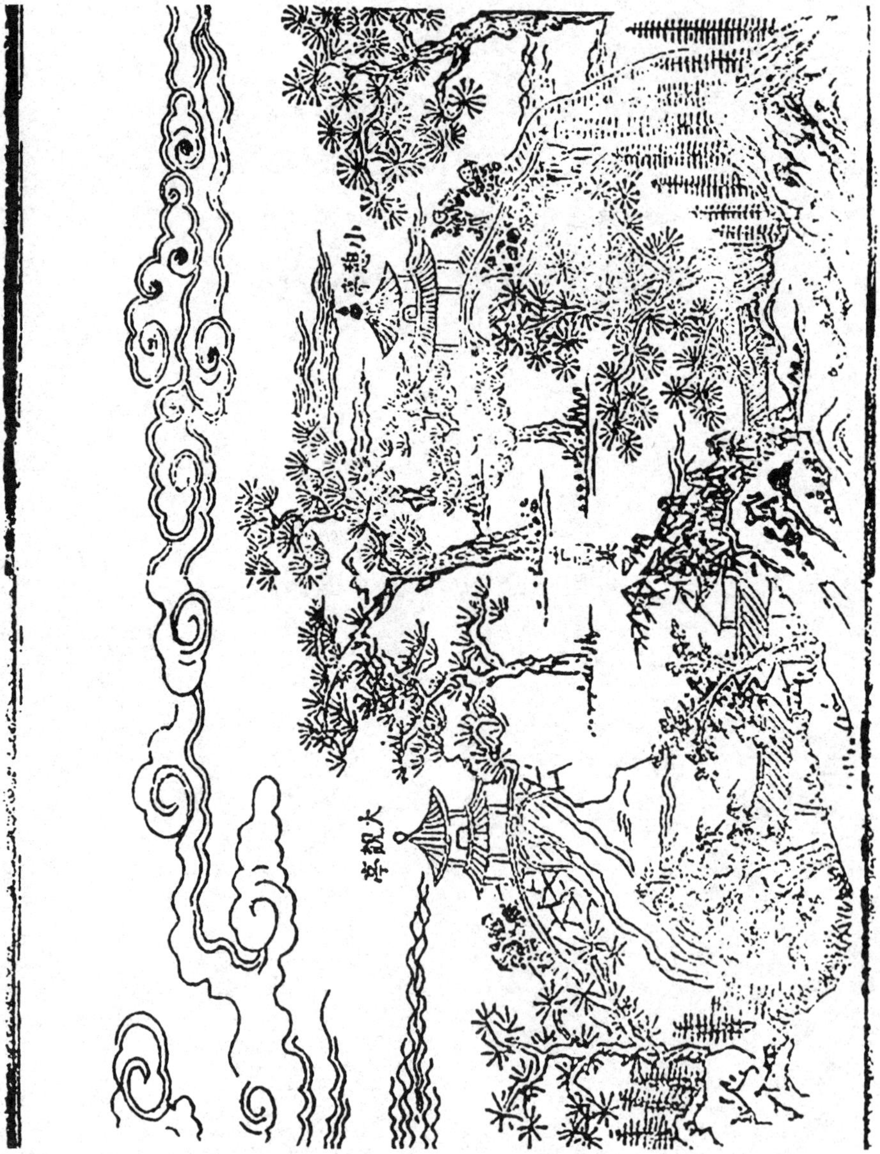

一

雾锁西亭掩落晖，奔忙斜径着蓑衣。
载歌载咏骑牛背，月上黄昏扣角归。

石林梦得题

二

时逢和春暮，蓑衣披夕阳。
出林辞鹿逐，归路返牛羊。
扣角歌声畅，遏云笛韵扬。
满亭山水绿，欸乃一身长。

士琳题

三

林梢红一抹，牧笛送斜阳。
乌牛频呼犊，缁羝乱逐羊。
归来行且止，唱起抑还扬。
轻重振空谷，亭西韵短长。

松阳县儒学训导孙丽春题

四

西山日落雾烟浮，牧尽荒郊草已稠。
幽谷林中栖倦鸟，修途亭畔逐归牛。
月明不卧草蓑脱，风送长吹短笛秋。

欸乃数声歌白石，登庸犹恐有齐侯。

庠生孟浩题

五

日落云亭弄晚晴，纷然樵牧傍郊行。
烟拖树色梢头翠，风入篱檐花气清。
先后唱酬歌曲乱，短长飘逸笛声轻。
利民两字无拘束，共贺丰年乐太平。

梦周题

六

通衢大道恁迢遥，坐听长亭絮语嚣。
话别留行分主客，寻山乐水答渔樵。
相逢借得班荆道，问讯无庸举手招。
偶尔闲谈千古集，采风欣录太平谣。

练鲁题

七

自古仙乡景物幽，亭前远眺豁双眸。
星环北斗文光现，日曜东山剑气浮。
乔木参差连古里，名园掩映露高楼。
此中佳趣谁能领，坐览还胜偕屐游。

毛文邦题

小憩亭

予家世居卯山之麓，三十三世祖福三公创建祠宇。于祠之东隅复起一亭，秋夏凉春冬暖，农民出入憩息赖焉，因名之曰：小憩。斯亭也，纵横十数武，左右两三楹，聊足以蔽风雨而暂驻足，小之谓也。或时小长咸集，贤愚杂处，叙谈一时尚论今古，士农工商各从其类，各言其志，憩之谓也。然亭虽小而放览实广，憩虽暂而志气可伸。人其扩而充之以小致大，以憩思勤。庶不以卑隘苟安见诮，有负起亭初心，其愿尽矣。是为记。

忠昭题

锦阪春耕（六首）

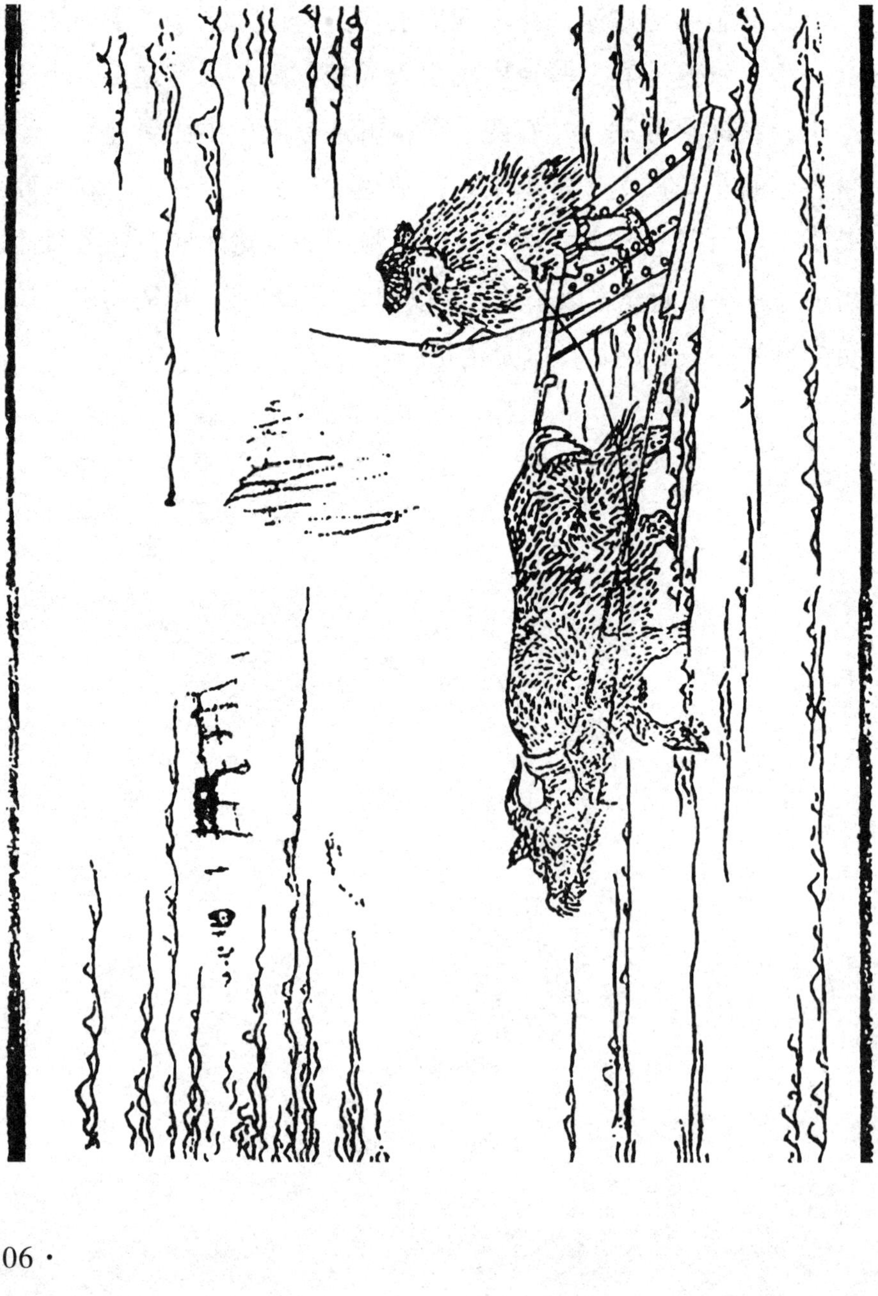

一

三阳渐交泰，品物意生生。
涵养胚胎在，追乎黄犊鸣。
郊原滋雨足，垄亩蹈云耕。
莫怪催东作，计日已清明。

忠昭题

二

村南村北布谷啼，起呼黄犊雨凄凄。
一犁耕破芳春绿，流水碧桃花满溪。

刘杰题

三

今属青皇首，氤氲瑞气生。
形形群物动，种种众荄萌。
趾自东郊举，力从上垄耕。
及时农事作，尽是叱牛声。

吴家泉题

四

早起理头发，催耕布谷啼。
牵牛上东野，带雨使新犁。

脚踏春痕破，手披烟色迷。
老妻馌炊黍，云抹日将西。

邵对扬题

五

生生万物属春芳，播种郊原农事忙。
百亩西成因地利，一年东作趁时光。
耨残薪火几犁早，耕破横烟数带长。
会见盈盈筑场圃，秋禾秀实兢栖黄。

洪济题

六

雨歇烟村水自流，咸兴东作事西畴。
晓鸡催促田丁起，春鸟招呼野稚讴。
渴饮琼浆天正午，饱含香饭麦方收。
菜花翻尽斜阳坠，荷采归来倚汗牛。

吴国玟题

3. 黄圩村

黄圩村村境图介

黄圩村位于古市镇政府驻地东南3公里，坐落在松古盆地中部、松阴溪北岸。

黄圩黄氏始迁祖黄子宜（1632—1698），祖居福建，于清康熙年间（1662—1722），由福建兴化府仙游县西乡上街迁居浙江处州府云和县，因生性好游山水，历览山川，遍观风土，见黄圩地势开阔，溪流清澈，桃柳夹岸，山明水秀，瑞气聚集，遂复转徙黄圩而乐居于此。村以姓称黄圩（谱称黄淤）。后世子孙绘《黄圩村居之图》载于宗谱。

黄圩黄氏宗谱·黄圩村居之图

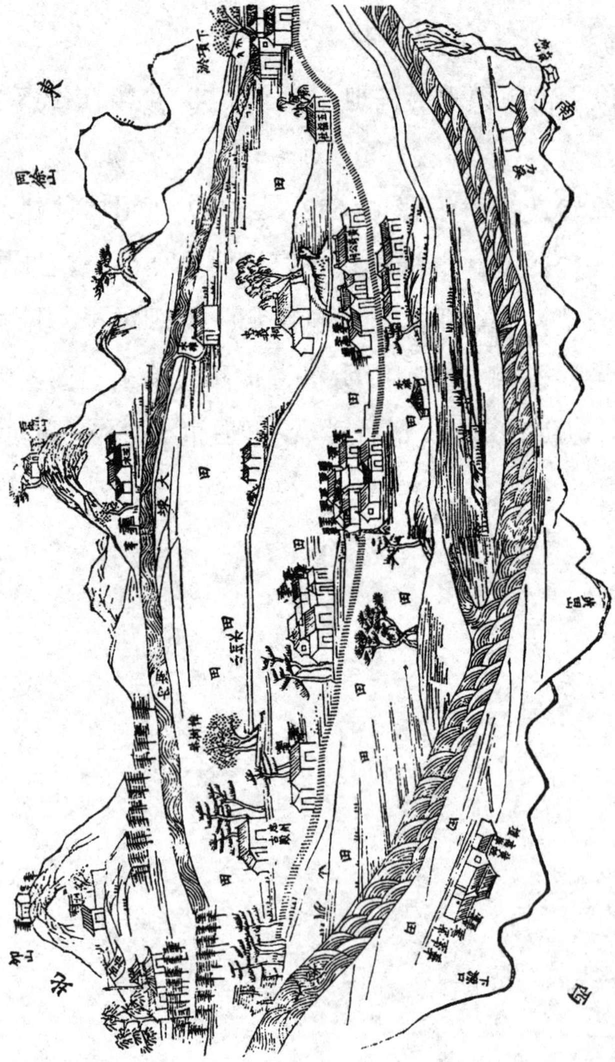

丛　录

黄圩黄氏宗谱·黄圩村景 七律

一

黄圩胜景出天然，何用人工代色研。
丁卯双峰分户外，溪湖两水绕村前。
龙鳞甲老阴浓护，象鼻潭深澄澈鲜。
古殿显灵为里主，吾乡乐育万斯年。

二

村庄隐隐径迢迢，绿柳苍松隔断桥。
两水交流前后绕，双峰回护影形超。
滩头过去渔舟曲，户外临来瑞气遥。
择地于斯留古迹，吟余投笔画堪描。

黄圩黄氏宗谱·黄圩村居之图志

栝松古治，古谓白龙县治，自唐改迁县治后，名曰旧治，亦曰旧市。市之南曲径小桥，夹岸数百步，松桃槐柳绿荫，参差其中，豁然别有一境。广袤十数里，一碧数十顷，两水交绕于后，前双峰映带乎左右，北通旧市，而东及松城，南掩黄田之瑞，西含源口之辉，登斯境也，地旷天空，山明水秀，洵可成一隅之壮观矣。

独我始祖自康熙年间，历览山川，遍观风土以至于斯，而乐居于此。晨昏不忘耕耦，昼夜省厥勤劳，十数年来财丁颇兴，遂以姓为庄名，故称为黄圩庄也。迨后上下一带人丁不下千计，仅归一族之中，虽有异姓，亦不过徐氏数家而已，而且皆能安分乐业劳农者。览地势而直开坑湖后，可备旱干之患。好名者蒙天恩而渐成蒸蔚，上可耀宗祖之光。人之聚也，虽非灵秀钟毓，亦颇成为一里繁昌。即有余资亦且立忠州之殿而昭鉴灵，建五福之社而昭护福，造公议之祠而昭正论公言。庶几神道立而礼制严，是非辨而好恶分。夫然后济济一族之中，明孝悌，敬祖宗，敦人伦，成风俗，此先人所以立教泽，使后人而常新也。即或托迹他乡而成屋土，羁留异地而立功名，讵敢忘先世之留遗哉。

迄今予虽卜居古市，支实出乎同根。所以览斯境，感斯言，而并绘斯图者，是乌可以不志！

第七世孙永　谨识

4. 上河村

上河村村境图介

上河村位于古市镇政府驻地东南4.3公里，地处松古平原中部、松阴溪北岸。

上河何氏始迁祖何秉义，见旌义乡（古市）景华里（后改名七都上河村）溪水清澈、地势开阔、田畴广袤，于明成化癸卯年（1483）自松邑外四都西河村卜吉择居于兹。后世子孙绘《上河何氏地舆之图》载于宗谱。

古市上河何氏宗谱·上河何氏地舆之图

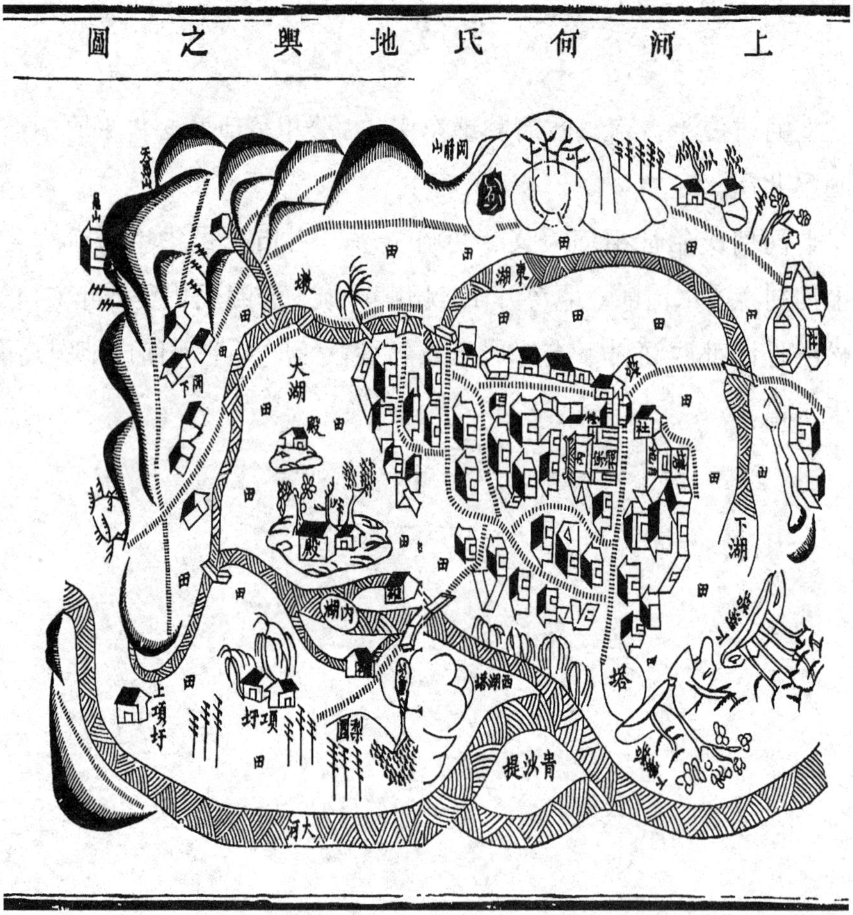

5. 十五里村

十五里村村境图介

十五里村位于古市镇政府驻地东南 5.7 公里，坐落于松古盆地中部、松阴溪北岸，50 省道从村旁经过。

十五里纪氏派分河南，支衍栝苍。始迁祖纪明德，因父仁义公以才略举授松阳县尹，有功擢知府事，故随父来松游玩。天赐良缘，明德公喜与松阳潘氏金紫光禄大夫之女永结秦晋之好，因岳父爱女心切，而于后晋开运二年（945），自栝苍城西义靖乡宝合里上富村赘婿于松。偶游十五里，见其地沃土广袤，景色幽美，民风淳厚，可耕可读，遂择吉卜筑十五里，开创万世基业。后世子孙绘《十五里地舆图》载于宗谱。

高阳纪氏宗谱·十五里地舆图

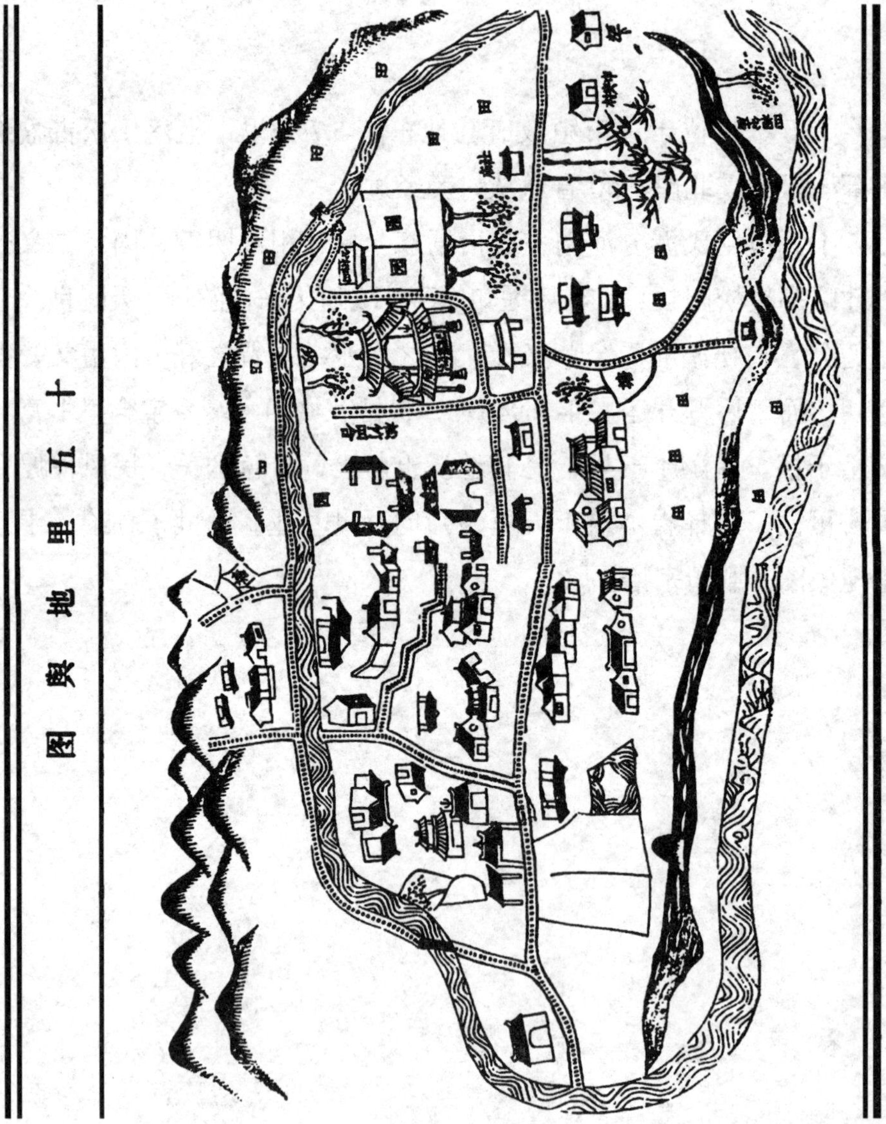

丛　录

高阳纪氏宗谱·十五里地舆图引

松邑之北，离城十里，为五都旌义乡，曰：十五里。考其地，土沃民殷，俗尚淳厚，其风敦古处，其人崇礼教，耕读相兼，而外各勤乃业。试由市井以列疆域：前有活水潆洄，后有卧龙盘结；上接金衢，下通瓯括，往来不绝。伟哉一巨族也，于是纪。

始祖明德公，徙居兹土历有年矣。天之生财，岂择地耶？至于乾隆乙亥，重镌宗谱，族长有珍偕侄孙等诸公，欲假丹青绘地图，请予志列谱中，以便观览。之间梵刹之遗规、比屋之联烟、畎亩之鳞积，一望而尽在目中矣。是为志。

豫章抚临传君像如珊氏拜志

高阳纪氏宗谱·十五里地舆诗

四顾危峰翼更苍，迢遥一脉发村乡。
萦回涧水清波秀，盘曲龙山巫峡长。
织女挑灯勤纺织，农工带月乐圃场。
昔人开族今何去，遗下鸿图万载扬。

豫章抚临传君像如珊氏拜志

6. 山下阳村

山下阳村村境图介

山下阳村（旧名麓阳）位于古市镇政府驻地东南 5 公里。坐落于松古盆地中部北侧边缘、大岭背山南麓，入选第二批中国传统村落名录。

山下阳张氏始祖张学敬，于明嘉靖初期由福建泉州安溪县迁居龙泉溪圩。

张学敬四世孙张聚英，于清康熙辛未年（1691），在龙泉与弟聚豪共议移居，以拈阄定分迁：聚豪领故考发印公，往温州平阳南湖牛避岭等处卜居；聚英领故妣叶氏，偕妻及五子，自龙泉溪圩出发，路经松古盆地，见山下阳一带依山傍水，竹木葱翠，鸟语花香，认为此地定有生气聚集，遂在此安家，开基创业。后世子孙绘《山下阳（麓阳）张氏地舆之图》载于宗谱。

山下阳张氏宗谱·山下阳（麓阳）张氏地舆之图

山下陽（麓陽）張氏地輿之圖

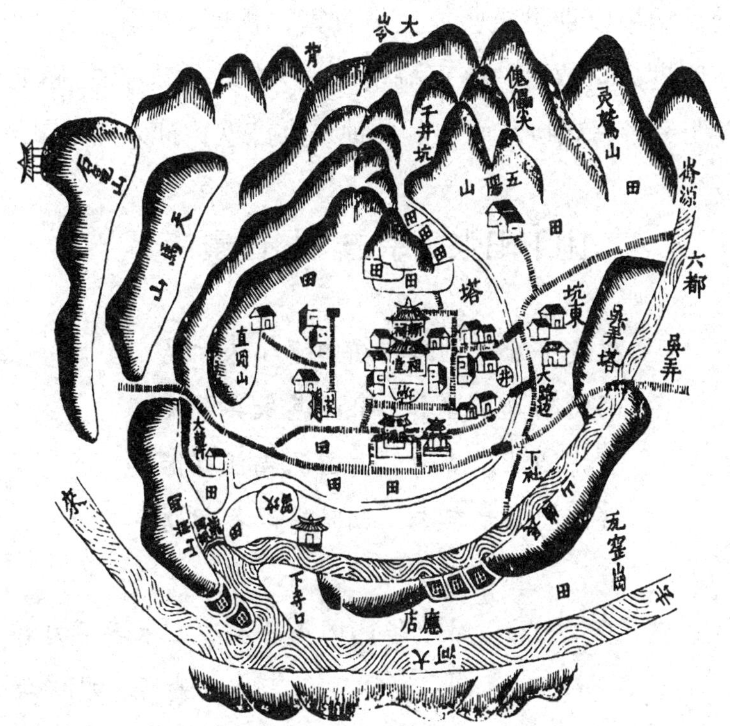

丛 录

山下阳张氏宗谱·麓阳地舆图志

麓阳之名即肇于此乎？非也。当今村首之东有古山阳基一片，颓园壤圯俱成坵墟，其名则犹存焉。及我祖来松之时，相阴阳观流泉于古基。隔水之溪独得命脉，遂草草筑庐于香火堂后，即今新建家祠之处。后果以钟灵之验，生齿日繁，积储日厚。至二世遂建香火堂，三四世户口数百，栋宇稠密成一大庄。而子弟之游泮水、食廪饩、登明经者，咸接踵而起。此地灵人杰欤，抑人杰地灵欤。

山下阳张氏宗谱·村图景诗

微波一带绕村西，屈曲弯环认古堤。
雨集隅盈非智水，泉流甚浅类愚溪。
宜将洒濯分清浊，莫道深幽任取偕。
得此间源无忘本，朝晴暮雨各留题。

时中华民国八年岁次己未季冬月谷旦

裔孙　礼能谨识

7. 寺口村

寺口村应店自然村村境图介

寺口村应店自然村位于古市镇政府驻地西北 5 公里，坐落在松古盆地西北部，六都源下游西岸。

应店张氏祖籍江西南丰。始迁祖张世怀（1695—1775），字秀卿，客游至松阳六都寺口，见其地山清水秀，地势旷阳，可樵可渔，可稼可穑，民风淳朴，可以乐处。遂于清康熙六十年（1721），由江西建昌府南丰县迁松阳六都寺口应店，发脉成族，聚居成村。后世子孙绘《地舆图》载于宗谱。

寺口应店张氏宗谱·地舆图

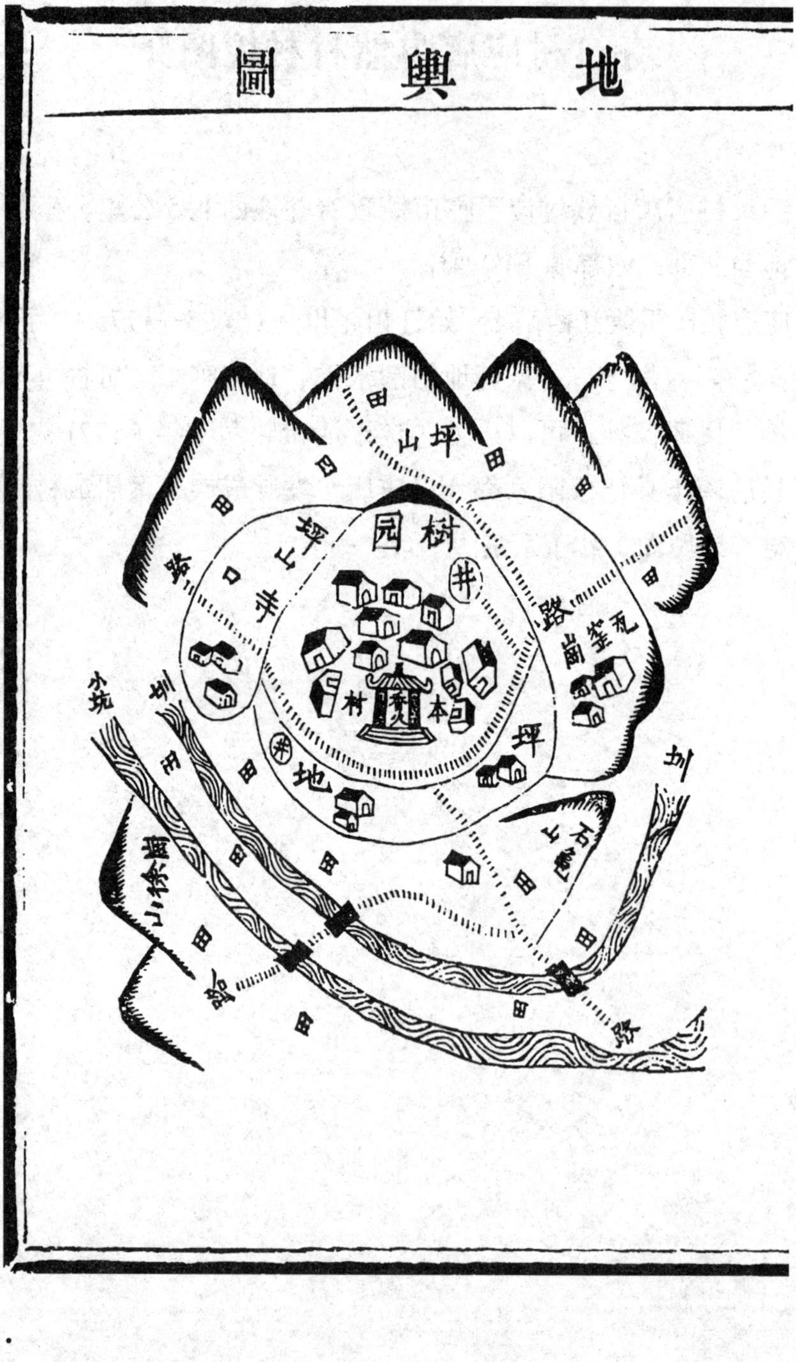

四

大东坝镇

DADONGBA ZHEN

1. 蔡宅村

蔡宅村村境图介

蔡宅村位于大东坝镇政府驻地大东坝村东南 6.2 公里，坐落在石仓源上游，入选第三批中国传统村落名录。

蔡宅蔡氏祖籍福建，始迁祖蔡宗六，幼读诗书，长习经营，遍游山水，见松邑石仓蔡宅青山回抱，带水环流，风雨无虞，饮食有资，实乃山清水秀、人杰地灵之风水宝地，遂于明嘉靖年间（1522—1566）由福建兴化府莆田县迁居松阳二十一都石仓蔡宅，购置产业，建造房屋，安置祖炉，兴业发族。后世子孙绘《蔡宅里居之图》载于宗谱。

蔡宅蔡氏族谱·蔡宅里居之图

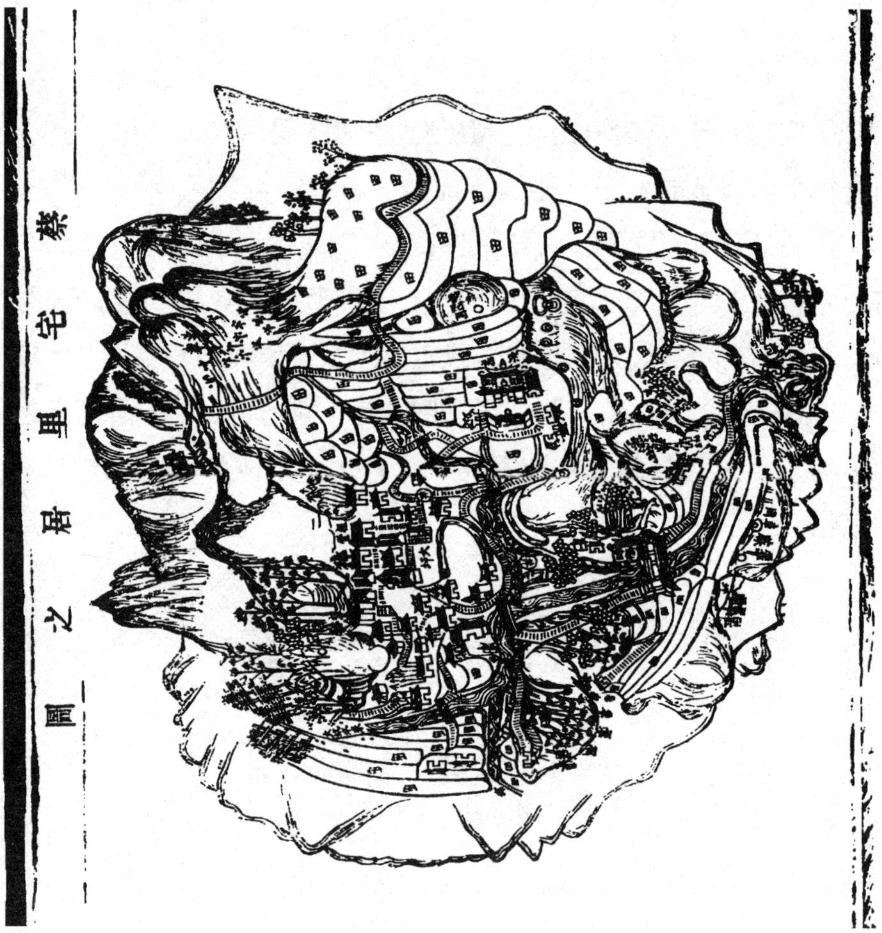

2. 山头村

山头村村境图介

山头村位于松阳南乡石仓源，距大东坝镇政府驻地大东坝村南5.2公里，坐落在高山与丘陵结合之地。旧时因有五座大楼屋，曾名五大楼。《毛庄王氏宗谱》记载，山头王氏与毛庄王氏同宗，合修宗谱。

山头王氏始迁祖王仲禄玩游至松阳二十一都石仓五大楼，见其地山丘起伏，田地成垄，宜林宜稼，物产丰富，于清初由福建上杭太平里迁居松阳石仓山头村，置产结庐，安居发族。后世子孙与毛庄王氏合修宗谱，绘《石仓源五大楼山头村境全图》载于谱中。

毛庄王氏宗谱·石仓源五大楼山头村境全图

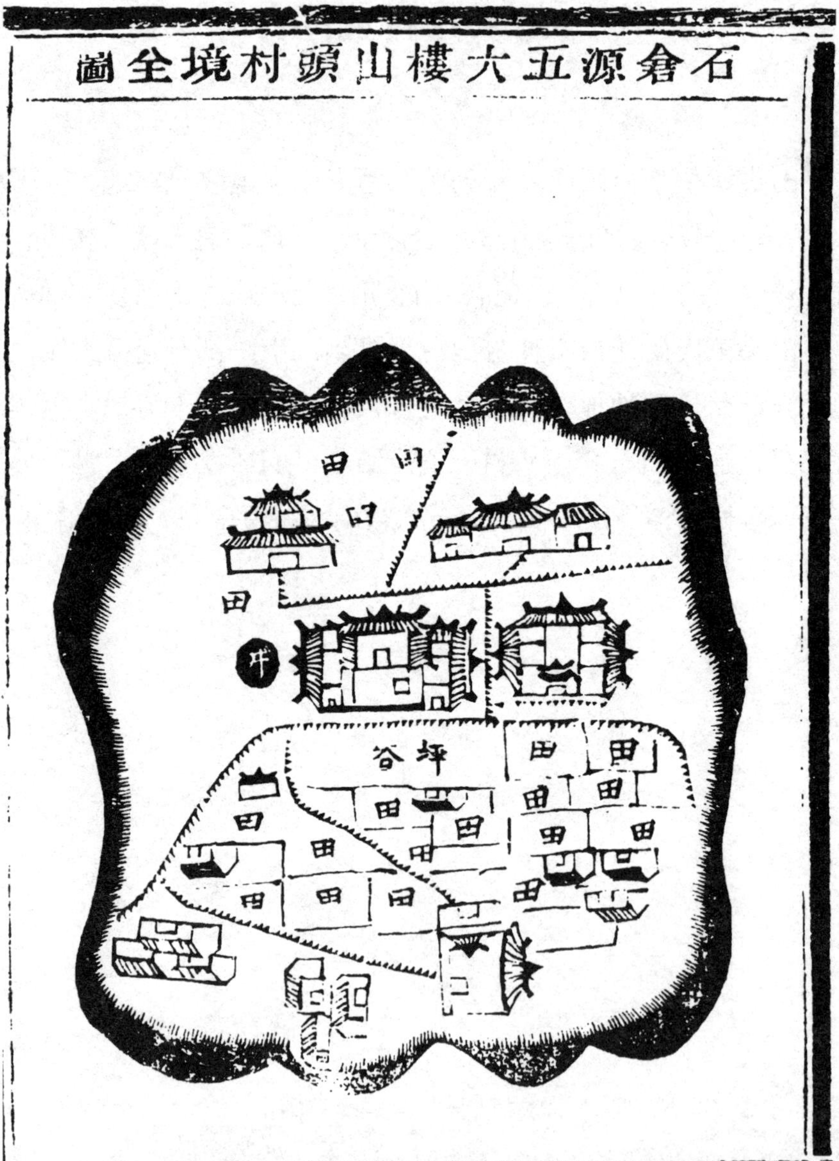

3. 外大阴村

外大阴村麻园自然村村境图介

外大阴村麻园自然村位于小港支流大阴源下游，坐落在溪流东岸，背山面水。距大东坝镇政府驻地大东坝村西南 4.1 公里。

麻园王氏支分山头王氏。山头王氏始迁祖王仲禄七世孙王士如游玩松阳二十一都外大阴麻园，见其地山清水秀，源深土墺，出产丰厚，衣食有资，遂从石仓源山头村迁至麻园择基卜筑而居。后世子孙绘《大阴麻园村境全图》载于合修的《毛庄王氏宗谱》中。

毛庄王氏宗谱·大阴麻园村境全图

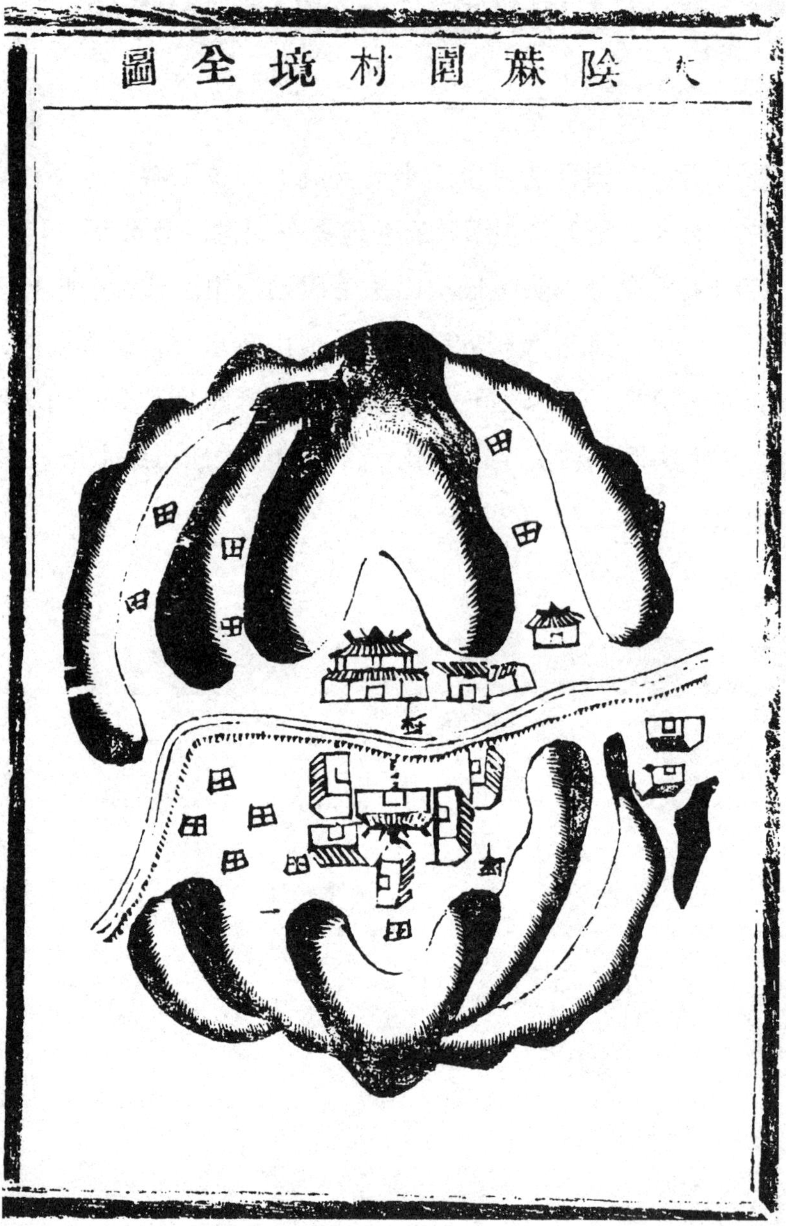

4. 梨树岗村

梨树岗村村境图介

梨树岗村处于石仓源南部，坐落在高山与丘陵接合部的山岗上，位于大东坝镇政府驻地大东坝村东南6.8公里。

石仓雷氏始迁祖雷养琳性爱山水，玩游至松阳石仓源梨树岗，见其地有山丘，有田畴，乡风淳朴，于清初由福建迁居松阳二十一都石仓源梨树岗，子孙分别在梨树岗、牛栏湾和茶排（垟塅）置产安居。后世子孙合修宗谱，绘《梨树岗村境全图》载于谱中。

石仓雷氏宗谱·梨树岗村境全图

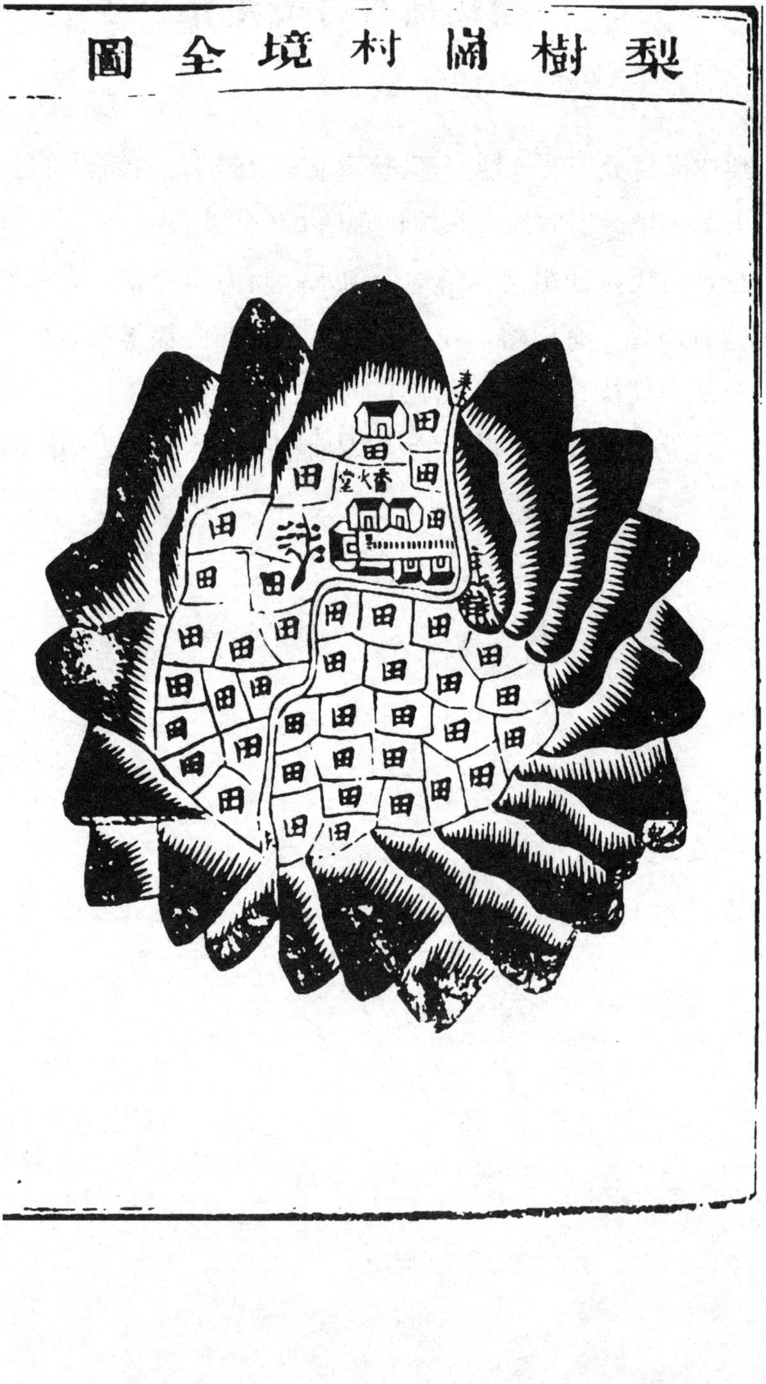

丛　录

石仓雷氏宗谱·村居诗

云松山外好青山，结个茅庐积翠间。
此地红尘应不到，白云深处且偷闲。

5. 上茶排村（六村）

上茶排村（六村）村境图介

上茶排村（六村）坐落在石仓源中游小谷地，村庄布列在溪流两岸，距大东坝镇政府驻地大东坝村东南 4.2 公里。雷姓族人的住宅坐落在茶排垟垠，为上茶排村内小地名。上茶排村（六村）入选第二批中国传统村落名录。

石仓雷氏始迁祖雷养琳，于清初由福建迁居松阳二十一都石仓源梨树岗后，见上茶排坐落谷地，山清水秀，川深土墺，物产丰富，遂在茶排垟垠置产由其子孙居住。后世子孙合修宗谱，绘《垟垠即茶排村境图》载于谱中。

石仓雷氏宗谱·垟塅即茶排村境图

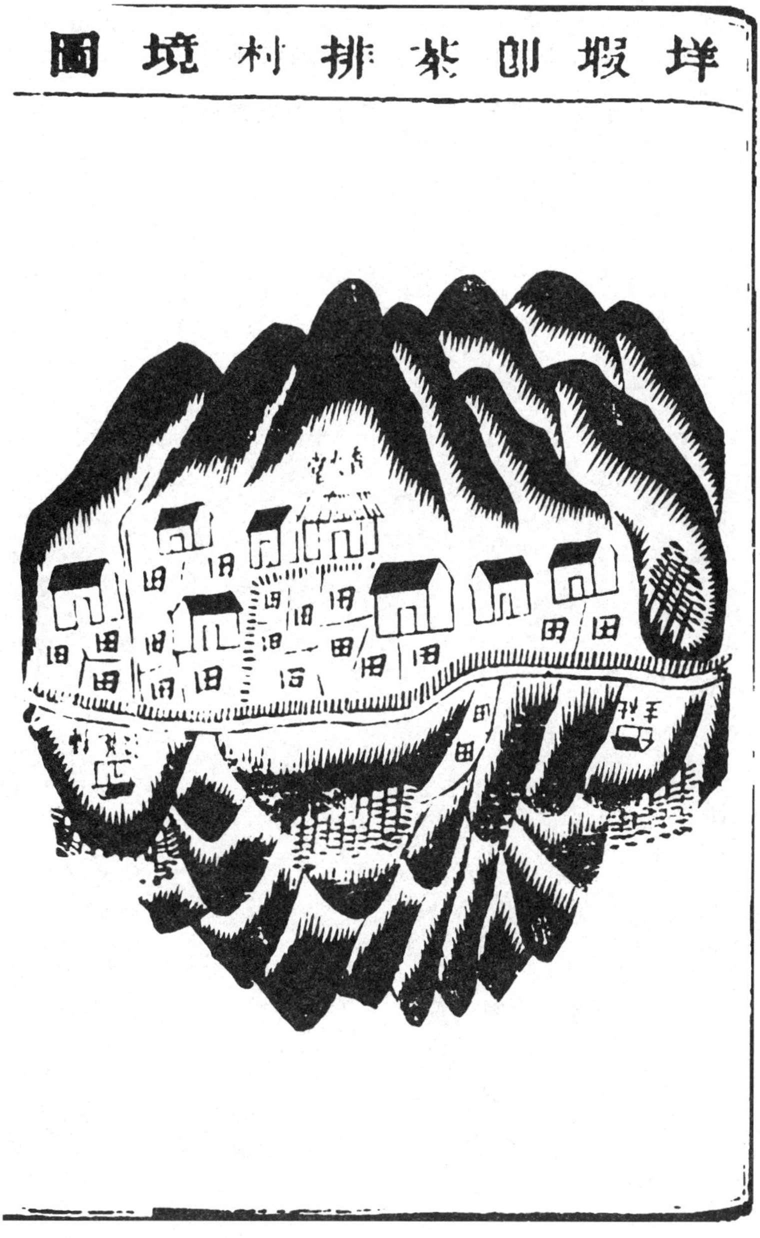

丛 录

石仓雷氏宗谱·村居诗

从来山谷少风尘，终日渔樵不费神。
是处已堪忘岁月，何须蓬凫更修真。

6. 蔡宅村

蔡宅村牛栏湾自然村村境图介

蔡宅村牛栏湾自然村，处于高山与丘陵的接合部，坐落在石仓源源头，位于大东坝镇政府驻地大东坝村东南 6.5 公里。

石仓雷氏始迁祖雷养琳，于清初，由福建迁居松阳二十一都石仓源梨树岗村。之后，见邻近村庄牛栏湾地势旷阳，土地肥厚，特产丰饶，足以乐处。遂购买牛栏湾地基架造香火堂，后世子孙持奉祖炉香灯，定居发族。后世子孙合修宗谱，绘《蔡宅牛栏湾香火堂村境全图》载于谱中。

石仓雷氏宗谱·蔡宅牛栏湾香火堂村境全图

丛　录

石仓雷氏宗谱·蔡宅牛栏湾香火堂村境全图引

土名坐落松邑廿一都石仓源牛栏湾，安厝由养琳即乙养公，自闽省迁浙江处州松阳，随带祖炉奈无处安心立脚，用银买地基架造香火堂一座，才可安心持奉祖炉香灯。公遗言叮嘱祖祖孙孙，如果发迹以作雷氏家祠，祀用春秋二祭，勿得有废分拍另卖。如若不肖子孙私事盗卖者，经公究治无得宽贷，特此勒图说为记。

石仓雷氏宗谱·村景诗

为爱深山好避喧，静将金匮溯渊源。
活人未敢称三折，聊种春香杏满园。

7. 西山村

西山村上包自然村村境图介

西山村上包自然村坐落在小港下游、溪流东岸，位于大东坝镇政府驻地大东坝村东北 5.2 公里。

上包雷氏祖籍福建，始迁祖雷佑周、雷禄周兄弟俩，经商至松阳二十一都上包，见其地水陆交通便利，山清水秀，竹木葱郁，可耕可渔可樵，足以乐处。遂于清初由闽地材溪迁居于此，建香火，立寺庙，发脉成族。

上包雷氏与石仓雷氏均由福建迁至松阳石仓一带，和睦可亲，故合修宗谱，称《石仓雷氏宗谱》，并绘《西山上包村境全图》载于谱中。

石仓雷氏宗谱·西山上包村境全图

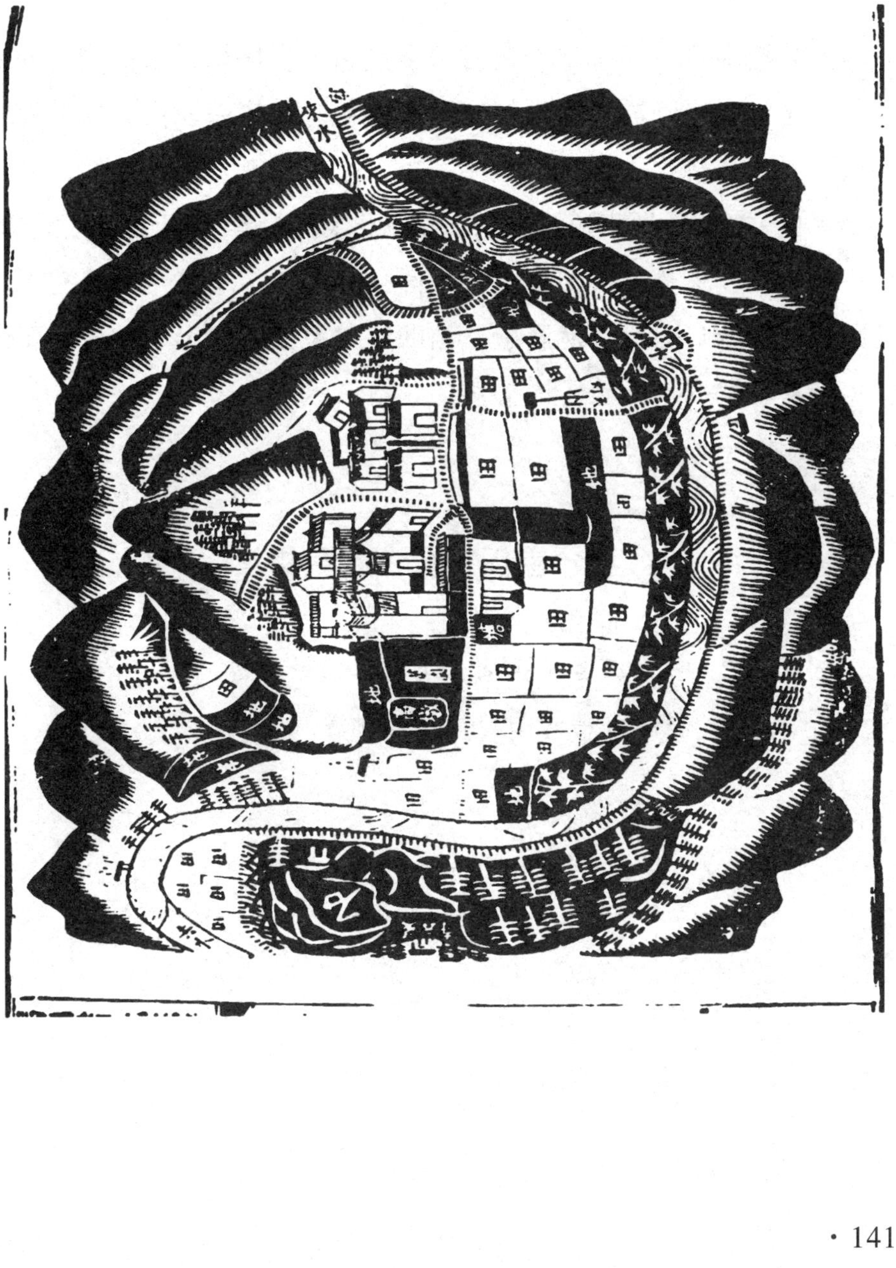

丛 录

石仓雷氏宗谱·西山上包村境全图引

浙处松南乡二十一都上包村境全图引。雷氏始迁祖佑周、禄周兄弟，于清初由闽同迁浙处松邑南乡上包。村庄来龙由云松交界之牛头发脉之来源也，村庄前大溪一条，来水稍顺，去水曲塆，名称角带水也。村对面通京道路一条，可通龙泉、福建，下至丽水、瓯道。村庄周围山横俊秀，圈似如城，里面稍有田园广植竹木，建有天灯社殿。村庄水口对面天然石磴，山凹建筑灵云寺庵型塑神像。至民国年间建设学校校址就是此地也。

石仓雷氏宗谱·村景诗

一带河道锁春烟，几人家住绿水边。
樵歌牧笛青山外，仿佛桃源洞里仙。

西山村港口自然村村境图介

港口竹蓬村（今港口村）属西山行政村，位于大东坝镇政府驻地大东坝村东北5.2公里，坐落在小港与松阴溪交汇处。

港口曹氏始迁祖曹鲤远、曹钦远兄弟俩，性好游玩，至松阳二十一都港口，见其地青山如屏，二水交流，交通便捷，山地可林，山麓可耕，溪流可渔。稼穑渔樵，饮食有资；运输行商，资财充裕。遂于清乾隆年间（1736—1795），由福建长汀蛇山桥迁徙至松阳二十一都港口，卜筑而家。后世子孙绘《港口竹蓬村境图》载于宗谱。

港口曹氏宗谱·港口竹蓬村境图

丛　录

港口曹氏宗谱·港口村景诗

两水交流一合川，因名港口古今传。
虽然地僻无多境，石佛钓台半是仙。

七世裔孙仁寿甫草

西山村赵圩坝自然村（赖氏）村境图介

西山村赵圩坝自然村位于大东坝镇政府驻地大东坝村东北 4.4 公里，地处小港下游东岸。

东晋时，先祖赖遇，字庆臣，官江东太守，升两广监察御史，世居松阳，于东晋安帝隆安二年（398）上疏奏请改赖姓郡望为松阳郡，安帝恩准，开启了赖姓松阳郡宗派。之后，其裔孙相继迁往福建、广东、江西等地。

时隔千年，至清雍正六年（1728），赖玉斌、赖玉秀、赖玉彩兄弟三人思念祖籍地，游玩至松阳二十一都赵圩坝，见其青山苍翠，竹木葱郁，溪水环绕，鱼虾肥美，山麓土厚，可宜桑麻。遂从福建汀州府上杭县白沙乡推坑村迁徙至松阳赵圩坝，广置无穷之骏业，肇启鸟革之鸿图。后世子孙绘《赵圩坝地舆图》载于宗谱。

赵圩坝赖氏宗谱·赵圩坝地舆图

西山村赵圩坝自然村（郭氏）村境图介

西山村赵圩坝自然村位于小港下游，坐落在溪流东岸。距大东坝镇政府驻地大东坝村东北 4.4 公里。

赵圩坝郭氏始迁祖郭寿魁（1757—1807），经商至赵圩坝，见其地背山面水，山清水秀，田园膴膴，宜耕宜渔宜樵采，衣食无忧可乐居。遂于清乾隆末年，由遂昌金岸迁徙至松阳南乡二十一都赵圩坝。在赵圩坝村和村边中心弄坑分别建造庐舍，开基兴业。后世子孙绘《土名赵圩坝屋图》《土名中心弄坑屋图》载于宗谱。

赵圩坝郭氏宗谱·土名赵圩坝屋图

赵圩坝郭氏宗谱·土名中心弄坑屋图

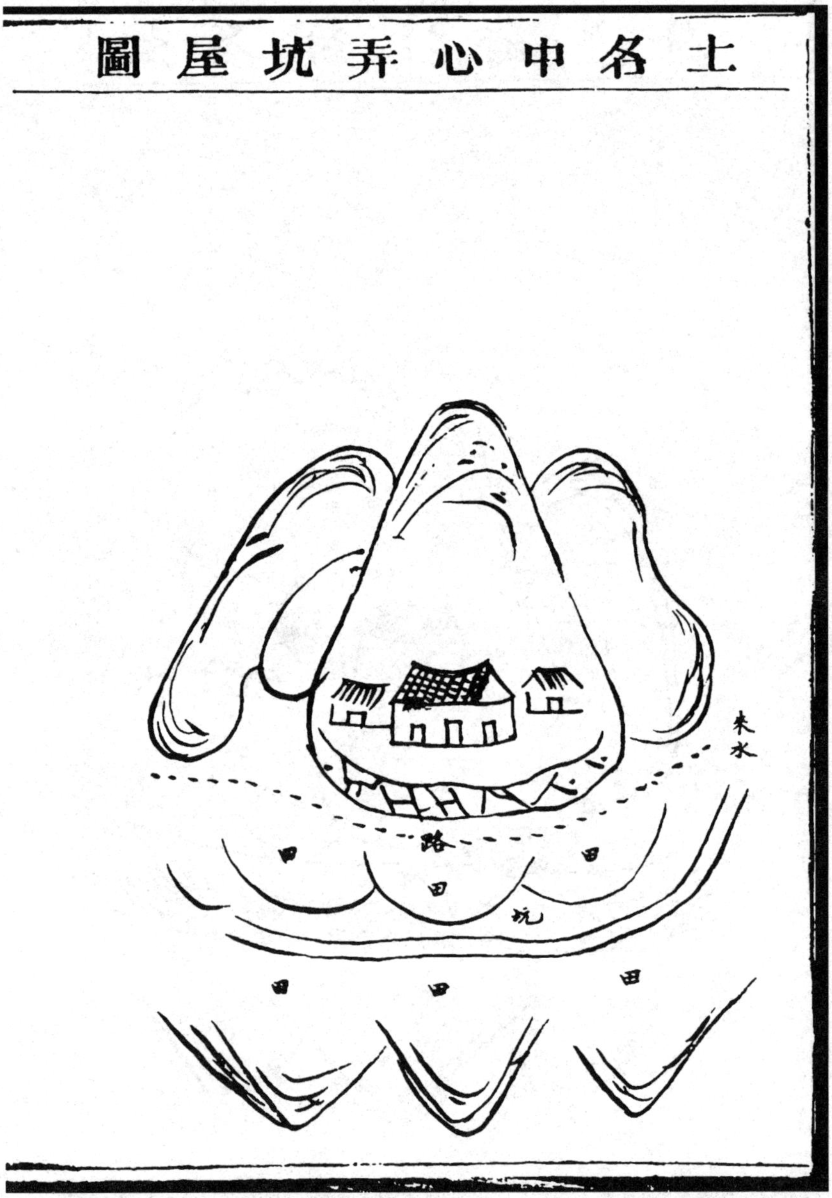

8. 百步村

百步村上百步自然村村境图介

百步村上百步自然村位于大东坝镇政府驻地大东坝村东北4.1公里，地处小港下游、溪流东岸，坐落于百步之上方，故名上百步。

百步王氏祖籍福建，一世祖王世远自福建寿宁迁处州景宁二都张山，其子王守积改迁仙姑妮岱。王守积子茂养经商至松阳二十一都百步，见其地山环水抱，源深土沃，物产丰饶，衣食无虞。于清康熙四十九年（1710）由景宁仙姑妮岱迁松阳上百步安居立业，发脉成族。后世子孙绘《上百步地舆图》载于宗谱。

百步王氏宗谱·上百步地舆图

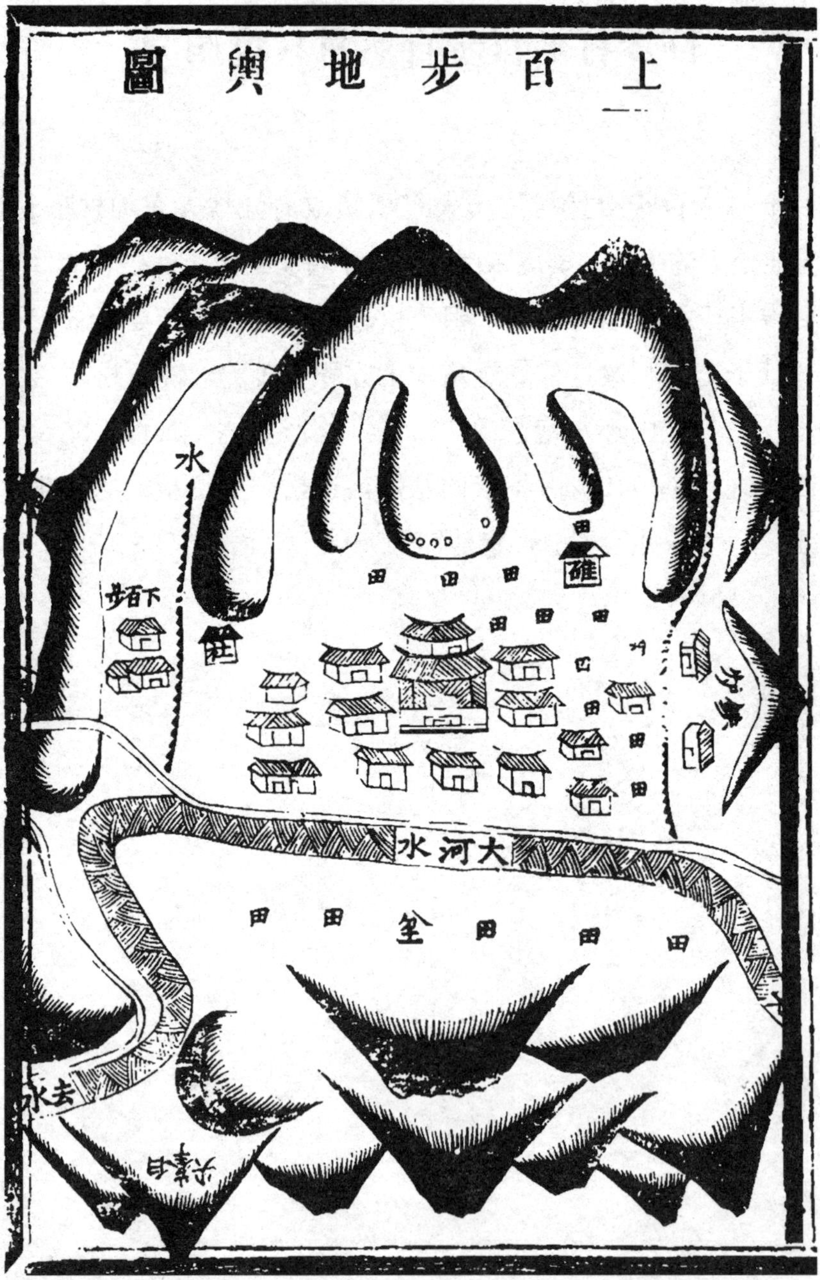

百步村白麻山自然村村境图介

百步村白麻山自然村位于大东坝镇政府驻地大东坝村东北 4 公里，坐落在小港下游溪流西岸，与百步村隔溪相望。

百步村白麻山刘氏与牛角圩村山脚下（上潘）刘氏同祖，两支刘氏族裔同修宗谱。白麻山村距山脚下村 1.3 公里。上潘刘氏始迁祖刘亮文的一支裔孙见白麻山村依山傍水，土地肥沃，出产丰富，宜家宜居，遂于清乾隆年间（1736—1795），从牛角圩村山脚下自然村迁居百步村白麻山自然村，发脉成族，创建屋宇，聚族而居。后世子孙绘《百步对面白麻山屋图》载于宗谱。

牛角圩上潘刘氏宗谱·百步对面白麻山屋图

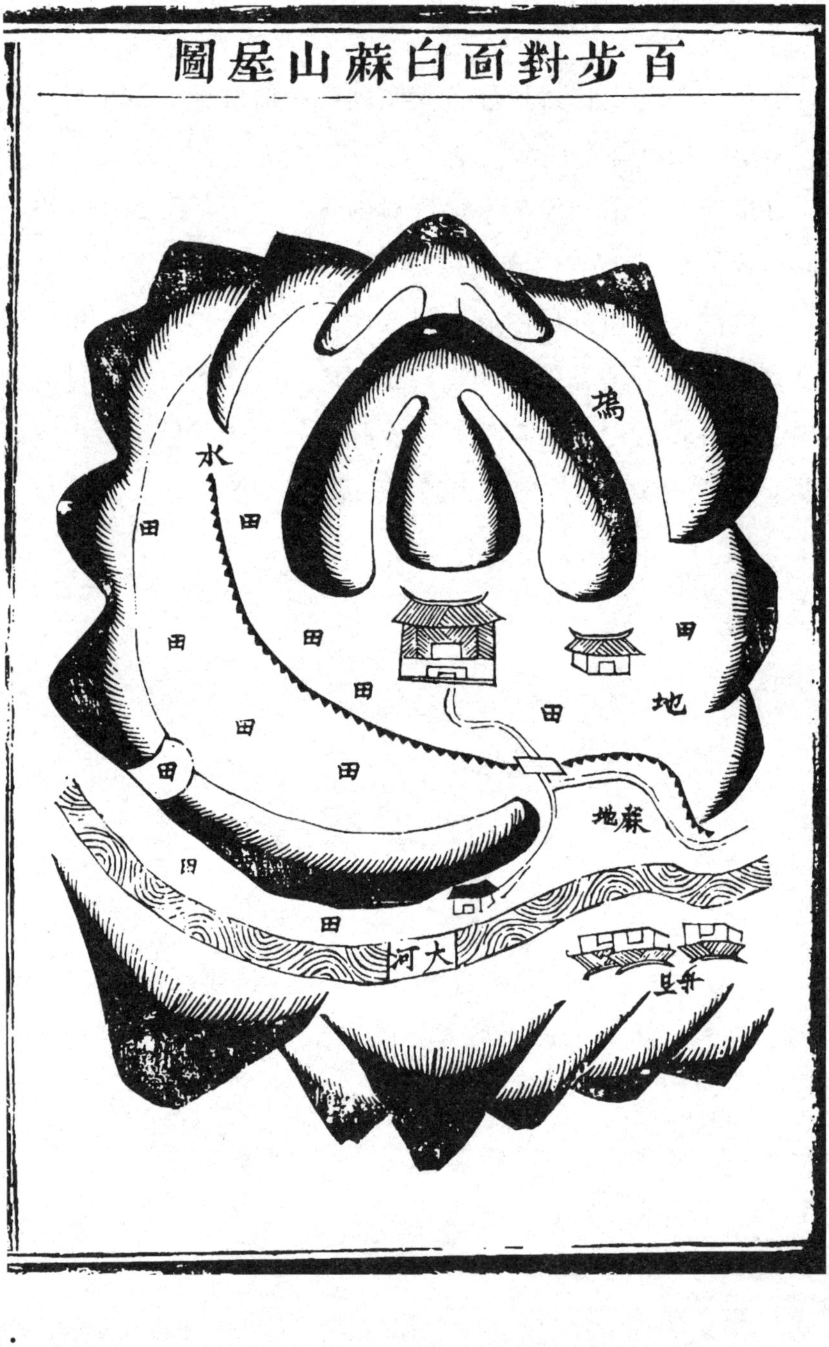

9. 牛角圩村

牛角圩村村境图介

牛角圩村（林氏宗谱称：五合圩）位于小港下游，坐落在小港南岸。距大东坝镇政府驻地大东坝村东2公里。

五合圩林氏祖籍福建，始迁祖林祚全客游至松阳二十一都五合圩，见其地山岗回合，溪流环绕，村西溪流曲折似牛角，圩地旷阳，土地肥厚，物产丰富，足以乐处。遂于清雍正元年（1723），由福建材溪大岭脚迁居松阳南乡五合圩，择基建屋，安置祖炉，发脉成族。后世子孙绘《五合圩地舆图》载于宗谱。

牛角圩林氏宗谱·五合圩地舆图

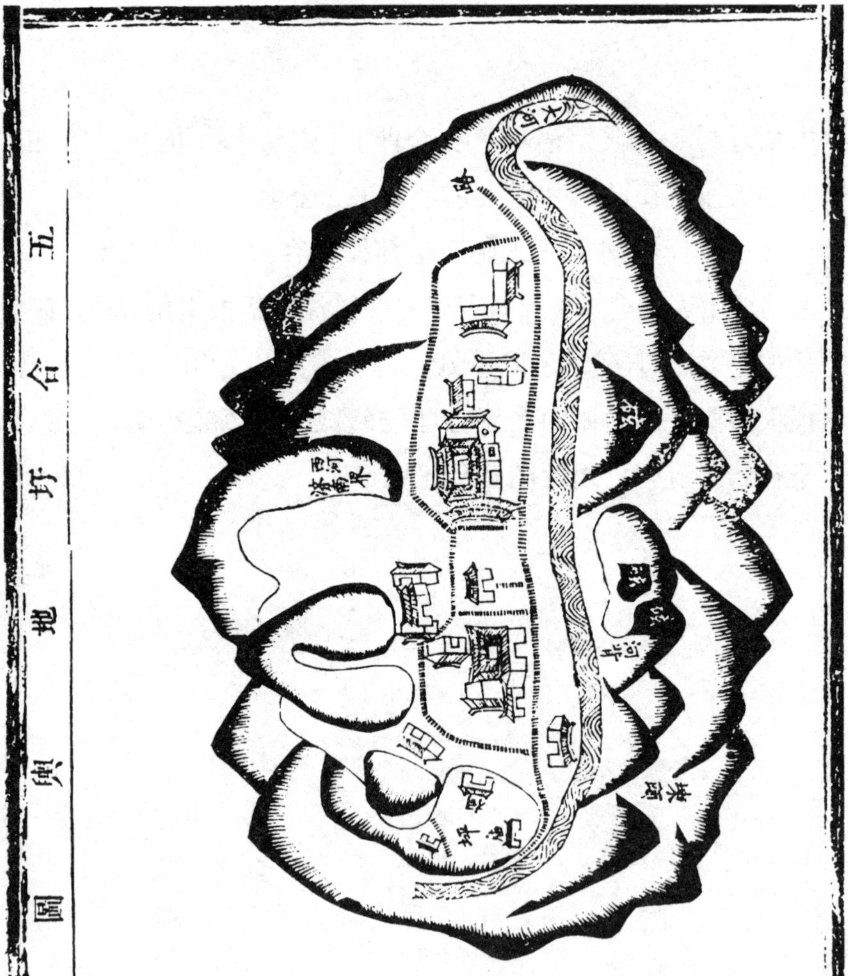

牛角圩村山脚下（上潘）自然村村境图介

牛角圩村山脚下（上潘）自然村，坐落在小港下游溪流北岸，与牛角圩村隔溪相望，位于大东坝镇政府驻地大东坝村东2.1公里。

牛角圩刘氏称聚居地为上潘。始迁祖刘亮文（1677—1760），字臣章，于清康熙五十三年（1714）经商至松阳二十一都上潘，见其地山清水秀，竹木森然，可以创基立业。遂偕妻儿由福建上杭县材溪岗头迁居于斯，创建屋宇，发脉成族。后世子孙绘《二十一都上潘地舆之图》载于宗谱。

牛角圩上潘刘氏宗谱·二十一都上潘地舆之图

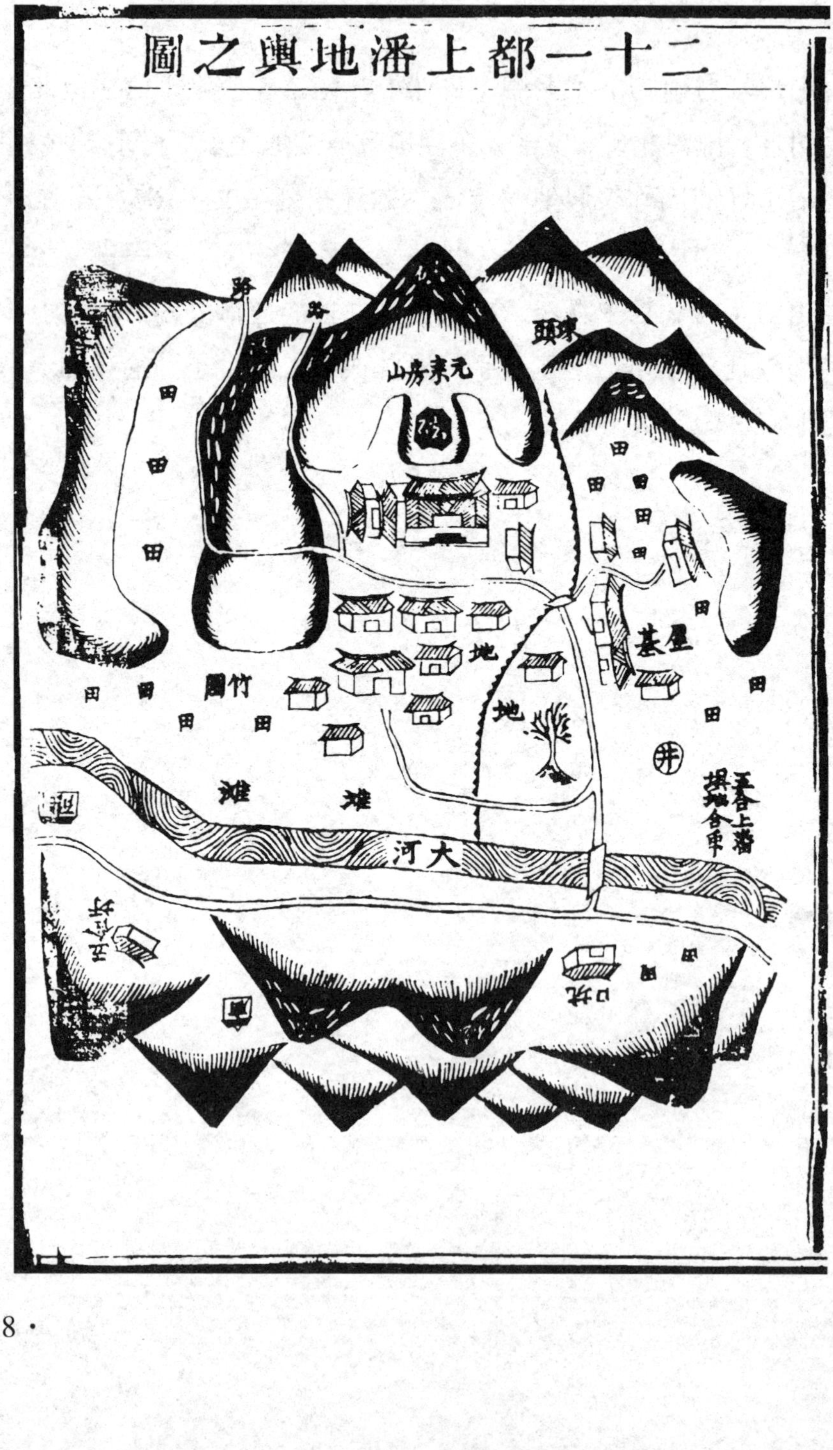

牛角圩村百步栏自然村村境图介

牛角圩村百步栏自然村位于小港下游溪流南岸，距大东坝镇政府驻地大东坝村东 3.3 公里。

百步栏邓氏祖籍福建，邓成贞（1691—1751），字惟周，和弟邓成珂（1703—？），字功佩，经商至松邑二十一都百步栏，见其地山环水绕，土地肥沃，宜稼宜穑，遂偕妻儿于清雍正年间（1723—1735），从福建邵武滩北宾乡安吉下堡迁居松阳二十一都百步栏。成贞公次子家什，善于经营，置产创造厦舍，聚族而居。后世子孙绘《百步栏地舆屋图》载于宗谱。

牛角圩邓氏宗谱·百步栏地舆屋图

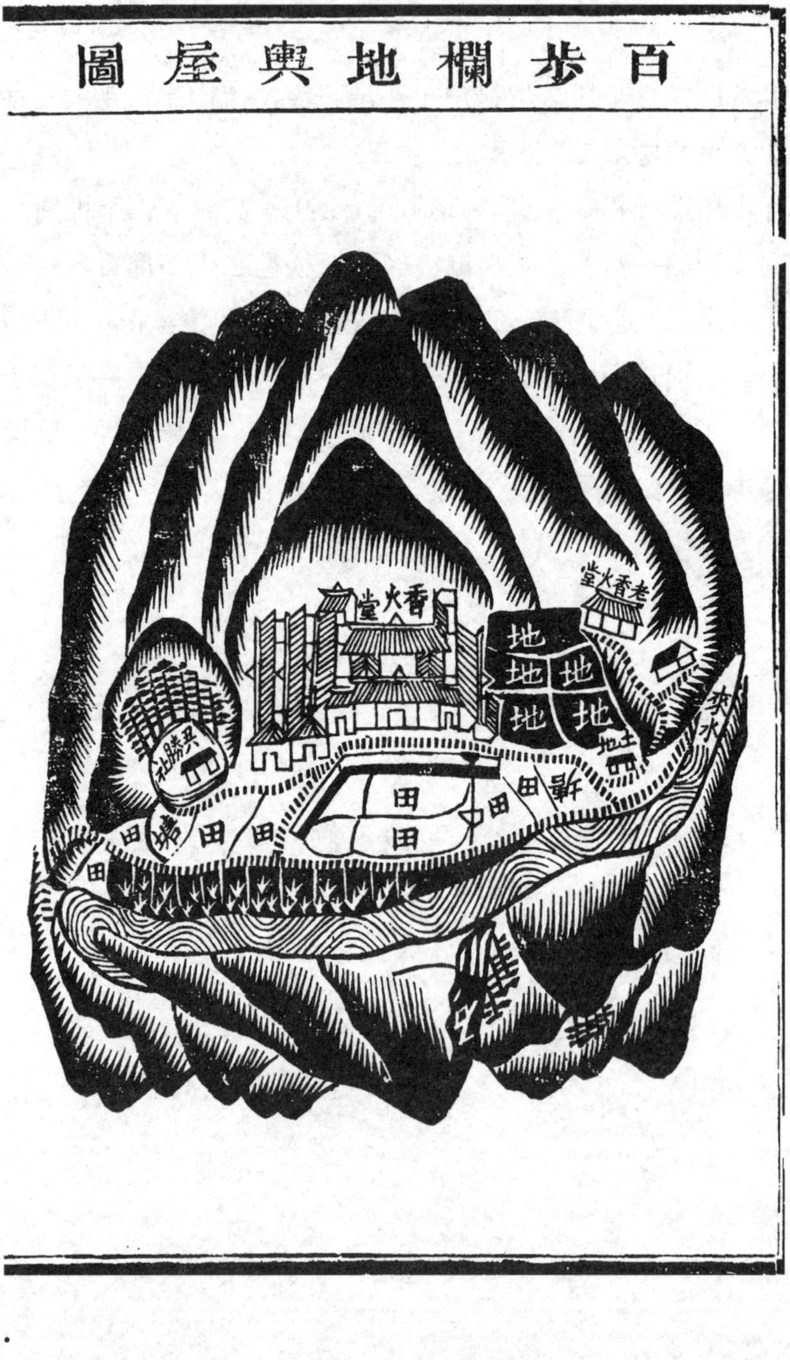

牛角圩村山脚下自然村柏树头村村境图介

柏树头村，位于小港下游，坐落在小港北岸，距大东坝镇政府驻地大东坝村东 1.4 公里。

柏树头王氏祖籍福建，王桐斯（1670—？）营商至五合圩（今牛角圩），见柏树头山环水绕，圩地土厚，林木葱翠，鱼虾肥美，宜耕、宜樵、宜渔，物产丰富，足以乐处。于清康熙年间（1662—1722），由福建长汀府上杭县才溪青泰里徙至松阳南乡二十一都五合圩柏树头，设立家庙，课读子孙无不获焉。其子岱恒迁本都大阴，后复迁五合圩。其四世孙王理光（1772—1837）于清嘉庆初，由柏树头迁本都石仓源山边村，建造屋宇，购置田园，艰苦创业。后世子孙绘《柏树头村境暨香火堂图》载于宗谱，供后人敬仰。

山边王氏宗谱·柏树头村境暨香火堂图

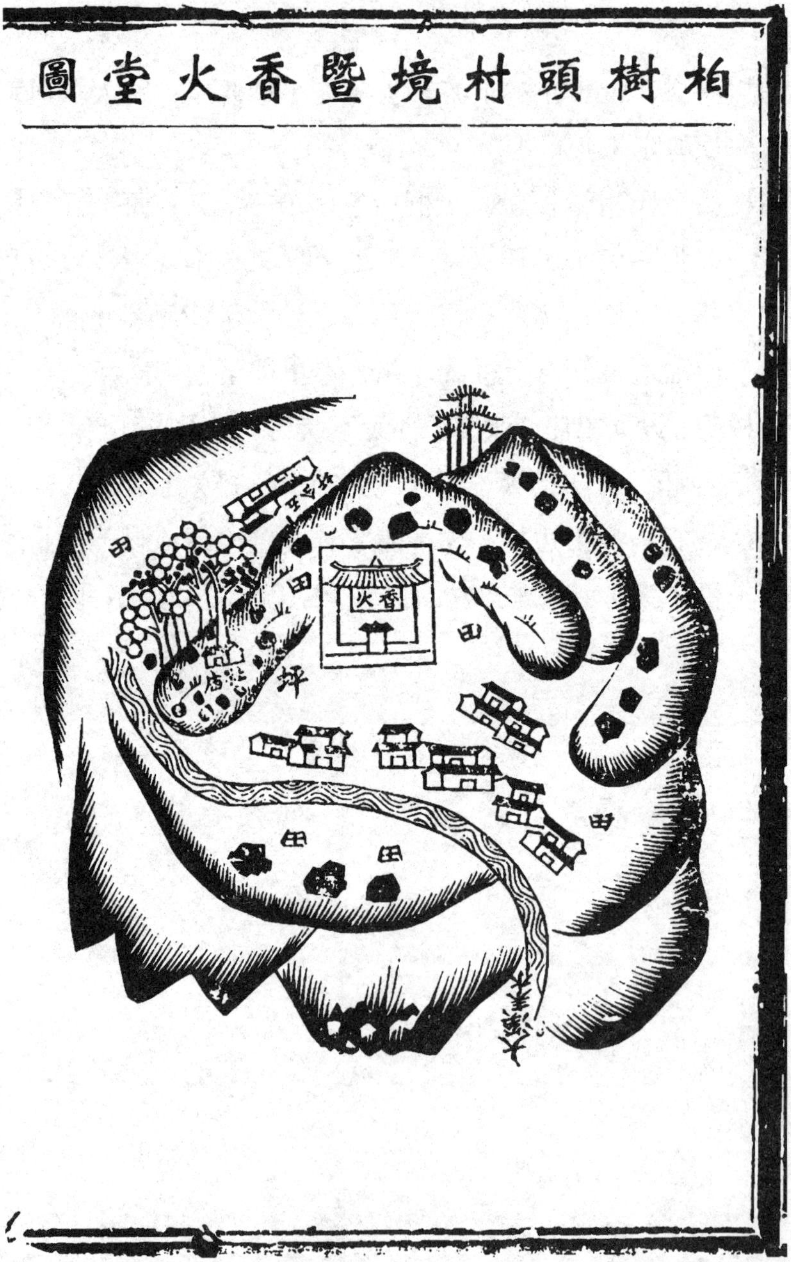

10. 树梢村

树梢村村境图介

树梢村坐落在小港下游溪流东岸，位于大东坝镇政府驻地大东坝村西南 1.7 公里。

树梢周氏祖籍陕西咸阳。周若木，字茂先，宋元符庚辰（1100）科进士，大观年间（1107—1110），任金华县令，后升处州府尹，卒于任。生二子，元二、元四随父任内，父仙游后，由于路途遥远难以奔柩，遂居于处州。兄弟二人商游松邑南源，见内二十都树梢山水环绕，树木苍苍，山清水秀，田园广肥。兄弟俩偕妻男创业卜筑而居，是为树梢周氏始迁祖。后世子孙绘《树梢阳宅全图》载于宗谱。

树梢周氏宗谱·树梢阳宅全图

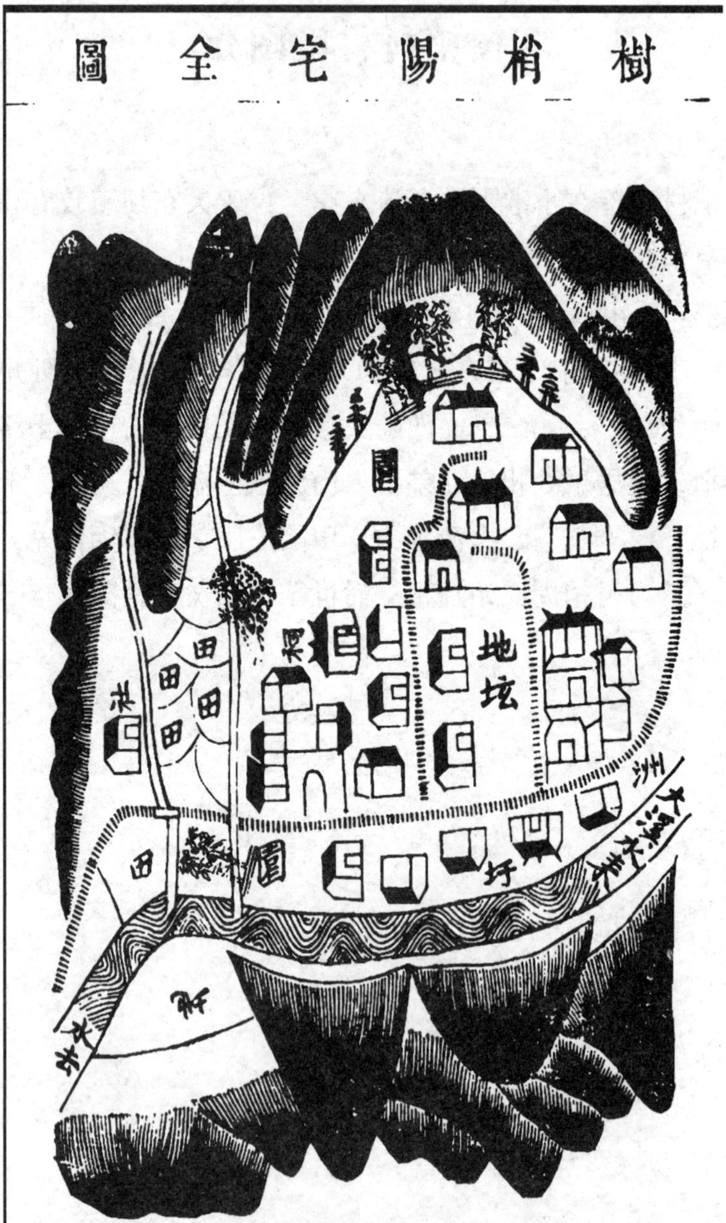

11. 二滩坝村

二滩坝村梅村自然村村境图介

二滩坝村梅村自然村位于大东坝镇政府驻地大东坝村西南 3 公里。地处小港下游溪流北岸。

梅村梅氏派分云和，支衍龙泉。明代（1368—1644）中期，始迁祖梅之公游玩松邑内二十都梅村，见青山回抱，带水环流。山清者水亦秀，人杰者地必灵。梅之公遂自龙泉梓坊迁居于此，开创基业。后世子孙绘《梅村胜景全图》载于宗谱。

梅村梅氏宗谱·梅村胜景全图

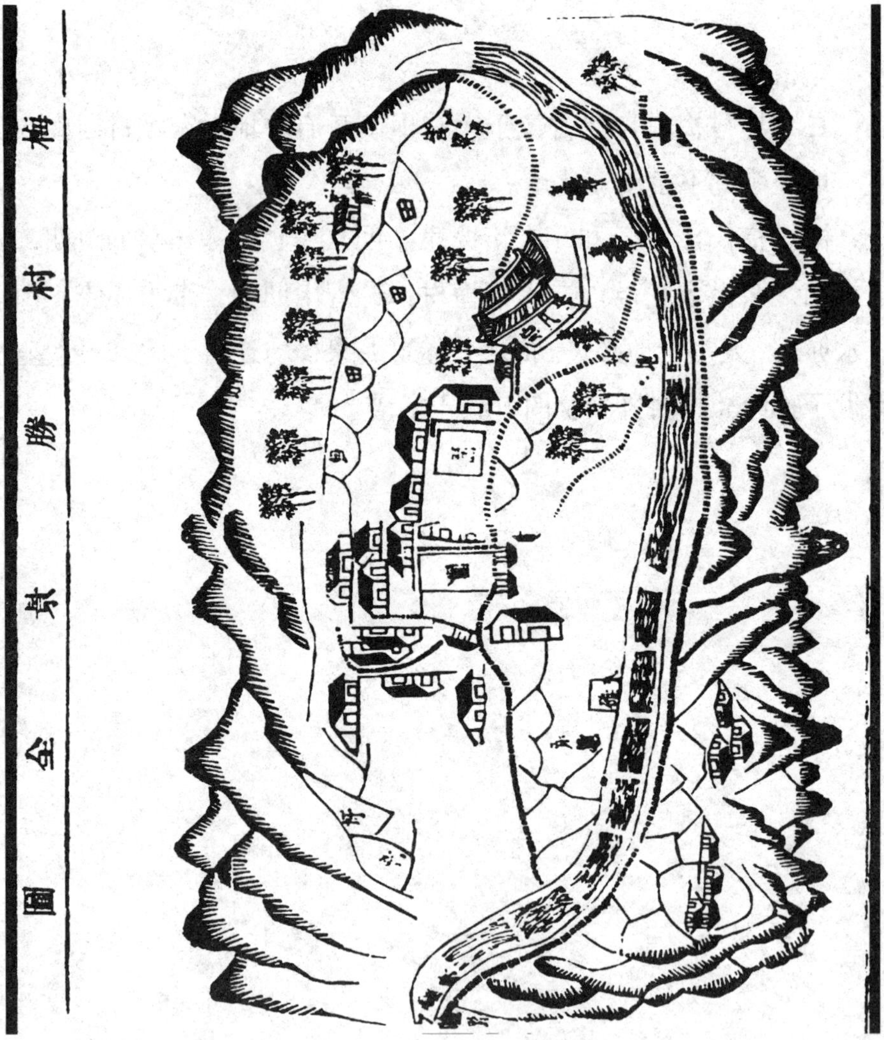

丛　录

梅村梅氏宗谱·梅村胜景全图引

山川形势大体亘古不易，惟得崔白衣钵者为能摹写传神，图与境一而二，二而一也。沄于画体粗学其略，六法中无一擅长。兹乘修谱将梅村地舆前后左右，仿佛描写不过大概如是耳，敢曰妙笔入神哉？至前各处墓图只循旧体录，依样画葫芦，曾未临境登看，其面目之真否，固所不知也。

南浦氏稿

梅村梅氏宗谱·梅村即景诗 五言怀古

一

四壁屏藩嶂，山村两岸居。
闲来无别业，大半事樵渔。

二

水声常在耳，山色常在目。
此坐泉石间，供足养清福。

三

时至端阳后，一雨一点珠。
胡天不爱宝，昼夜落如如。

毅斋潘沄拙撰

12. 横樟村

横樟村村境图介

横樟村坐落于县城西南部，位于大东坝镇政府驻地大东坝村西南6公里，坐落于小港支流横樟源中段小谷地，入选第二批中国传统村落名录。

横樟包氏尊包仁为始祖。包仁，字茂德，乃包拯六世孙，宋绍熙四年(1193)癸丑科进士,仕宋大理寺右评事。南宋宝庆年间(1225—1227)，致仕后从婺州（金华）兰溪乡头徙处州（丽水）松阳内二十都蟾湖卜筑而居。其后裔包友行，于元代自蟾湖客游二十四都蓉川（今靖居），入赘蓉川潘氏而卜居。包友行传至六世包友纯，复于明成化年间（1465—1487），自蓉川返迁蟾湖祖地。包友纯五世孙包继昱，好游山水，览本都横樟其地，山峦拥翠，古木参天，溪水环绕，遂自蟾湖卜居于此，开基创业。后世子孙绘《横樟形胜之图》载于宗谱。

横樟包氏宗谱·横樟形胜之图

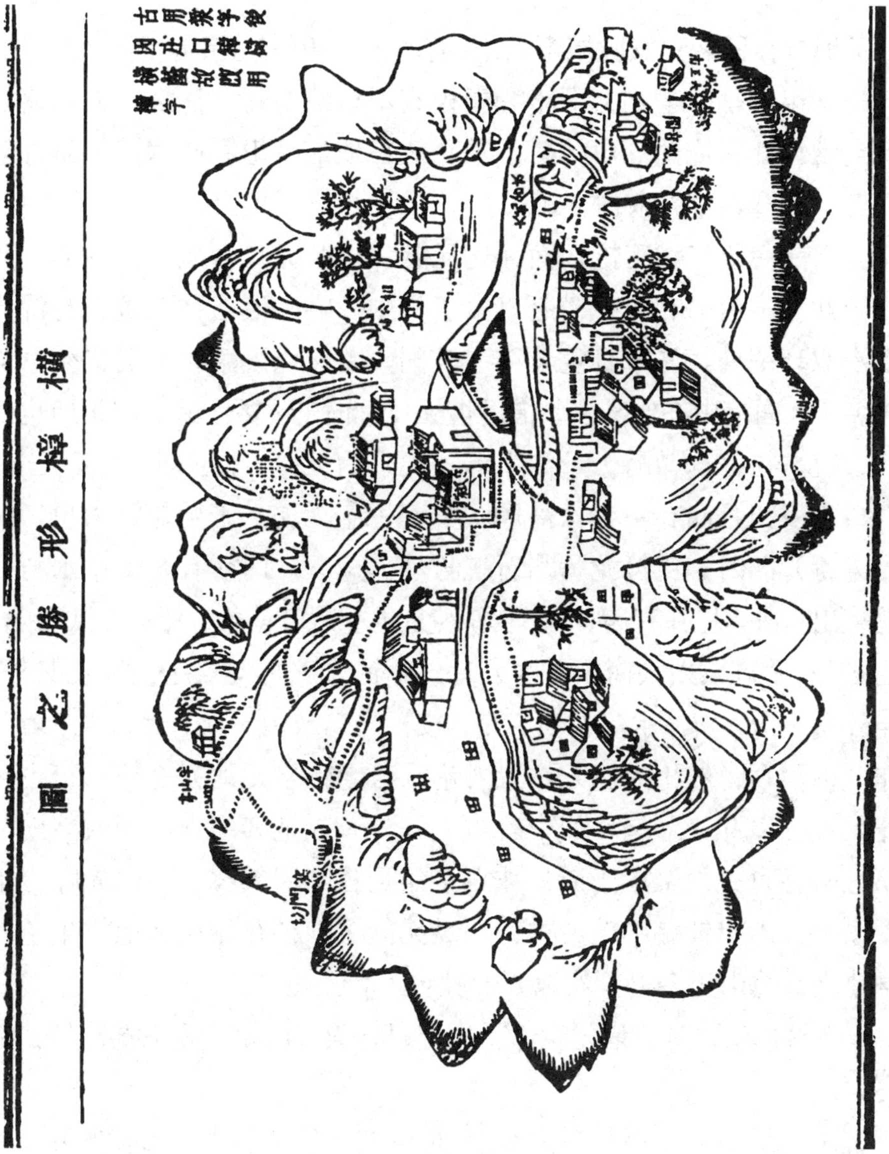

从 录

横樟包氏宗谱·横樟地方形胜记

地方自留名尖发脉蜿蜒而来,有岭五六里许,至半岭间一亭翼然,名曰:半山亭。亭之上下路旁青松苍翠掩映左右,往来行人当盛夏日炎常恃此为庇荫。由岭斜下数百武,地当平坦有庙巍然,旗杆双插者,即吾姓包氏宗祠也。

祠前突起三峰正拱祠面,先兄英六以此为三台星,祠中秀气实本于此。祠后另有来龙横赴直接于祠中。隔一溪俗称东坑,与源头溪水双环祠外。先辈日生公结屋其间,著有双溪草堂诗稿,公系当时名手,闻稿中杰作甚多,惜后世无传。祠东下数十武,即敝庐也。庐边有古松三株鼎峙,鳞深甲老,夹以为枫樟。而四相公庙适当其下,客岁四月间有一大株被风吹拔而栋宇无伤,未始非神力也。每当天青月朗时,兔舞龙腾踞石玩吟动人逸兴。门前有西流小水与双溪绕出村外。村外有庙,曰:普济堂,内塑观音诸像,外塑文武帝君。庙之外,手高踞山腰而粉白照人者,则徐王庙也。至社公庙尤在其外,庙外有一山,横樟水口如列屏焉,横樟之名或由于此,后人误“障”作“樟”耳,然相沿已久姑置勿论。若老鹞岩尤地方之外水口也,先兄英六以此为曜星,如中有贵人则外有人把守门户,理或然欤。第念吾姓自先人聚族于斯,数百余年瓦鳞鳞屋翼翼,农服先畴,士食旧德,山川钟毓不乏灵秀,而纵无能掇巍科登显仕为地方生色,吾辈之有愧山川多矣。然地方形胜自不容没也。

今当修谱之日,诸先生命予作记以补前人所缺。爰不揣疏陋,略写大致。

光绪三十一年岁次乙巳小阳月

二十五世孙邑廪生庭芝敬著

横樟包氏宗谱·横樟四景题咏

西岭青松

物表亭亭百尺松，经年经岁托高峰。
冬心吝许竹梅订，春色羞争桃李秾。
气壮山河光夏社，枝欺冰雪傲秋容。
行人莫恃依栖便，鳞甲修成即化龙。

三台拱秀

天外三峰似飞来，地方灵秀拱三台。
门前佳气葱葱郁，帐下贵人叠叠开。
壁立千寻应列宿，雨过午夜送春雷。
蓬莱此去无多路，一色青岚不染埃。

古松夜月

依傍古松静结庐，渊明宅外树扶疏。
三更兔魄时惊鹤，百岁龙鳞不类鱼。
影射林间闲对酒，光分楼隙夜观书。
难忘最是中秋夕，老干枝头舞玉蜍。

南屏横翠

东南气象倍光昌，叠嶂层峦护一方。
春水波澜资砥柱，北天星斗射光芒。
群峰翠滴社公雨，数笏横斜孝子冈。
闲向溪桥翘首望，诗情画意霎时忙。

光绪三十一年岁次乙巳小阳月
二十五世孙邑禀生庭芝敬著

13. 山徐村

山徐村平冈自然村村境图介

山徐村平冈自然村坐落在留明尖南山岗上，村庄基地平坦，位于大东坝镇政府驻地大东坝村西南6.5公里。

平冈王氏源自松阳县城市堪头王氏，市堪头王氏始祖王惟良十七世孙王元定（1450—？），于明代（1368—1644）中期，从市堪头迁居本邑下十八都王庄（今黄庄上村）。元定六世孙叙寿游览至本邑内二十都平冈，见其地山清水秀，地方旷平，土地肥沃，风淳俗美，遂偕子奇月（1700—1764）于清康熙末年，从黄庄上村迁居山徐村平冈自然村，繁衍成族。后世子孙绘《平冈村景全图》载于宗谱。

平冈王氏宗谱·平冈村景全图

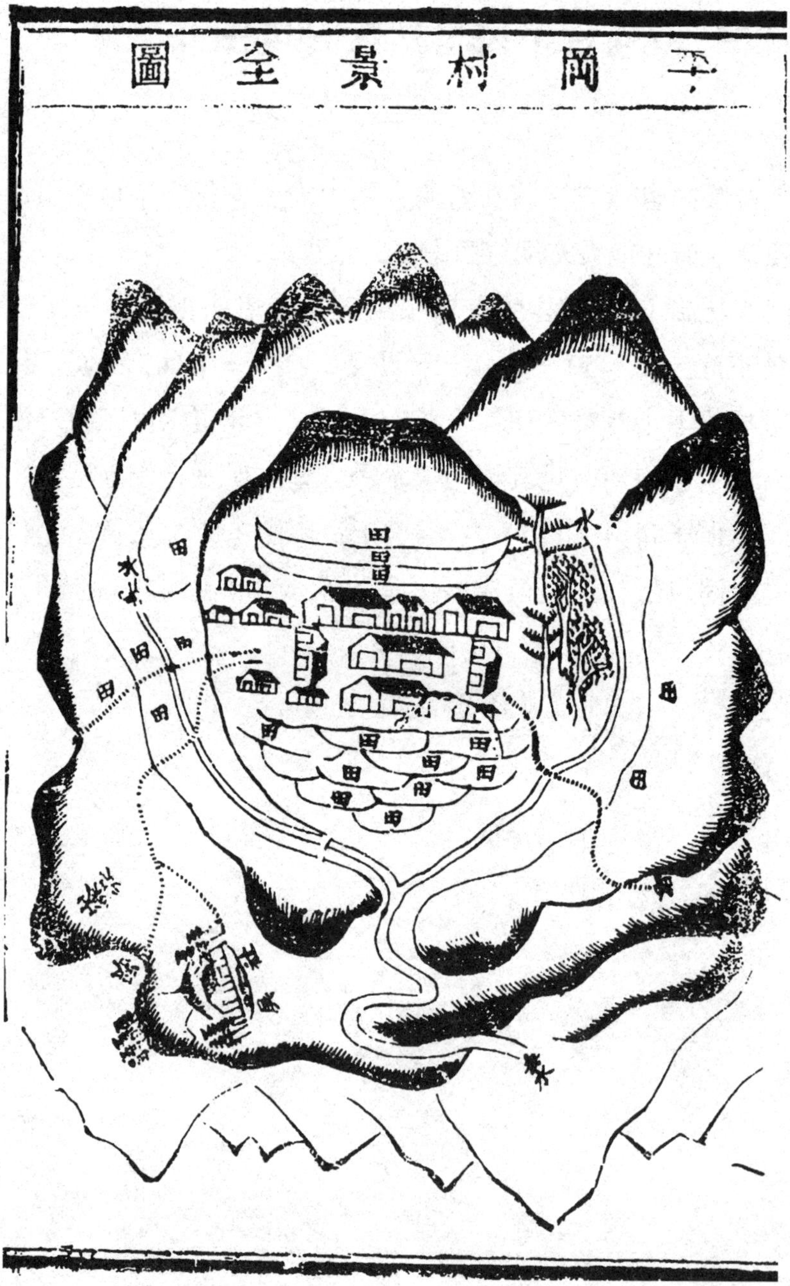

14. 洋坑埠头村

洋坑埠头村双坑口自然村村境图介

洋坑埠头村双坑口自然村坐落在小港支流洋坑源与小港的交汇处，位于洋坑源西岸，距大东坝镇政府驻地大东坝村西南7.2公里。

双坑口潘氏祖籍福建，始迁祖潘盛兴经商至松阳内二十都洋坑埠头，见其地两水交流，货物流通可走小港水运航道。双坑口山环水绕，竹木茂盛，地势旷阳，泉甘土肥，特产丰富，可樵可渔，可稼可穑，农商两便，遂偕妻男于清雍正年间（1723—1735），由福建汀州武平中堡徙居松阳洋坑埠头双坑口，广置田园山场，营造屋宇，兴家立业，聚族成村。其后裔在双坑口村建造广厦，分别命为洋坑埠头屋、洋坑埠头田铺屋、洽湖屋。后世子孙绘《土名二十都双坑口村境全图坐子向午》及所建屋图载于宗谱。

双坑口潘氏宗谱·土名二十都双坑口村境全图坐子向午

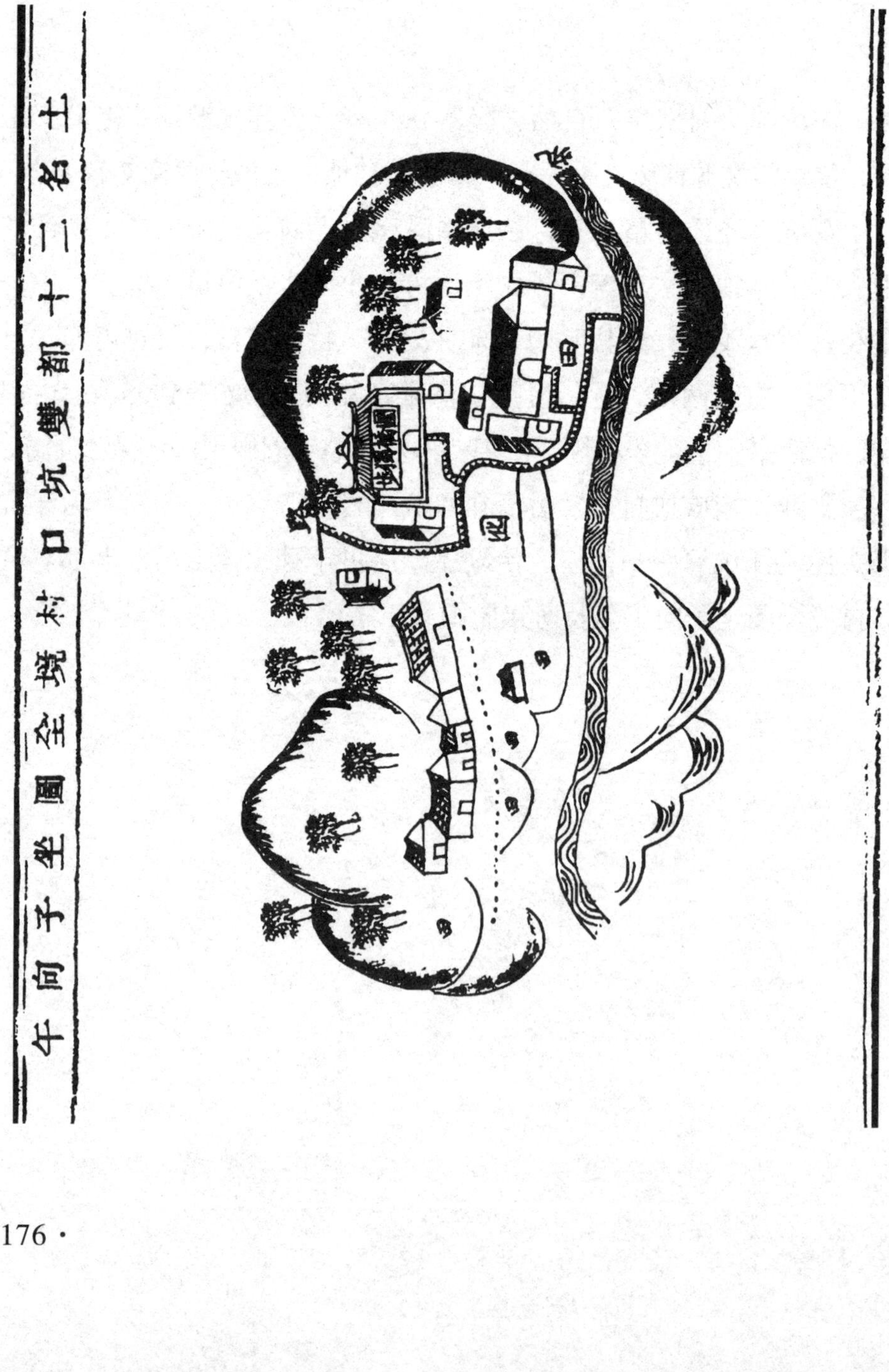

双坑口潘氏宗谱·土名洋坑埠头屋图坐乙向辛

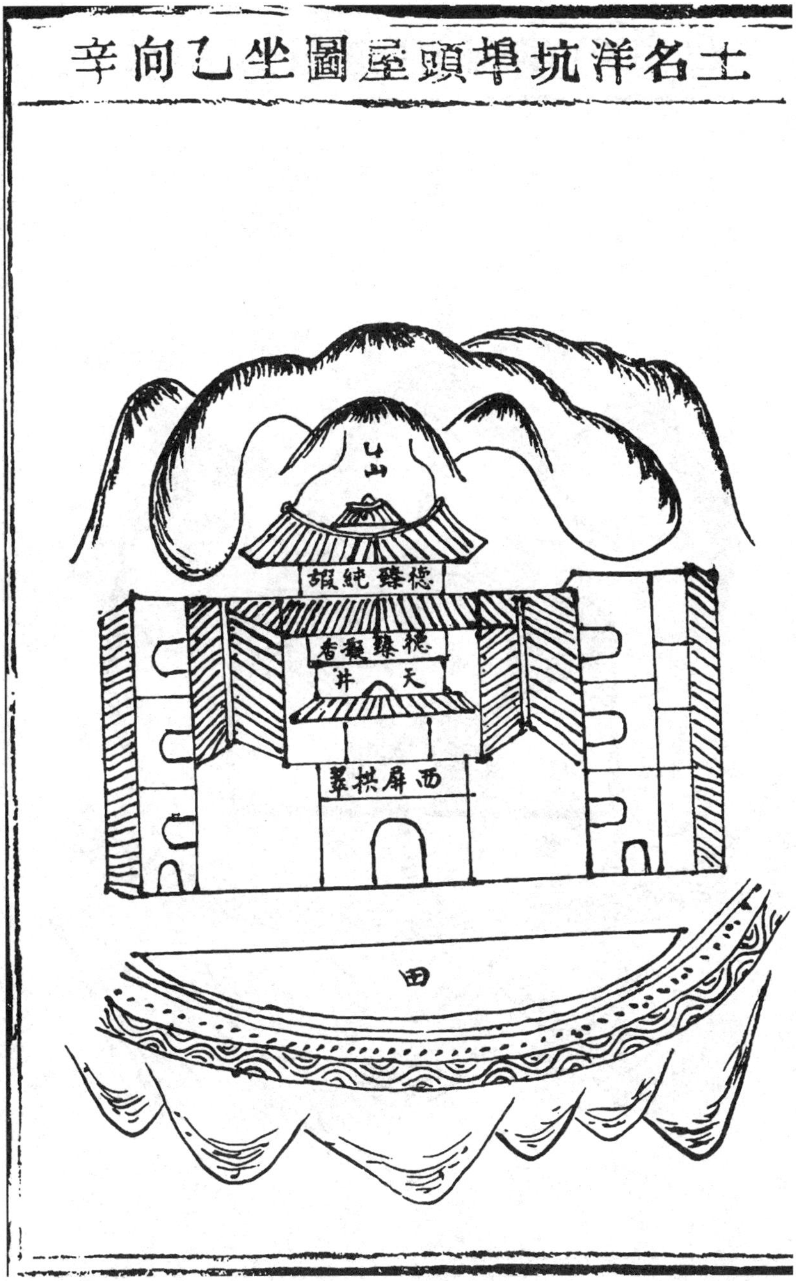

双坑口潘氏宗谱·土名洋坑埠头田铺屋坐申向寅

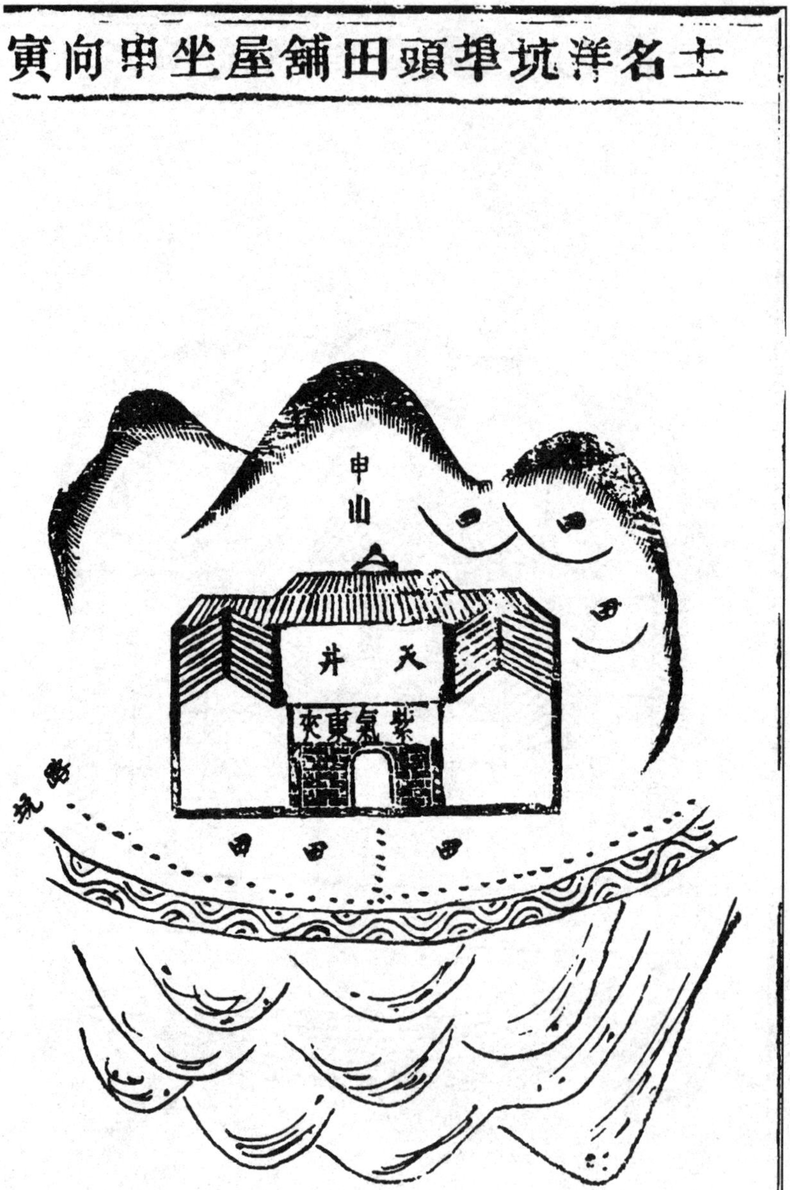

双坑口潘氏宗谱·土名洋坑埠头屋图坐乙向辛

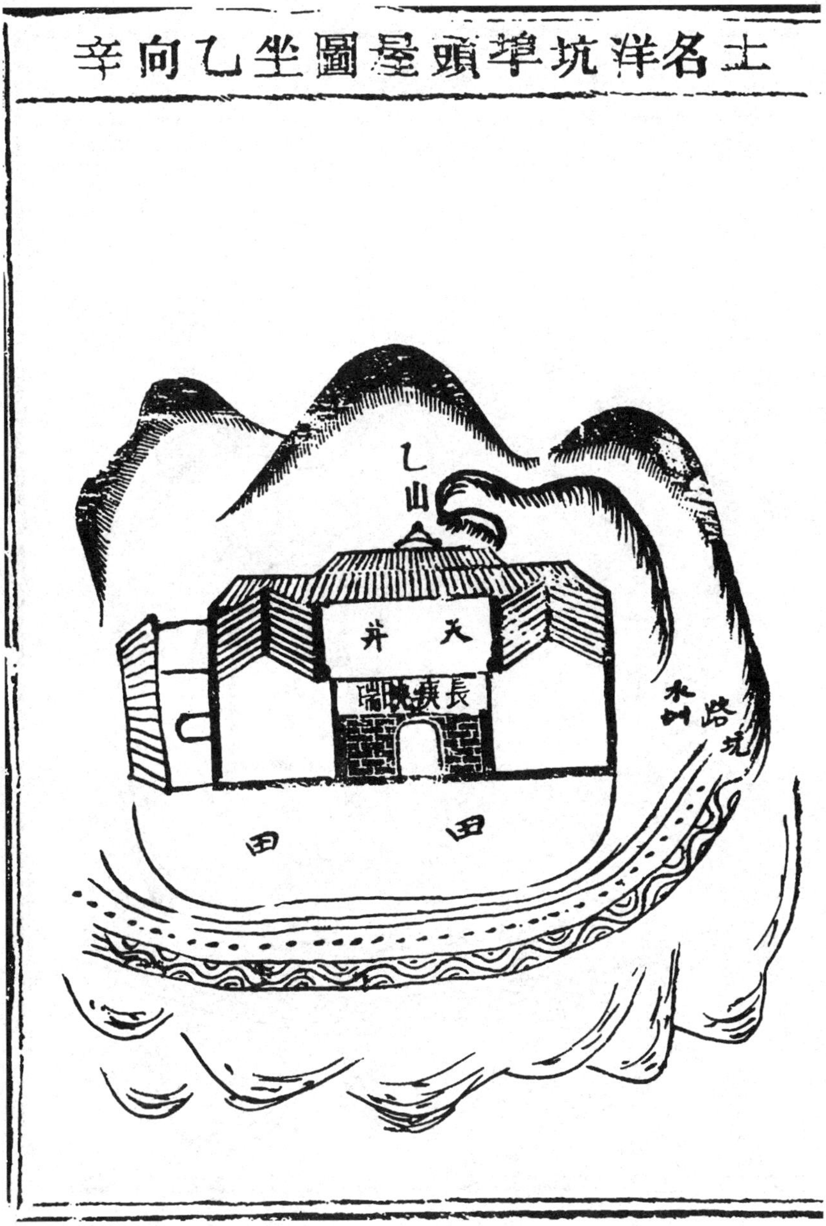

双坑口潘氏宗谱·土名二十都治湖屋图坐艮向坤

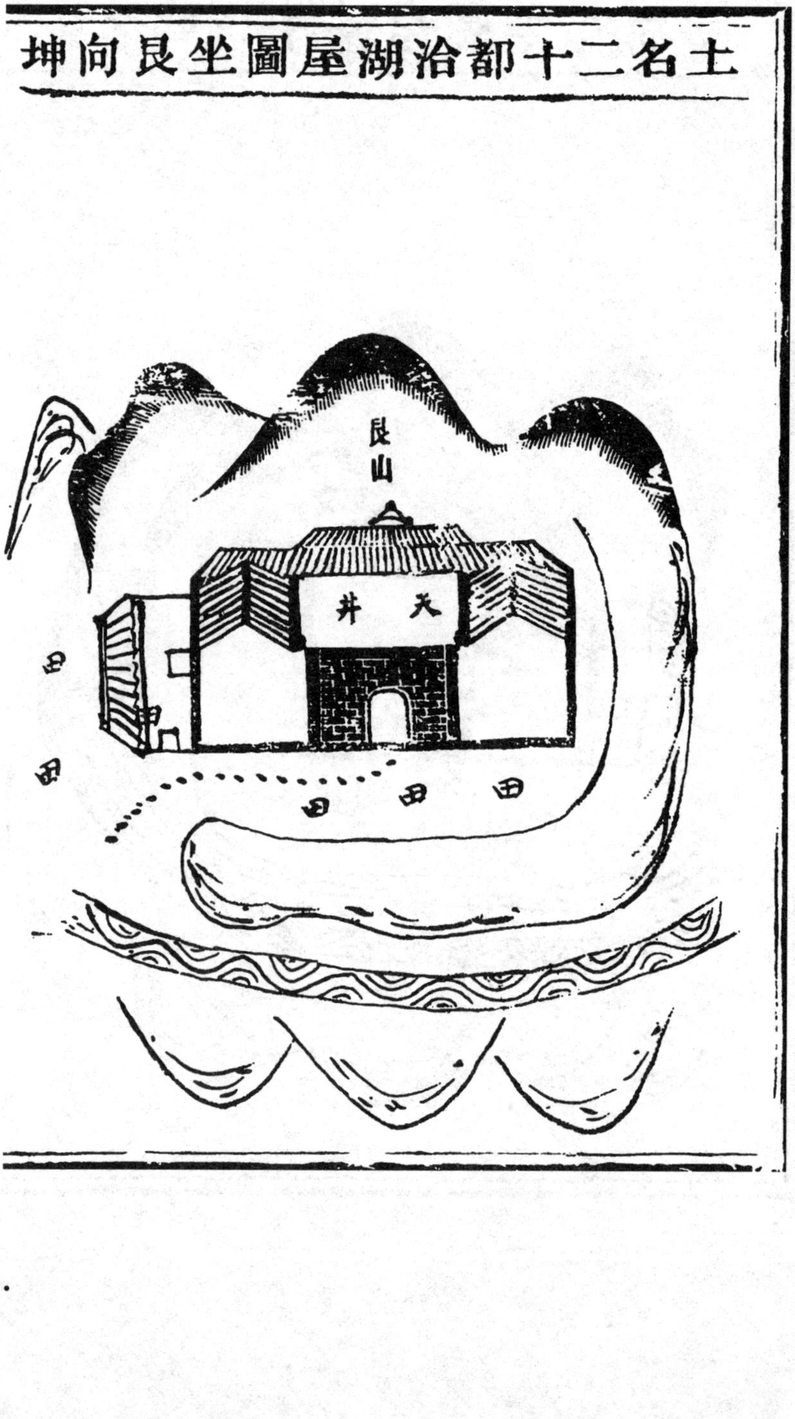

15. 燕田村

燕田村村境图介

燕田村四面环山，坐落在形似燕窝的高山小盆地，位于大东坝镇政府驻地大东坝村西南 8.5 公里，入选第三批中国传统村落名录。

燕田吴氏祖籍丽水，吴万七（1306—1394）经商至松邑内二十都燕田，见燕田地异形殊，前有山川潆洄，后有卧龙盘结，中有茂林修竹，土地肥厚，特产丰饶，居民稠密，淳厚可风，所谓仁里为美者也。吴万七遂于元代（1271—1368）中后期偕妻男由丽水迁居松邑内二十都燕田，发脉成族。后世子孙绘《燕田村境全图》载于宗谱。

燕田吴氏宗谱·燕田村境全图

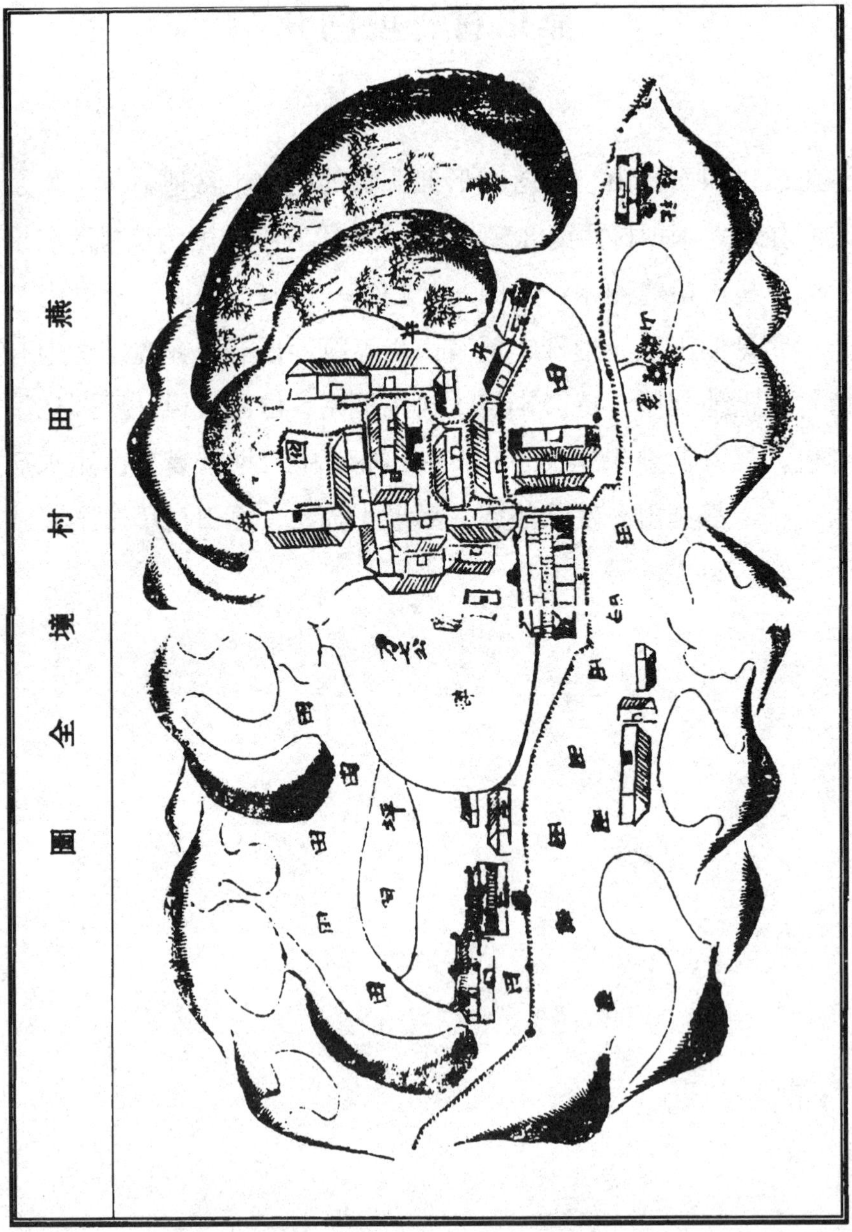

16. 五部村

五部村村境图介

五部村（谱称裒溪）坐落在小港中游溪流西南岸，位于大东坝镇政府驻地大东坝村西南 10.2 公里。

五部周氏尊周穛为始祖，周穛宋隆兴间（1163—1164）乡贡士，淳熙甲辰年（1184），授官松阳县令，莅任未几，遭寇猖獗，乃偕家随吏叶姓者避乱于本邑内二十都黄南。有三子，周尚赤（1160—1211）居长。经年余盗息，周穛弃官偕二幼子还乡。长子尚赤因娶本都曹竹杨氏女，名五淑娘，为不让妻子远离父母膝下，遂滞留于此。尚赤公于淳熙十三年（1186）卜地本都裒溪（五部）大竹园而家，是为五部周氏一世祖。其后裔分别在本村小地名为下圩、下垄、弓桥的地段建屋居住。后世子孙绘《裒溪村景全图》及居住地之图载于宗谱。

五部周氏宗谱·裒溪村景全图

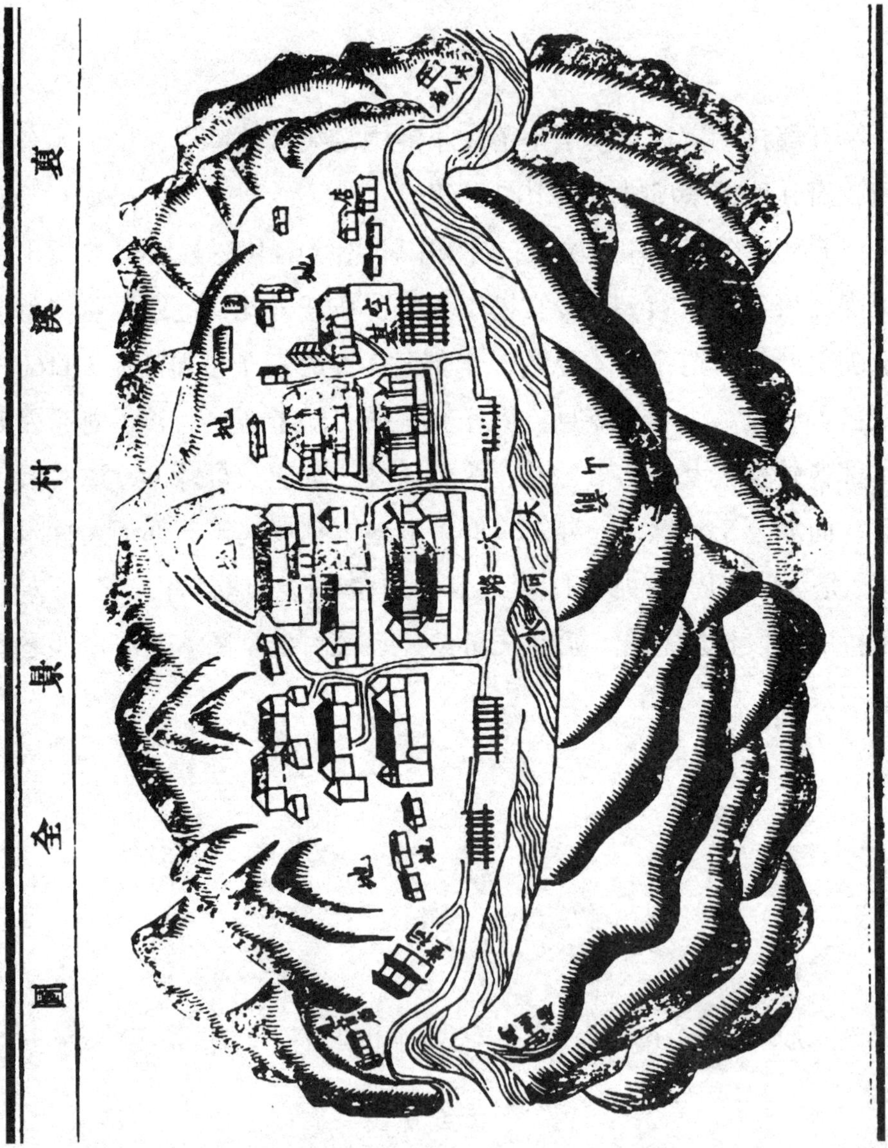

五部周氏宗谱·下圩阳基图

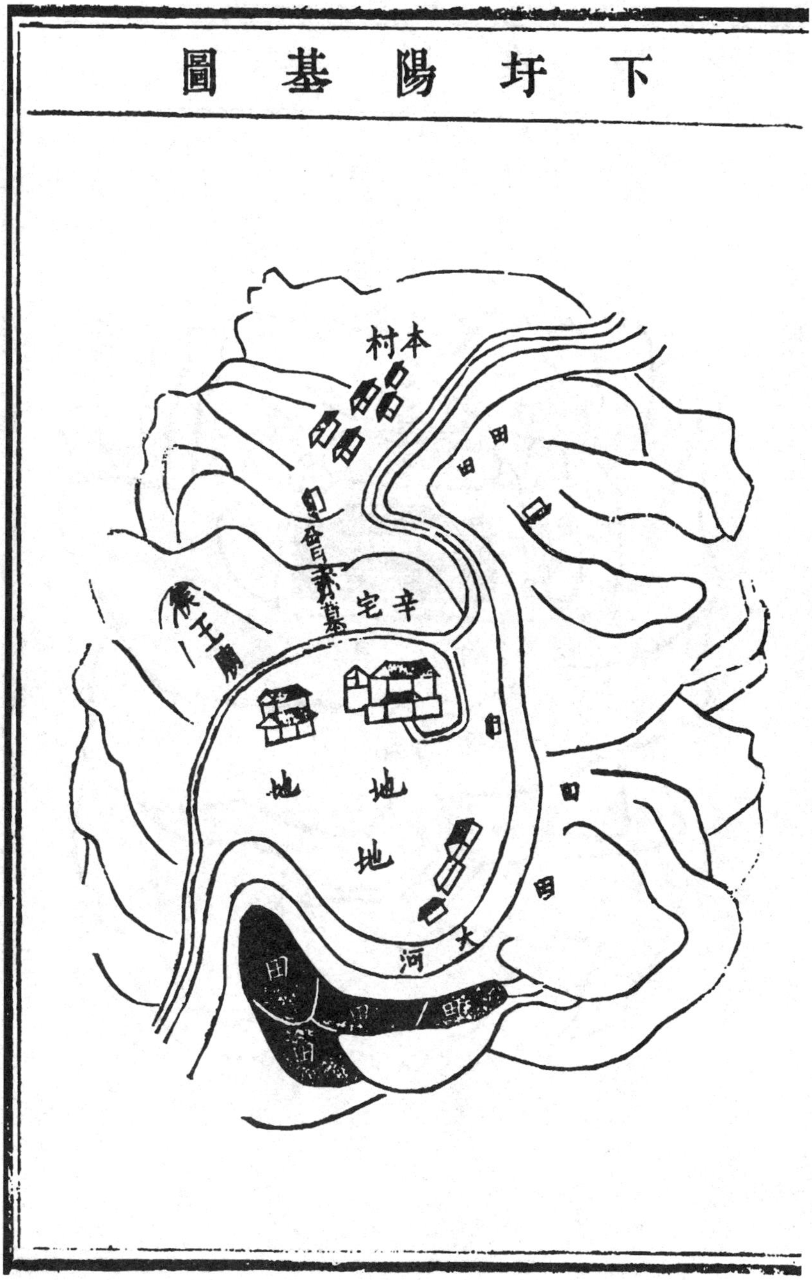

五部周氏宗谱·下垄阳基图

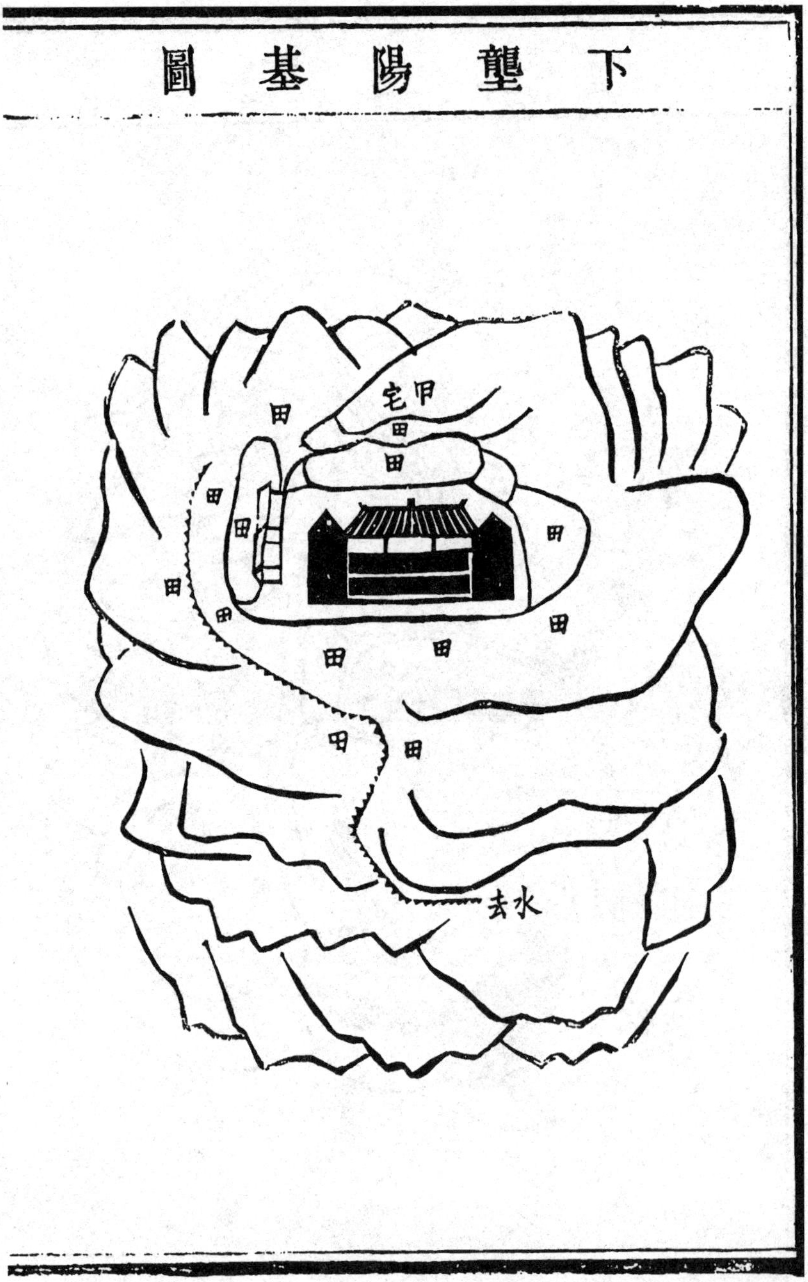

五部周氏宗谱·弓桥头图

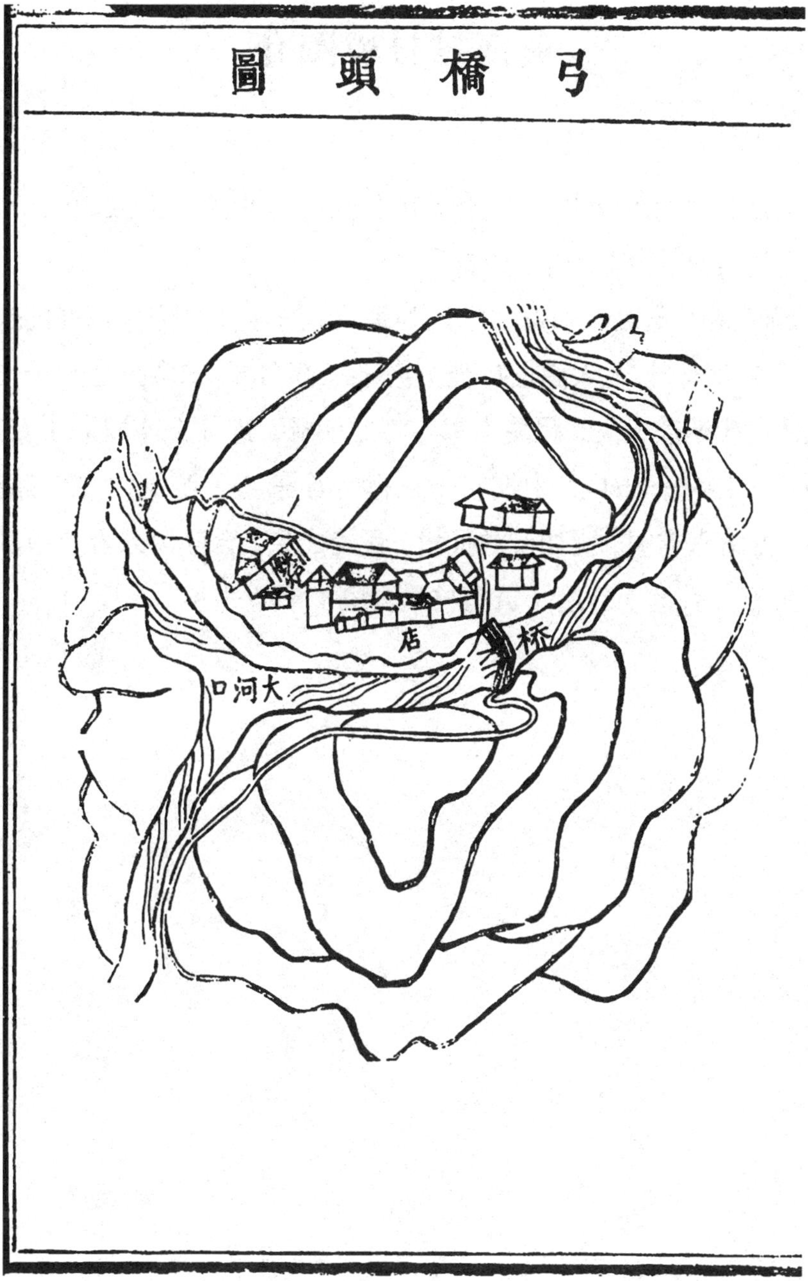

17. 黄南村

黄南村村境图介

黄南村地处小港中游，坐落在黄南源与小港交汇处，位于大东坝镇政府驻地大东坝村西 10.8 公里。

黄南徐氏先祖徐知章，宋仕显谟阁讲书，自龙游泊里村徙居松邑二十二都南州，金人南侵再徙至内十三都白岩。知章公之长子诰公，字元才，仕朝散大夫，因羡本都斗潭之明秀，遂徙至斗潭卜筑安家。至明代（1368—1644）中期，十三世孙徐景生，游览内二十都黄南之地，见山水秀丽，犹如桃源仙境，喜爱之余，自斗潭入赘黄南洪家，遂以为家。后世子孙绘《黄南村景全图》载于宗谱。

黄南徐氏宗谱·黄南村景全图

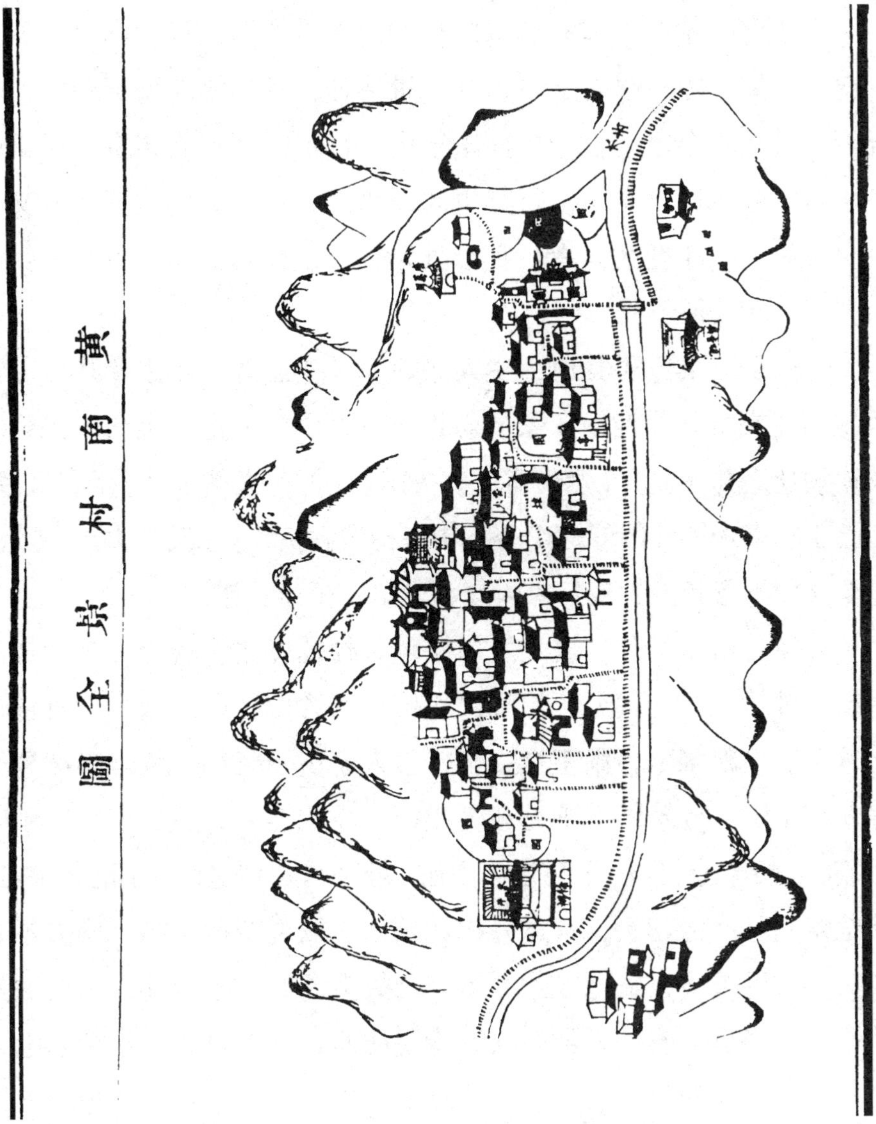

丛　录

黄南徐氏宗谱·黄南庄赋并序

邑之南距城七十里有黄南庄焉。山水蔚然而深秀，林木森然而郁葱。白屋参差，绿畦上下，其风景清佳，颇与桃花源近似。最足异者，阖庄百余家，歉于田而丰于山，竹木之利岁有余资。桥梁则利济也，梵宇则丹青也。行其里闻泽耕声，登其堂闻披读声。又时见黄发皤皤，年登大耋者，日偕垂髫总角，杖履其间。古语云：山人多寿。殆其征与!

辛酉夏，余侨居其地，主人徐姓，号整斋者，庄之翘楚也。笃孝友而能文章。偶询斯庄载邑志否？主人曰：未也。余窃有慨焉。夫蟾湖遗迹并列艺文，燕田僻乡犹关采访。斯庄人稠地广，俗美风淳，何转于志书阙如？因知深山穷谷中有抱璞含贞，饮冰励节，卓卓人间，竟至湮没不彰者岂少哉！主人嘱为其赋，余曰：诺。

夫何丘壑竞奇兮，挟大气以磅礴。耸林岚之雅观兮，列围屏而绎络。钟村庄以秀灵兮，讶鳞次之错落。绕山径以逦迤兮，直神斤之琢凿。山隈水隈，雨壑烟壑，树里人家溪头略彴。炊烟断续兮柴扉，流水回环兮草阁。则见斗潭接壤，潘坑连畴，白岩汇派，余叶通喉。望岭脚兮前路，下袁溪兮上游。控平昌之别道，引小港之扁舟。胜纪蛤湖脉络之延袤，自远峰撑鹤顶，星辰之变换偏幽。辨方不必中央，村以黄号，量地未为尽境，水故南流。云断云连，山樱欲然（燃）。峰后峰前，瑶琴尚眠。清溪曲曲，流水年年。楼台六七，气象万千。林密兮藏雨，竹深兮凝烟。青林红树兮秋霁，琼华玉屑兮雪天。任朝朝以暮暮兮耸云影之孤骞，或风风以雨雨兮奔百道之涧泉。胜概攸详盍征风俗，父老酒沽，儿童笋劚。樵路月黄，书斋灯绿。叱犊田间，钓鱼溪曲。创梵宫而尚浮图，建祠宇而绵似续。或盂兰设会而鼓镯击铙，或元夕张灯而焚膏燃烛。其妇女胥裙布而荆钗，其子弟当郑兰而元玉。苟无恒产何以养生，则厥田或下下而无取，惟错实上上而有成也。

十里五里兮树影，一竿两竿兮竹声。拱把桐梓兮迎日向荣，薪槱棫朴兮得气勾萌。编竹成桴，白水奚烦，订誓伐薪，为炭乌金，可以锡名。衣食绰乎有余保兹家室，材木不可胜用岂让市城。然试思斯庄之始，榛莽之辟，谁其为之？狐狸之逐，谁其施之？垣堵之创，谁其司之？桥梁之筑，谁其基之？松柏之息养，谁其朝夕培滋之？汙莱之荒塞，谁其耒耜芟夷之？前不见往日，后不见穷期，群相生相养于无尽，而观世之士独慨焉如有所思。

仆本羁人兴怀故里，忧田园之将芜，怅烽烟之未已。乐郊远适挹东海之芳馨，知己重逢望南溪而至止。惟念韫玉辉山，怀珠媚水，斯仁竿之足夸，非末俗之与比。胡为乎珊纲竟遗，辅轩不纪，任胜地之销沈，徒高山之仰企。是固秉轴之偶蒙而斯庄之受否也。后有作者将及径珠寸璧，视此如沣兰沅芷焉。

城东廪贡生陈其福拜撰

黄南徐氏宗谱·黄南庄赋并序

辛酉之冬子月既望，予因西匪之乱避居黄南。与乡先辈款洽甚深，喜其人淳而朴，地僻而幽，爰比事属词以志其实。都人士类多尚义之风，故予亦不敢溢美云。

访松邑之奥区，遇南溪之乐地。上下村夹涧攸分，左右邻枕山布置。人多太古之风，地有自然之利。下裒溪而上余叶，黄居坤土之中。北平昌而西龙渊，南协离明之位。粤自村兴明代，派衍清时。南阳叶氏弃官隐此，东海郡聚族居斯，李姓则莺迁继至，赖家则燕翼共贻。新兴社四族蒙庥，户户之桑麻并茂。护境亭一村扼要，家家之烟火齐炊。其为人也，堪希怀葛欲傲羲皇。女厌绮罗之丽，男安耕凿之常，尽多白发苍颜不扶鸠杖，即非花朝月夕也。举兕觥承先泽之诗书，二三子宏开家塾；撷英年之芹藻，先后进名振胶庠。人柳阴边或向棋枰而静对，农桑课外非无医卜之擅长。而究之殷富非关中之比，此所以勤俭效魏俗之良。其为物也，万壑之古杉蔽日，千峰之翠竹凌霄。笋至冬而叠茁，蕨为粉而匀调。彘宜二母之良不闲豚苙，鲜入半钩之钓尽有鱼苗。虽分田尚隘成基，夏五之嘉禾偏少，而异种亦能代食，秋三之珠颗倍饶，又何论乎！野簌香分指不胜屈，山殽美味名难尽标。尤可喜者，岩壑幽深，林泉秀美，二十都地异通衢，七十里居非近市。虽遇寇于戊午之夏，蚁队暂过而安居。於酉戌两春狼烟不起，大抵理有循环。时分泰否，繁华地劫火偏多，俭朴乡灾星可已。宜乎斯地也，潜龙之隐咸适其身，风鹤之声不惊于耳。

余也为避妖氛，爰寻仁里，初来焉酉岁之冬，久居之壬年及癸。小秋翁作我师亦作我主，入喜得门时还斋可学圣亦可学仙。交淡如水，看扶藜兮几辈共话昏黄，聊种菜于古篱忘怀金紫。笑予俗客竟居竹宅之傍。大有仙缘也，住桃源之里能不缀。余骈语鸿飞志印雪之踪，稽彼名区，胪列待采风之史。

城西岁进士澄斋潘益澧拜撰

五

新兴镇

XINXING ZHEN

1. 后周包村

后周包村村境图介

后周包村（谱称“后周”）坐落在松古盆地西北部，东靠松阴溪，西傍丘陵山地，村庄四周土地膴膴，位于新兴镇政府驻地横溪村西北2.2公里。

后周包氏派分自松阳蟾湖包氏。蟾湖包氏十一世孙包汝能（1354—？），经商至本邑十一都后周，见其地秀异灵杰，山水清幽，灵气所钟，田美土肥，宜猎宜渔，宜稼宜穑。包汝能遂卜筑于斯，置田产，造广厦，开万世基业。包汝能为后周包氏一世祖。后世子孙绘《后周包村图》载于宗谱。

后周包氏宗谱·后周包村图

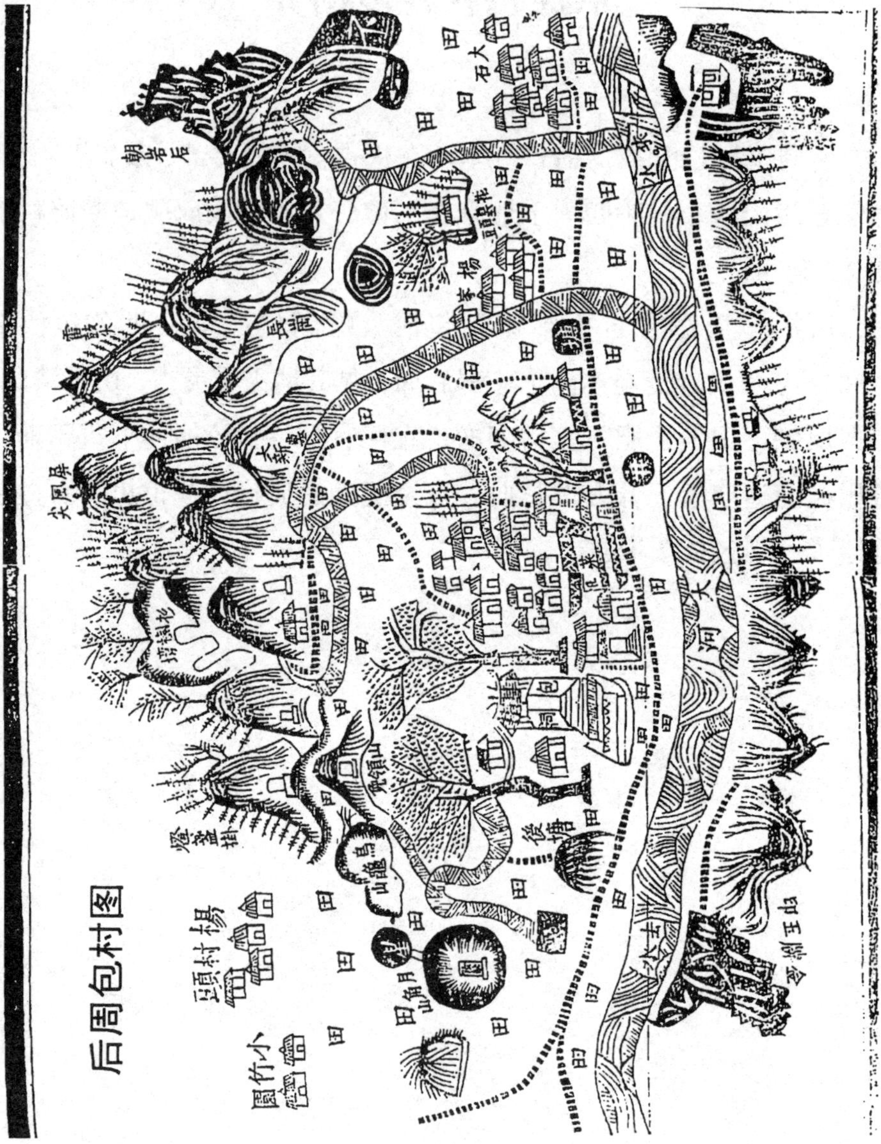

2. 上安村

上安村村境图介

上安村位于新兴镇政府驻地横溪村东南 1.5 公里，坐落在松古盆地西北部，四周田园广袤，土地肥沃。

上安刘氏出自宋元祐年间（1086—1094）右丞相刘挚，其曾孙刘权入赘松邑蛤湖包氏。始迁祖谦五公，卓荦不群，遍览名胜，游至五龙里，见流水夹岸，绿柳遮道，隐隐武陵风景，遂于明洪武二十四年（1391），自本邑蛤湖村乔迁于此，并易地名五龙里为上安。后世子孙绘《上安全图》载于宗谱。

上安刘氏宗谱·上安全图

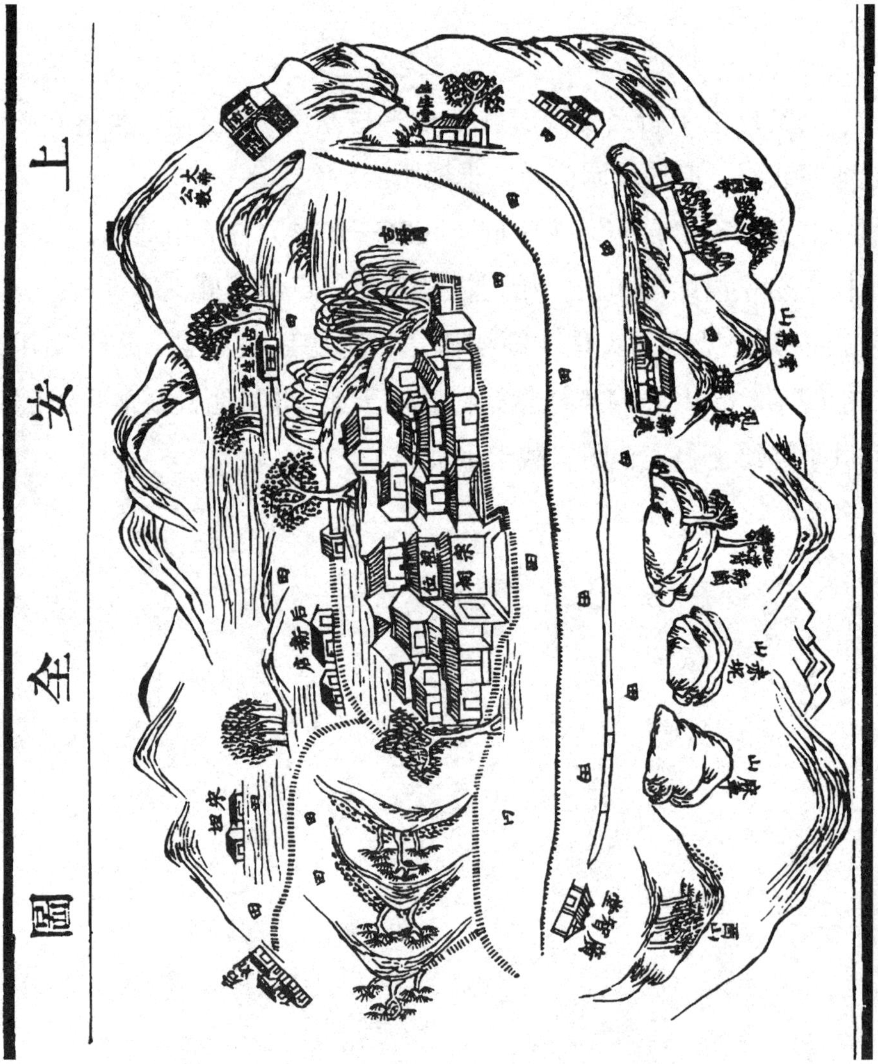

丛　录

上安刘氏宗谱·上安十景诗

天开安宅

巨灵另外辟乾坤，两水三山夹岸奔。
贴地田园绣绿野，甍天松竹护青门。
桑麻到夏机杼急，禾稼逢秋铚获繁。
朴者力农秀力学，祖鞭先着尚刘琨。

地涌笏峰

巍峨挺拔一奇峰，宛似韩侯谒九重。
板重岂容倒在手，棱高不便插当胸。
立班半露腹中虎，对陛全翔顶上龙。
应是明良相际会，垂绅缙笏待晨钟。

宝盖凤鸣

梧桐如盖矗天齐，隐有珍禽比翼栖。
五色交成向日现，八音声谐逐风啼。
敢将墅鸟指为凤，莫把青鸾认作鸡。
自是山川钟秀气，朝阳何必在岐西。

芳溪鲤跃

望洋何事到江河，源远流长便有波。
昼蹴乱纹浮太白，夜涵清影漾嫦娥。
山村不比鱼虾会，泽国从来鳞介多。
泼剌一声破浪去，龙门直上乐如何。

花坞书声

瑶树奇葩绣作堆，人间恰像一天台。
虽无麻饭涧中出，却有书声月下来。
字字芝兰音断续，篇篇珠蕊韵徘徊。
莫言十载寒窗冷，上苑看花擅异才。

南明樵歌

郁郁葱葱绿树林，今来古往总无禁。
朝呼同伴群如簇，暮唱清歌韵侣禽。
尔我忘机信口吐，高低任意拍担吟。
偕归步出向阳地，犹觉余音绕谷岑。

西山新月

二酉从来书史家，名山用此亦非差。
洞中古篆传升斗，石上奇文映日华。
半镜有痕当谷吐，一弯无底侧峰斜。
莫愁午夜蟾光落，弦上还堪毕五车。

广因晨钟

谁道村庄听漏难，蒲牢一击夜漫漫。
韵从古刹空中掷，响出山门梦后阑。
龛里琉璃光渐暗，佛前檀速气多残。
自怜终老芸窗下，长乐何年候玉銮。

玉虹烟锁

一带清溪架彩桥，云霞映罩腾青霄。
气永横截五龙岸，雾结环澜二水潮。
自去自来通士女，且行且止便刍荛。
津头从此重重捍，何虑雨风历乱飘。

石峦云拥

峭壁千寻直蔽天，地灵常此弄云烟。
山深谷暗藏麋鹿，树密阴浓啼杜鹃。
几见雨余显象迹，每逢雾过泻龙涎。
空中团聚非无意，坤转乾旋毓圣贤。

时乾隆元年岁次丙辰仲春月吉旦
十一世孙　建英百拜书

3. 横溪村

横溪村村境图介

横溪村（俗称“温州寮”）为新兴镇政府所在地，位于县政府驻地西北 14.5 公里。地处松古盆地西北部，坐落在十二都源下游东岸。十二都源下游一段溪流与松阴溪流向略呈直角，此段称为横溪。村庄因坐落横溪边得名。

横溪温氏祖居福建，先祖温君道（1554—1634）于明末由闽移至温州平阳北港四十四都金村垟居住。

温君道六世孙盛思兄弟四人，因慕松邑横溪之地山水环抱，秀气盘郁，物产丰盛，遂于清乾隆二十九年（1764）自温州平阳迁至松邑十二都横溪卜宅，开创百世之基。后世子孙绘《横溪庄村景图》载于宗谱。

横溪温氏宗谱·横溪庄村景图

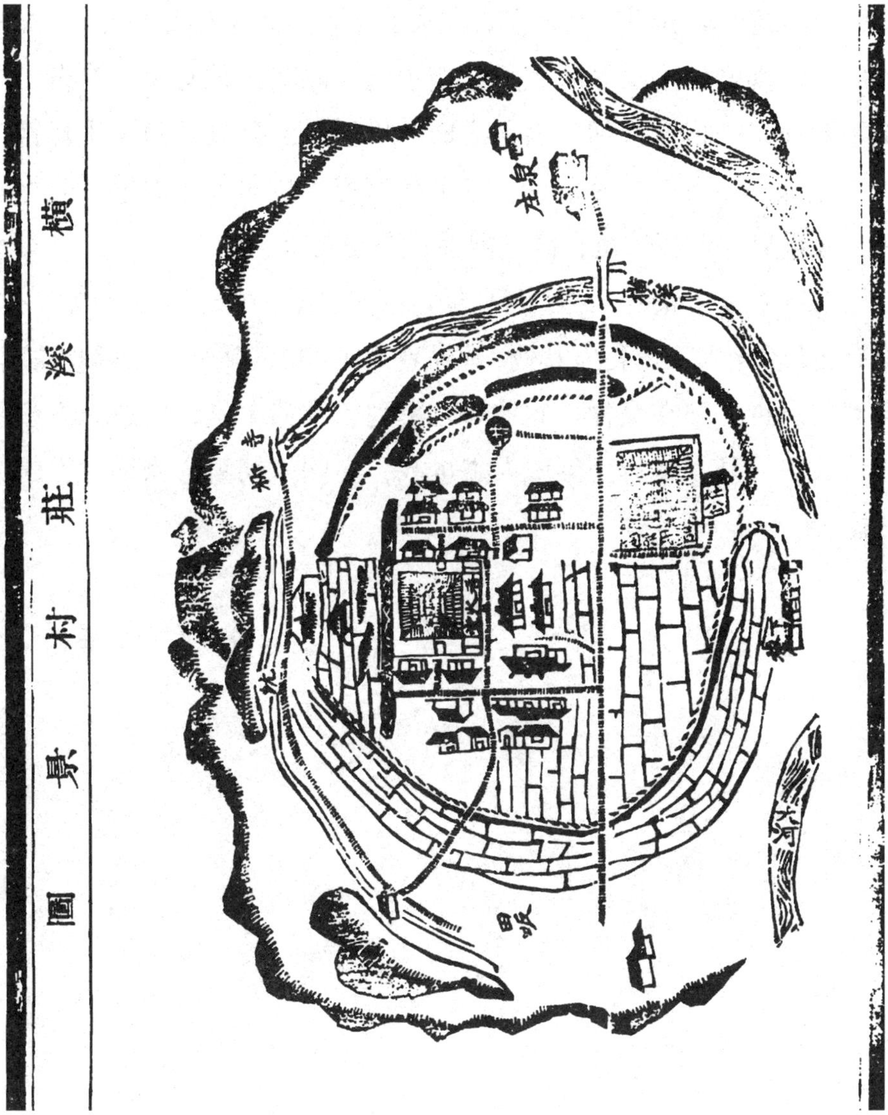

丛　录

横溪温氏宗谱·横溪村志

距白龙旧城五里许为横溪，古系平原旷野。因乾隆年间（1736—1795），盛思公昆玉等从瓯平迁徙于此，以其村顶有溪一带自十二都委蛇而出，横冲大河，因名之曰“横溪”。公慕此地山水环抱，秀气盘郁，乃卜宅为百世计。今子孙繁衍，故居人皆温姓。公之玄孙玉泉世兄，业精岐黄，群推国手，予益友也。

甲申岁延予课徒，下榻贵祠，阅两寒暑，暇游村景，见其地无旷土，人有古风，士农工贾各安其业，地灵者人杰，亶其然乎！予因欢扶舆，清淑之所钟，随在呈祥。此地邻村星列，淮弗至是，但忽而不察鞠为求牧之场耳。噫！公等诚人杰也哉，亦闻贵祠重修家乘，因乐为其志云。

玉岩庠生杨志熙撰

4. 徐郑村

徐郑村村境图介

徐郑村位于新兴镇政府驻地横溪村西南 1.2 公里，地处松古盆地西北部，坐落在二十都源下游北岸。

徐郑郑氏祖居福建泉州，传至郑思默，迁居浙江处州龙泉武溪。思默公之孙郑盛德（1651—1725），见松邑十二都徐郑之地山环水抱，可耕可读，可以乐居，遂复卜吉而居于此。后世子孙绘《徐郑村境全图》载于宗谱。

徐郑郑氏宗谱·徐郑村境全图

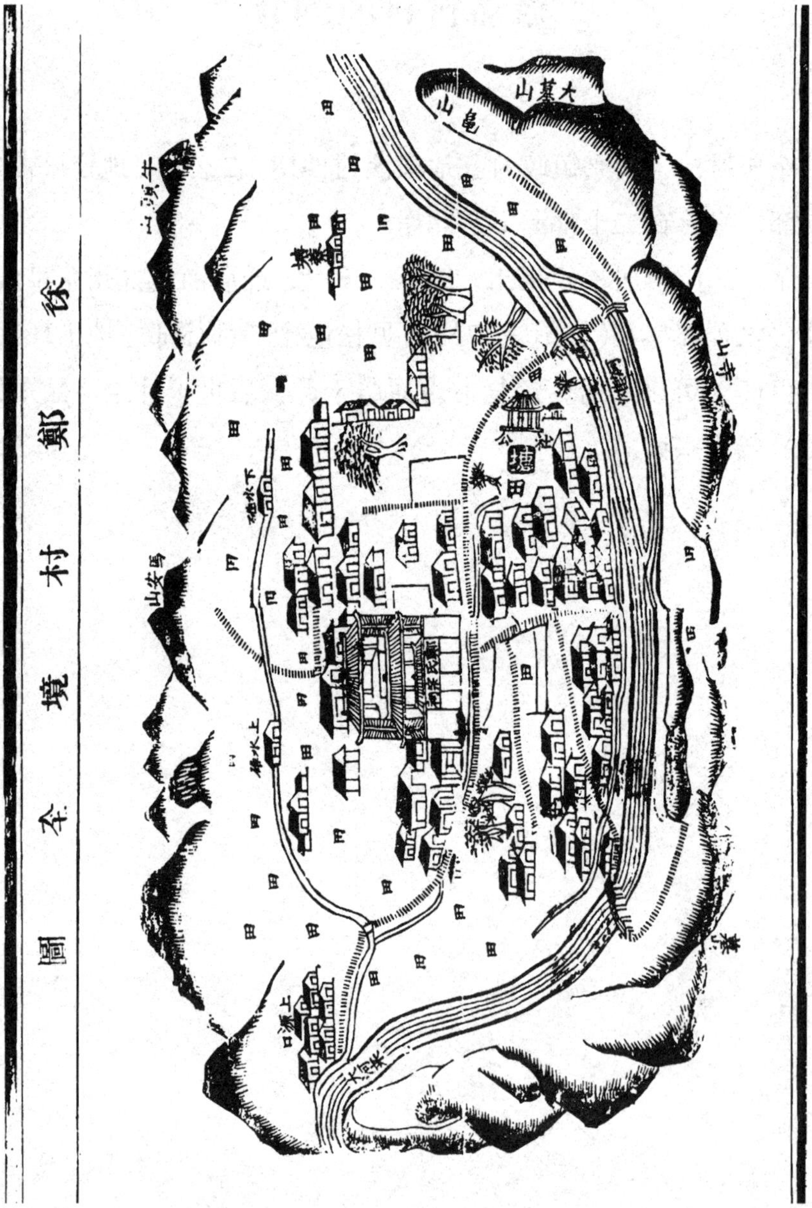

5. 内孟村

内孟村（孟氏）村境图介

内孟村地处松阳县西北部，坐落在十二都源中游，位于新兴镇政府驻地横溪村西南 3.8 公里。

内孟始迁祖孟世醴，字醇，号东瀛，乃孟子之后裔，少时随祖父孟十六南渡，自檀溪至姑苏，又居会稽。宋淳熙元年（1174），东瀛公由秘书郎改授松阳主簿。适松邑大旱，求雨途经黉源，见其山水秀丽，解组后，遂卜居于斯。随后，将地名改为内孟，将原地名“黉源”作为孟氏家族的堂号。其后裔分居金坞、泉庄、外孟。后世子孙合修宗谱，绘《黉源村景图》载于谱中。

内孟孟氏宗谱·簧源村景图

从 录

内孟孟氏宗谱·黉源村记

白龙西境，山川明媚，由旧城西行二十余里为内孟，古黉源地也。宋淳熙间，孟东瀛先生，以名儒宰是邑，勤抚字，善断狱，邑人诵孟父焉。适遇旱魃，先生著芒鞋，祷雨灵湫，途经此地，见其峰峦叠出，涧泉清冽，中辟奥区，徘徊久之。解组后，遂卜居焉。今仍繁衍簪缨鼎盛，人以为循吏之报云。

后学俞飏拜撰

内孟村（叶氏）村境图介

内孟村地处松阳县西北部，坐落在十二都源中游，位于新兴镇政府驻地横溪村西南3.8公里。叶庄为村内小地名。

斋坛叶氏，系出松阳卯山。先祖叶日新迁居本邑十七都叶村，至十九世沃江公迁居斋坛。

沃江公次子叶继光，于清初顺治年间（1644—1661）游览内孟之境，见其地虽非平垟，却有别于山乡僻壤，远连大川名山，近接古市县城。其土厚俗美，民情纯朴，可谓发祥之基。遂以胞兄次子文龙为嗣，择吉由斋坛迁居本邑十二都内孟。叶姓人的居住之地，名为叶庄。后世子孙不忘祖宗，仍合修宗谱，并绘《叶庄阳宅图》载于谱中。

斋坛叶氏宗谱·叶庄阳宅图

葉莊陽宅圖

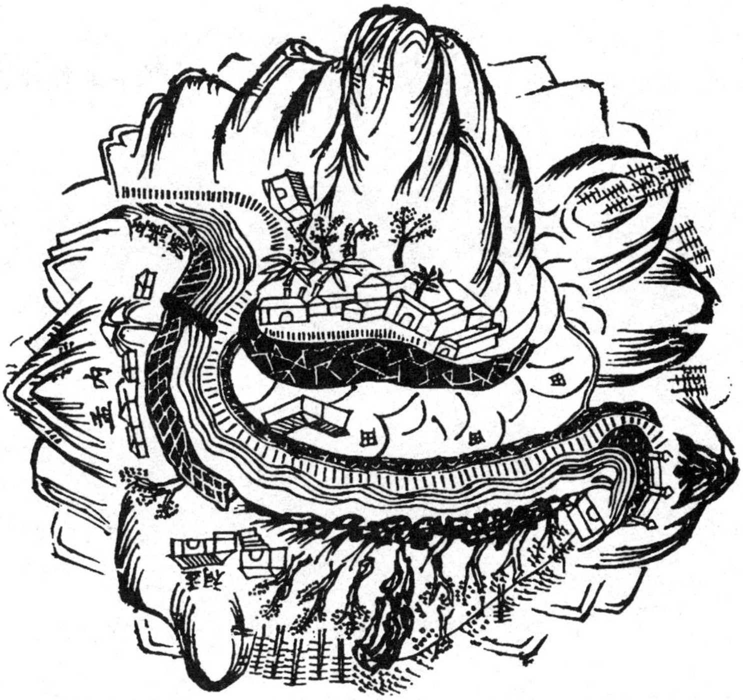

丛　录

斋坛叶氏宗谱·叶庄村图诗

叶庄基局本天生，环顾山川大有情。
一曲清溪如玉带，四围碧岫等金城。
右邻孟宅依仁里，古号黉源有义名。
谢却斋坛居此土，门前古柏共争荣。

郡庠生赖作霖题

6. 金坞村

金坞村村境图介

金坞村（旧址）地处松阳县西北部，坐落在五斗尖西南麓，位于新兴镇政府驻地横溪村西南 5.2 公里。2007 年 11 月，经浙江省政府立项，该村已整体搬迁，村民下山脱贫安置，新村址位于横溪村西北 0.7 公里。

金坞孟氏始迁祖孟武信（1180—？），字实之，乃十二都内孟始祖孟世醴三世孙，至金坞，爱其胜景，遂自内孟徙居金坞。赘金开新女，安家乐业。后世子孙合修宗谱，绘《金坞村景图》载于谱中。

内孟孟氏宗谱·金坞村景图

丛　录

内孟孟氏宗谱·金坞村记

遂之南乡与松西接壤，松西金坞距蕢源五六里。地高旷林木葱茜，山水环抱，游人至此，疑别有一天也。居人皆孟姓，多俭朴务芟柞，不问外事。余尝询之父老，知为孟武信公始居于此，其子孙繁衍，遗俗尤为近古。吁！无怀氏之民与？葛天氏之民与？

濂水郑培椿撰

7. 泉庄村

泉庄村村境图介

泉庄村位于松古盆地西北部，村旁有泉水涌出，故名。地处新兴镇政府驻地横溪村西北 0.8 公里。

泉庄孟氏始迁祖孟修川（1704—？），字迪英，内孟始祖孟世醴十七世孙。乾隆十六年（1751），孟修川在泉庄舅舅家当私塾先生，课余游览村境，见山林毓秀，有龙脉灵气聚集，遂自十二都内孟择吉徙居十一都泉庄。后世子孙合修宗谱，绘《泉庄村景图》载于谱中。

内孟孟氏宗谱·泉庄村景图

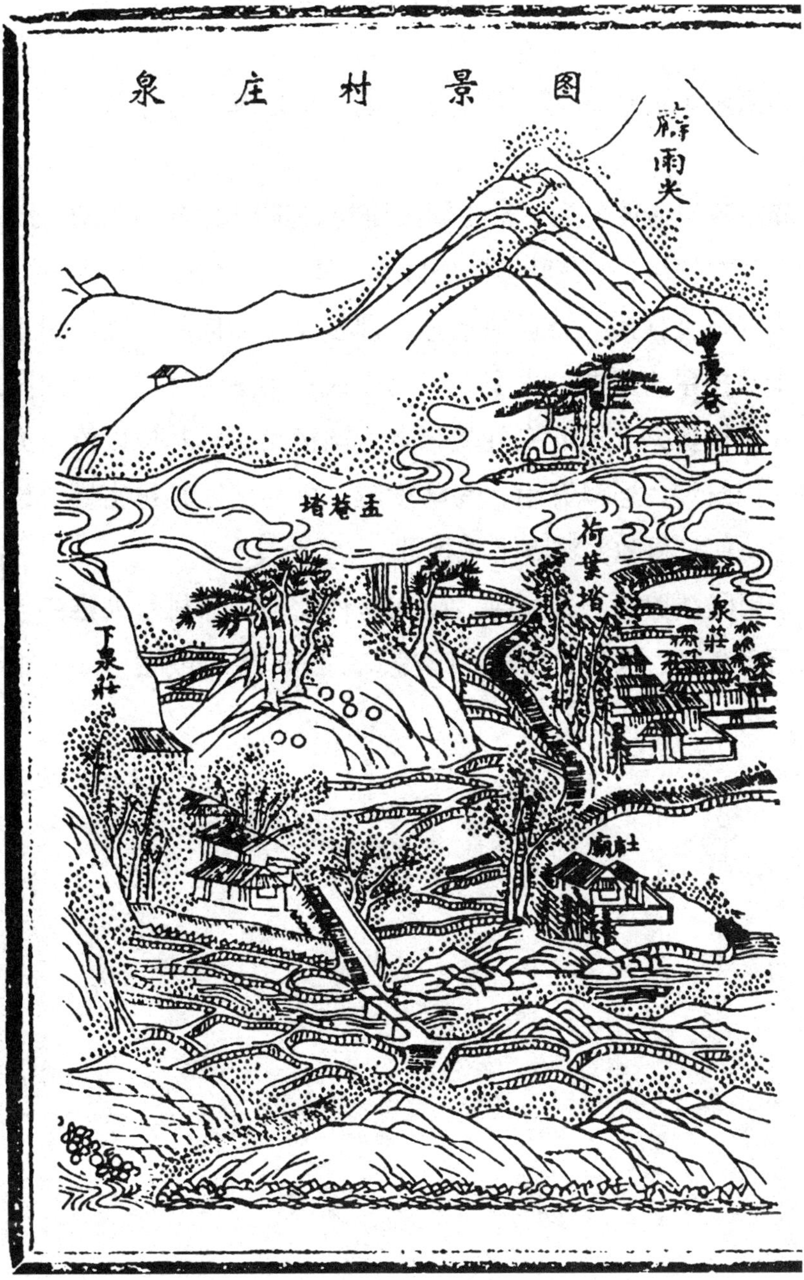

丛 录

内孟孟氏宗谱·泉庄记

相阴阳观流泉，应一元之运，创百世之基，非才智之士不克定谋也。

族叔曾祖迪英公为下泉庄周氏馆甥。乾隆十六年，拥皋比于周塾，课暇时环视疆域，见荷叶塔隐隐隆隆，真龙顿驻下砂，作勒马之雄。前带大河下夹横溪，且运值七赤，即坐兑七而向乾纳之。甲三以合太极十数挨星为武曲，去窦合二七生成数挨星为巨门。乃陾陾焉凭凭焉，百堵皆兴。入此室处受张老之颂祷焉。后其侄以沧公亦迁徙是地，同筑堰，通溉开陌，易畴度越。中元两家颇称富盛。设使株守深山，何日得驰，许宣平之担耶。

余因叹扶舆清淑之所钟，随在呈祥此地。邻村星列谁弗至是。但忽而不察鞠为求牧之场耳。呜呼，二公亦人杰也哉！

平濂振台谨志

8. 外孟村

外孟村村境图介

外孟村（旧称平濂）坐落在松古盆地西北部，处于平原与山地接合部，位于新兴镇政府驻地横溪村西 1.5 公里。

外孟孟氏始迁祖孟普三,字彦隆,乃内孟孟氏始祖孟世醴六世孙。明初，游平濂地，见其地旷阳，茂林幽涧，山清水秀，遂自内孟徙居本都外孟。后世子孙合修宗谱，绘《平濂村景图》载于谱中。

内孟孟氏宗谱·平濂村景图

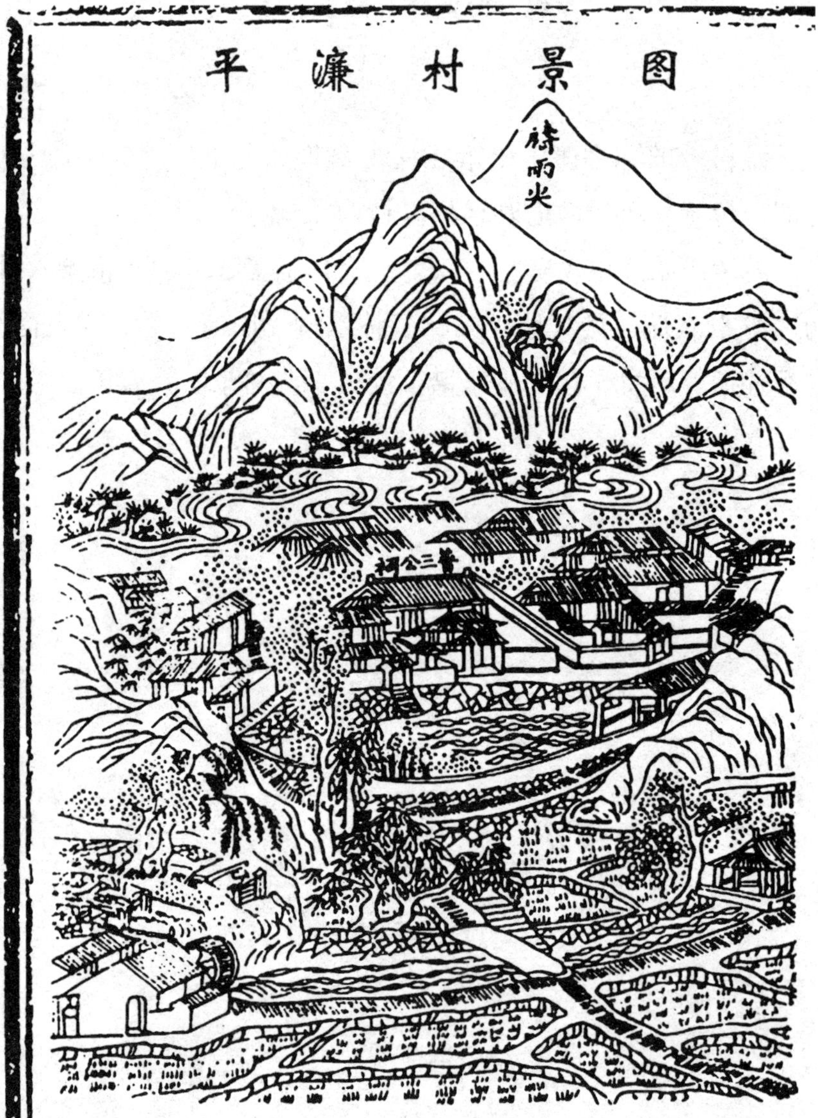

丛　录

内盂盂氏宗谱·平濂村记

距白龙旧城十里许，为外盂，古平濂地。因明初黉源盂彦隆公徙居于此，易今名。公敦厚纯庞有盛德，隐居不仕，慕平濂平旷，枕山面水，秀气盘郁远尘氛，爰卜宅为百世计，春原其耳孙也。

春原古质，待人以诚，爱读书，工文词，并善丹青。士大夫知名者咸称之。余家离平濂远，然赴栝必过其境。予与春原交又最久，因稔知其家世，且羡其居之不减王右丞辋川也。地灵者人杰，亶其然乎?

至青乌家谓平濂为燕窝形，故盂氏代多达者，此术士之说也。予无取乎此，春原以为然否?

莲峰弟戴缙撰

9. 大铺村

大铺村村境图介

大铺村地处松阳县西北部山区，与遂昌县毗邻，位于新兴镇政府驻地横溪村西南 11.7 公里。文岭后为大铺村中旧时小地名。

大铺徐氏原籍四川成都。始祖徐极，于五代后周显德二年（955）任遂昌县丞，致仕后，留居遂昌城东。十世孙徐辉五（1329—？）偕子原义迁居本邑十四都壬午岱。原义生二子，长子徐江三（1378—1444），游览大铺，见其地山川秀丽，田园膴膴，松苞竹茂，足可乐居，于明永乐十三年（1415），偕子由遂昌壬午岱迁居松邑十二都大铺开创基业。后世子孙绘《大铺地方全图》《文岭后地方全图》载于宗谱。

大铺徐氏宗谱·大铺地方全图

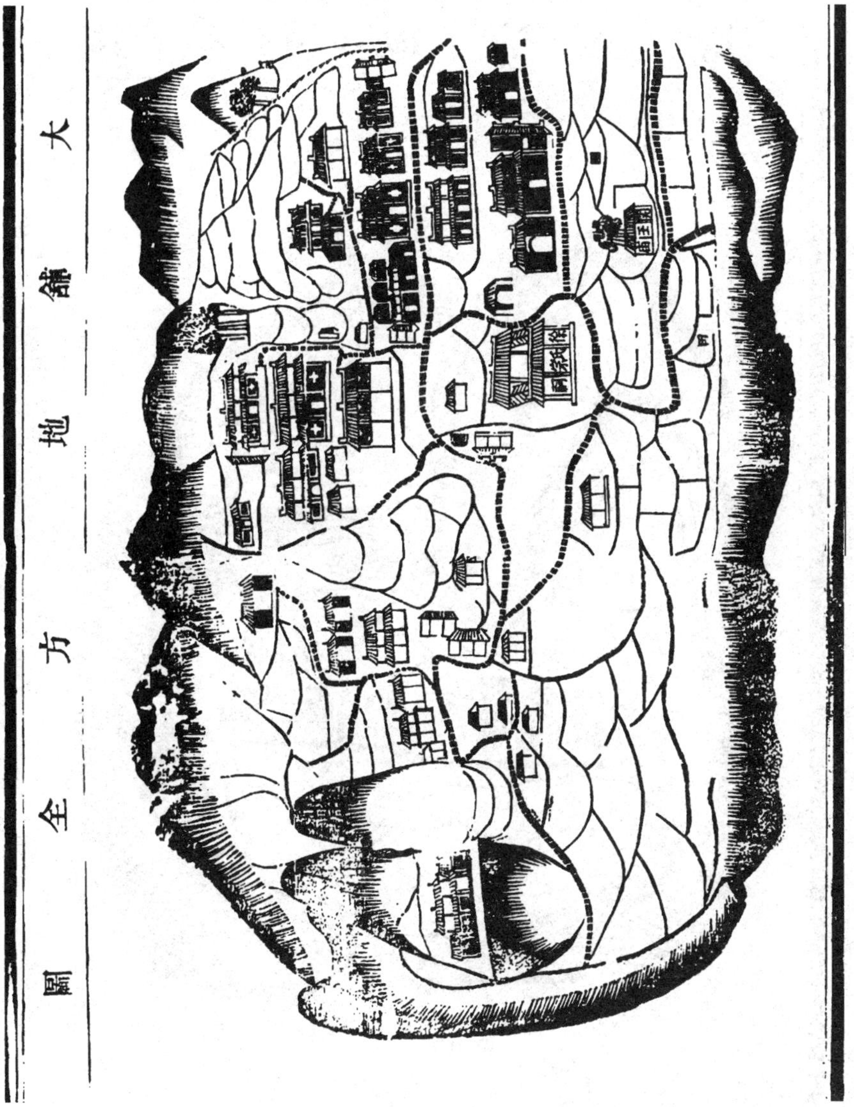

大铺徐氏宗谱·文岭后地方全图

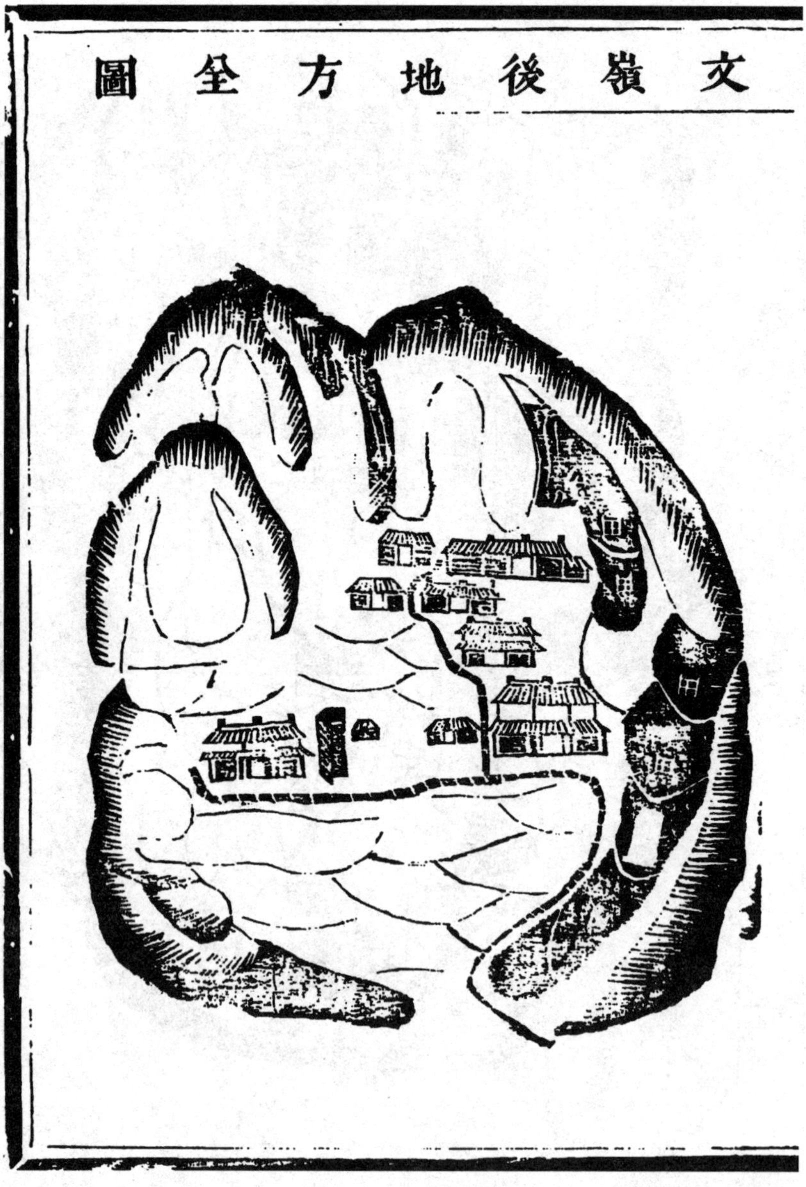

丛　录

大铺徐氏宗谱·地方全图引

兹土大铺，其地旷阳，其气融结，有茂林修竹翠柏苍松，水绕山环如凤翔雁飞之形，为贤士之人所乐择里而居者也。乃吾祖，讳江三公，能习堪舆，游览兹土，见其山川秀丽田园膴膴，卜云其吉，因筑室而居焉。所以世守勤俭耕读之风，恪遵孝悌力田之德。自明以来，靖难享祀于千秋，隐德赞颂于今古。至今犹仁里猗欤休哉。

10. 小南坑村

小南坑村村境图介

小南坑村（谱称“南坑”）坐落在中西部山区、十三都源支流小南坑源头，位于新兴镇政府驻地横溪村西南 10.7 公里。

南坑王氏祖籍松邑城南，始迁祖王科远之子四十、五十兄弟两人于明嘉靖年间（1522—1566）游玩南坑之地，爱其茂林修竹、崇山曲水，兄弟俩偕父遂自城南同迁至外十三都南坑，卜筑而居。后世子孙绘《南坑阳基并前山岗》载于宗谱。

南坑王氏宗谱·南坑阳基并前山岗

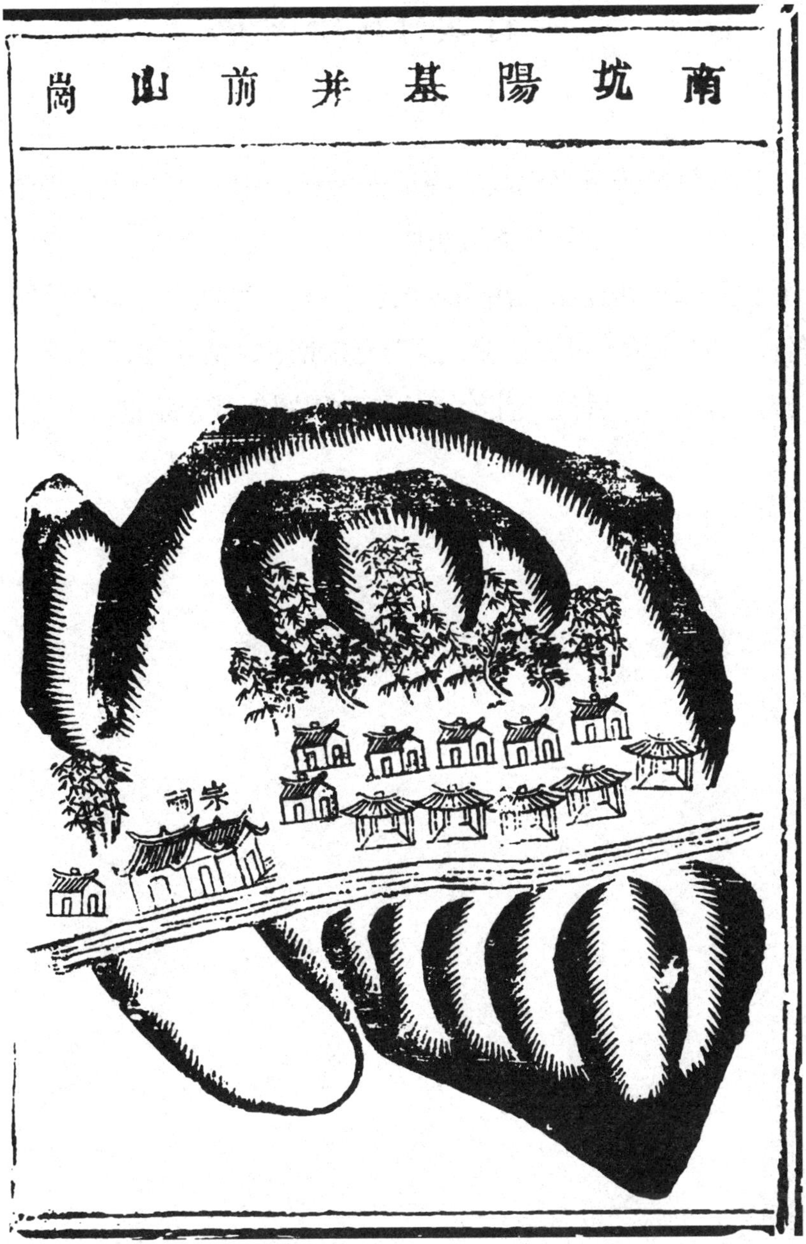

11. 竹垒村

竹垒村村境图介

竹垒村位于新兴镇政府驻地横溪村西南 10.4 公里，坐落在十三都源上游。村庄布列在溪流东岸。

竹垒郑氏始迁祖郑禹，见松邑外十三都竹垒（旧名竹园）茂林修竹，山清水秀，可以乐业，遂于元末期，自栝苍万石长（今址不详）卜吉迁居于此。后世子孙绘《竹园地舆图》载于宗谱。

竹垄郑氏宗谱·竹园地舆图

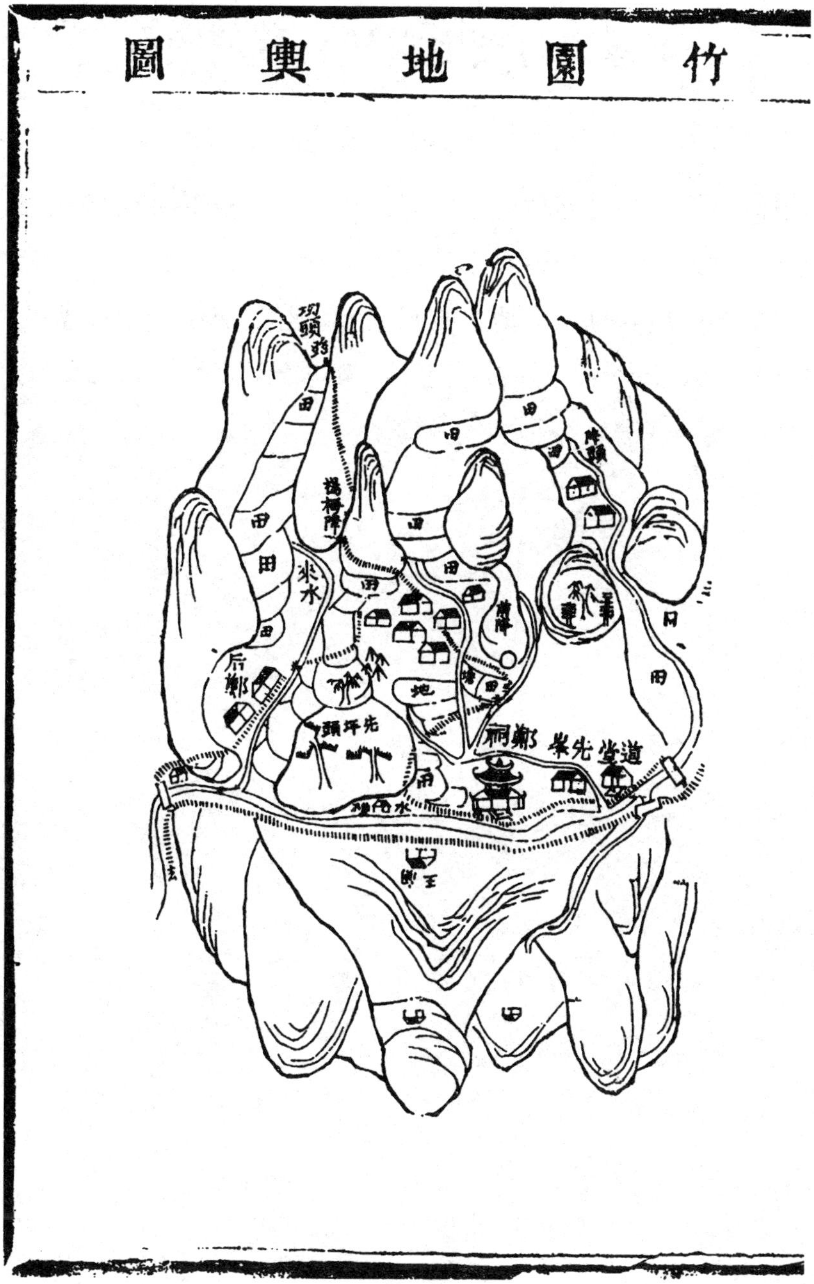

12. 下源口村

下源口村项宅自然村村境图介

下源口村项宅自然村位于新兴镇政府驻地横溪村东南2.5公里，地处松古盆地中部，坐落在十三都源下游西岸。

竹垒郑氏后裔见项宅地方旷阳，土地肥沃，有十三都源灌溉之利，物产丰饶，遂由外十三都竹垒迁居本都项宅。后世子孙绘《项宅地舆之图》载于宗谱。

竹垈郑氏宗谱·项宅地舆之图

13. 东北头村

东北头村村境图介

东北头村(旧名东钵头)位于新兴镇政府驻地横溪村西南9公里，地处十三都源与杭坑交汇处，为第三批中国传统村落。

明洪武十年(1377)，卯山叶氏始祖俭公之后裔兴一公和兴二公，两人均好游山水，观玩地理，阅邑西外十三都东钵头境地，山环水绕，土沃人厚，甚是喜爱，遂分别自古市塘岸和内二十都黄南卜筑于此，开创基业。东北头叶姓虽分兴一公派和兴二公派，而两派裔孙则合为一派。清同治八年(1869)，两派裔孙协力同心，共兴仁人孝子之意，合建宗祠，共立香火，共祭先灵，合修宗谱，绘《东钵头村景图》载于谱中。

东钵头叶氏宗谱·东钵头村景图

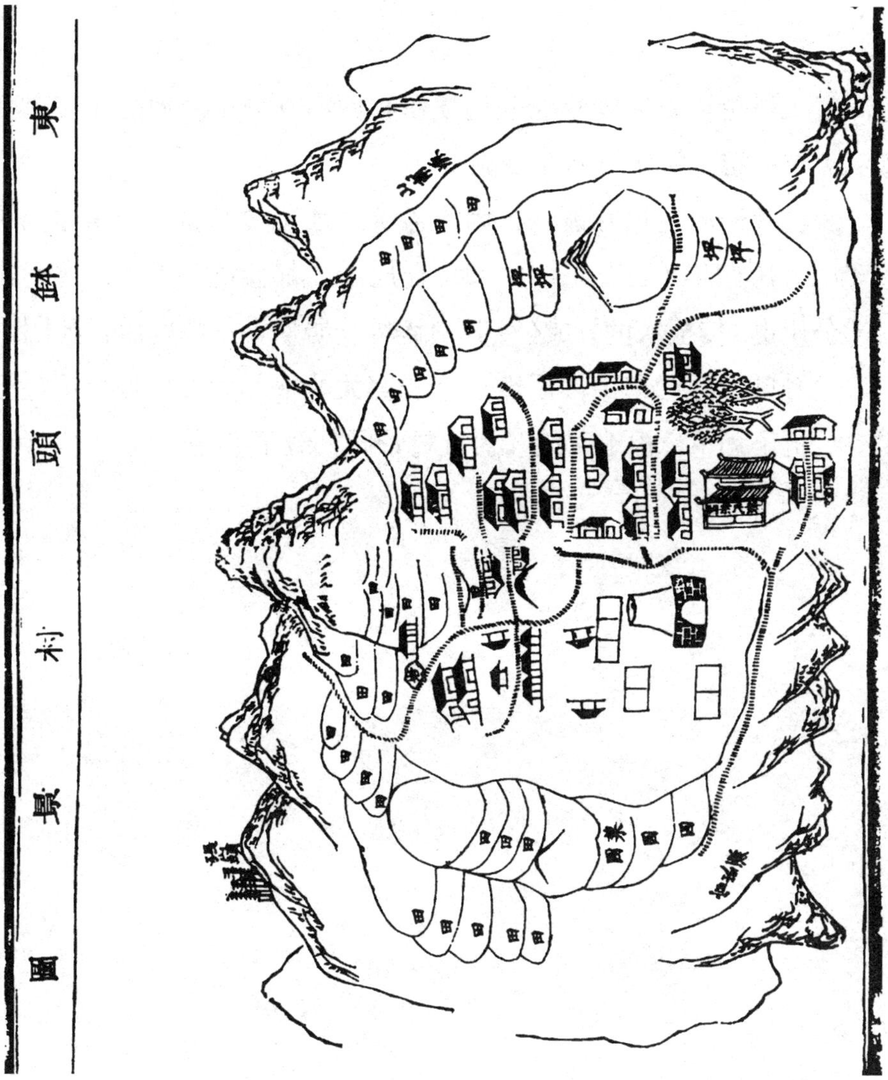

14. 孟坑村

孟坑村村境图介

孟坑村位于新兴镇政府驻地横溪村西南9公里。地处十二都源支流孟坑中游，村庄布列在溪流东岸。

孟坑叶氏始迁祖叶孟一，因爱孟坑之地茂林修竹、山清水秀，遂于明万历四年（1576），由卯峰迁居十二都孟坑。孟坑之名盖由孟一公始也。传至八世方成公，其由孟坑徙居外十三都坳后，至十世，方成之孙叶金鉴同弟由坳后徙迁十二都大岭根，为大岭根叶氏始迁祖。后世子孙不忘祖地，绘《孟坑村景图》载于宗谱。

大岭根叶氏宗谱·孟坑村景图

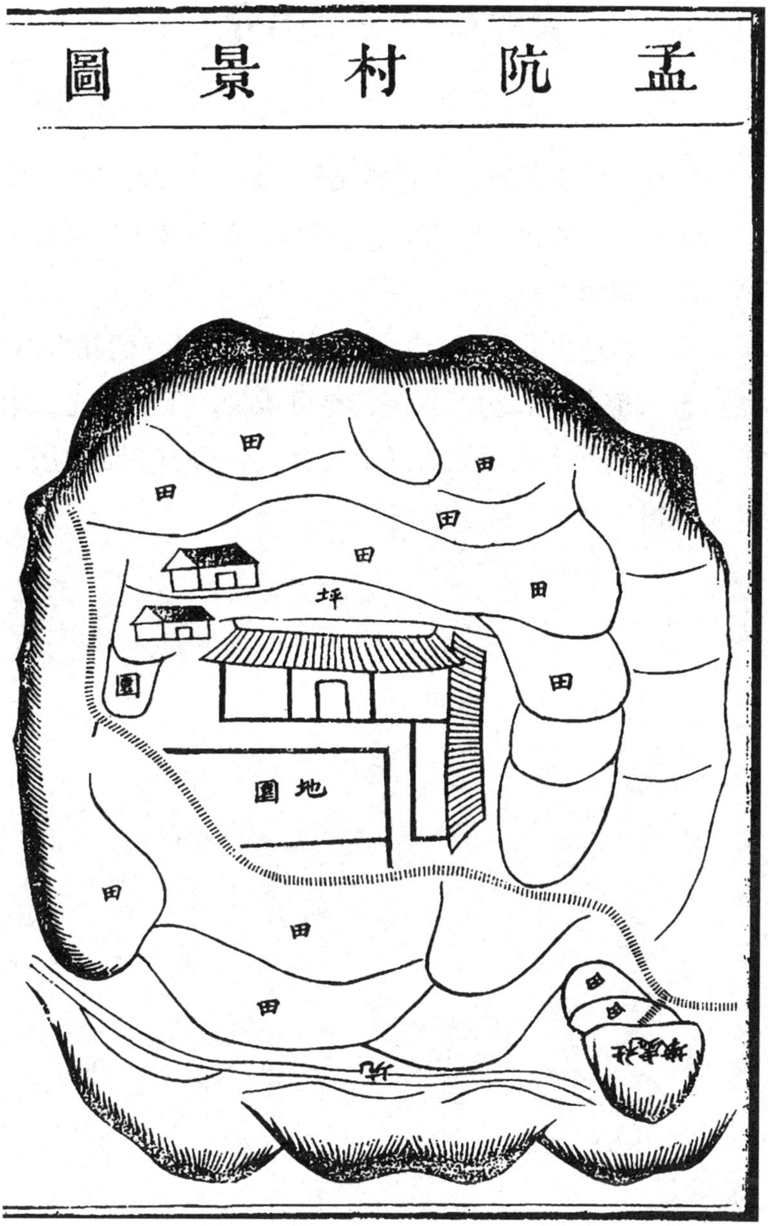

15. 大岭根村

大岭根村村境图介

大岭根村位于新兴镇政府驻地横溪村西南7.8公里，地处李山头、大岭里、孟坑三条山岭之岭脚，故名大岭根，坐落在十二都源上游。村庄布列在溪流南岸。

大岭根叶氏始迁祖叶金鉴，讳礽礼，见大岭根虽坐落在大山之中，但茂林修竹，郁郁葱葱，物产丰饶，足可乐处。于清道光二十七年（1847），同弟由外十三都坳后迁十二都大岭根，卜筑而居。后世子孙绘《大岭根村景图》载于宗谱。

大岭根叶氏宗谱·大岭根村景图

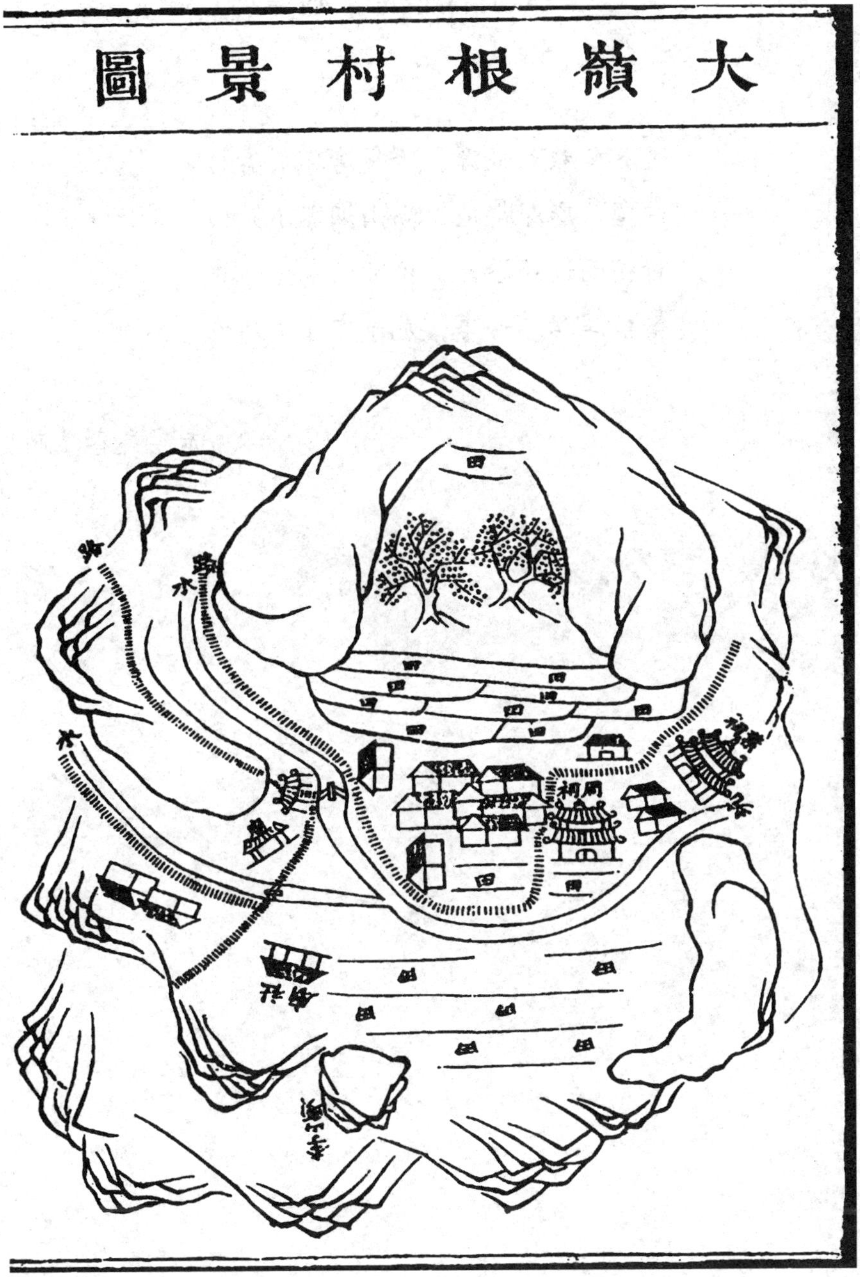

丛　录

大岭根叶氏宗谱·村景诗

避秦挈族入仙源，岭复湾环别有村。
四望禾麻深得地，满山烟雾不开门。
竹梢雨过筠添翠，松际云来昼易昏。
噩噩浑浑忘世事，龙争虎斗不须论。

赤岸吴春泽题

16. 张山头村

张山头村村境图介

张山头村坐落在上寮岗的东麓，地处十三都源源头，位于新兴镇政府驻地横溪村西南 10.5 公里，入选第三批中国传统村落名录。

张山头叶氏祖居古市卯峰怀德里，叶王公（1370—？）性喜游玩，见外十三都张山头山环水绕，林木葱郁，物产丰饶，可以乐处而居，遂于明初偕妻男从卯峰怀德里迁居张山头，聚族成村。后世子孙绘《张山头村景之全图》载于宗谱。

张山头叶氏宗谱·张山头村景之全图

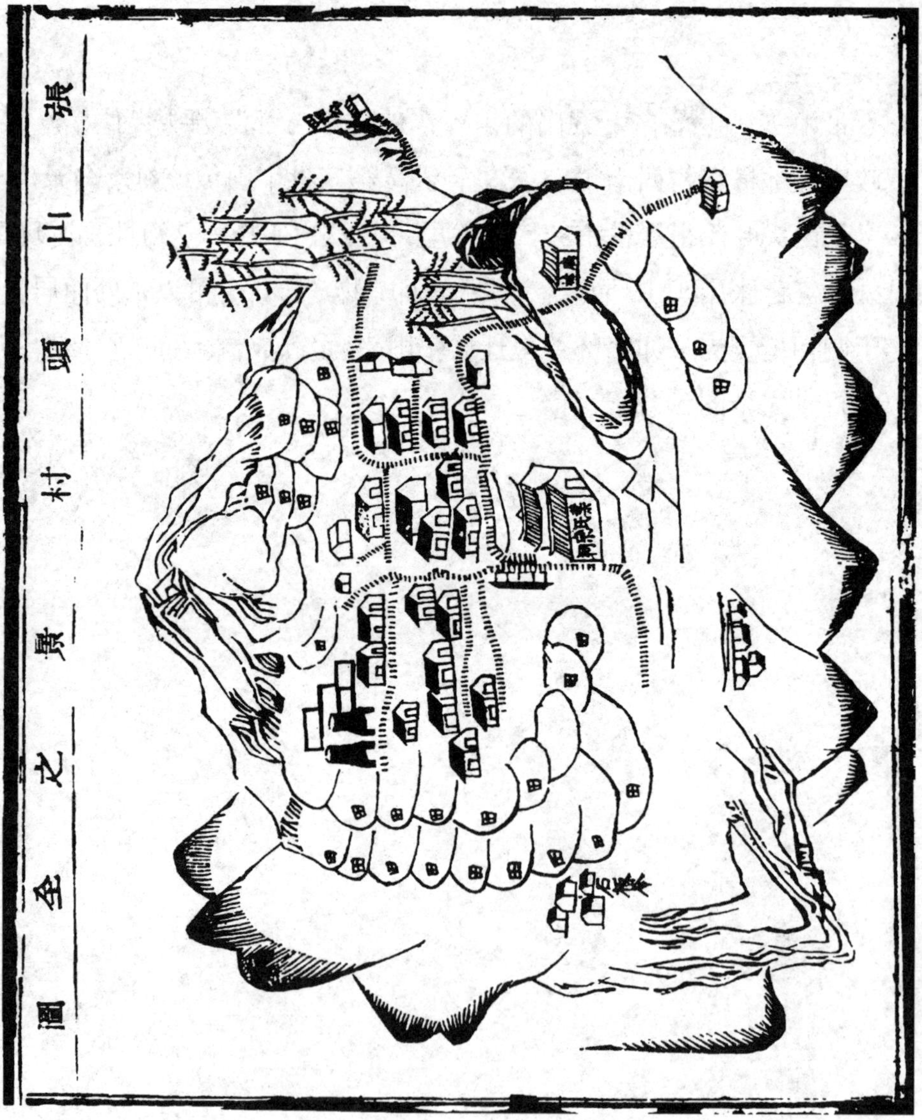

张山头村石板岭自然村村境图介

张山头村石板岭自然村位于新兴镇政府驻地横溪村西南 10.5 公里，地处十三都源源头，坐落在上寮岗山东南麓。

自郑禹公迁居外十三都竹坌后，人丁繁衍。传至九世孙郑景禄（字云禄），其于明嘉靖二十九年（1550），自竹坌择吉迁徙本都石板岭，卜筑而居。十八世孙郑元庆，于清乾隆五十年（1785），自石板岭迁居本都朱山村珠岱殿后。后世子孙不忘祖宗，绘《石板岭郑氏祠堂开基祖景禄公派下一脉宗亲之位并村境胜景全图》载于宗谱。

朱山郑氏宗谱·石板岭郑氏祠堂开基祖景禄公派下一脉宗亲之位并村境胜景全图

17. 朱山村

朱山村落梯岭自然村村境图介

朱山村落梯岭自然村，地处大山之中，西北有北尖头，西南有香炉尖，坐落在十三都源源头，位于新兴镇政府驻地横溪村西南10.8公里。

落梯岭叶氏始迁祖叶乌增（1533—？），世居古市卯山后，精于地理，好览山水，见落梯岭山环水绕，有田可耕，有书可读，遂偕妻男卜筑于斯，耕读传家，发族成村。后世子孙绘《落梯岭村景之图》载于宗谱。

落梯岭叶氏宗谱·落梯岭村景之图

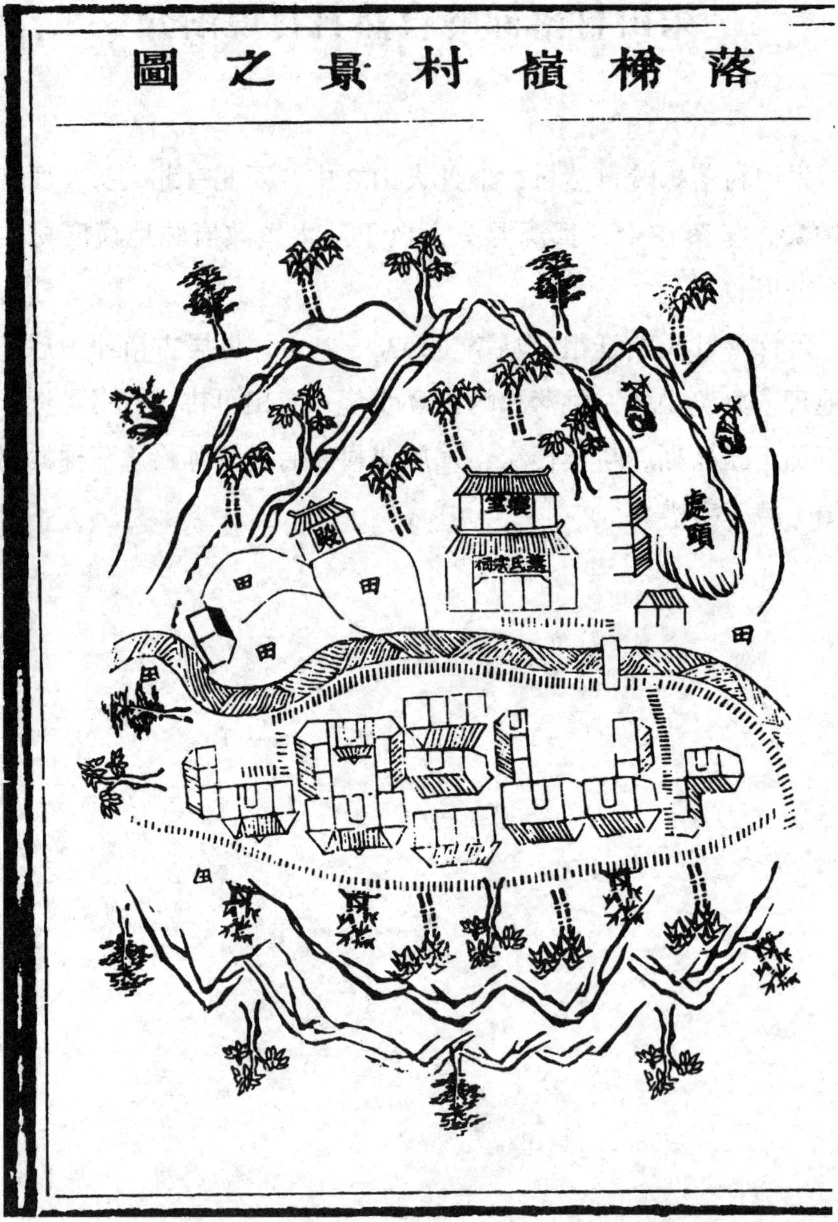

丛　录

落梯岭叶氏宗谱·地舆纪胜

梯岭虽落，其地最奇。山层峦而拥护，水屈曲而涟漪，木畅茂而深秀，竹摇曳而多姿。所以族处其间，绝无浇漓之俗态。类多淳厚之风规，户诵家弦，贤士蜚声于艺苑。出作入息，愚夫拮据于耒耜。农、工、商、贾各安其业。男勤耕读，女慕纺织。少者鼓腹而歌，老者含哺而嘻。称得所于梓理，开鸿图于万祀。绘刊于谱，以示来兹。

宣阳石泉氏题

六

玉岩镇

YUYAN ZHEN

1. 玉岩村

玉岩村村境图介

玉岩村为玉岩镇政府所在地，位于县政府驻地西南23公里，坐落在小港支流大源坑下游。村庄布列在溪流两岸，入选第四批中国传统村落名录。

玉岩叶氏始迁祖叶渭叟，字淑清，系松阳卯山始祖叶俭三十世孙，随父叶修已迁居古市塘岸。叶渭叟排行老四，仕宋光禄大夫，参赞法曹，于宋天圣二年（1024）解组归里。游览松邑名胜，见内十三都玉岩层峦叠翠，奇峰异石，千姿百态，茂林修竹，清流潺潺，源远幽深，顿生爱慕之心。遂由古市塘岸迁至本邑玉岩，择吉卜筑而居。后世子孙绘《玉岩村境图》载于宗谱。

玉岩叶氏宗谱·玉岩村境图

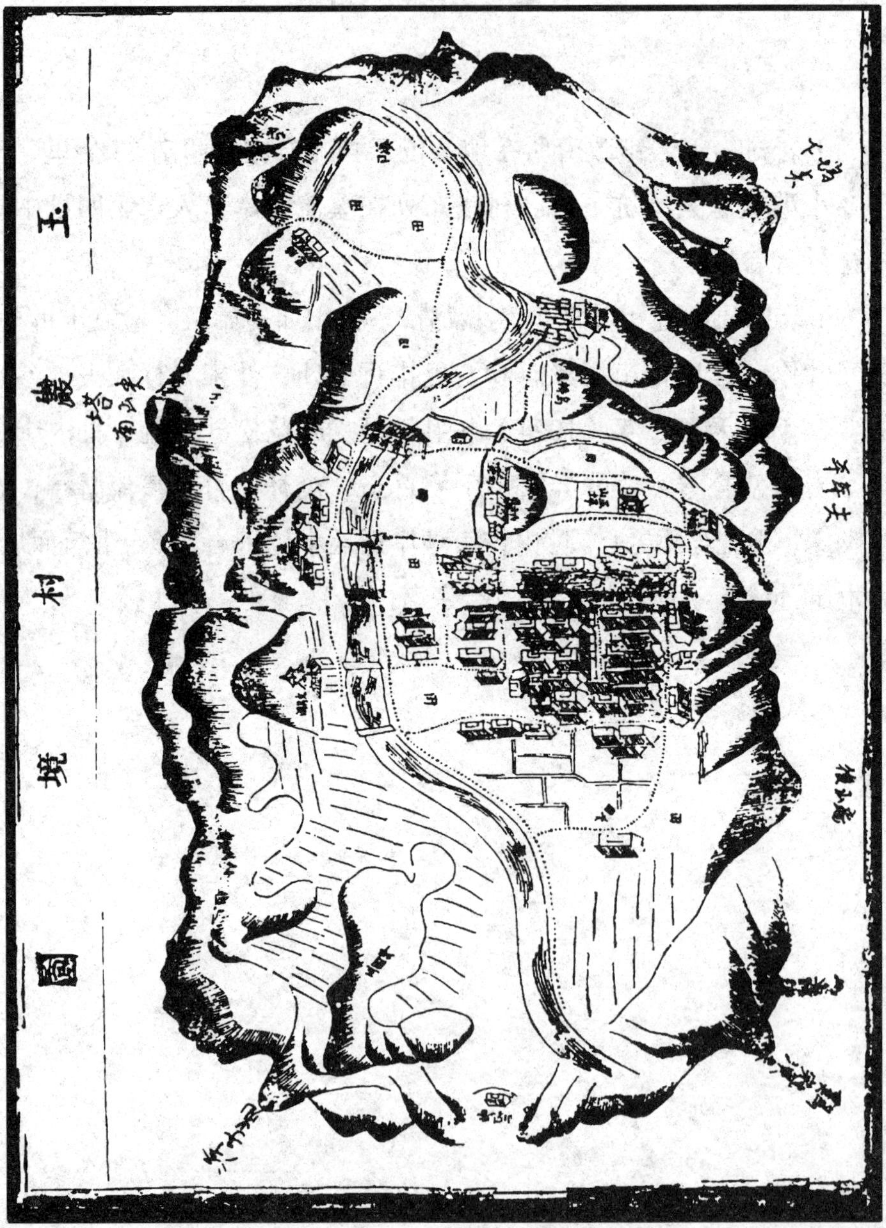

丛　录

玉岩叶氏宗谱·玉岩志

秀岩里在松邑之西南，相去两舍有奇。其层峦叠巘，奇峰异石，千态万状中有白岩挺立大源道左，高可百数十丈，非石非玉，犹璞质然，故老相传谓之“玉岩”。云雾吐冲和之□映，毓而为物巨财出焉，钟而为人大器藏焉。□□□□蕴蓄磅礴。

居民联属，鸡犬之声相闻。大家则业诗书，细民则务耕稼。其俗尚节俭，不事华侈，诚一邑之乐土也。至若阳和敷播风月明媚，野花发而芳馨，细草郁其葱翠。鸣禽报春，雷芽抽英，摘采足以自给者茶人之劳也。繁木夏长，麦青麻秀，绿阴青润，坐茂树以却暑，临清流以濯缨，時薰风长养，披襟清穆，商飙振凉。丛桂芬馥，黄花青蕊，眄彼佳菊，万宝告成，民乃登谷，拾遗秉于畎亩，庆丰年之玉烛。飞雪积冻，坚冰冱寒，苍松翠竹不改岁寒之色。三花五叶发暗香于凌厉，催落之余而生，生一脉之春意，已默回矣。此山间之四时，庶民各安其居、乐其地、利其宜也。

招提擅多福之胜，仙馆栖白鹤□□晨钟暮鼓，鸣声相应，黄冠野衲，翛然尘外之趣。而山间林下，亦优游以自适。源深而泉清，壤沃而土厚。其间大姓叶，其最繁衍者，皆出于唐鸿胪卿越国公之胄也。如刘、宋、陈、徐各有苗裔，其地清河府君祠在焉。

玉岩岩前龙湫，中方如洁矩，咄嗟兴云雨，澄澈鉴魑魅。石屋道左，足蔽风雨，下可容数十余人。上有石蕙，状如剑兰，紫蕤不芳。其遁世无闷者，即长生草，根不受泥滓，虽繁霜烈日之酷，生意自若。溪浒有列鼎潭、宦樽石，不假磨砻雕琢之功，古意尤远。尝与游客赋诗，余此言犹在耳，弹指五十年，间以为陈迹，幸斯文与此山同为不朽。临风夐立四顾愀然，因为之歌曰：“玉岩之山兮郁崔嵬，口口口口兮君子之辉。彼美一人兮薜萝衣，左偕广成兮右挟安期。弹素琴兮煮白石，聊逍遥兮愉怡。”又歌曰：“玉岩之水兮清且涟漪，汀洲兰杜兮芳菲菲。有美一人兮锦幨帷，乘赤豹兮从文狸。濯沧浪兮拾翠薇，冀吾生兮期颐。”

时正德辛巳中秋日

松学冷掾性斋老人叶野先仲谋志

玉岩叶氏宗谱·玉岩十景诗引

吾村形胜之景有十，父老传闻由来已久。若非亲历其景，犹疑辋川之虚拟焉。兹当我族修谱，特邀本里杨光格先生，拟作景诗十首，列于村境志之右，以俾后之觉斯景者，知与松城柳池鱼跃等景，相仿佛而无殊也，是为引。

时在庚申夏五月永滋识

香乳山仙人纳瓮

巍笄高撑碧玉峰，晨云宿霭锁重重。
岩前鸟逐迎风竹，寺外虬盘蔽日松。
瓮纳丹砂绕胜迹，石流香乳显灵踪。
山亭小憩堪容膝，斗酒双柑一短筇。

列鼎潭名宦樽石

古迹奇称列鼎潭，流传佳话记喃喃。
骚人弄石吟偏好，逸客开樽饮倍酣。
月印波心珠点一，龙归洞口井连三。
东吴魏蜀分差似，渔父沙鸥日往探。

石屋紫蕙

石室天然擅胜奇，花开紫蕙斗芳枝。
非关大木良材造，的是神斤鬼斧为。
谷口风来香益远，源头雨骤避还宜。
错疑寻入桃源洞，饭有胡麻草有芝。

喷水龙湫

千寻飞瀑下晴滩，喷溭珠玑六月寒。
掉尾群鱼登不易，昂头仙鲤上何难。
悬崖误作长虹认，奔壑惊将白练看。
大旱桑林同祷祝，云行雨集满村欢。

玉岩山云雾吐纳

层峦叠巘架空奇，宿雾朝云吐纳时。
皎洁晶莹岩似玉，迷离掩映树如旗。
深林过雨斑苔藓，邃坞无人戏鹿麋。
偕酒扶筇闲到此，天然石上好题诗。

普济桥薜萝晚翠

薜萝离乱障溪流，架得长虹万派收。
古木阴浓晴欲雨，大源风劲夏如秋。
沧浪晚濯歌三叠，樵采昏归月一钩。
留得相如题字柱，高车驷马续前游。

西院半月形

村西曲院夜灯清，一角生成半月形。
弓形未圆还皎洁，帘钩甫满亦玲珑。
怀来似缺秦廷璧，看处疑开泮沼萍。
美女梳妆眉待扫，长留胜迹效神灵。

东野教演场

向野东行东复东，传闻教演此山中。
遥知细柳是场处，似隔繁花无路通。
仗剑洗兵林外雨，荷戈拂队陇头风。
武夫赳赳贤才众，捍御城池袍泽同。

双鲤互跃

户外两山排闼送，宛如仙鲤跃天池。
松涛万顷翻鲸浪，柳线千条下钓丝。
瑞草芳兰香饵重，紫崖碧障锦鳞奇。
龙门峻绝腾空似，一抹丹枫烧尾时。

笔峰挺秀

遥瞻巽位笔尖崇，挺拔孤峰鸟道通。
山雨连朝惊泼墨，灵禽出岫篆呼嵩。
描成雁字横天际，染就霜毫矗碧空。
水秀山明钟毓异，人文蔚起驾寰中。

前蒙嘱作玉岩村十景诗，久荒笔墨，聊且构成毫无意味，忝居戚末，幸勿哂笑为祷。

娴弟杨光格敬呈

2. 排居口村

排居口村村境图介

排居口村坐落在县西南部，位于玉岩镇政府驻地玉岩村东南 3.6 公里，地处大源坑与小港汇合处，从前放木排人常在此住宿，故名排居口。

排居口何氏始迁祖何殿可，于清康熙乙未年（1715）自闽汀上杭偶游栝松内十三都排居口，因爱此地茂林修竹，山清水碧，遂以放运木排为业，结庐而居于斯。其后裔分居本村小地名安田（今名旱田垄），卜筑成村，建造广厦安居乐业。后世子孙绘《排居口地方之图》及本村小地名《安田地方之图》载于宗谱。

排居口何氏宗谱·排居口地方之图

排居口何氏宗谱·安田地方之图

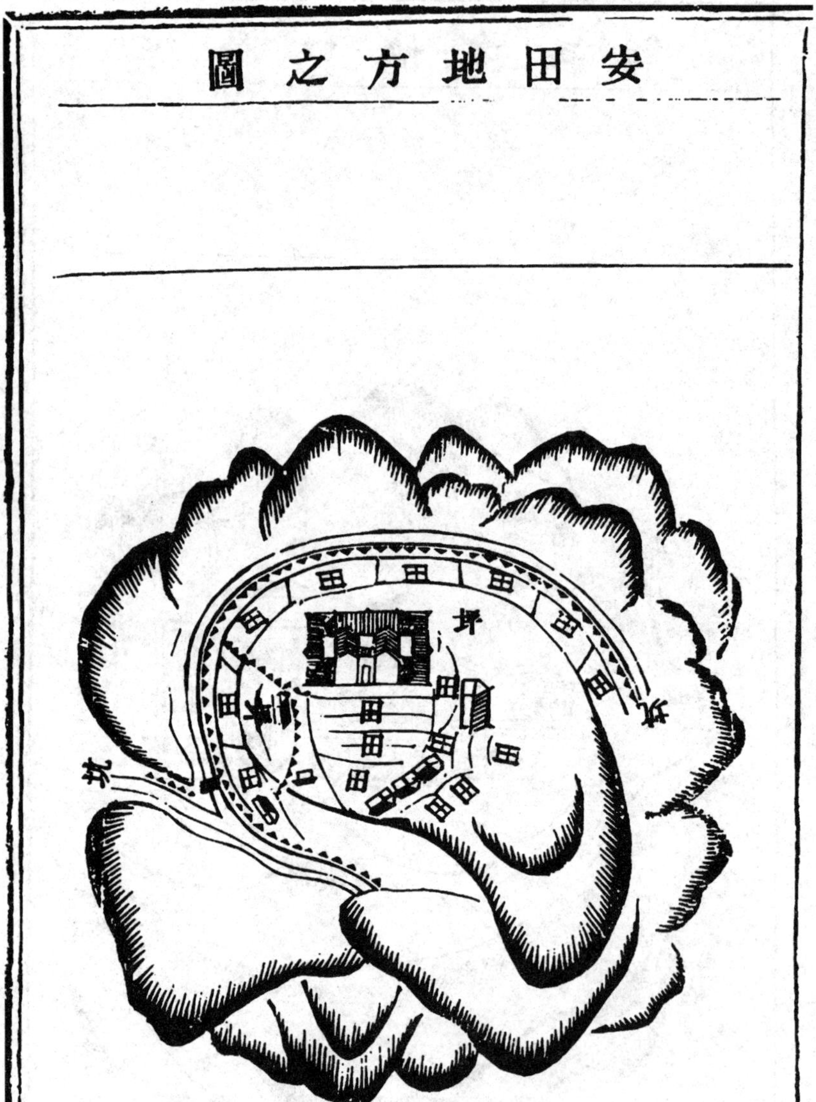

3. 交塘村

交塘村村境图介

交塘村位于玉岩镇政府驻地玉岩村东北 3.5 公里，村四周山头交接，中间低洼似塘，入选第三批中国传统村落名录。

交塘叶氏始迁祖叶万六，见此地青山环抱宛如聚宝盆，竹木葱葱，另有洞天，遂于明永乐至宣德年间（1403—1436）自松邑内十三都大岭脚徙居本都交塘村。后世子孙绘《交塘村山房图》《交塘村境全图》载于宗谱。

交塘叶氏宗谱·交塘村山房图

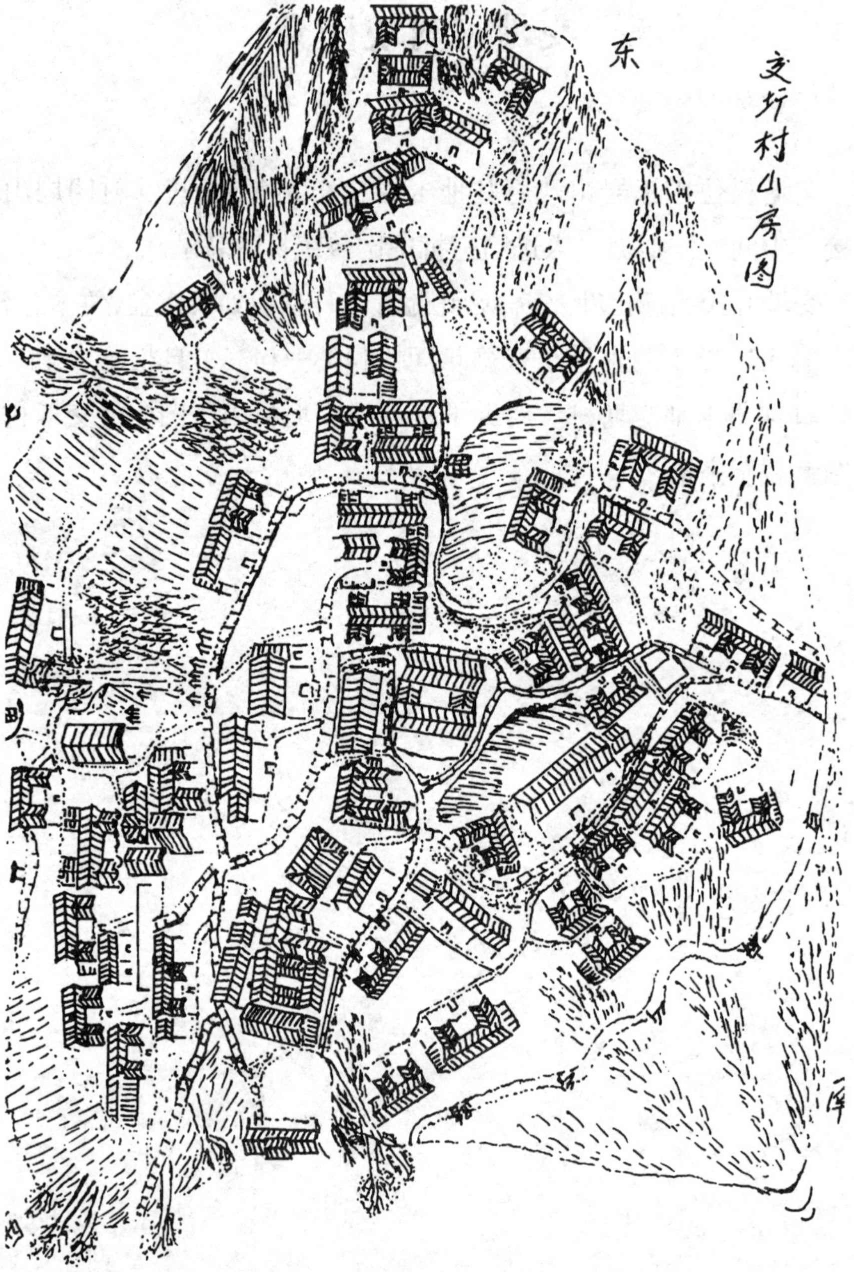

交塘叶氏宗谱·交塘村境全图

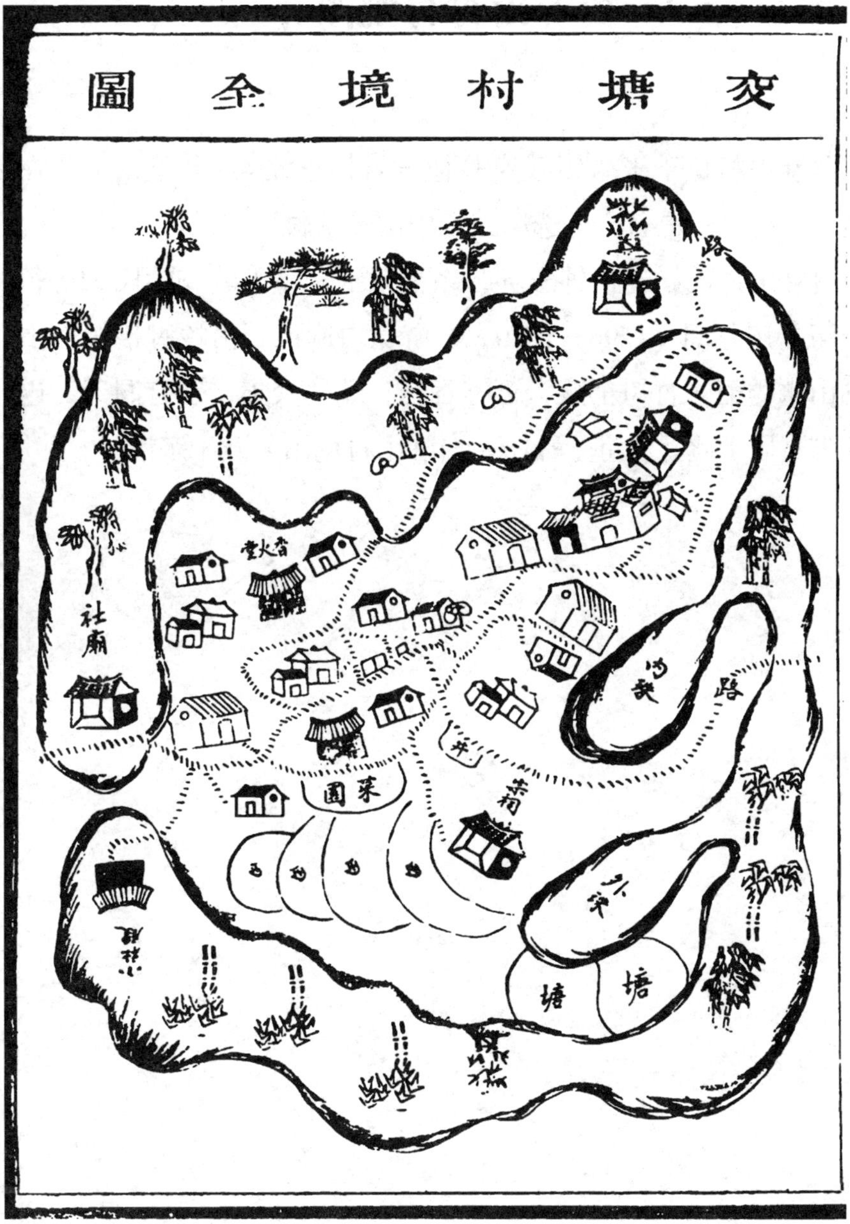

4. 白麻山村

白麻山村村境图介

白麻山村位于玉岩镇政府驻地玉岩村东北 4.5 公里，坐落在白麻山上，村以山得名，入选第三批中国传统村落名录。

白麻山钟氏始迁祖钟玉坤，系松阳玉岩镇大岭脚钟氏天房祖。其于清嘉庆年间（1796—1820），游览白麻山，由岭脚拾级而上，但见山水秀丽，竹树郁葱，云雾吞吐，瑞气聚集，别有洞天，遂自大岭脚卜居于此。后世子孙绘《白麻山村境图》载于宗谱。

白麻山钟氏宗谱·白麻山村境图

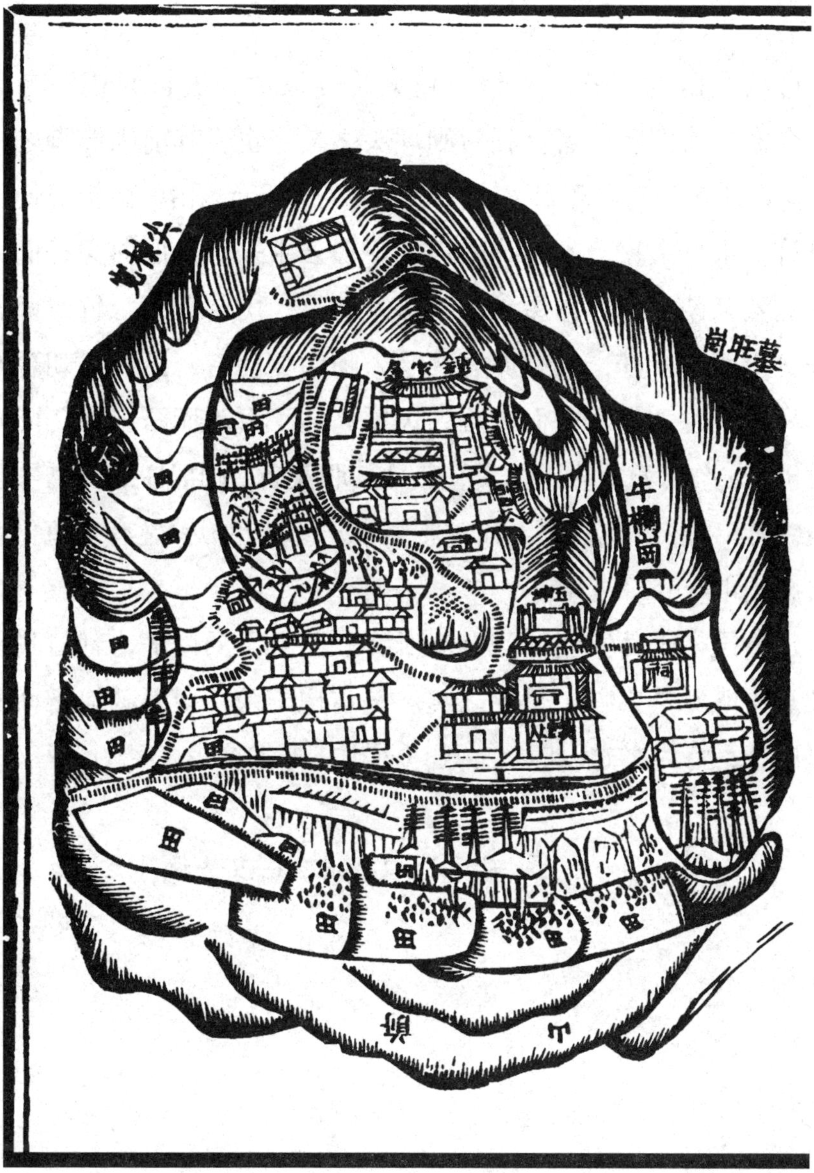

丛 录

白麻山钟氏宗谱·白麻山村庄志

自邑之西约行五六十里，越大岭度风门，极目而望，有烟村二十余家，名白麻山者。其后则坪头之叠嶂也，其前则岭脚之清流也，其左则有双乳之环翠，其右则有尖头之垂青。由岭脚拾级而上，半里许，未见人家，先闻鸣吠声，浑似云中来。迨屈曲穿径而入，其庄豁然开朗。但见白屋参差，绿畦上下，山水秀丽，竹树郁葱，若夫日出而林霏开，云归而岩穴暝，晦明变化者，山间之朝暮也。野芳发而幽香，佳木秀而繁阴，风霜高洁，水落而石出者，山间之四时也。出作入息，昼讲夕贯，各勤其职业者，则居庄之士与农也。庄中钟叶二姓，叶为祖居，而钟则继卜居于此也。钟姓有号鱼化者，庄之翘楚也。

延余设帐于其家塾，历有年所，乙丑夏设局修谱，刻村景图，贤契显甲既咏诗二首以摹绘之矣。复请记于余，余喜其地僻而幽、人厚而朴，特为之志以应之，聊以见山庄之景况也。

时同治四年岁在乙丑仲秋月上浣谷旦

含英叶瑞芬志

白麻山钟氏宗谱·白麻山村景诗 四首

一

一幅山居境最幽，林深竹密绿阴稠。
高峰似乳青堪挹，低案如屏翠欲流。
石屋三间居岭脚，飞泉万丈在源头。
天然秀气其中聚，左右乡村孰与俦。

二

岭脚登临是白麻，山回路曲有人家。
层峦似画岚光现，叠嶂如屏景物华。
双乳左排形宛肖，尖头右列象无差。
上坳下坞仙源在，十里西流最足夸。

三

白云深处有人家，把酒开筵话桑麻。
四面名山传不尽，西流十里最堪嘉。

静斋显甲敬题

四

乍过风门又一村，山明水秀胜桃源。
留香馆里书声出，闲种桑麻古道存。

膳廪生吴邦濬敬题

5. 潘山头村

潘山头村村境图介

潘山头村坐落在高山小盆地，位于玉岩镇政府驻地玉岩村北 4 公里。

潘山头洪氏，系宋指挥将军、栝苍太守洪凛之后。洪凛讳曾祖，于宋度宗咸淳三年（1267）致仕，遂卜居松阳十一都界首。洪凛子显宗为宋驸马。显宗孙洪济，性恬淡而恶冗杂，徘徊四顾，惟见内十三都潘山头村山环水抱，竹苞松茂，遂于元朝（1271—1368）自界首迁居内十三都道惠更徙兹土，择吉筑室而居，发脉成族。其后裔分居大树后、溪口等村庄。后世子孙仍然合族修谱，留守祖地的族人绘《潘山头村境全图》载于宗谱。

潘山头洪氏宗谱·潘山头村境全图

6. 大树后村

大树后村村境图介

大树后村位于玉岩镇政府驻地玉岩村北4.7公里，南距潘山头村1公里，村前有大红豆杉树得名。

大树后洪氏派分潘山头洪氏，始迁祖为洪济二十世孙洪嘉兴，字天良，于清道光年间（1821—1850），因见大树后村，树木参天，山水毓秀，可以乐处，遂择吉徙居内十三都大树后。随后，弟嘉信也迁居斯地。其后裔分居本村小地名湖田儿（今名外湾），卜筑建宅，聚居成族。后世子孙仍然与潘山头洪氏合修宗谱，并绘《大树后地方图》《湖田儿屋图》载于谱中。

潘山头洪氏宗谱·大树后地方图

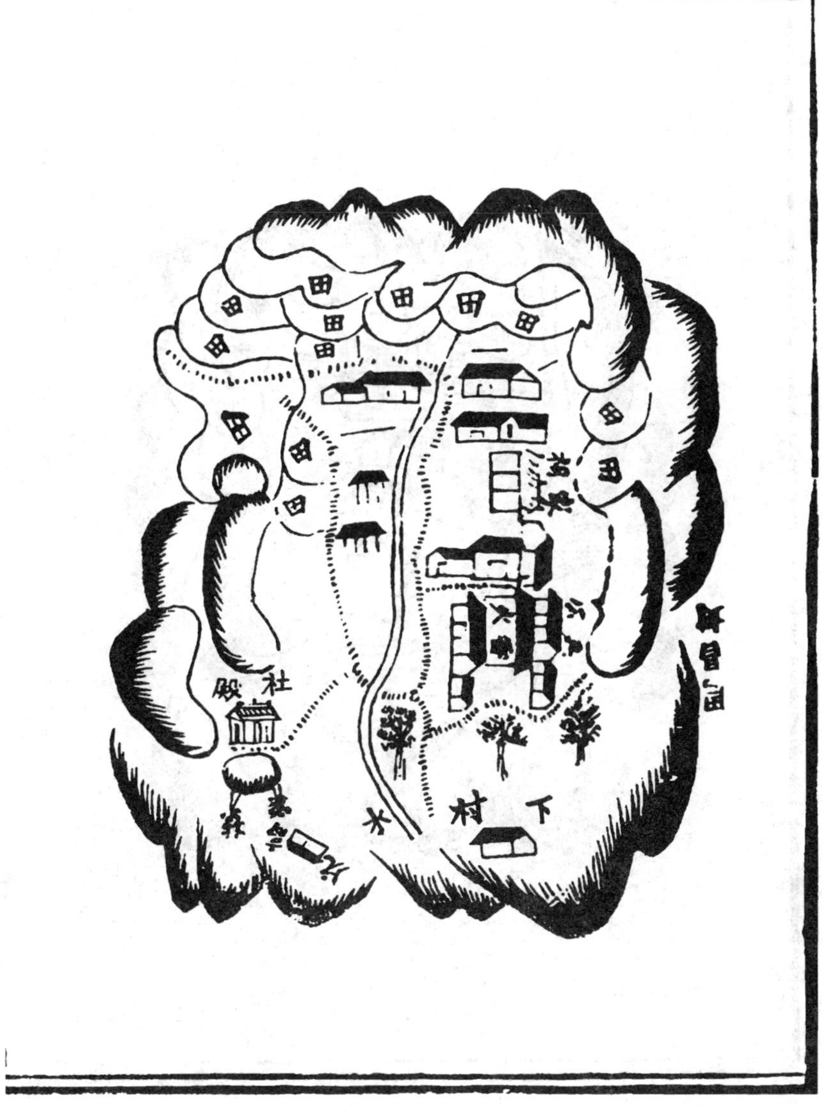

大樹後地方圖

潘山头洪氏宗谱·湖田儿屋图

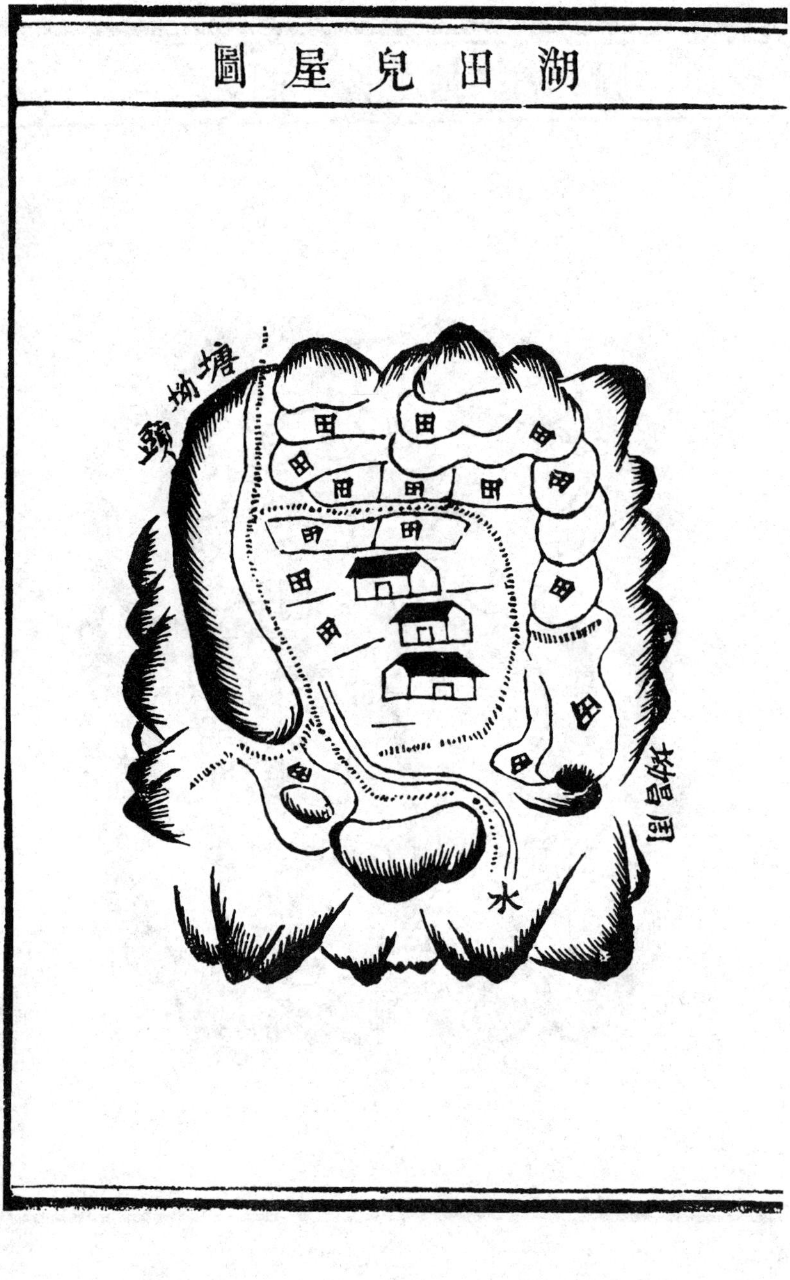

大树后村济上自然村村境图介

大树后村济上自然村位于玉岩镇政府驻地玉岩村北 4.2 公里。村下方有岩崖瀑布，故称漈上（“漈”指瀑布），后演为济上。

济上郑氏始迁祖郑宗柏，字松柏，因喜济上岩崖奇峭、飞瀑如练，视为耕作养心之处，遂于明天启年间（1621—1627）自松邑外十三都竹园迁居内十三都济上。后世子孙绘《济上村境全图》载于宗谱。

大树后郑氏宗谱·济上村境全图

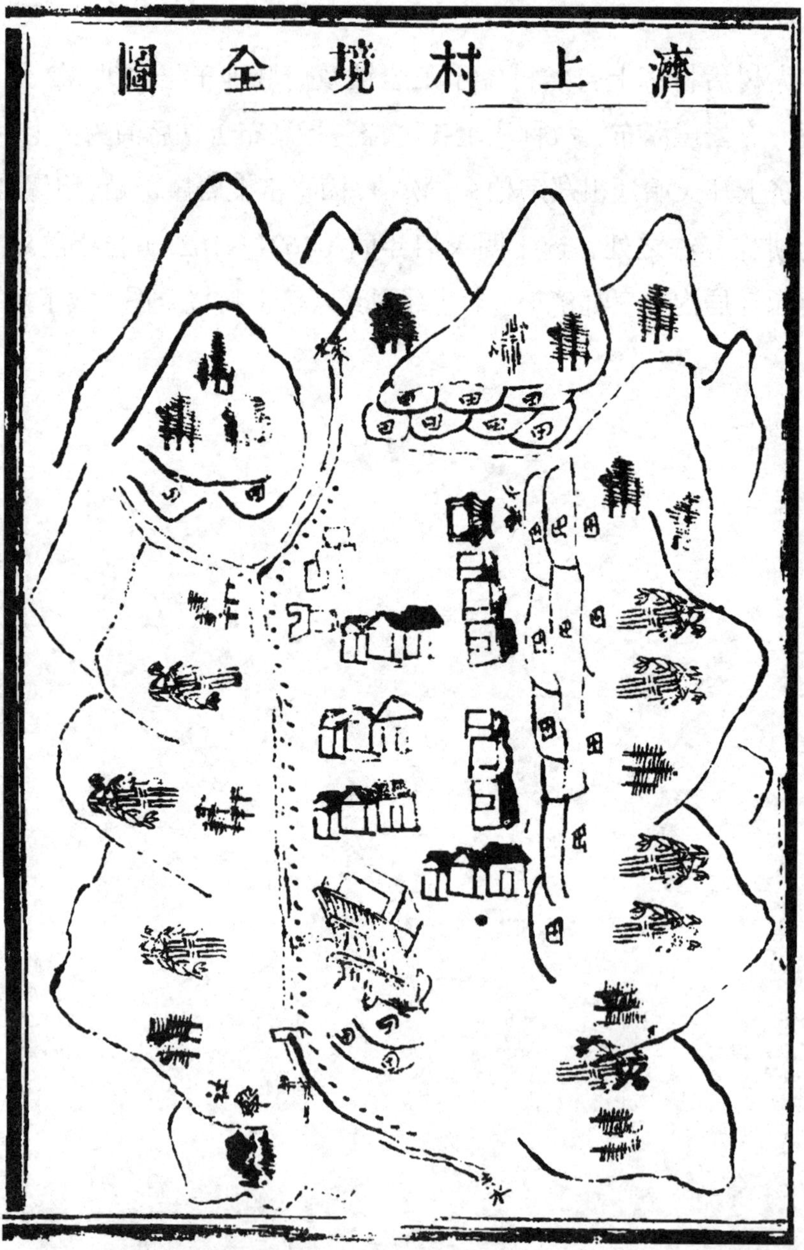

7. 溪口村

溪口村东肚寮自然村村境图介

溪口村东肚寮（又名东杜寮）自然村位于玉岩镇政府驻地玉岩村南 2.4 公里，坐落在大源坑支流东杜坑源头。

潘山头洪氏始迁祖洪济十六世孙洪正巽，因喜东杜寮涧水盈盈、青山拥翠，遂于清康熙丁巳年（1677）由内十三都潘山头择居本都溪口东肚寮。其后裔分居本村水丘。后世子孙仍然与潘山头洪氏合修宗谱，并绘《东肚寮地方图》载于谱中。

潘山头洪氏宗谱·东杜寮地方图

東杜寮地方圖

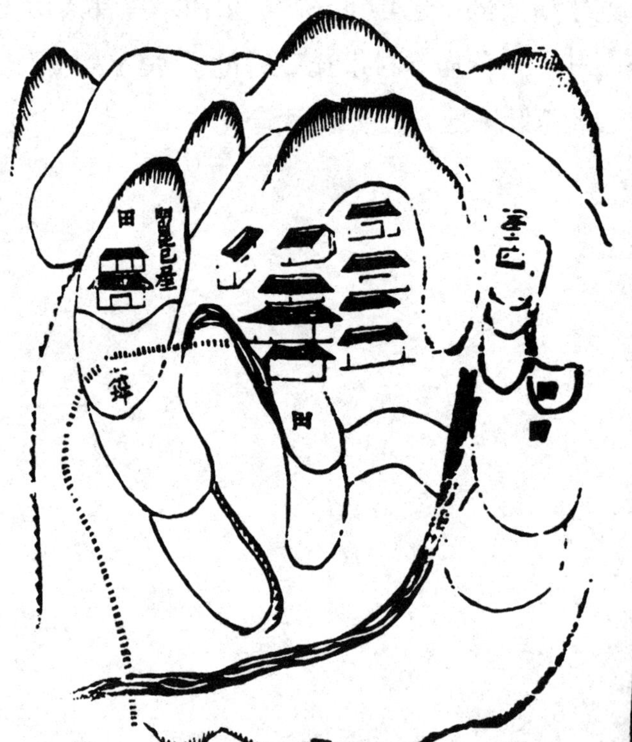

溪口村水丘自然村村境图介

溪口村水丘（谱名：处坛丘）自然村位于玉岩镇政府驻地玉岩村南 1.2 公里。此地狭隘，多小丘水田，故又名处坛丘。

潘山头洪氏十六世孙洪正巽从潘山头迁本都溪口东肚寮，其后裔分居本村水丘。后世子孙仍然参与合修宗谱，并绘《处坛丘屋图》载于谱中。

潘山头洪氏宗谱·处坛丘屋图

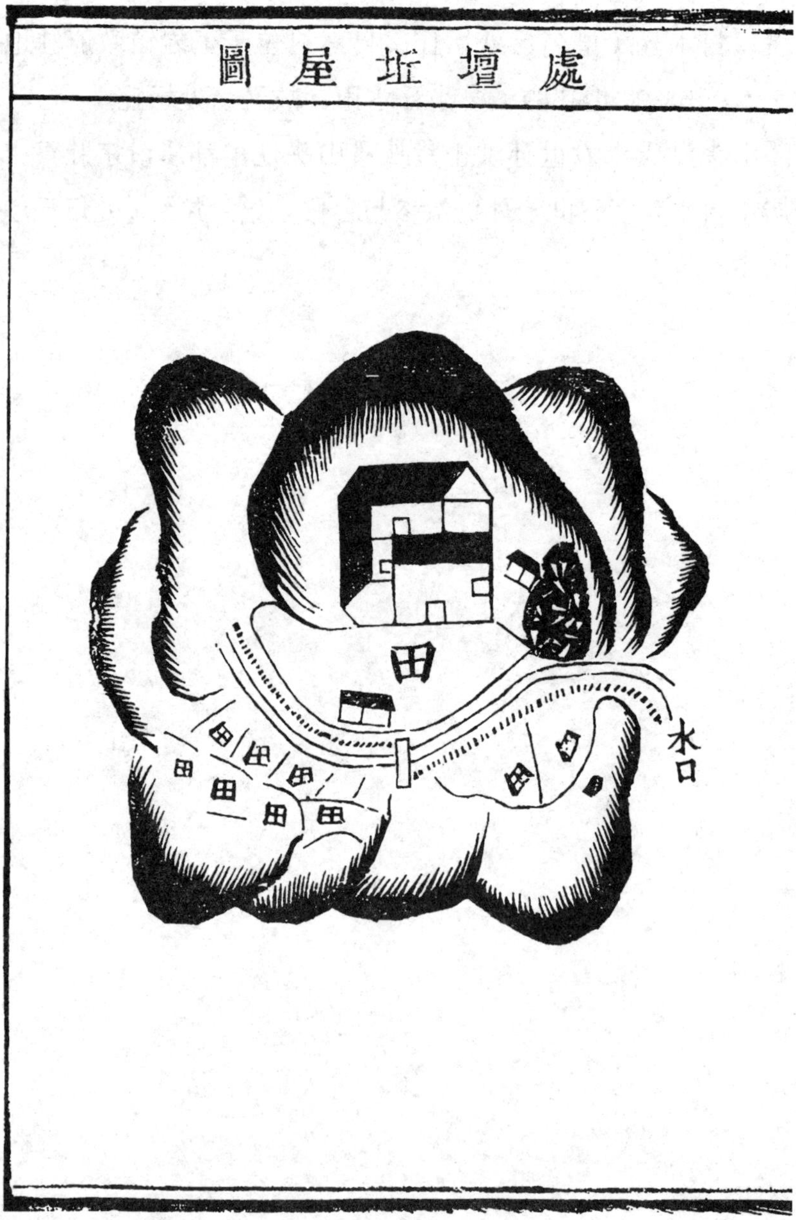

8. 程源头村

程源头村村境图介

程源头（原名直源头）村位于玉岩镇政府驻地玉岩村西北 7.7 公里，地处上源（十二都源）支流程路源源头。

程源头叶氏始迁祖叶兰一，系出卯山派分塘岸。于南宋（1127—1279）末期，相得程源头山川灵秀，林木葱郁，形势可居，遂自十二都东坑迁居本都程源头开基创业。后世子孙绘《十二都直源头村境全图》载于宗谱。

程源头叶氏宗谱·十二都直源头村境全图

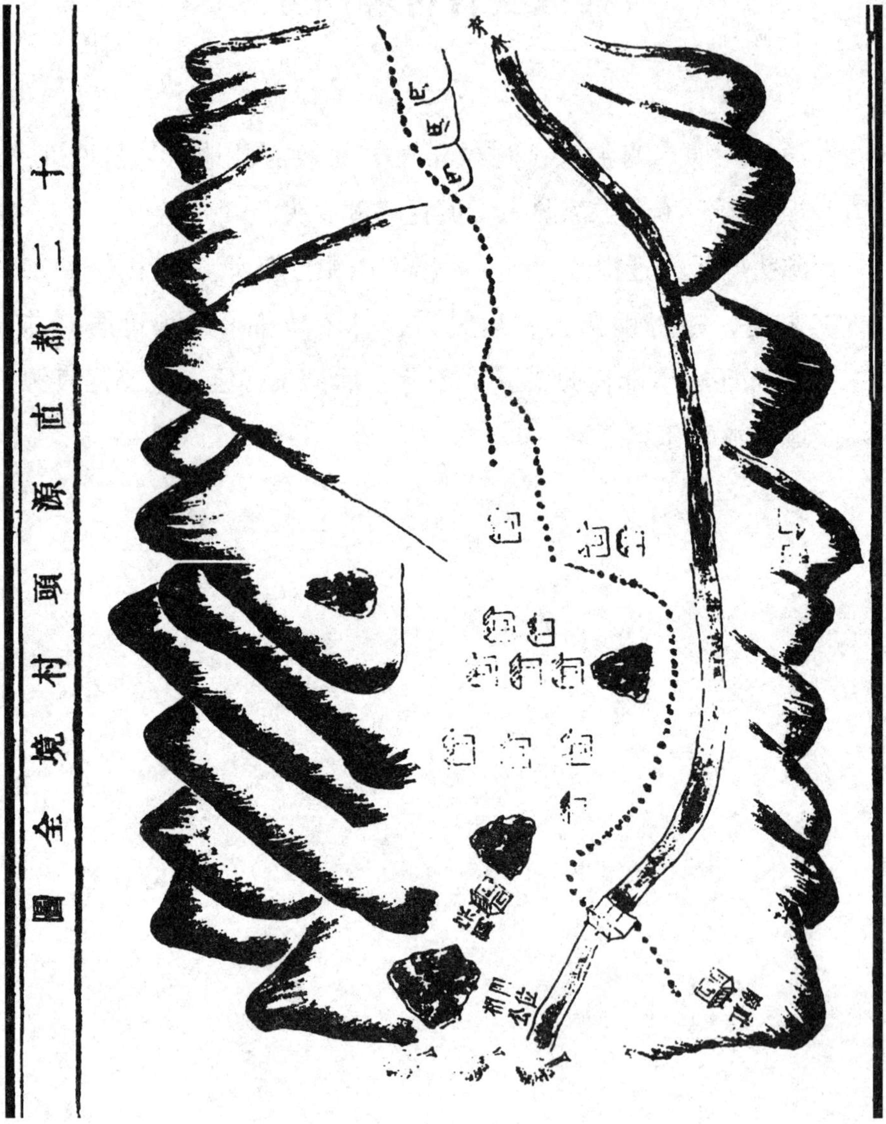

9. 程路村

程路村村境图介

程路村位于玉岩镇政府驻地玉岩村西北 9.8 公里，西与遂昌县毗邻。村处程路源而得名。

程路周氏之家族其先出于徽州之绩溪。宋宝祐年间（1253—1258），周秉信任浙东制置司官，因元乱避地卜居松邑东门大井头三角坛。传至五世孙德达公迁居本邑下马街，后迁至十二都全庄而家，生二子。长弘道公，迁居安坑；次成道公，迁居内十三都周安之全毫。传至十二世，弘道后裔周伯成（1400—1486），择游山水，爱程路之地，山清水秀，遂由安坑卜筑十二都程路，开创基业。后世子孙绘《程路村境并周氏祠堂全景图》载于宗谱。

程路周氏宗谱·程路村境并周氏祠堂全景图

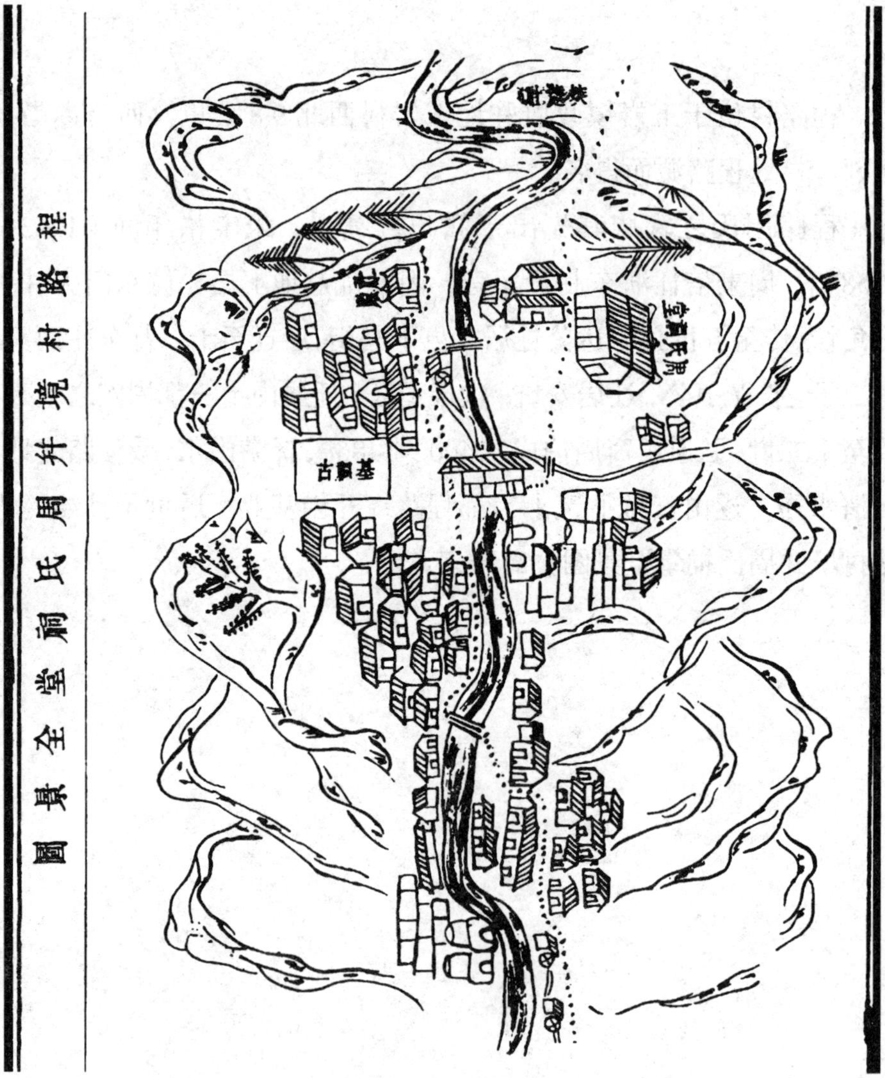

丛　录

程路周氏宗谱·程路村景 七律

谷口盘旋石径斜，层峦行处程路家。
村分上下岚光接，树合后先鸟语哗。
桥左宗祠常挺拔，陶中烟火起云霞。
桃源风景堪仿佛，词客往来俭与奢。

时光绪十三年岁次丁亥小阳月之吉
同宗梓士春园敬题

10. 程岭根村

程岭根村村境图介

程岭根村位于玉岩镇政府驻地玉岩村北 9.8 公里，坐落在十二都源上游。

程岭根郑氏祖居婺城浦江，宋隆兴元年（1163）迁居松邑文华坊复迁居外十三都之竹囮。

程岭根始迁祖为兄弟三人：郑敬华、郑敬高、郑敬隆，因爱程岭根青山绿水、景色秀丽，遂于明代（1368—1644），由竹囮卜居十二都程岭根。后世子孙绘《十二都程岭根村境全图》载于宗谱。

程岭根郑氏宗谱·十二都程岭根村境全图

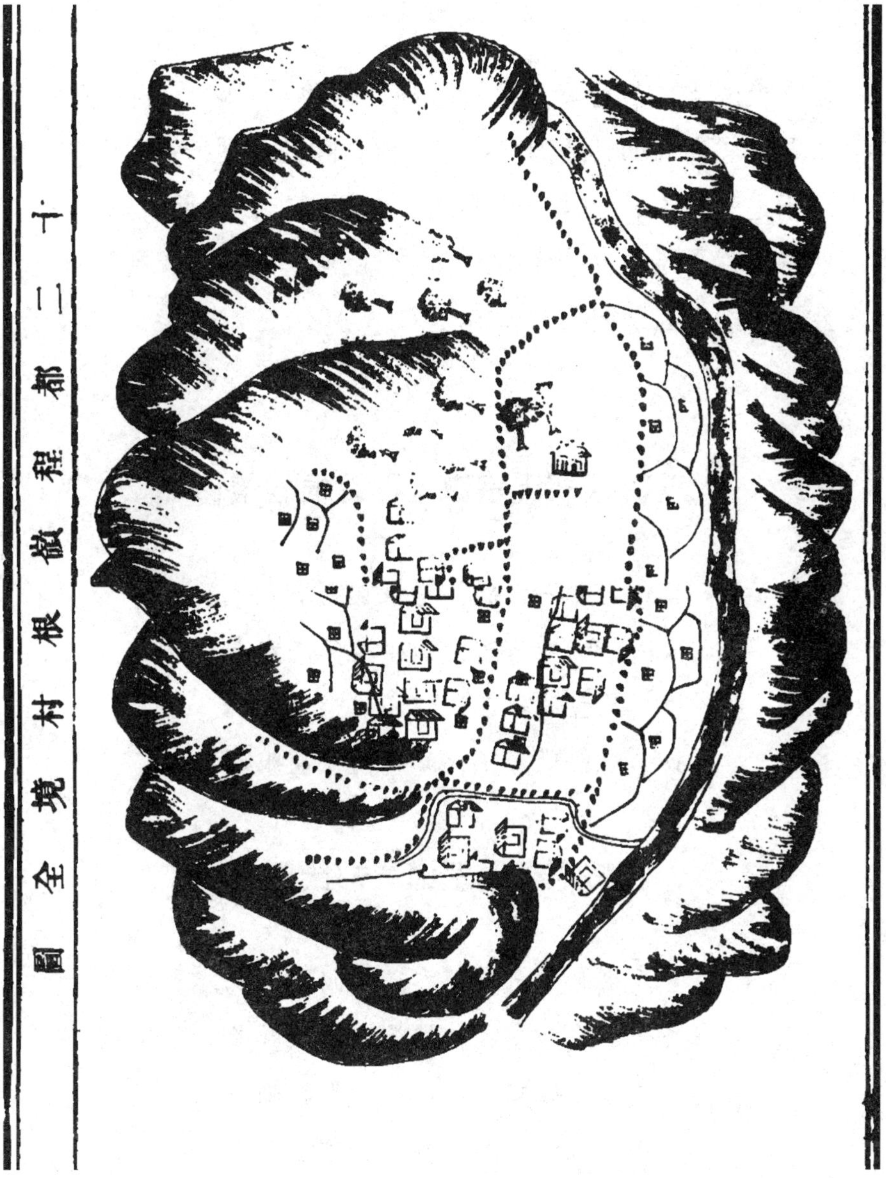

丛 录

程岭根郑氏宗谱·程岭根村志

吾观松邑十二都程岭根之境，则见其碧翠峰岭、山明水秀，疑必高人君子居焉。询其地则曰：程岭根。问其姓则曰：郑氏。

余于是观其人，见风俗之美焉。地肥人丰，岁无水旱之灾。务农习业，常存古风之雅。详于谱，堂堂巨族。观其人，纯纯善良。

兹遇修谱，因绘舆图于谱焉。

程岭根郑氏宗谱·程岭根村景诗

谷口远看一径斜，岭根乘上有人家。
窗禽杂唱烟居密，山碓轰舂涧水奢。
惟听儿童谈谷黍，但闻父老话桑麻。
如何自静柴扉下，翠竹苍松望眼赊。

程岭根郑氏宗谱·郑氏望族

宦裔由来肇自唐，乔迁竹园续荥阳。
婺州才茂分支异，括邑文华共脉长。
木本露深瓜瓞庆，水源雨厚螽斯昌。
永言不改江山旧，奕世流芳望族乡。

11. 周安村

周安村村境图介

周安（曾名松安）村位于玉岩镇政府驻地玉岩村西北 4.5 公里，坐落在棋盘山南麓、大源坑支流周安坑源头。

周安吴氏始迁祖吴驮，商游至松阳内十三都，见周安山势回环，南面开阔，溪水映带，遂添耕读幽居之兴，于宋天圣二年（1024）自台州仙居扒滩迁居于斯，开创万代基业。后世子孙绘《周安村景全图》载于宗谱。

周安吴氏宗谱·周安村景全图

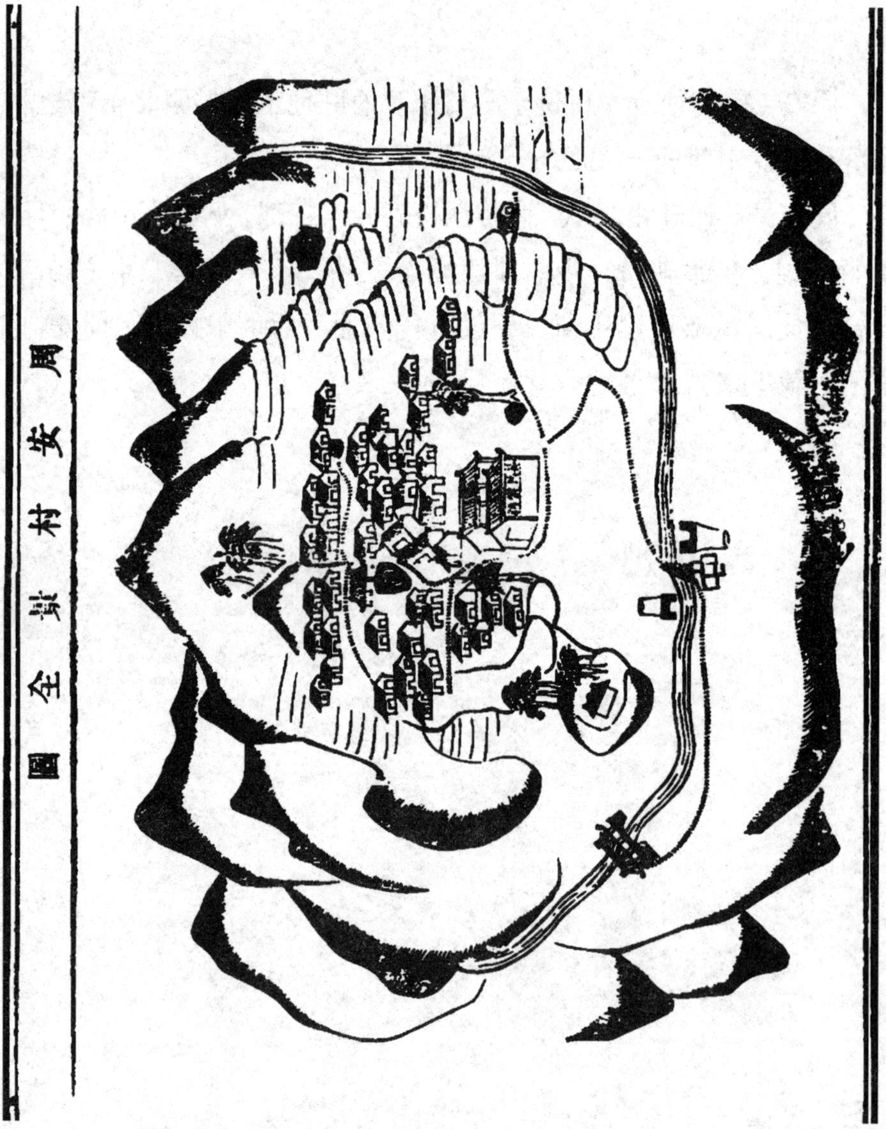

丛　录

周安吴氏宗谱·周安村景诗

吴国玫

安桥古木

水秀山明景色清，横桥倚树倍精神。
两株苍翠存千载，应识古村有杰人。

全濠竹风

翠竹最宜幽涧边，全濠数亩缀轻烟。
敲风枝叶流清响，隐隐林间奏管弦。

平田霞绮

平田霞起绣林初，一爿红光锦不如。
自是天孙加意织，搴来作贡焕皇居。

12. 道惠村

道惠村村境图介

道惠村位于玉岩镇政府驻地玉岩村北 9.6 公里，坐落在谢村源十二都源支流道惠源上游。村后山上有道教殿宇——天师殿，据传叶法善曾在此修练，山民得其恩惠，故以道惠名村。道惠村列峰环水，山脉秀丽，水口回抱，乃宜居之风水宝地。道惠村原为叶姓人居住，明洪武年间（1368—1398）叶士良乏嗣，以女赘谢满福。谢满福从十二都谢村迁居本都道惠，为道惠谢氏一世祖。

十五世谢增培（1765—1834），迁居道惠口对门香寮建屋居住。道惠口村坐落在谢村源与道惠源交汇处，处在古市经十二都源达玉岩的古道上，交通便捷，景色可人。增培公实为择处之智者，故卜筑而居。

道惠亭坐落在道惠源与道惠口大坑交汇处，处于十二都源交通要道上。谢氏族人建亭让往返客商歇脚避风雨，造福于过往客商。

后世子孙绘《十二都道惠村境之全图》《道惠亭图》《道惠口增培公屋图》载于宗谱。

道惠谢氏宗谱·十二都道惠村境之全图

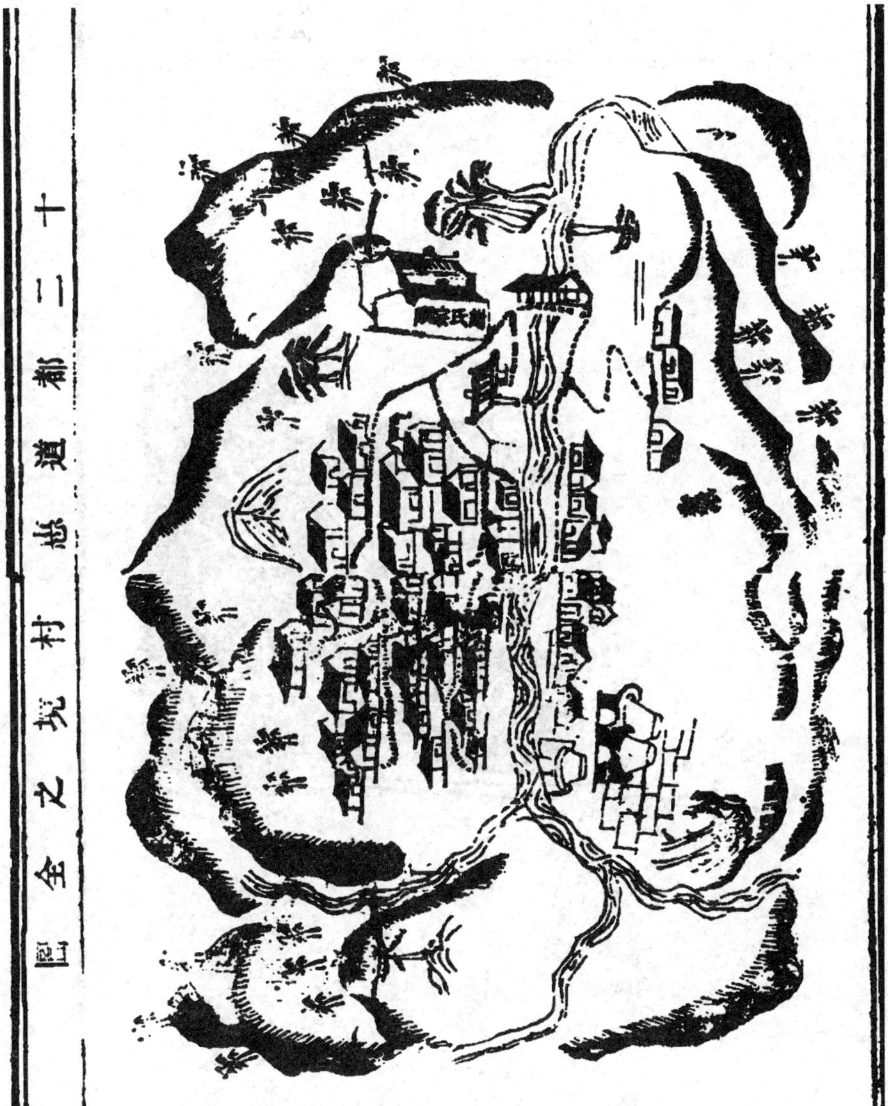

道惠谢氏宗谱·道惠亭图

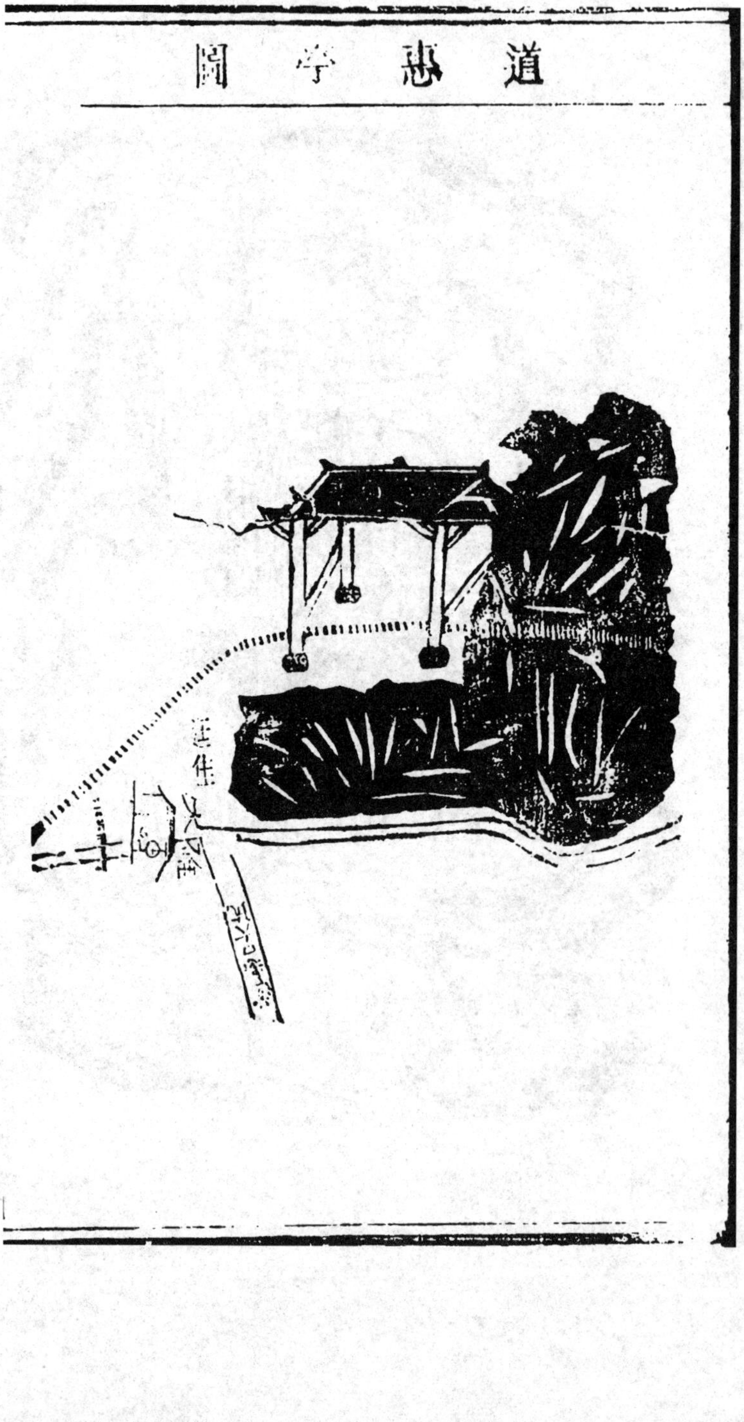

道惠谢氏宗谱·道惠口增培公屋图

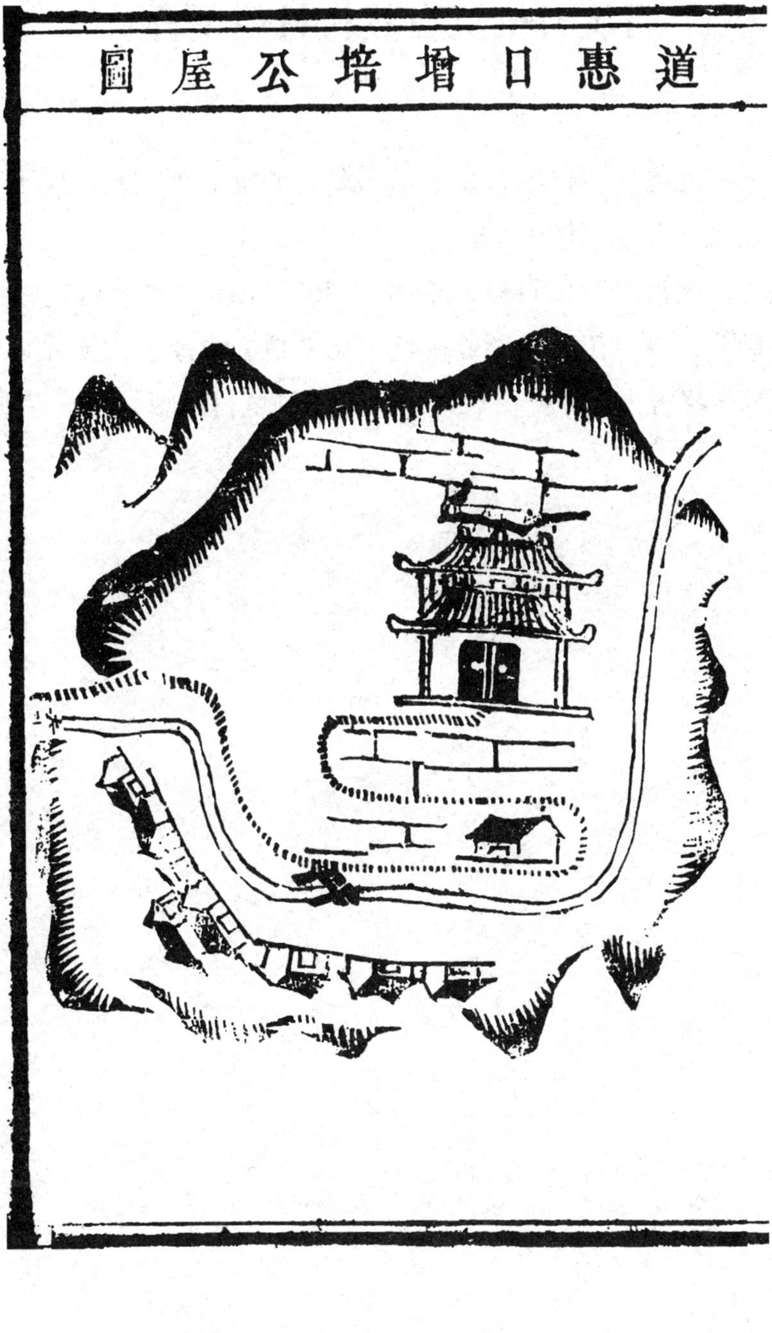

13. 周坑村

周坑村杭坑自然村村境图介

周坑村杭坑自然村坐落在十三都源支流杭坑源上游，位于玉岩镇政府驻地玉岩村东北9公里。

杭坑钱氏祖居青田石帆，于明（1368—1644）初，杭坑钱氏始迁祖景瑚公，自青田石帆游览杭坑，见其地崇山曲水，茂林修竹，留恋不返，择吉卜居于此。后世子孙绘《杭坑村景图》载于宗谱。

杭坑钱氏宗谱·杭坑村景图

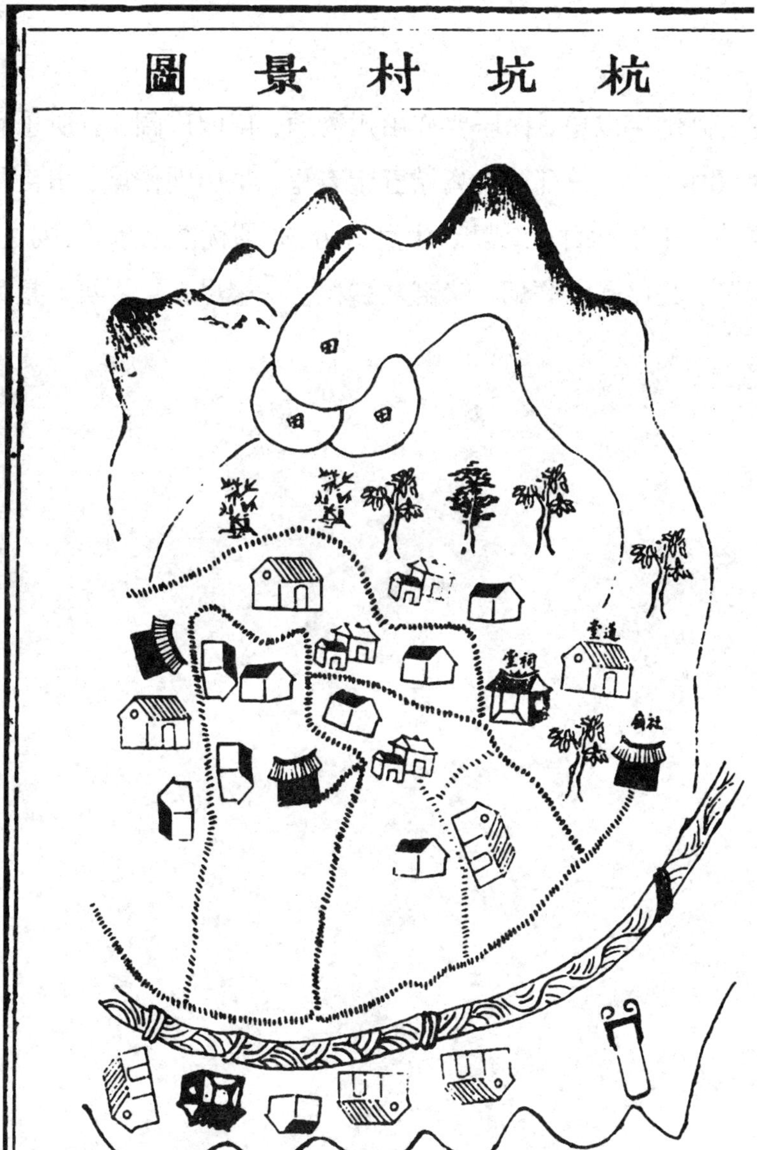

丛　录

杭坑钱氏宗谱·杭坑村景图引

古者画疆宇以奠，民居要亦山川秀丽，田园广阔，有所乐利者，人斯鸿聚耳。兹十三都杭坑离城五十有里，虽山隅僻壤，田亩稀少，难比要冲之生华，而竹木满坞，生息无穷，亦谓优游之乐境，列之于谱，以便观览。其比屋之联烟，畎亩之鳞积，一望尽在目中矣。是为引。

周坑村上杭自然村村境图介

周坑村上杭自然村地处十三都源支流杭坑源上游，故名。位于玉岩镇政府驻地玉岩村东北 7.7 公里。

上杭李氏祖籍福建，派分遂昌。明代（1368—1644），始迁祖李遂安，性好游玩，见上杭之地山水秀丽，可以乐居，遂自松川塘坑（今址不详）卜筑于斯，开创基业。后世子孙绘《上杭村景全图》载于宗谱。

上杭李氏宗谱·上杭村景全图

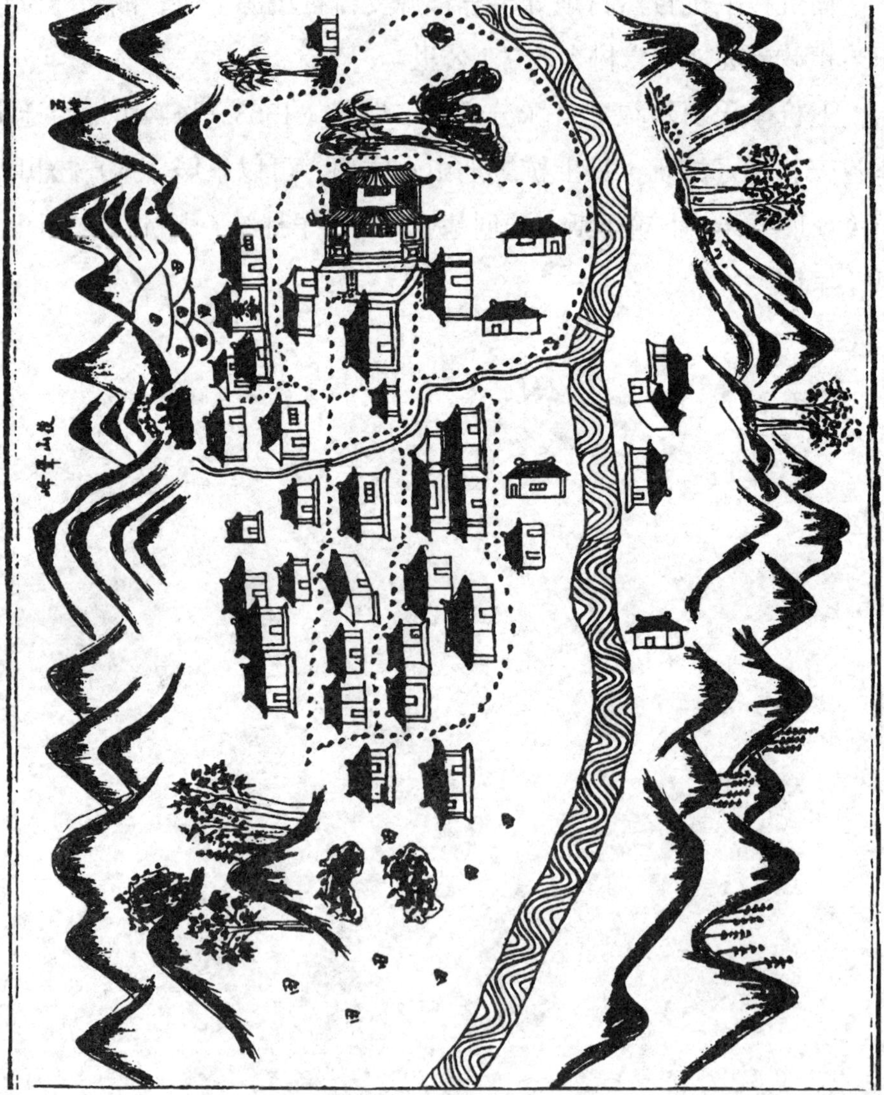

丛　录

上杭李氏宗谱·上杭村景图引

自古画疆宇以奠，民居莫不本于山川之毓秀，而民始于发祥耳。松邑之西离城六十有里，古称前王，今名上杭。虽处深山之中而四面风清翠竹丛茂，一带水碧潆洄若舟亦佳境也。

李氏聚族于此数百余载，不参外姓一人，但见其俗无骄奢，农桑是务，善气迎人，孝友为尚，此亦人杰而征地灵矣。第念山川人物，每应运而生色，井疆土宇以钟灵而增华。使不登之于谱，其间比屋之联烟，畝亩之鳞积，安得一目而尽悉欤！

上杭李氏宗谱·立族迁居记

粤稽李姓始自福建最盛，续迁松遂云和俱本一派。是族分自十二都塘坑，谱虽散佚不妨序集引述以启其绪。然辑谱之意无非崇祖德以贻孙谋，使不加搜罗掇拾，世愈远而脉愈失，茫无考证无以垂后而得传其谱也。

是族相传始祖自宋末至遂邑官溪，由元和房材公居松川塘坑，至明（1368—1644），遂安公素喜堪舆玩游斯土，地名上杭，见其山水森秀，龙踞虎蟠，源深土活，遂结椽开基以成村居而兴宗焉。累世相承根本为务，浑朴成风宜其支派绵衍子孙蕃毓矣。

上杭李氏宗谱·上杭地舆诗

屏列笋山结似霞，登临四顾竹如麻。
青岩叠嶂依然秀，绿水潆洄带砺涯。
今日从新整谱意，文风蔚起自堪嘉。
地灵人杰家声振，端许李氏巨族华。

澹宁轩

14. 西沿头村

西沿头村西沿坑自然村村境图介

西沿头村西沿坑（谱称“西演坑”）自然村位于玉岩镇政府驻地玉岩村东北 4.8 公里，坐落在大源坑支流西沿坑源源头。

西沿坑金氏先祖金时兴，字彦博，宋时迁居松阳。其裔孙金万全，字义兴，性素喜堪舆，玩游至西沿坑，见其山水森秀，虎踞龙盘，源深土沃，风俗淳厚，遂于明洪武年间（1368—1398）迁内十三都西沿坑结椽卜居。后世子孙绘《西演坑金氏阳居之全图》载于宗谱。

西沿坑金氏宗谱·西演坑金氏阳居之全图

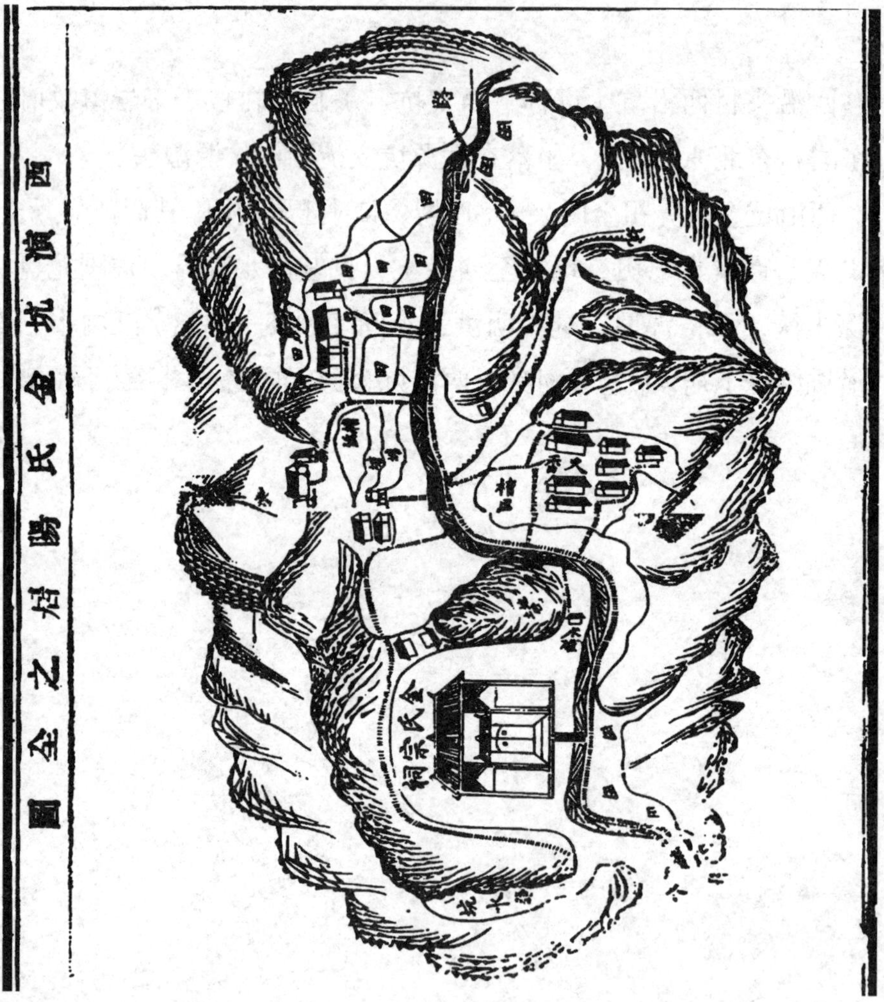

七

枫坪乡

FENGPING XIANG

1. 钱余村

钱余村村境图介

钱余村位于枫坪乡政府驻地枫坪村西北 7 公里，坐落在小港支流根下源源头。据传，从前有谚语赞美此地山源富足：“古代宝钱源，有钱有宝，钱有余。”村因之取名钱余。

钱余周氏祖居安徽绩溪。宋宝祐年间（1253—1258），先祖周秉信任浙东制置司官，因乱避地栝苍，卜居松邑城东大井头三角坛。传至第六世，有兄弟俩，兄弘道迁居内十三都安坑，弟成道徙居全亳。传至第十二世，弘道之子孙又有兄弟俩，兄伯成（1400—1486）迁居十二都程路，弟伯仪（1402—？）徙居内十三都金竹。伯仪之子神增，见钱余之地茂林修竹，山源清幽，遂自金竹复迁回钱余而居。后世子孙与程路周氏合修宗谱，绘《钱余村境全图》载于谱中。

程路周氏宗谱·钱余村境全图

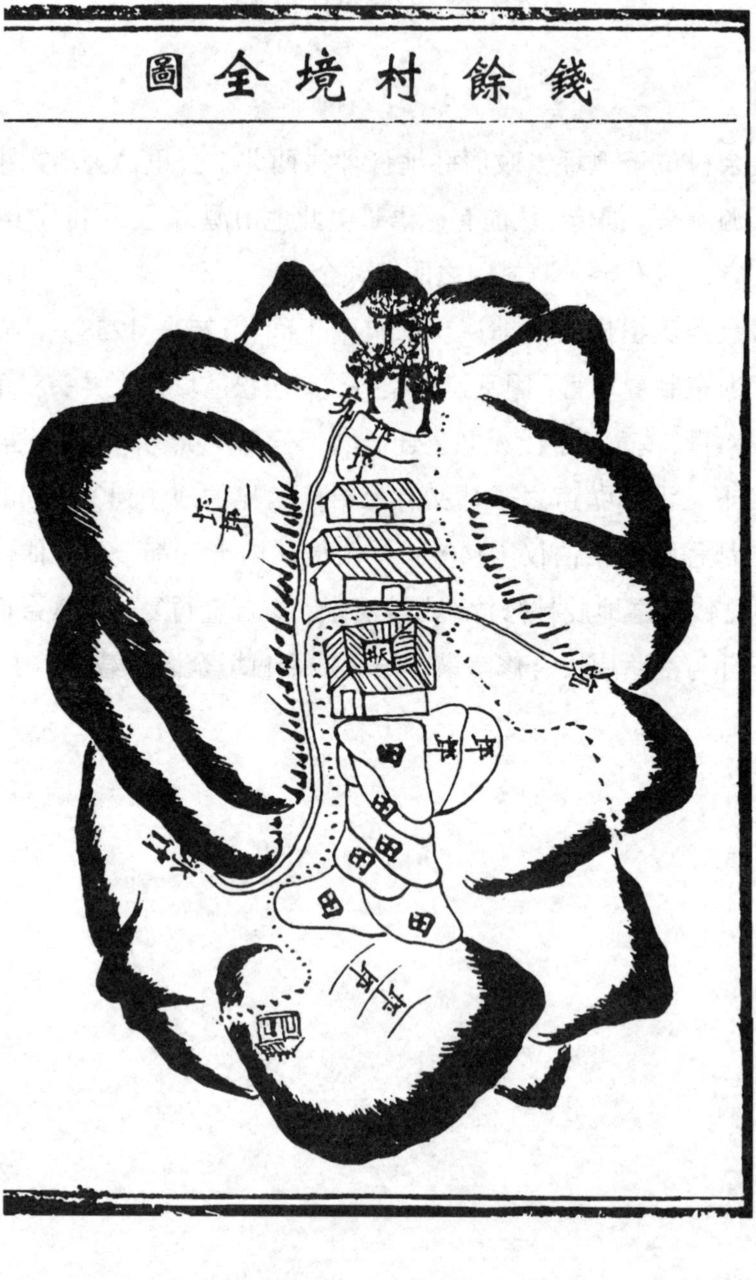

钱余村旧处自然村村境图介

钱余村旧处自然村地处钱余村东北部，坐落在根下源支流金竹源源头。位于枫坪乡政府驻地枫坪村西北 6.8 公里，为第四批中国传统村落。

钱余李氏先祖亨公，字天祥，宋任定海经略，定居诸暨干溪。其裔孙李元始，字肇昌，游松邑内十三都旧处，爱此山秀水洁之境，林丰竹茂之区，遂于明永乐甲申年（1404），择吉自诸暨干溪迁居于此。后世子孙绘《旧处地景图记》载于宗谱。

钱余李氏宗谱·旧处地景图记

舊處地景圖記

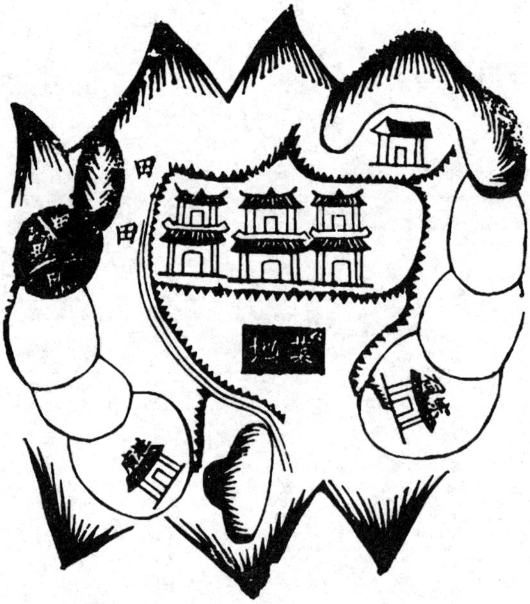

2. 小吉村

小吉村（翁氏）村境图介

小吉村地处小吉山东北麓，坐落在高山小盆地、龙泉道太溪源头。位于枫坪乡政府驻地枫坪村西南 8 公里，南与龙泉县为邻。

小吉翁氏祖居福建莆田，传至寅公为宋朝散大夫而家处州，厥后，由处郡迁居遂昌季仪岭下翁村，历数世，宁俊公派下子孙广二、广三兄弟俩分迁葛坪。而广二公（1363—？）由遂邑葛坪游览至松邑内十三都小吉之地，爱其田园广膴、山水秀丽，遂卜筑而居，为小吉翁氏一世祖。后世子孙绘《本境小吉地舆全图》载于宗谱。

小吉翁氏宗谱·本境小吉地舆全图

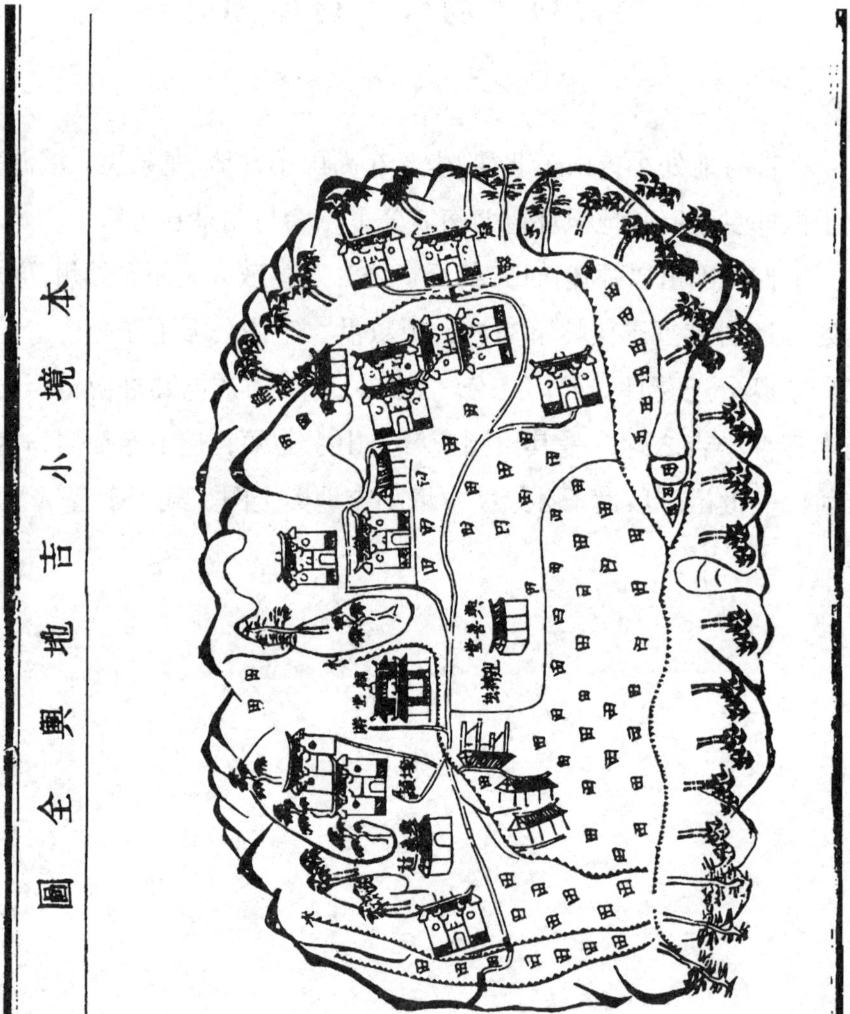

丛　录

小吉翁氏宗谱·小吉村景 七律

一

西平源尽有村方，小吉称名卜允臧。
前面朝山虽坦坦，后龙来脉实堂堂。
但看庵院祠边立，尤喜桥梁水口藏。
遥忆祖先迁此地，乐郊诗咏媲前唐。

二

小溪曲曲抱村流，四顾人烟密且稠。
满坞白云耕不尽，一轮明月照咸周。
松青竹翠林逾盛，鸟语花香景更幽。
里内惟闻勤与俭，家家温饱自无愁。

张铭题

小吉村（龚氏）村境图介

小吉村地处小吉山东北麓，坐落在高山小盆地、龙泉道太溪源头，位于枫坪乡政府驻地枫坪村西南 8 公里，南与龙泉县为邻。

小吉龚氏派衍武陵，支分处州。先祖翠玉公卜居龙泉龚村为家。传三世，禹增公于明宣德三年（1428），由龚村迁居本处横坑儿，其十二世孙福兴公，游览山水，见松邑内十三都小吉之地山林毓秀，流水潺潺，田园广膴，可谓风水宝地，遂于清乾隆十五年（1750），自龙泉横坑儿择居小吉。后世子孙绘《小吉村境并宗祠图》载于宗谱。

小吉龚氏宗谱·小吉村境并宗祠图

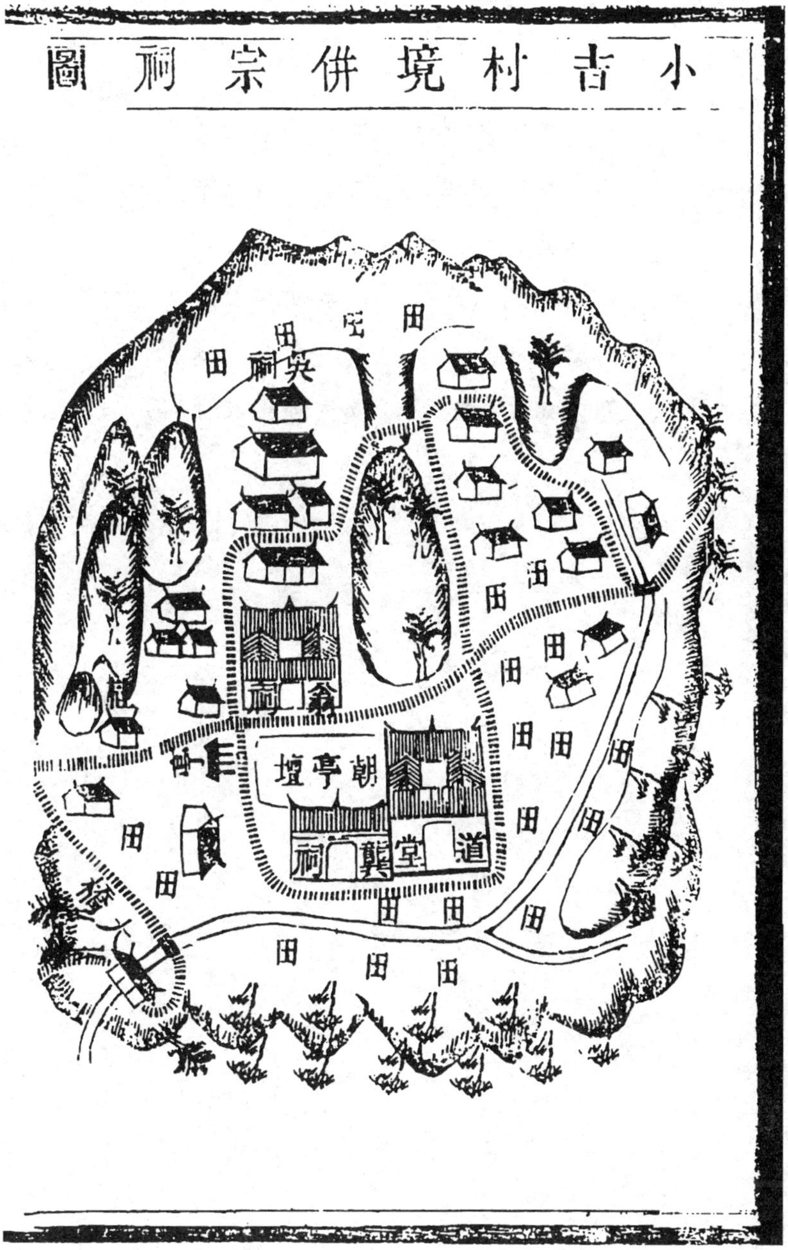

丛　录

小吉龚氏宗谱·小吉村境诗

村名小吉属浙南，税纳松阳话龙泉。
高山相似平地样，溪水合流道泰源。
历住翁吴龚联赵，住址前后是田园。
三山排列松连竹，四水萦回共山川。
禹增始祖迁此处，武陵支派自龚村。
仰望祖宗而庇荫，多生贵子及兰孙。

梓士毛斐然敬撰

3. 高亭村

高亭村村境图介

高亭（又名亭川）村地处小港源头，村庄布列在溪流东岸，位于枫坪乡政府驻地枫坪村西南 6.2 公里。

高亭周氏，先祖周文德，江西永丰人，武陵县令，因唐末黄巢之乱，遂南渡抵栝，肇基松阳城北永庆坊。传至十五世孙周纯自松邑迁居闽中之浦城，其孙周闻直复迁居青田大岭后，其后裔周欲纳又避乱迁居东瓯（温州）之平阳。

高亭周氏始迁祖周丙一，精于堪舆，环顾欧青两处祖址，元运将衰，于是，于元（1271—1368）末从温州平阳返迁至松阳祖地，遍游松阳山水，觅寻宜居之地。见松邑内十三都高亭，虽山深地僻，但山明水秀，灵气钟毓，遂在松阳城北永庆坊侨居数年后，择吉卜筑高亭而家。后世子孙绘《亭川村景全图》《高亭集善堂图》载于宗谱。

高亭周氏宗谱·亭川村景全图

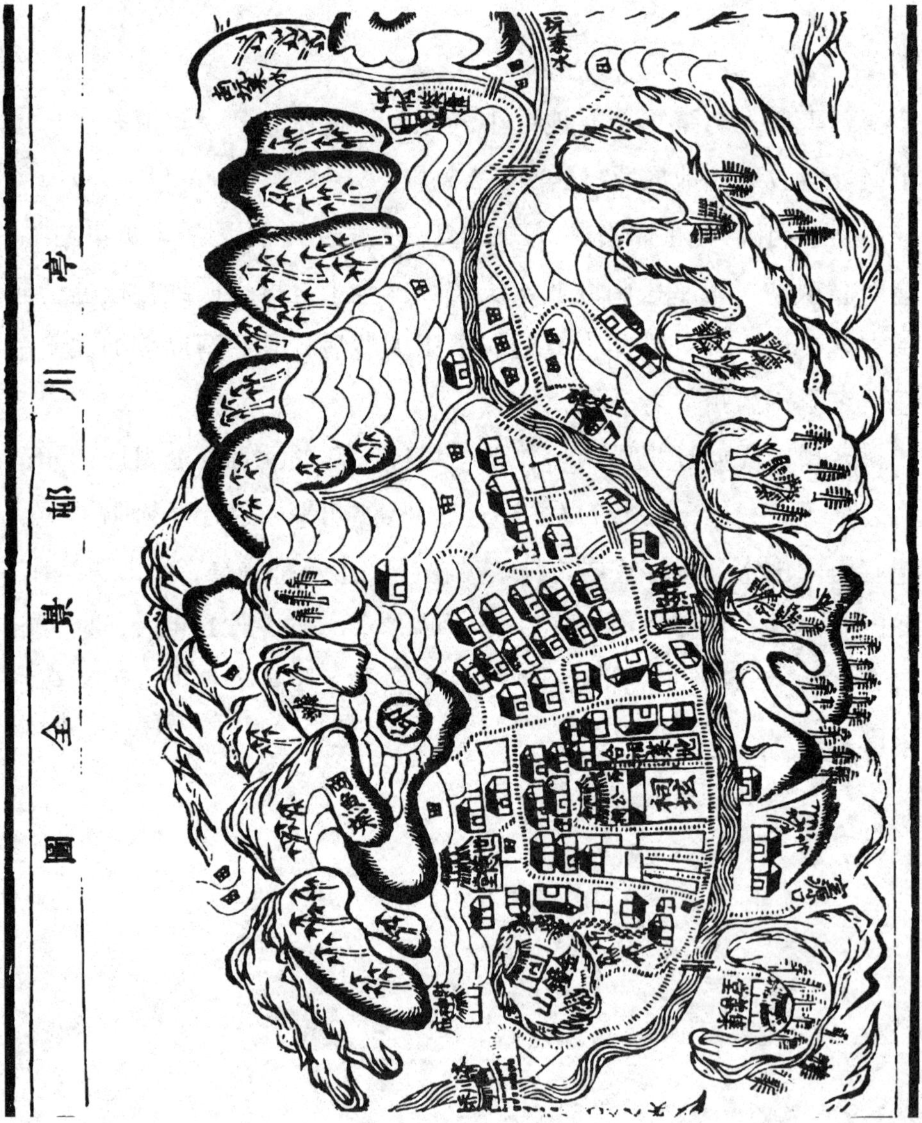

高亭周氏宗谱·高亭集善堂图

丛　录

高亭周氏宗谱·高亭村志

本村籍隶松川，距城西百有余里，虽山深地僻而山明水秀，颇为西乡之胜。溯其来龙辽远未易穷追。自坛上后发脉盘旋屈曲而来，至龙虎隘过烧香演蜿蜒而下，至长定后特起高峰，开帐分支左环右顾，宛若顾祖之象，是为高亭焉。人峰为屏，钟山作障。自我始祖卜居斯土，幸获子姓繁昌，孙支竞秀。虽未必奇英叠出振策天衢，而怀才抱德观光上国者代有其人，此皆钟毓之所致也。至于丕振人文，则又在后人之奋起，庶人果杰出则地亦愈见其灵矣。是为志。

光绪十四年岁次戊子仲冬之吉

裔孙国学生奇勷志

高亭周氏宗谱·高亭村景诗

一

苍苍古树护村前，却是人间别一天。
鸟有欢情歌谷外，风无尘气扫云边。
轻轻时露清爽意，淡淡常笼自在烟。
对此烦嚣俱涤尽，更从何处学神仙。

徐成韬谨撰

二

天涯何处非尘寰，此地村居环是山。
古树连枝遮客路，修篁低梢闭村关。
农偕犁耜无他业，女守纺机未许闲。
漫道谷中无长物，问津不必桃源间。

邑庠支里眷弟何君泽敬撰

三

中谷苍茫里，悠然见一村。
桑麻凝暮霭，榆柳晃朝暾。
龙岭霞光闪，宝源雪浪喷。
居人欣自得，不复羡桃源。

邑庠生周安吴朝士题

四

云壑当门似画披，绿筠四面绕墙篱。
金钟山近凝春霭，集善堂高映晓曦。
眼底耕樵多力作，耳根弦诵少荒嬉。
秀灵钟毓今应久，崛起英贤竟属谁。

邑庠生玉岩杨开甲题

五

水复山重里，阴浓树满村。
良苗垂陇亩，绿竹绕藩垣。
入耳书声杂，迎眸爨火繁。
曲江初罢钓，樽酒乐悟言。

祠孙邑庠生承功稿

六

四面青山裹碧溪，几行屋舍列村西。
谋生谷里云千个，治产田间雨一犁。
曲巷闲眠春昼犬，隔离高唱午炊鸡。
物华洗尽风犹古，不减桃源旧品题。

裔孙应丰稿

金钟山诗

一

为障村西独蔚然，山形如覆玉虫旋。
岂经凫氏深陶铸，似向丰山转徙迁。
呼吸含灵通造化，炉锤尚象体坤乾。
伫看大块舒奇气，鸣盛和声定有贤。

邑庠生玉岩杨开甲题

二

堪叹化工造物奇，何年烹铸到今时。
一团石鏊全无缝，四壁枫柯却有姿。
郁郁林间藏古迹，高高岭上见灵祇。
几回僧舍传钟响，还作山旁戛击疑。

裔孙邑庠生承功稿

三

蔚然深秀村庐边，名以金钟自古传。
翠石攒峦如钮结，青萝绕径似纹连。
参差茂树笼烟雾，下上飞禽弄管弦。
神像有灵宜祷雨，风光颇近舞雩妍。

裔孙应丰题

济川桥诗

叠嶂层峦两岸间，行行曲径听潺湲。
惟凭阁跨常如锁，一任川流却不关。
野鸟斜穿千树竹，溪风远度几重湾。
樵歌唱处方凭槛，芳草夕阳未肯还。

邑庠生杨开甲题

济川桥登览

一

一涧界分两岸山，浅深揭厉属辛艰。
路通南北无封域，桥阅春秋任往还。
水上风来绵邈际，岫中云出淡浓间。
莫言只便行人过，尽揽清机暖碧湾。

邑庠生周安吴朝士题

二

谷口一桥跨碧湾，重重秀气护村关。
草岚烟雾随高下，萝径耕樵任往还。
几阵溪风吹古树，数声野鸟振空山。
曾闻题柱相如事，我亦有情在此间。

裔孙邑庠生承功稿

集善堂诗

石径斜穿傍水隈，为寻幽胜策筇来。
松间积霭禽飞破，竹外浮岚犬带回。
祥阁初临尘虑断，山房久坐道心开。
数声清磬方当午，时有岩花点碧台。

邑庠生玉岩杨开甲题

游集善堂

兰若庄严处，高亭村末中。
山泉流碧石，岚雾绕青松。
宝砌花光满，瑶阶草色融。
悠悠飘磬韵，坐觉万缘空。

邑庠生周安吴朝士题

4. 斗潭村

斗潭村村境图介

斗潭村坐落在小港上游，地处小港与根下源交汇处，村庄布列在溪流两岸，故又名“双溪”，位于枫坪乡政府驻地枫坪村西北 1.9 公里。

斗潭下徐徐氏祖居东阳太末县薄里村（今龙游灵山），至宋代，先祖徐知章，仕显谟阁讲书，自薄里村徙至松邑东乡南州，因金人南侵再徙至本邑白岩。生三子：长名诰，分居斗潭上坊南山下，称上徐；次名谠，分居徐店（今水店），偶游斗潭之境，见山水秀丽，遂复迁斗潭开基安家，称下徐，是为斗潭下徐徐氏始迁祖；三名谨，分居徐庄，再徙至龙泉源底而家。下徐徐氏后世子孙绘《祠图并地舆》载于宗谱。

斗潭下徐徐氏宗谱·祠图并地舆

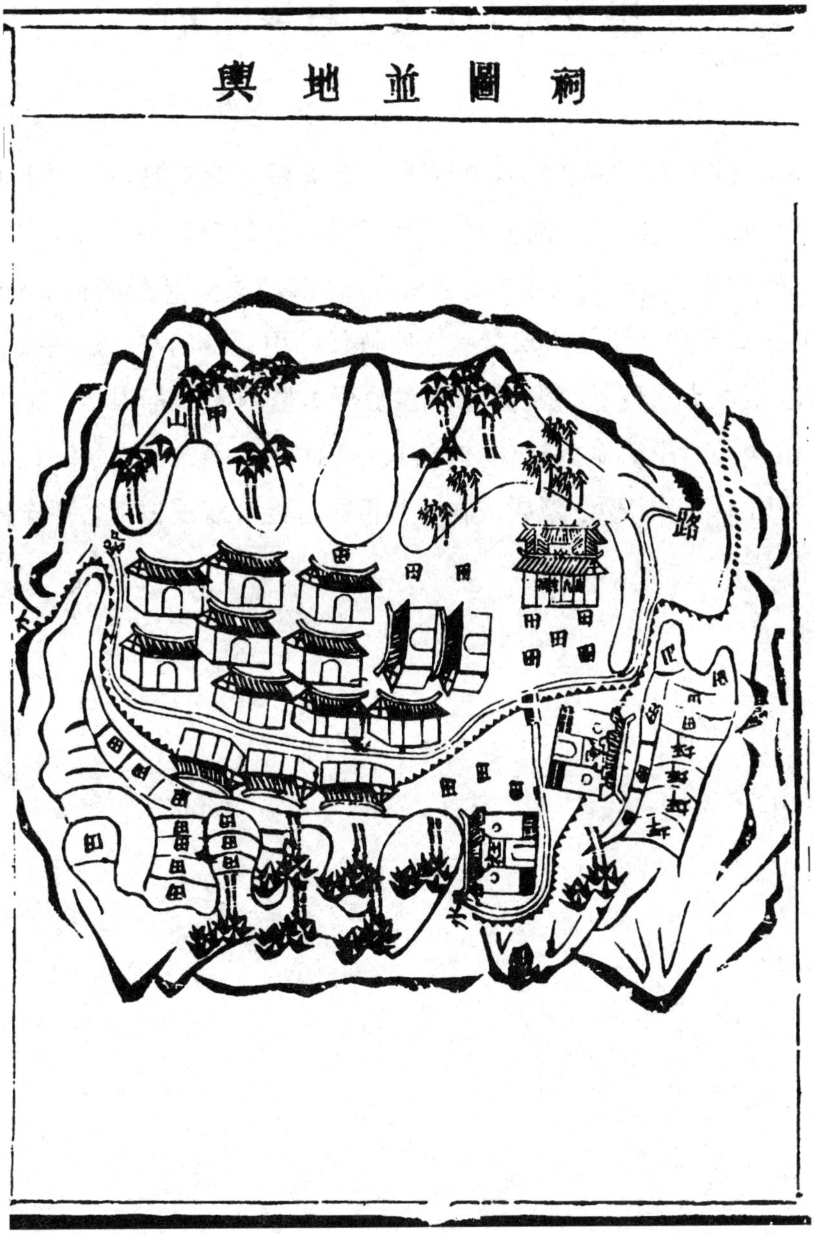

5. 根下村

根下村（王氏）村境图介

根下村（王氏宗谱称双溪根下）坐落在小港支流根下源上游，村庄布列在溪流两岸，位于枫坪乡政府驻地枫坪村西北3.4公里。

根下王氏始迁祖王国洪，字元浩，祖籍金陵。宋乾德间（963—968）在闽奉勑，任处州知府。厥后解任归田，游山水，观流泉，卜择松邑市堪头居住。为避世乱，客游至本邑内十三都根下，见此地有崇山峻岭，山清水秀，茂林修竹，别有一番世界，遂举家迁居于此，开田园，兴广厦，聚居成村。后世子孙绘《双溪根下村景全图》载于宗谱。

根下王氏宗谱·双溪根下村景全图

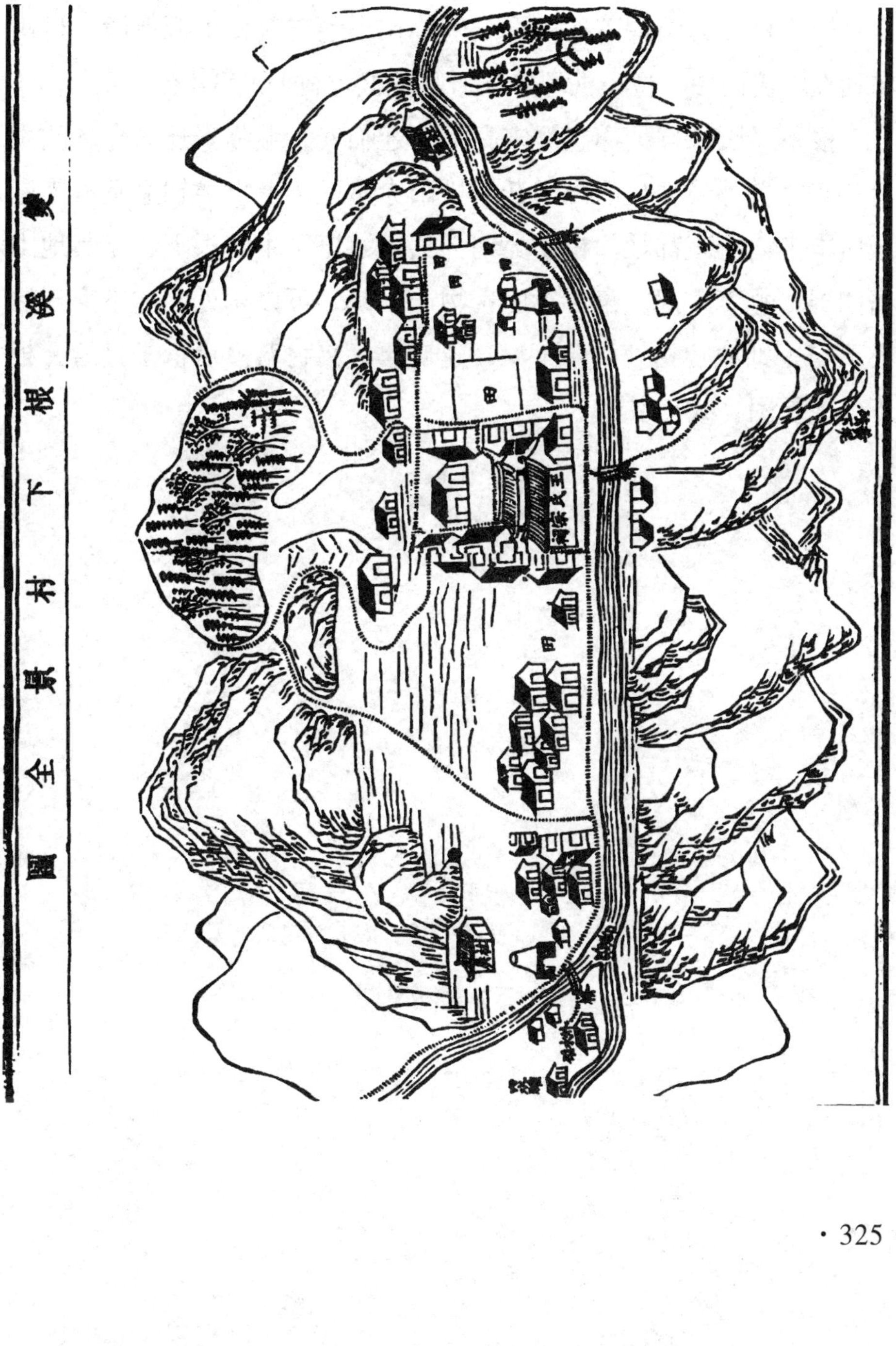

根下村（吴氏）村境图介

根下村（吴氏宗谱称根野）坐落在小港支流根下源上游，村庄布列在溪流两岸，位于枫坪乡政府驻地枫坪村西北3.4公里。

根下吴氏肇自吴瑾扈驾宋高宗南迁临安，继临安迁居金华胡山后，其六世孙吴澄从胡山后迁居松阳赤岸，传七世吴钊避乱从赤岸迁居本邑内十三都杜律桥。吴钊孙吴启游览至本都根下，见其地山高如屏，竹木葱郁，泉甘土肥，物产丰饶，可以乐处。遂举家迁居根下与王姓和睦相处，聚丁口，建广厦，兴村落。后世子孙绘《根下吴宅屋图》载于宗谱。

根下吴氏宗谱·根下吴宅屋图

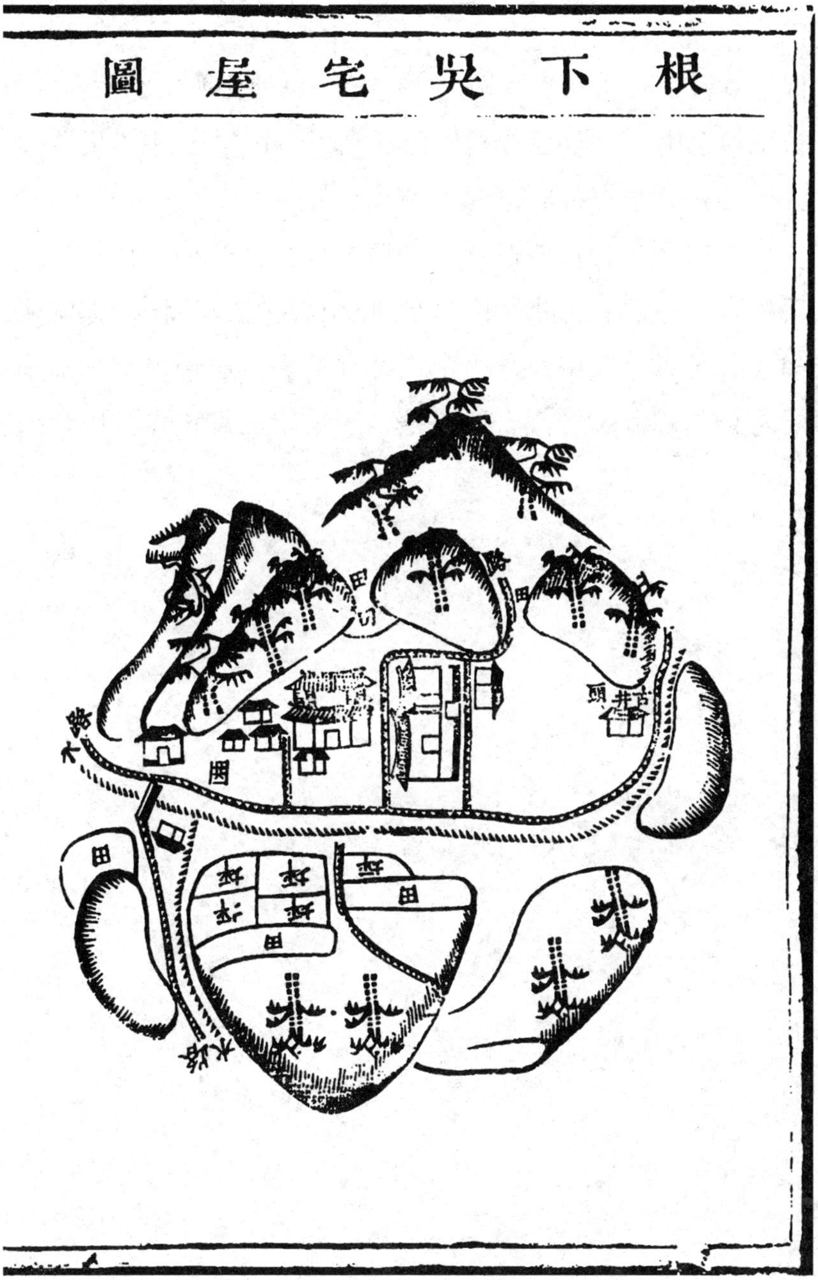

根下村止界自然村村境图介

枫坪乡根下村止界自然村，又称至界，地处松西山脉至界尖东麓。位于根下村东南1.5公里。今村民已迁到根下村居住，原“止界”村名，松阳人民县政府办公室于1994年3月注销。

止界叶氏派分程源头叶氏，清康熙年间（1662—1722），程源头叶氏祖叶兰一第十六世孙叶长吉，见至界村山峰拥翠，溪涧流芳，林丰竹茂，可远避尘俗，遂由十二都程源头卜居于内十三都止界。后世子孙仍与程源头叶氏合修宗谱，绘《十三都止界村境全图》载于谱中。

程源头叶氏宗谱·十三都止界村境全图

6. 枫坪村

枫坪村村境图介

枫坪（旧称“峰坪”）村为枫坪乡政府驻地，位于县政府驻地西南 26 公里，坐落在小港源头，村庄布列在溪流北岸。

枫坪叶氏系出卯山，俭公之三十世孙叶源五徙居丽水石牛。叶源五之后裔叶善余，于南宋（1127—1279）年间，自丽水石牛徙居松邑上十八都南岱。叶善余十六世孙叶起华，于清康熙四十年（1701），游览内十三都枫坪，见村庄一带青山滴翠、溪水潺潺，恍入桃源仙境，遂自南岱择吉乐居于此。后世子孙绘《峰坪村景全图》载于宗谱。

枫坪叶氏宗谱·峰坪村景全图

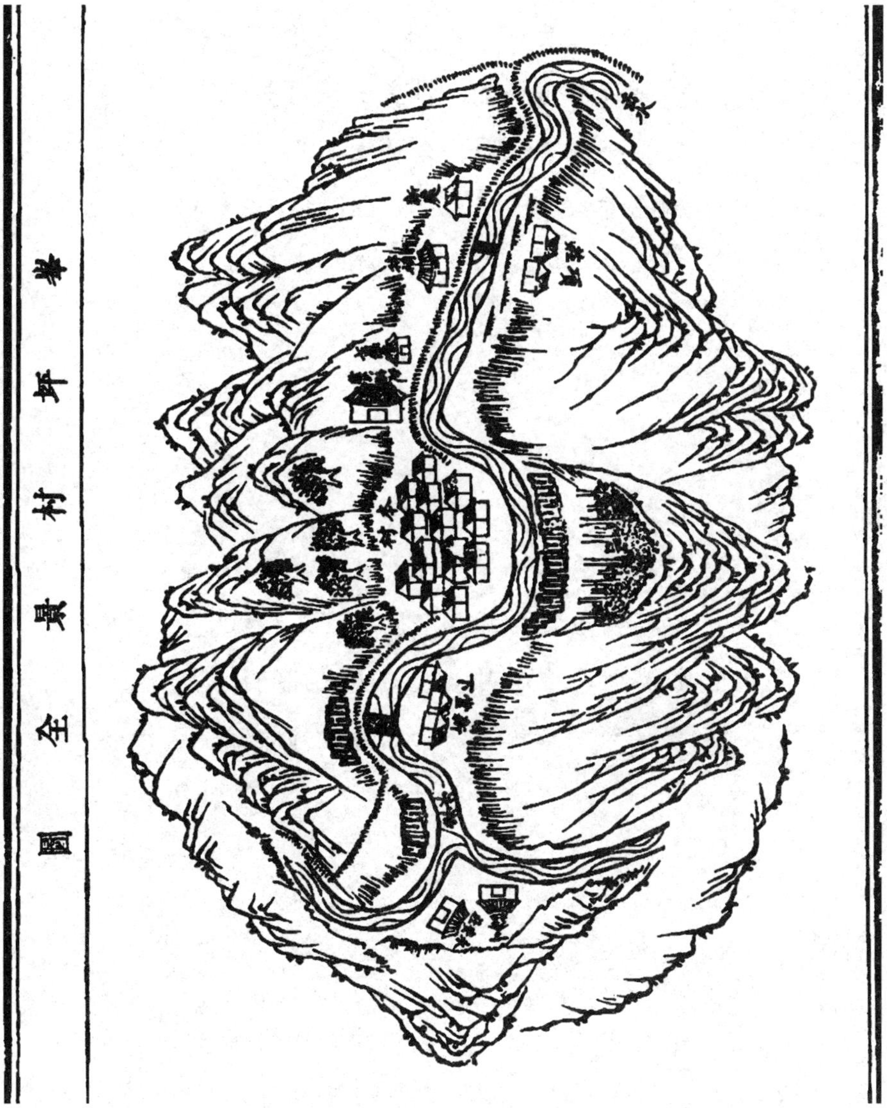

丛　录

枫坪叶氏宗谱·村景诗 八首

一

四面云峰夹水流，村庄一带列平畴。
乔松布籁晴疑雨，秀竹生凉夏亦秋。
柳色青青居士宅，灯光隐隐读书楼。
栖迟恍入桃源境，鸿爪浑忘去复留。

赤岸吴朝襄

二

芳村明秀冠松中，春夏秋冬景不同。
远岸条垂杨柳绿，名园花发石榴红。
枫林叶扫迎新月，暖阁炉围拥朔风。
盥诵吟坛裁碧好，涂鸦自笑锦囊空。

玉岩杨光格

三

云壑当门似画披，绿筠四面绕墙篱。
老鹰岩古苍松翠，双乳峰高皓月卑。
眼底耕樵多力作，耳中弦诵少荒嬉。

秀灵钟毓今应久，崛起英贤竟属谁。

高亭周绍濂

四

密密层层山复山，奇峰矗立水湾环。
陡然开拓平原地，多少村居绿荫间。

大岭脚叶如松

五

四面青山抱碧溪，随山位置屋高低。
交柯古树千章秀，弄影修篁万个齐。
细雨润沾芳草地，轻烟远罩绿杨堤。
物华洗尽风犹古，不减桃源旧品题。

高亭周绍濂

六

潺潺碧水涌溪流，村北村南尽广畴。
社号永安庇万姓，桥成普庆历千秋。
驼峰对峙文人第，蚣冈高过学士楼。
秀毓灵钟名独擅，花明柳暗胜长留。

玉岩杨士堪

七

村方隐隐径迢迢，翠竹苍松护板桥。
峰带两河之字古，坪分三角亦高超。
停车处士坐堪爱，伴月良朋相对邀。
阅遍乡间无此丽，复将愧笔画难描。

古市黄铉

八

村号峰坪秀气多，人烟稠密绕如罗。
回环万仞如屏式，夹就双溪之字河。
雨带春潮期岁熟，云腾晓日庆时和。
乡间四月闲人少，夏种秋收乐若何。

本里叶逢章

7. 洋庄源村

洋庄源村洋庄自然村村境图介

洋庄自然村，又名笋寮，属洋庄源行政村，距洋庄源村北0.3公里。洋庄源村，坐落在小港支流洋庄源上游，位于枫坪乡政府驻地枫坪村西北4.9公里。

洋庄王氏派分近邻根下王氏。根下王氏二十二世孙王士高（1722—1774），游览至本都洋庄，见其地山高如屏，竹木森秀，溪水环流，土地旷阳，可以乐处，遂偕妻男于清乾隆（1736—1795）中期，从根下迁居本都洋庄源洋庄村。后世子孙仍与根下王氏合修宗谱，绘《洋庄笋寮村景全图》载于谱中。

根下王氏宗谱·洋庄笋寮村景全图

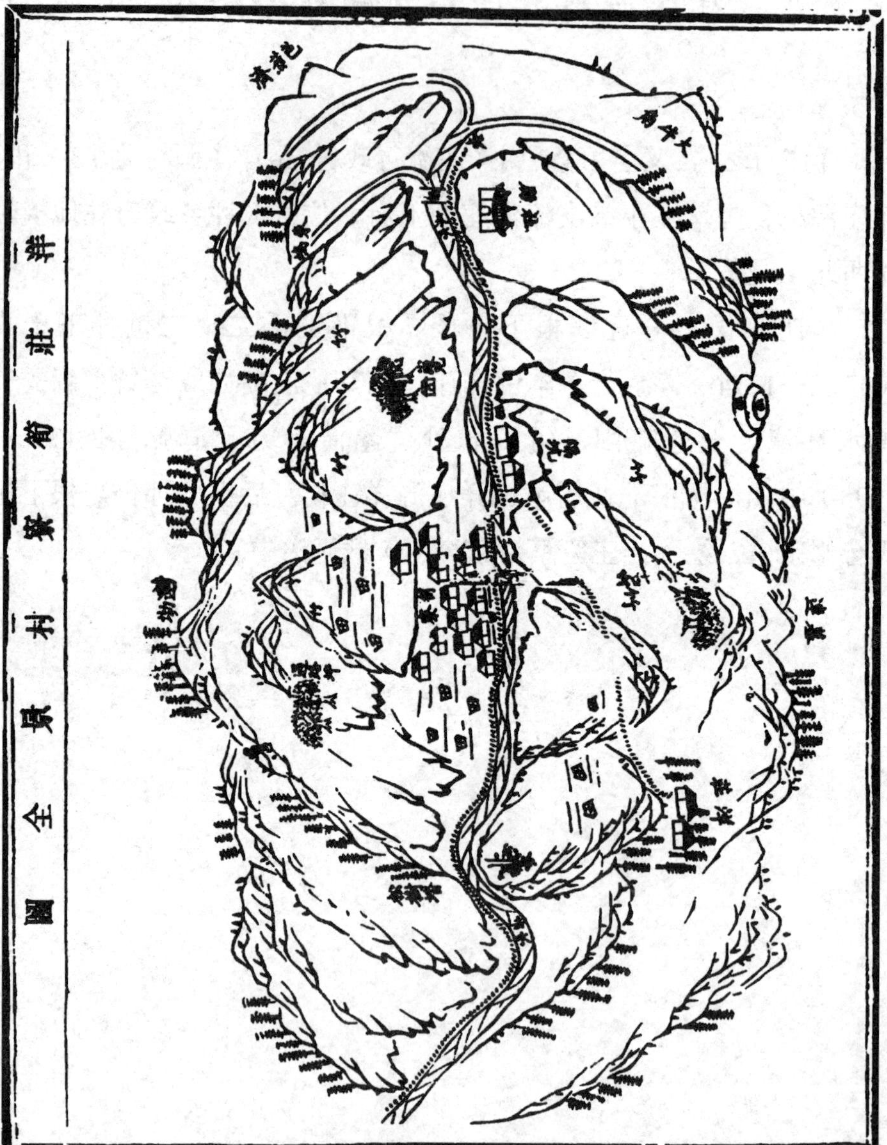

8. 梨树下村

梨树下村村境图介

梨树下村坐落在小港支流盆坑源头，村庄布列在溪流两岸，位于枫坪乡政府驻地枫坪村东南 2.9 公里，入选第三批中国传统村落名录。

梨树下张氏祖籍福建宁化张坊，张坊村初名梨树下。始迁祖张明汉（1673—？），字潮宗，系张坊一世祖张心佛十三世孙，商游至松阳内十三都盆坑源头，见其地高山如屏，山清水秀，竹木葱郁，泉甘土肥，物产丰饶，足可乐处。遂于清乾隆二年（1737）偕妻男由福建宁化张坊迁居松阳内十三都梨树下，以张坊初始地名村，以示不忘祖居地。后世子孙绘《内十三都梨树下村景图》载于宗谱。

梨树下张氏族谱·内十三都梨树下村景图

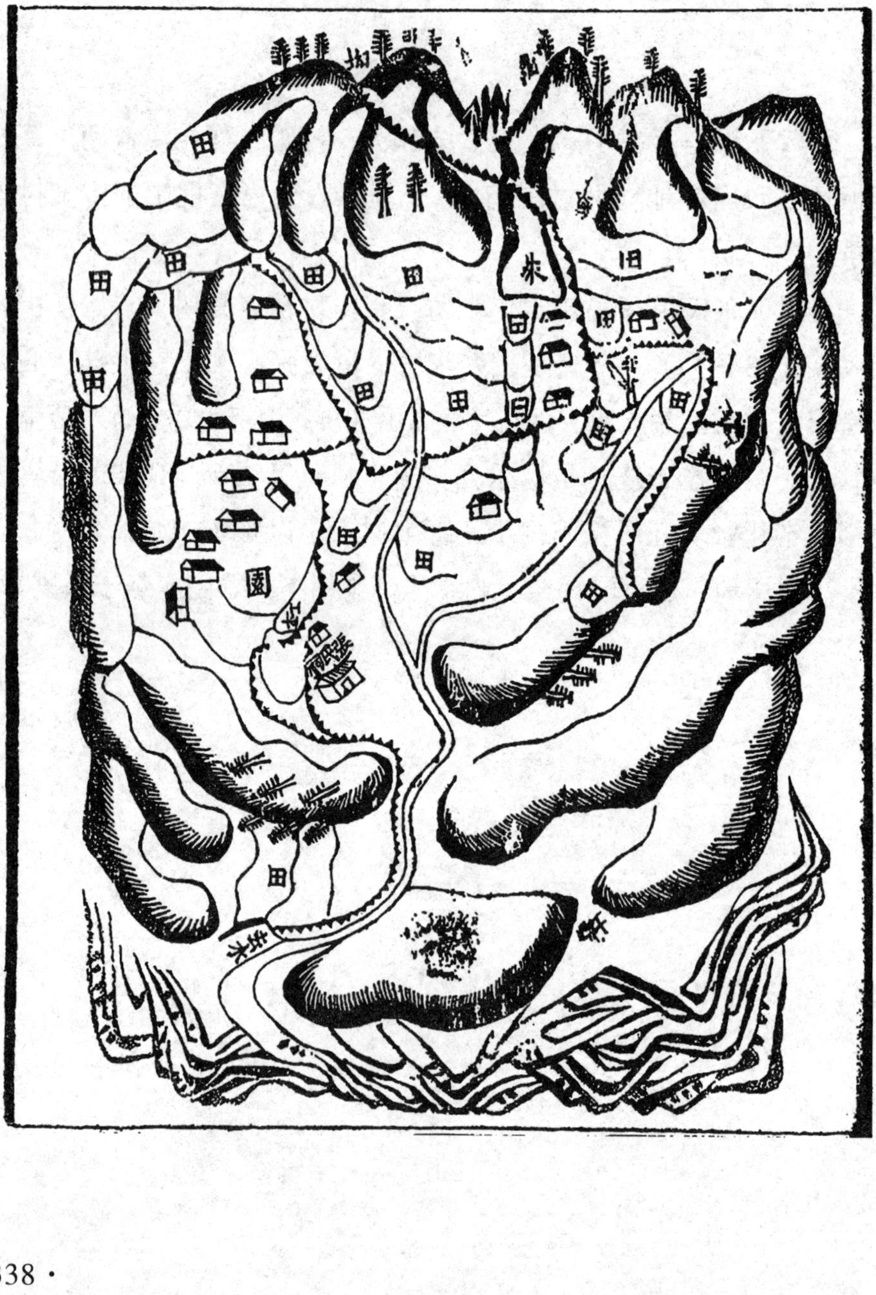

八

竹源乡

ZHUYUAN XIANG

1. 大岭头村

大岭头村村境图介

大岭头村位于竹源乡政府驻地创古基东南 4.2 公里，坐落在小港支流大岭源源头大岭背东南麓，处在松（阳）龙（泉）古道上，南至横樟村经蛤湖达龙泉，北至竹溪达松阳县城。

大岭头（下祠）叶氏系出卯山，派衍龙泉。于元泰定年间（1324—1328），大岭头叶氏始迁祖叶尚开，常在龙泉至松阳间往返，途经大岭头，见此地山峦耸翠，清涧萦回，逸致可人，遂自龙泉合湖迁徙至松邑内十八都大岭头而家。后世子孙绘《大岭头村境图》载于宗谱。

大岭头叶氏下祠宗谱·大岭头村境图

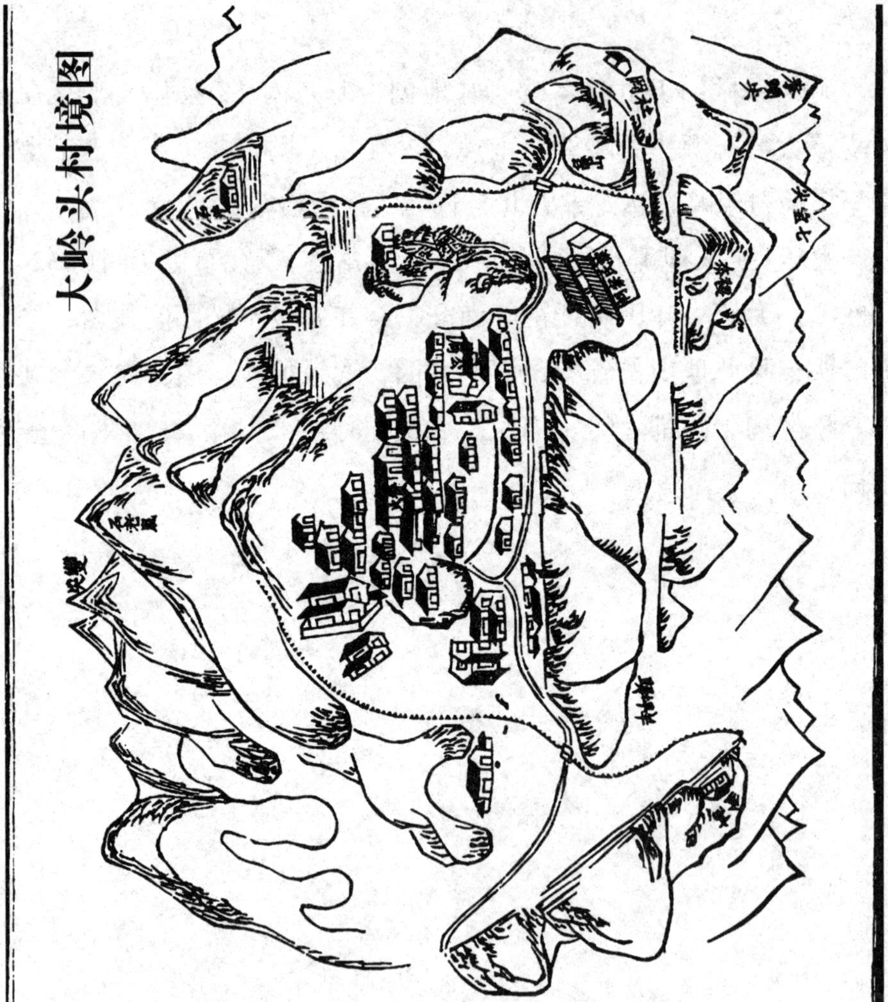

丛 录

大岭头叶氏下祠宗谱·大岭头村境图志

自松南行二十五里许，有吾庄焉。地当要辖之冲，一往来大都会也。

而甫入竹溪之源，怪石巉巉，奇峰兀兀，山不同于牛头，家疑在于秦岭。望风水于坳内，少步恍辟乾坤。怀道堂于坪间，举头饶多烟火。其来龙自留名发越，其前案傍禹甸横过。其由双尖逶迤而下也，石鼠为之盘旋。其对七宝而安排于前也，龟山未敢攀跻。一亭冷水解他多少渴人，半幅寨门护我内中世界。锅镬潭深清时也会见底。拳头尖起矗处直欲连天，冈横屋后两两傍冈。架屋后堂高过前堂。路辨义头，三三问路于义，出境不当入境。左石井，右高垈，犹列郡之有县城也。内达龙，外通松，知前程之为孔道也。地迴绿水长流，门开青山作对。盼瓦缝之参差，个里却无空隙。缅田畴兮宽阔，两旁别有人家。无地起子昂之楼台，全凭人力。近山题谢公之诗句，足畅天怀。

农人告以春及，两部鼓吹听蛙鸣。此处缘何夏寒，一片炎云凭松护。报道秋风容易，鸣蝉为飞燕嗣音。当夫冬雪层堆，落叶比残花一色。嗟！佳兴之即在四时兮秋礼还合冬。诗家于斯兮族于斯，孤松树下建祠。泉有醴兮草有芝，棘几斩而荆几披。问何年崛起来兹兮舍吾祖其有谁？

光绪三年岁躔丁丑二月花朝之吉

裔孙炳文谨题

大岭头叶氏下祠宗谱·纪胜篇

离县治南行十五里许，有九芝山焉。吾庄其域中，故名九芝乡，且多峻岭，合远近地方到吾庄，咸当蹑足而上，故名大岭头。纵不等于若耶之溪沿流可玩景，而茂林修竹映带乎左右者，恍与兰亭所咏仿佛遇之。夫吾邑云峰、凌霄诸胜载诸县乘者群相夸美矣。吾庄胜迹未刊，初无少逊，故弗之传，抑又何也？大抵显焉者易见，幽焉者难知也。余开基祖讳尚开公高尚士也，自龙之松往返是里，见此地山回水绕，逸致可人，卜筑而居之，良有以也。

兹特就前后右左摘其胜而纪之。其前则层岚耸翠，延绿送青，排达而来，加以曲阜横塞，幽谷深藏。其后则双峰并峙，冈峦体势曲折而下。上有怪石，其形似鼠，俗呼为石老鼠。又有白羊洞，旧相传为白羊精所居。然事属诞妄，余未之信也。左自竹溪寺口而入，缘溪行五六里有比翼洞焉，洞中深奥，不可窥测。前有瀑布悬崖而下，袅袅如垂百丈白练，奇形怪状不减石门，绿荫稠密时闻鸟声。复行数百步，有白壳亭者，涧石壳白，剖而琢之，内如其外，故是亭取以为号。更层累而上，又有冷水亭，亭侧泉水寒冷镇心，冬夏不竭。由亭直上，过山坳渐进，村边有周家墓焉，司马记以为猛虎下山是也。至于右自横樟而上，半山有亭，名半山亭，其岭之险峻，犹天梯石栈，然诗人谓振衣千仞冈。其此境也，乃从兹陟山坳豁然开朗，其间两山峙立，若门户之有辟阖，今名寨门坳，相传彭子英匝寨于此，理或有之。至坳之内，秀峰四起，其嵚然而下者，若龙子之饮乳，又系余族发祥之所在，头陀亦尝记之也。

嗟乎！胜地不齐乡曲之遗迹，原未堪增皇图，光邑乘。而登高赋诗聊自娱乐亦选胜之一助也，爰属笔而为之记。

时皇清光绪三年岁躔丁丑仲秋之吉　裔孙作铭谨识

2. 小竹溪村

小竹溪村村境图介

小竹溪村位于竹溪源支流小竹溪上游，村以溪名，距竹源乡政府驻地创古基西南 2 公里。

小竹溪吴氏原籍金陵，明正德间（1506—1521），吴一魁知处州府，转升温台处道，偕妻男家于处州小著门。其第五子吴万八游览至松邑内十八都小竹溪，见其地四山环绕，秀水潆洄，竹苞松茂，峰林优美，望之蔚然，可以乐其居。遂于嘉靖（1522—1566）间，举家从处州小著门迁居小竹溪村，发脉成族。后世子孙绘《小竹溪阳基全图》载于宗谱。

小竹溪吴氏宗谱·小竹溪阳基全图

小竹溪陽基全圖

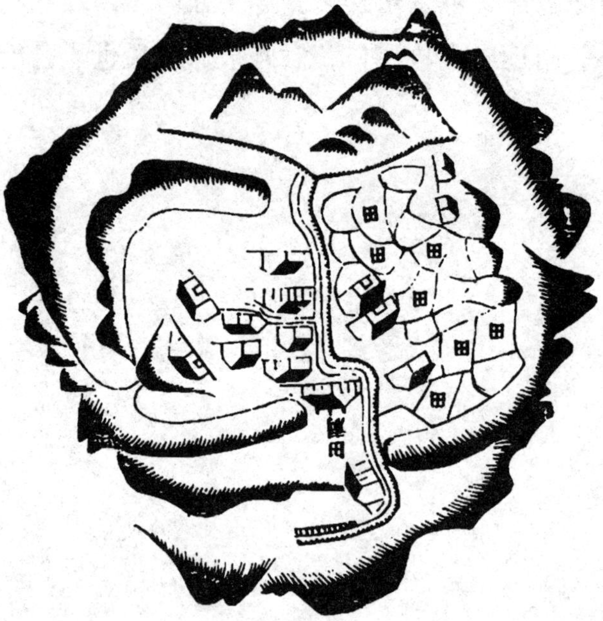

3. 横岗村

横岗村村境图介

横岗村坐落在横岗山北麓，村庄布列在小山岗上，位于竹源乡政府驻地创古基西南 4.6 公里，入选第三批中国传统村落名录。

横岗潘氏祖籍杭州东郭漾沙坑，潘镳，又名善，五代时避战乱从杭州迁至丽水丁川，从丁川转迁至松邑外十八都大竹溪。其十八世孙潘浩（1448—1530），性爱山泉，游览至内十八都横岗，见横岗村山环水绕，泉甘土肥，茂林修竹，物产丰饶，遂举家从大竹溪迁居横岗。后世子孙绘《横岗村境全图》载于宗谱。

横岗潘氏宗谱·横岗村境全图

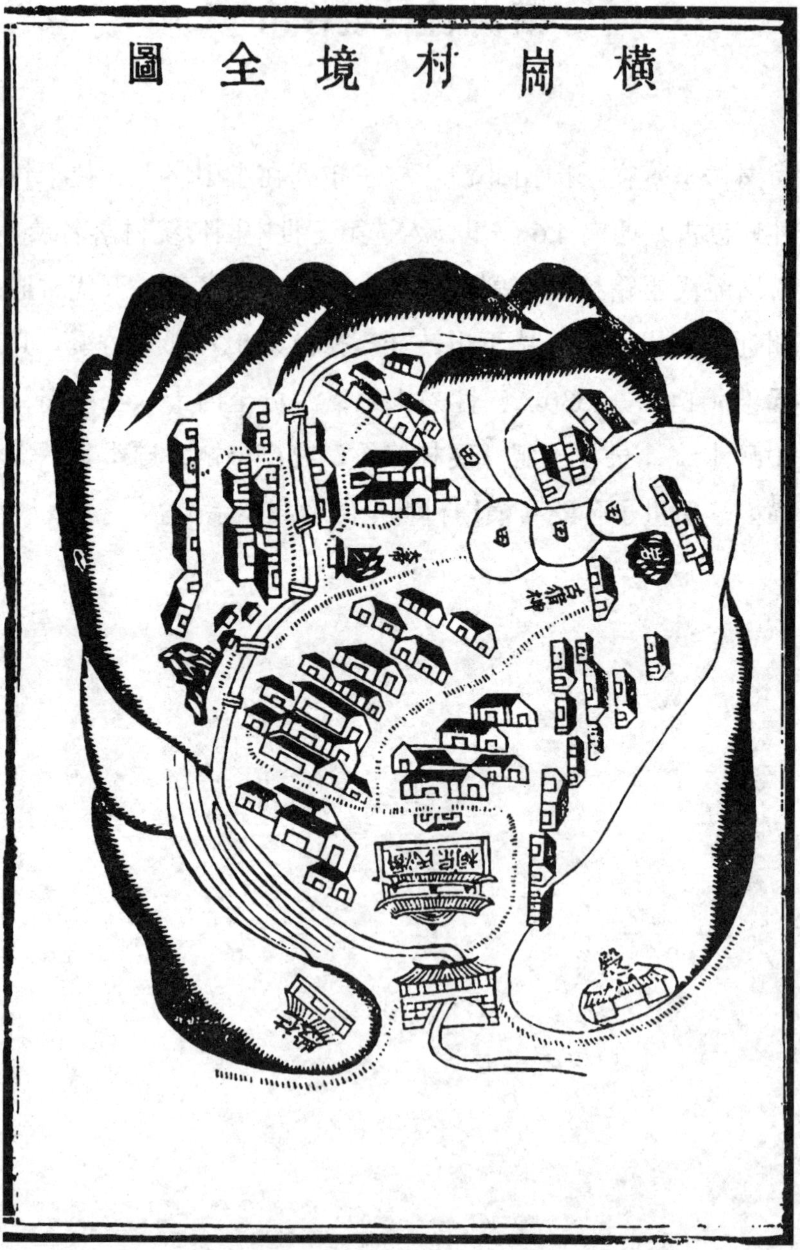

从 录

横岗潘氏宗谱·横岗形胜志

环绕皆山也，中无数十亩之广，岩石合抱，宛分二境，外有一岗自南发脉，迤逦而东而北横亘水口，而横岗因以取名焉。

从其外望之蔚然而深秀，修竹阴翳不减渭川，古木萧森欲疑秦岭，但觉山合重重翠、水流步步湾，正所谓山重水复疑无路者也。进行数十步则见坑水自南流来，北下重岩之险。楼桥自东驾过，西通十里之遥。屋比甍连，拟六六之鱼鳞可数；鸡鸣犬吠，知家家之畜产皆蕃。从宗祠前进去，村径屈曲，闾巷纵横，步步引人入胜矣。傍山之屋有自下而上自上而益下者，崔悬壁立无间隙直上山顶有人家。询耆老，谓：吾祖居此凡十五六世矣。地虽窄而觉居止之安，山甚逼而有林木之茂，泉甘而土肥，境幽而势阻。听春禽之睆睨俗耳砭针，际夏雨之淋漓悬岩挂瀑。秋月出岭夜光之璧一轮，冬雪压梢飞来之花万树。晨烟起处高低欲迷，夜犊归来彼此相问。种种情景差当人意。居兹里者勤俭是尚，伦纪是敦，早作夜休不敢豫怠，恭兄祗父常昭肃雍，国课早完别无吏役之扰，视彼城市尘嚣迥乎远矣。是以，歌于斯，哭于斯，聚族于斯，虽人满而难容无肯他徙焉。

予始来此，但赏其地之幽适，羡其家之殷繁。及闻此言，乃知其风之淳、俗之懋，而父兄之所以教，与子弟之所以率者，亦俱可见其略矣。人以地胜欤？抑地以人胜欤？二者盖相因也。

清道光十八年岁次戊戌桂月　吉旦

横樟岁进士眷弟包日生拜撰

横岗潘氏宗谱·横岗村境诗

整衣疑已到人家，间有小岗对面遮。
直透竹溪径几曲，横通潘坑路三叉。
一湾流水从南去，万丈层峦当北斜。
桥畔柳丝看隐约，社前瓦缝望参差。
栋连云雾同秦岭，溪植桃李似若耶。
过客不知山景好，繁华应羡四时花。

裔孙婿邑廪生叶炳文题

4. 后畲村

后畲村村境图介

后畲村坐落在小港支流大岭源后畲坑源头，位于竹源乡政府驻地创古基东南 4.8 公里，入选第三批中国传统村落名录。

自叶俭卜居松邑卯山，子孙散居各地。元（1271—1368）末，俭公之后裔叶文豹，天性颖异，好玩山水，游览内十八都后畲，见此地峰峦回护，石泉清流其间，苍松翠竹，厚风美俗，有田可耕，有书可读，遂自松邑耐性桥徙居于此。随着子孙繁衍，人口增多，住宅扩建而分上、下阳基（即上、下村）。后世子孙绘《上阳基图》《下阳基图》载于宗谱。

后畬叶氏宗谱·上阳基图

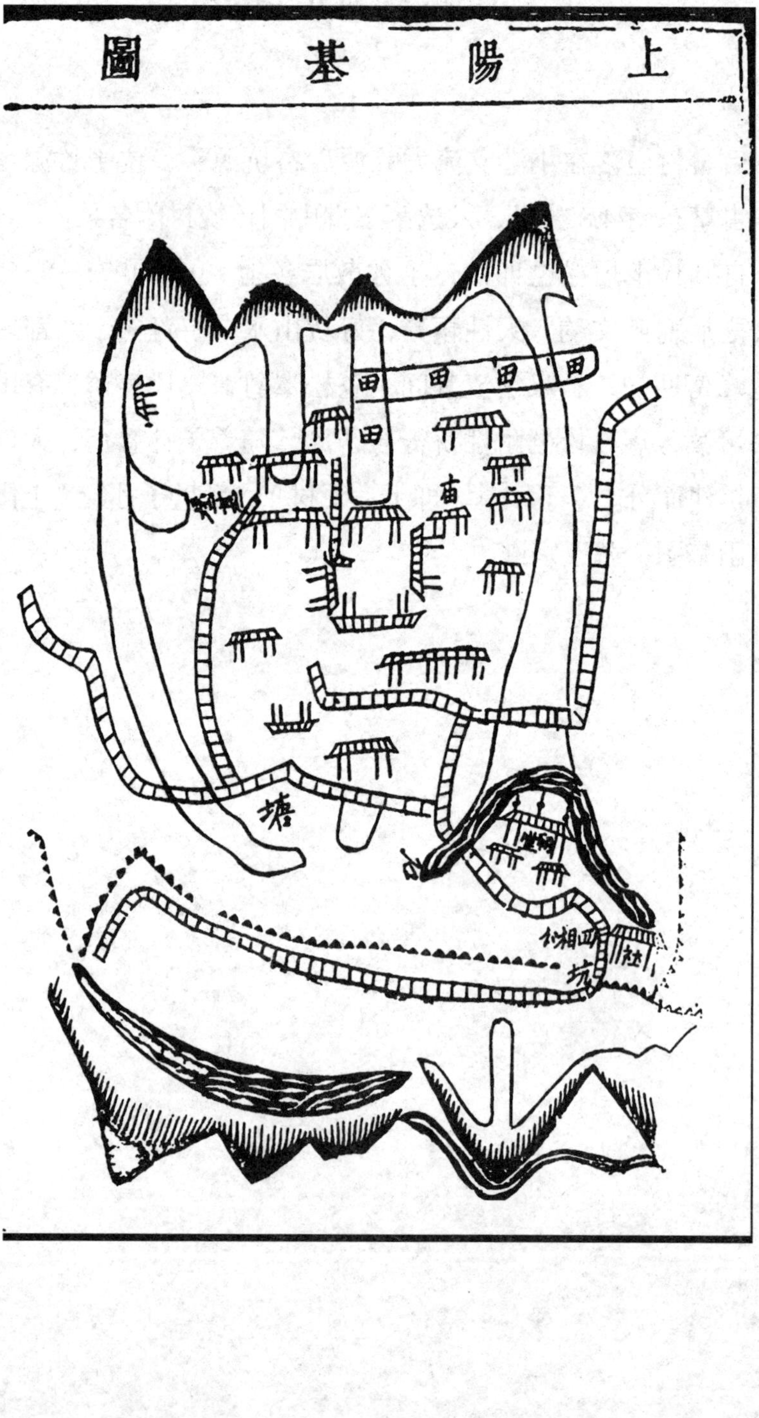

后畲叶氏宗谱·下阳基图

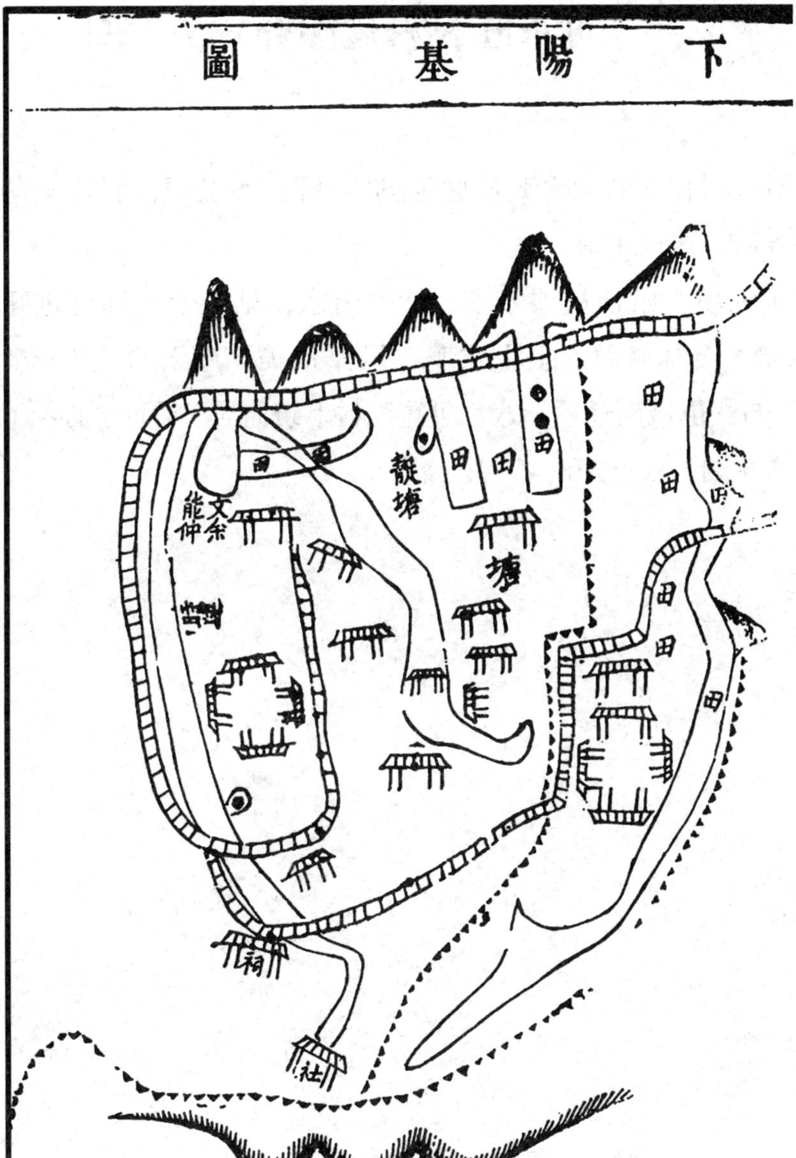

5. 可重旺村

可重旺村村境图介

可重旺村位于竹源乡政府驻地创古基西 3.6 公里。村庄坐落在竹溪源上游、溪流北岸。

可重旺项氏始迁祖项寿三，性好山水，见下十八都可重旺村山环水绕，茂林修竹，上下禽鸣，风淳俗美，遂于明代（1368—1644），自松邑城南迁下十八都可重旺村卜筑而居。后世子孙绘《可重旺村境全图》载于宗谱。

可重旺项氏宗谱·可重旺村境全图

6. 黄上村

黄上村村境图介

黄上村（谱称“王庄上村”）位于竹源乡政府驻地创古基西5.7公里。村庄坐落在竹溪源源头、溪流北岸，入选第三批中国传统村落名录。

王庄上村王氏始迁祖王虎公，性好游，见下十八都王庄山环水绕，俗美风淳，遂于明正德年间（1506—1521），自松邑市墈头，迁居下十八都王庄上村（即黄上村）。后世子孙绘《王庄上村胜境全图》载于宗谱。

王庄上村王氏宗谱·王庄上村胜境全图

7. 黄下村

黄下村村境图介

黄下村（即黄庄下村）位于竹源乡政府驻地创古基西 5.7 公里，坐落在竹溪源源头、溪流北岸。

黄庄下村王氏始迁祖王道增（1583—1650），因见黄庄地方茂林修竹，映带左右，若隔尘寰，俗美风清，深入士农，素称仁里，遂自松邑城南徙居下十八都黄庄下村。后世子孙绘《黄庄下村村境全图》载于宗谱。

黄庄下村王氏宗谱·黄庄下村村境全图

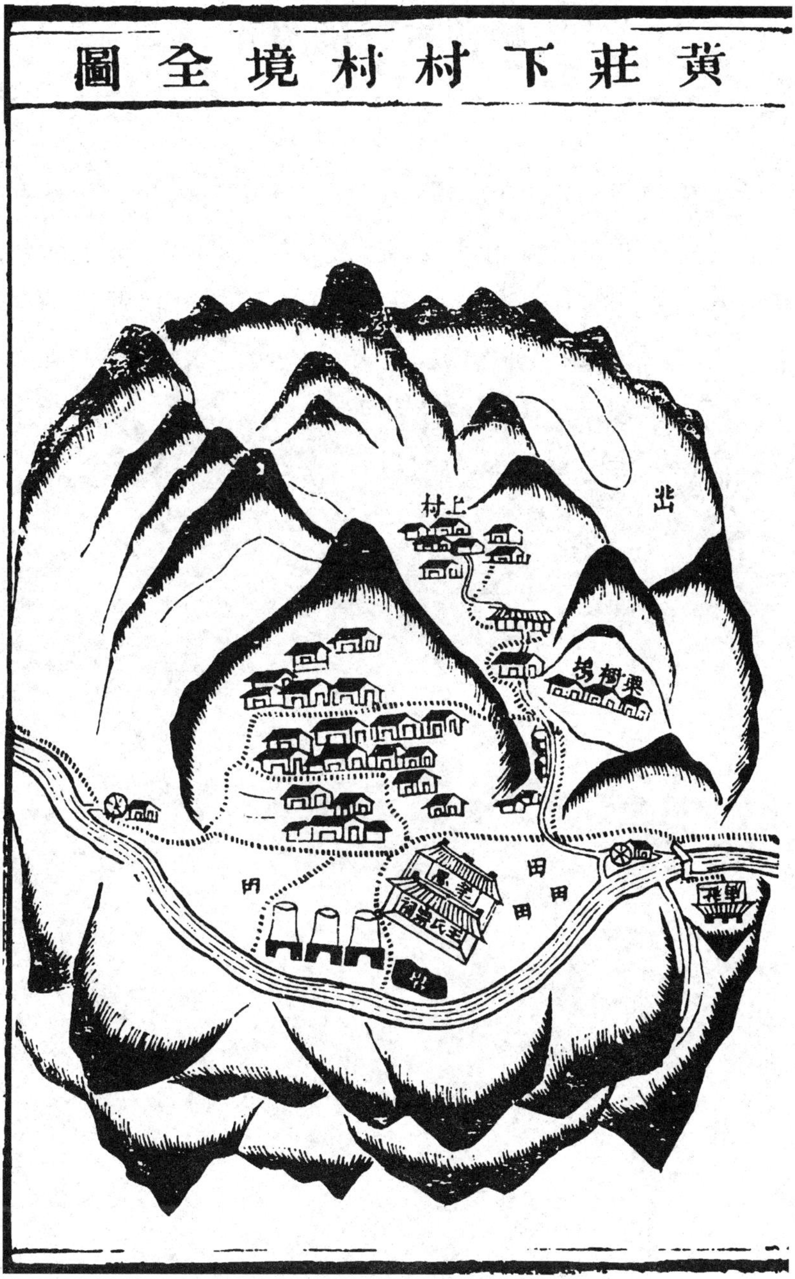

8. 周岭根村

周岭根村村境图介

周岭根村位于竹源乡政府驻地创古基西7.6公里，坐落在竹溪源源头。村庄布列在溪流北岸，入选为第四批中国传统村落名录。

周岭根周氏与五部周氏同祖，始迁祖周昶，精熟堪舆，游览周岭根，见山环四顾、水绕七曲，可以发祥、遂于明代（1368—1644），同二子自松邑内二十都五部（旧名“五裒”）徙于下十八都周岭根而居。后世子孙绘《周岭根村境全图》载于宗谱。

周岭根周氏宗谱·周岭根村境全图

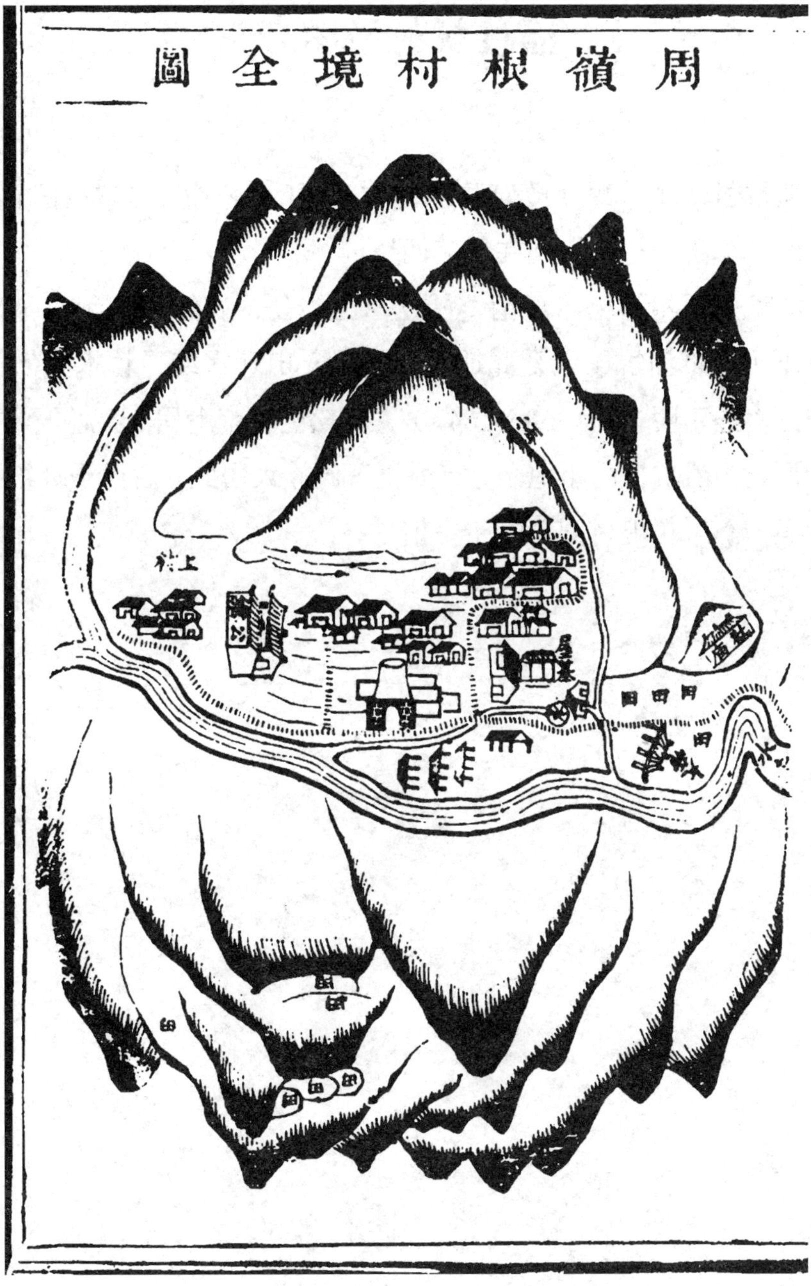

9. 潘坑村

潘坑村村境图介

潘坑村位于竹源乡政府驻地创古基西南 4 公里，坐落在竹溪源支流潘坑下游，村庄布列在溪流两岸。

潘坑王氏祖籍松邑城南，始迁祖王铠公，偶然观山玩水，步至松邑下十八都潘坑，雅爱此地秀峰叠出，山环水绕，竹木葱郁，足可乐处。遂于明朝（1368—1644），自松邑城南卜居于此。

栏坞为潘坑村内小地名，有潘坑王氏族人居此。后世子孙绘《潘坑地舆图》《栏坞村图》载于宗谱。

潘坑王氏宗谱·潘坑地舆图

潘坑王氏宗谱·栏坞村图

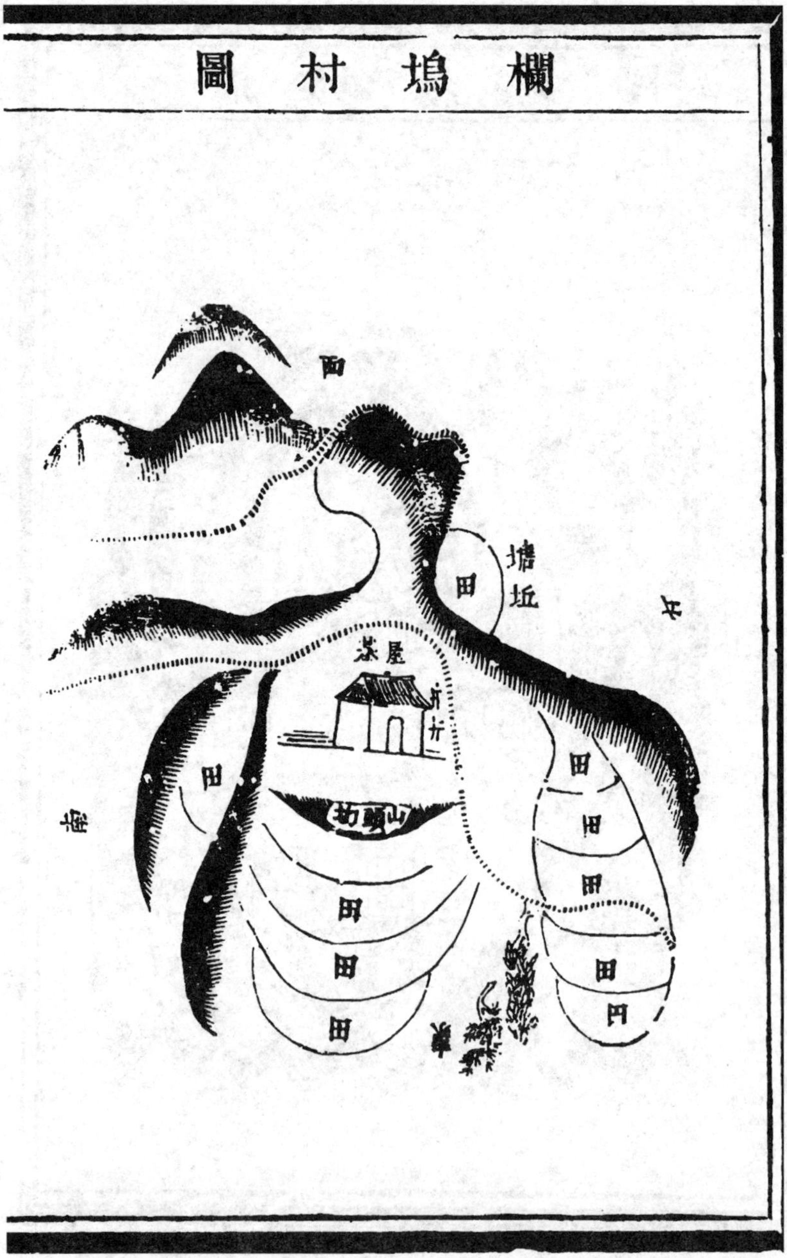

九

樟溪乡

ZHANGXI XIANG

1. 力溪村

力溪村村境图介

力溪村坐落在松古盆地中部松阴溪西岸，位于樟溪乡政府驻地肖周村东2公里。村南有岗坞山等低山矮岗，村东有力溪湖，湿地资源丰富。

力溪周氏祖籍江西永丰，一世祖周文德，字维本，唐僖宗广明（880—881）间，任武陵令，为避黄巢乱侨居松阳县城永庆铺。其十三世孙周千八，字十七，游览至本邑十四都力溪，见其地山清水秀，田园广袤，泉甘土肥，物产丰饶，遂于南宋（1127—1279）初，举家从永庆铺迁居力溪，发脉成族，聚居成村。后世子孙绘《力溪村境图》载于宗谱。

力溪周氏宗谱·力溪村境图

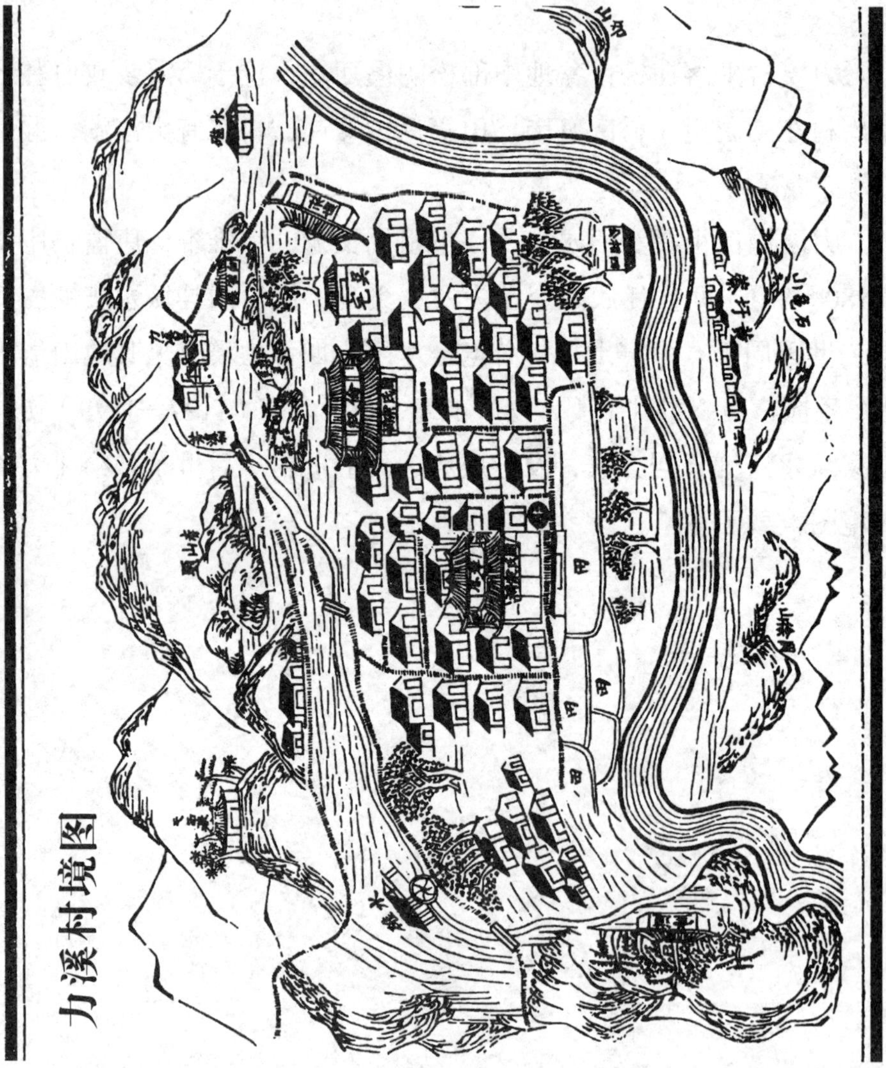

力溪村新村庄村村境图介

力溪吴氏所建新村庄与力溪村已连为一村，难分四至界限，统称为力溪村。力溪村位于樟溪乡政府驻地肖周村东2公里，坐落在松古盆地中部，松阴溪西岸。村南有岗坞山等低山矮岗，村东有力溪湖，湿地资源丰富。

力溪吴氏始迁祖吴枢十一见松邑十四都力溪之地绿水青山，景色迷人，遂于明嘉靖十六年（1537），自宣邑吴宅徙居于此，传十世，裔孙吴元宗复于村旁筑新村而居。后世子孙绘《新村庄全图》载于宗谱。

力溪吴氏宗谱·新村庄全图

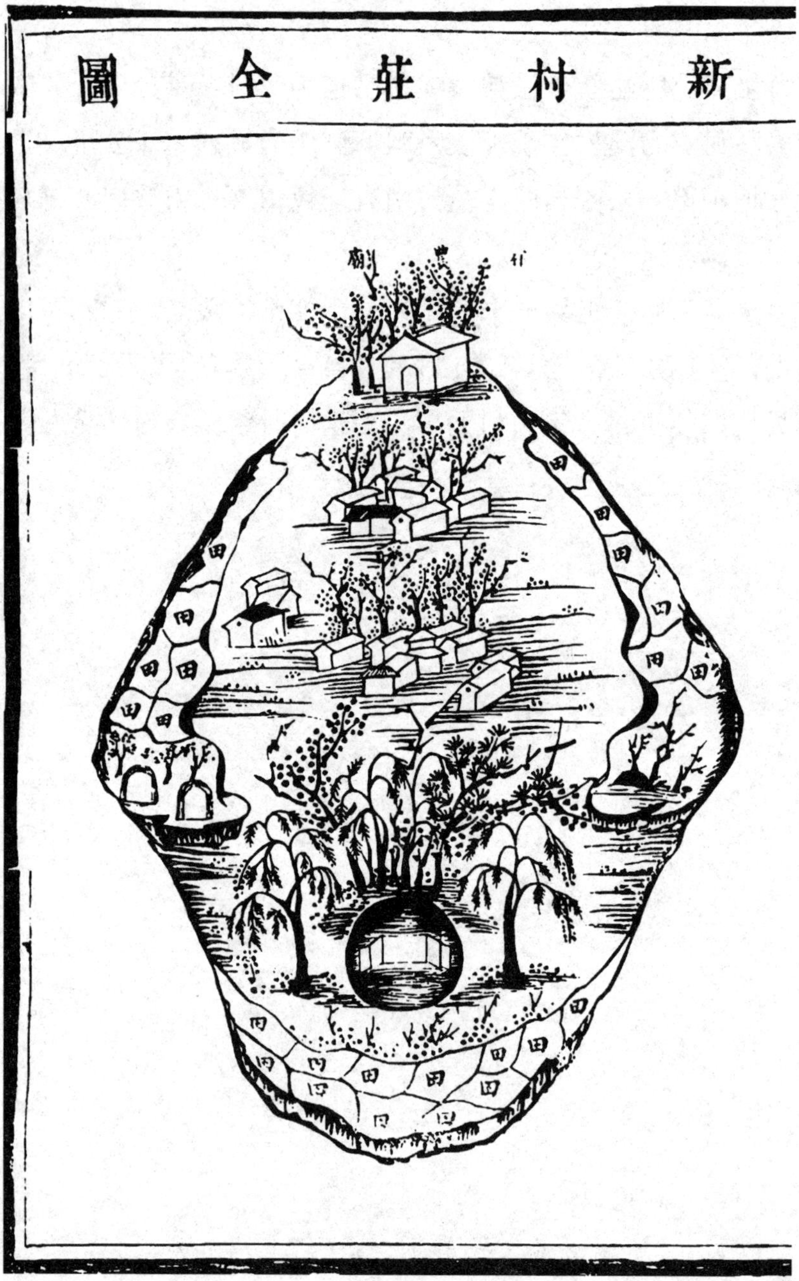

2. 徐山村

徐山村下徐山自然村村境图介

徐山村分为上徐山、下徐山、徐山、荒田、新安寮五个自然村，行政村驻地在下徐山。徐山叶氏聚居地为下徐山自然村，地处松古盆地中部南侧边缘，位于乡政府驻地肖周村周弄口西北 2 公里。

徐山叶氏与卯山叶氏同族，始迁祖叶时能（1577—1645），于明（1368—1644）晚期，偶游徐山之地，见峰峦滴翠、山清水秀、民风淳朴，心赏之，遂自卯山分居于此，开创家业。后世子孙合族修谱，并绘《徐山村景图》载于谱中。

卯峰广远叶氏宗谱·徐山村景图

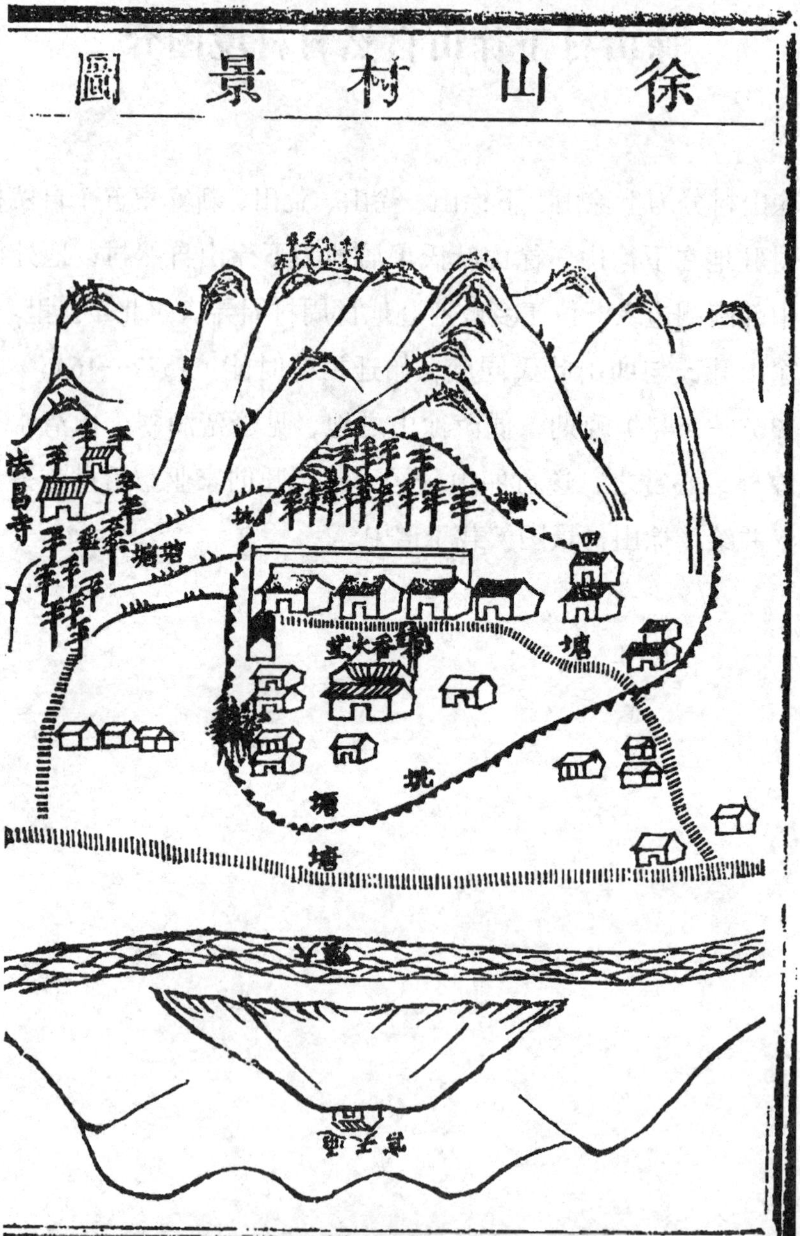

丛　录

卯山广远叶氏宗谱·徐山村记

松阳处万山之中。其西黄田、坪头诸峰林壑夐美，俯临阡陌尤不见垠。昔有徐氏者，偶经其地目眴而心赏之，遂家斯山之麓，因以徐山名焉。

厥后，异姓踵至多不血食，而徐氏之族亦浸衰。明季，卯峰叶时能公卜筑斯土，八代单传不绝如缕。徐山犹一小村落耳，乃清道咸间，其裔元水公勤俭居家，财源广进，诞生六子，后嗣炽昌。于是大兴土木，连建正厅三堂、横屋五所，附以厨房、园圃。后人复承前烈，肯堂肯构，规模重新，今之徐山殷然称盛矣。夫徐山小壤也，其开创久矣，前人屡居亦众矣，何至叶氏而始昌也？岂关与气数运会欤？抑亦天之留意欤？吁！不然也。天道福善而祸淫殆，叶氏先祖积善有余庆也。兹叶氏之族，毓戊、毓森、毓楠、茂清等追怀往事。恒念天命靡常，惟孳孳为善，庶几瑞气日臻。

属余为记，载诸家乘以惕厉后人。因略述数语以垂于不朽。

时中华民国八年岁在己未六月一十有六日　谷旦

李廷芳谨撰

3. 馒头山村

馒头山村（净村）村境图介

馒头山村，以山得名。馒头山村《李氏宗谱》和民国《松阳县志》称之为净村，20世纪30年代为净都乡驻地，坐落在松古盆地中部，东距松阴溪1.3公里，位于樟溪乡政府驻地肖周村东南1.2公里。

馒头山李氏祖籍福建永定，福建始祖李火德十七世孙标昌公（1668—1725），以桑梓稠密，立志他处择居。恒念浙江处州松阳田园广袤，民风淳朴，可安身立业，遂于清康熙年间（1662—1722），由福建永定湖溪迁居松阳十四都樟村。其次子伴达公克勤克俭，在净村置田园庐舍，于乾隆十六年（1751），由樟村迁居本都净村，开基创业。后世子孙绘《土名择冈山地舆图》载于宗谱，供后人阅览。

馒头山（净村）李氏宗谱·土名择冈山地舆图

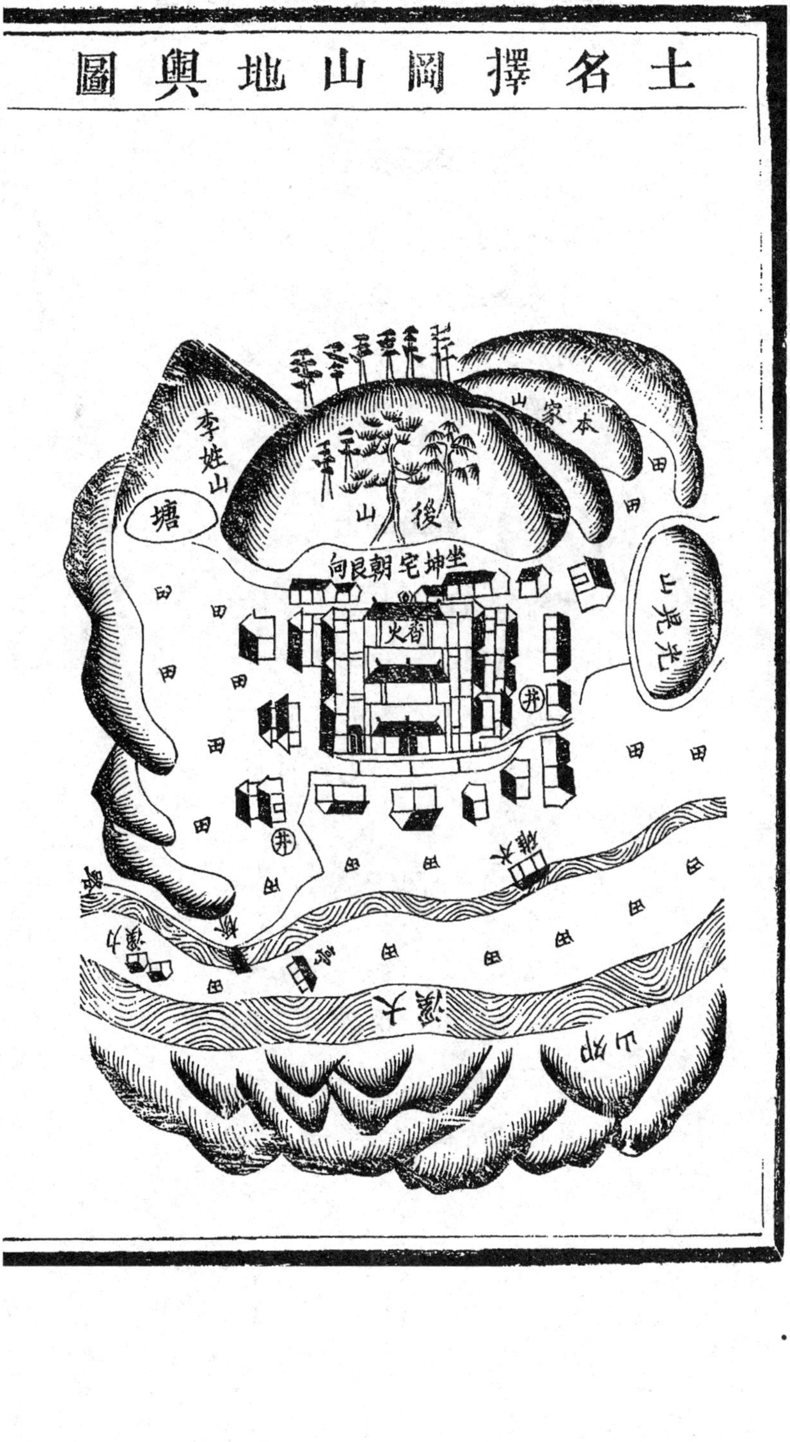

丛　录

李伟春题村景诗·馒头山村四景

青㯃抚翠

畎亩在村东，起伏大小㯃。
青葱含毓秀，紫萃蕴灵钟。
雨后垄痕净，晴开稼意浓。
承平多乐事，更胜古隆中。

黄田瞻云

古寺依山近，长庚垂嶂低。
接天披羽旆，出岫罩罗绮。
日照岚光染，烟升雾色迷。
黄田翻墨侧，白雨到村西。

松风听籁

村边几座丘，形状似馒头。
梓密隔乡野，松高耸斗牛。
林涛常历历，禽语自幽幽。
月晓风清夜，于思抒不愁。

霞液闻香

乡土出乐道，霞液款佳宾。
十月缸缸洌，四邻户户馨。
情怡当馔享，俗俚化诗吟。
井灶留遗处，耕读不算贫。

馒头山村高里自然村村境图介

馒头山村高里(旧名高岭,又名竹高坌)自然村,位于馒头山村北。地处松古盆地中部，坐落在低矮山岗上，位于樟溪乡政府驻地肖周村东北 1.2 公里。

高里杨氏始迁祖杨彦福（1636—1701），字琦玉，世居江西进贤县三十八都江口北岸，于清康熙年间（1662—1722）遨游于栝苍之地，见松邑十四都竹高坌田地旷阔，土肥水利，人民稀少，遂肇基而卜居于此。后世子孙绘《十四都竹高坌地舆图》载于宗谱。

高里杨氏宗谱·十四都高竹垄地舆图

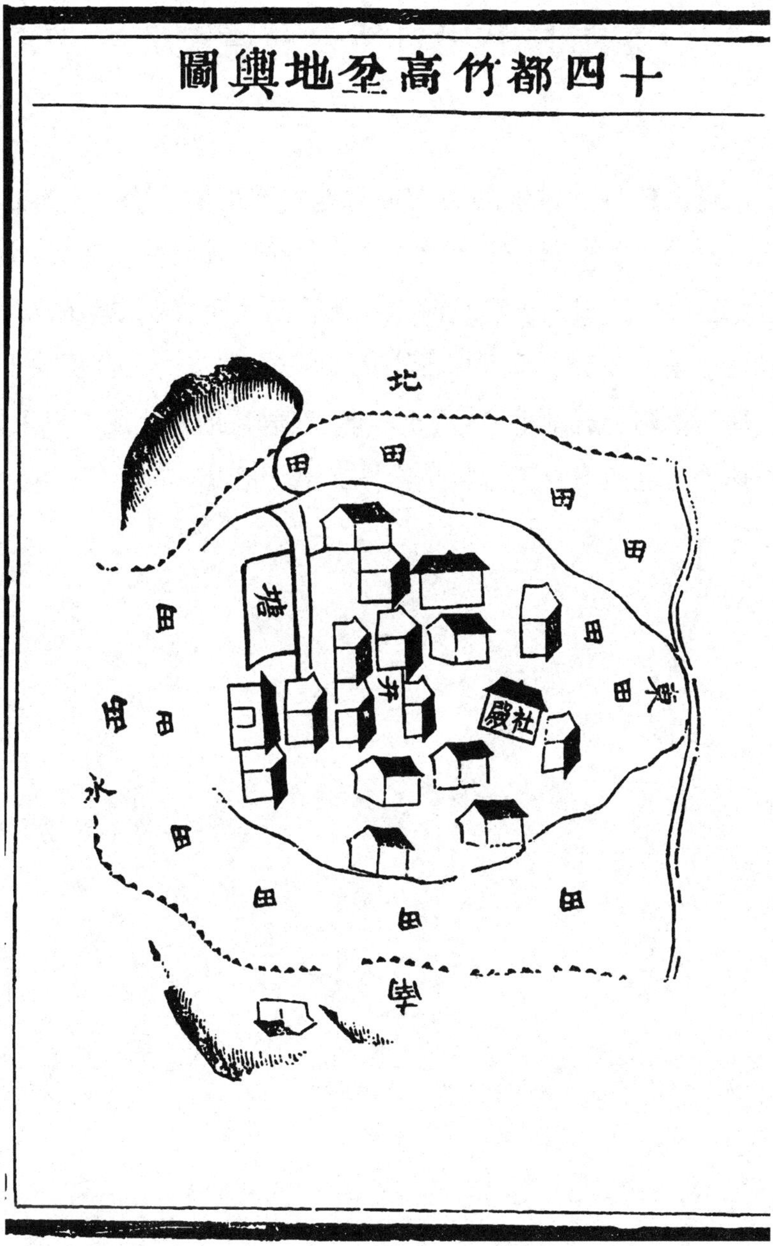

4. 东市村

东市村毛庄自然村村境图介

东市村毛庄自然村坐落在松古盆地中部南侧边缘，南靠山地，东西北三面为广袤田园，位于樟溪乡政府驻地肖周村东南 2.4 公里。

毛庄王氏始迁祖王士亨玩游至松阳十五都毛庄，见其山水秀丽、田园膴膴、物产丰富。于清康熙间（1662—1722），自福建上杭太平里迁徙至松阳十五都毛庄，卜筑立业。其居住地称毛庄下村王姓村。后世子孙绘《毛庄下村王姓村境全图》载于宗谱。

毛庄王氏宗谱·毛庄下村王姓村境全图

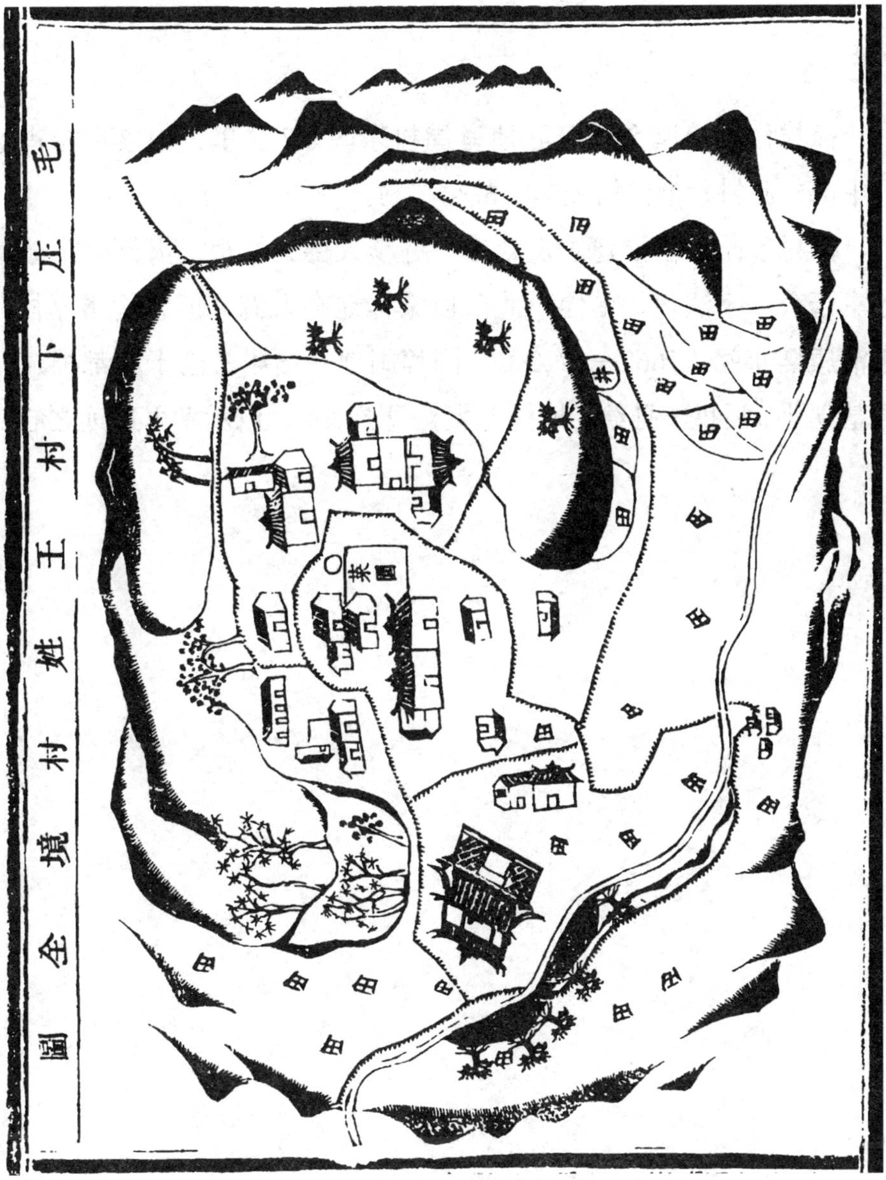

5. 樟　村

樟村村境图介

樟村位于樟溪乡政府驻地肖周村东南 0.7 公里，坐落在松古盆地中部。此村附近樟树较多，故名樟村。

樟村李氏祖籍福建永定金丰，尊李火德为始祖。火德公十五世孙享于公，字法州，偕侄长武公以桑梓地窄人稠，恒念松州淳朴，于清康熙年间（1662—1722），同辞闽地，徙居松邑十四都樟村，开基立业。后世子孙绘《樟村老屋》载于宗谱，以示孝思追远之心。

樟村李氏宗谱·樟村老屋

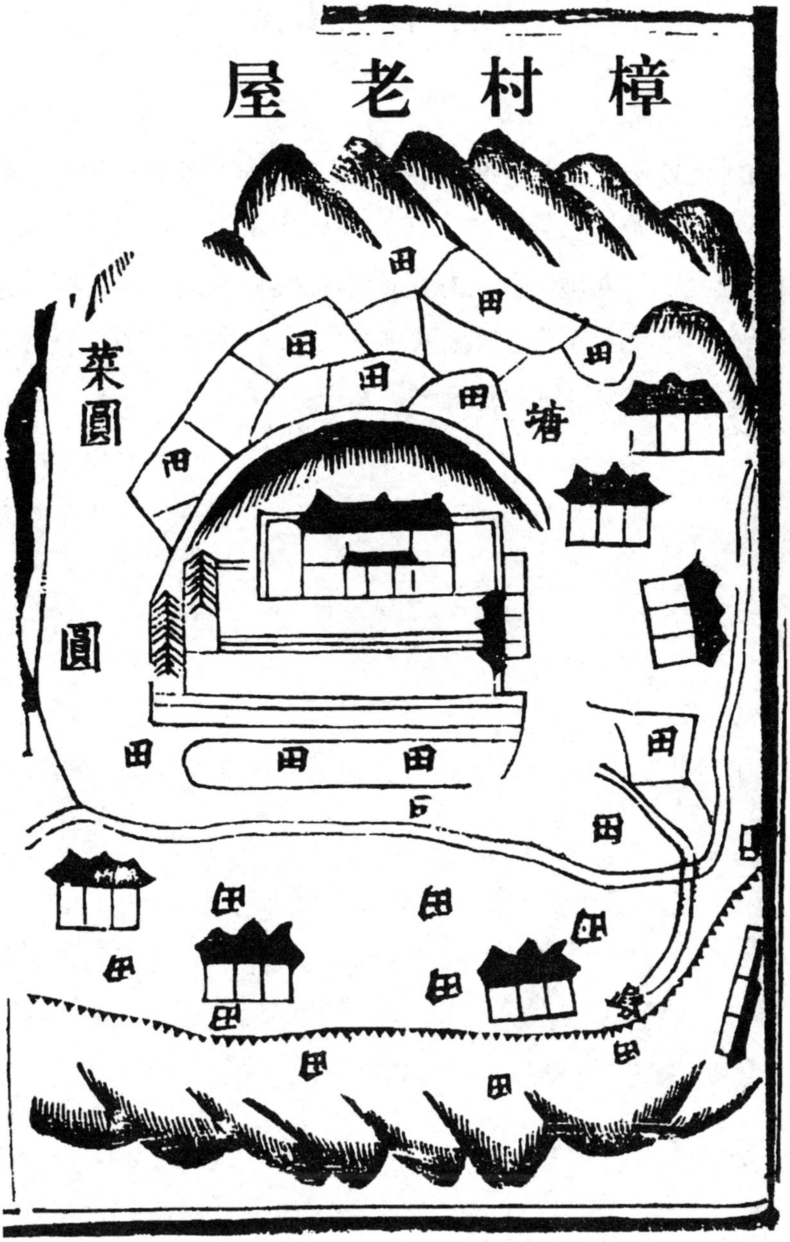

6. 福　村

福村村境图介

福村地处松古盆地中部,位于樟溪乡政府驻地肖周村东0.4公里。

福村钟氏始迁祖钟祥兴，于清康熙庚寅年（1710）由福建武平县招信迁至浙江西境。因见松邑十四都福村之地山水秀丽，遂择吉卜居于斯，地灵制宜而为村里取名福村，取“长发其详，世代荣增”之意。后世子孙绘《福村地舆图》载于宗谱。

福村钟氏宗谱·福村地舆图

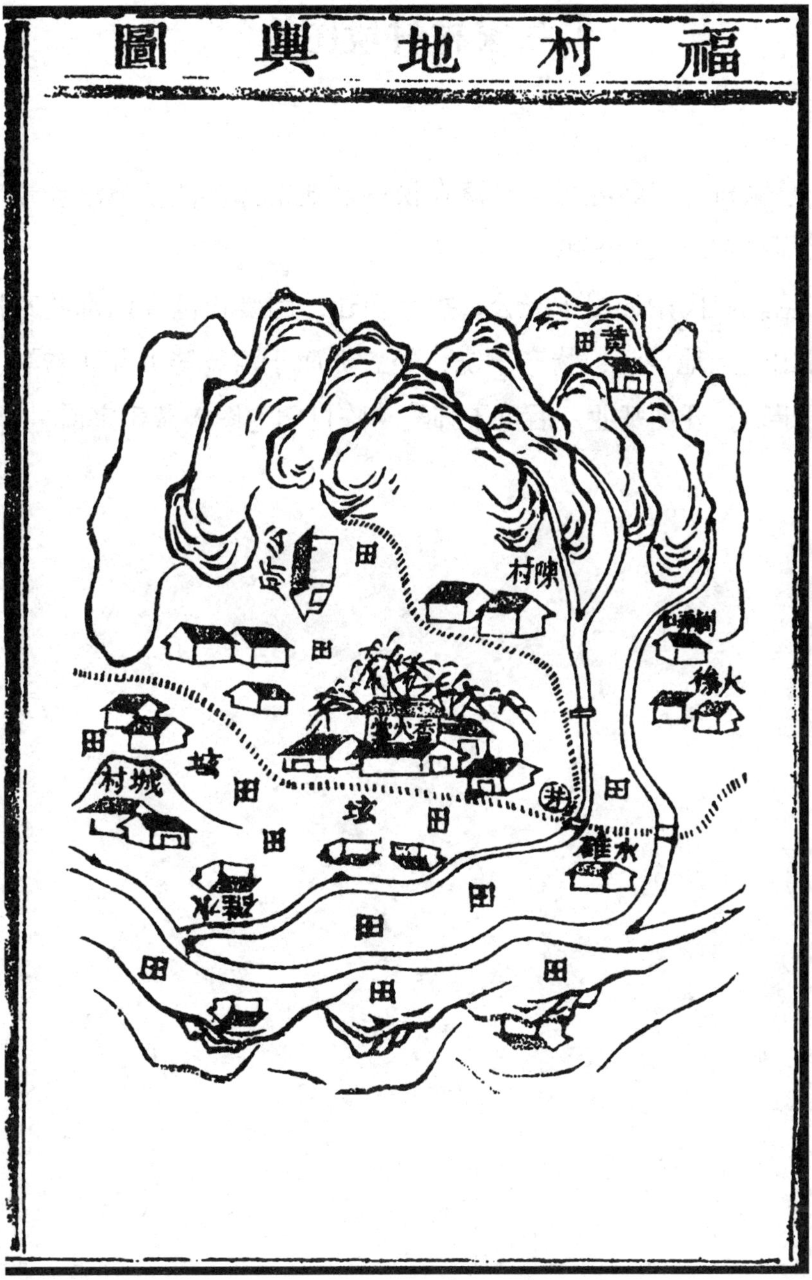

7. 兰家村

兰家村村境图介

兰家村（旧名陈村）坐落在松古盆地中部，位于樟溪乡政府驻地肖周村东南 0.2 公里。

兰家蓝氏始迁祖中尧公，祖籍福建，因爱松邑十四都兰家村绿水青山，土地广袤，物产丰饶，经三徙而于清乾隆九年（1744），择居于斯，开创基业。后世子孙绘《陈村阳宅图》载于宗谱。

兰家蓝氏宗谱·陈村阳宅图

从　录

兰溪蓝氏宗谱·陈村阳宅图引

陈以名村昭古处也。古有陈姓坛光太姑公居在徐宅，近于陈地因以为名焉。

兰溪蓝氏宗谱·陈村三吉堂图说

夫陈村知其有所取氏而名也。余祖，讳中尧公，字集养，号清利，由福建汀州武平源头庄，雍正六年戊申（1728），迁居江西省吉安府万安县东乡阳坑柏树下，年尚廿六岁。越数年复迁至浙江处州龙泉东乡章大坑居住。至乾隆九年甲子（1744），再迁至松阳卜居于此，年已四十有二矣。亦集爰止养身得所，真清时吉利之宅也。迁徙者三，遂称之曰：三吉堂。

兰溪蓝氏宗谱·陈村村景诗

青山绿水树联芳，后壁灯盏对凤凰。
徐坑环流福兴起，聚族于斯发五房。

郡庠生　正相谨撰

十

安民乡

ANMIN XIANG

1. 乌弄村

乌弄村（周氏）村境图介

乌弄（旧名乌同）村位于安民乡政府驻地大潘坑村东南3.3公里，坐落在安民源支流乌弄源中游，村庄布列溪流两岸。

乌弄周氏祖籍福建，始迁祖周兴隆（1636—1694）字广业，平生植德，处世敦伦，欲觅一胜地而居，遂营生于四方，玩游于远近。公稍知地理，游至松邑内二十都乌衕，见斯处山川秀丽，风景清佳，群山聚气，四水旋环，风门紧塞，基址阳和，前有笔峰耸翠，后有踞虎潜龙，诚然栽桑福地，胜地之所，必然有异发之祥。遂于清康熙七年（1668）挈家迁于斯地而居，开辟田园，发族兴村。后世子孙绘《松邑二十都乌同庄周氏村境地舆全图》载于宗谱。

乌弄周氏宗谱·松邑二十都乌同庄周氏村境地舆全图

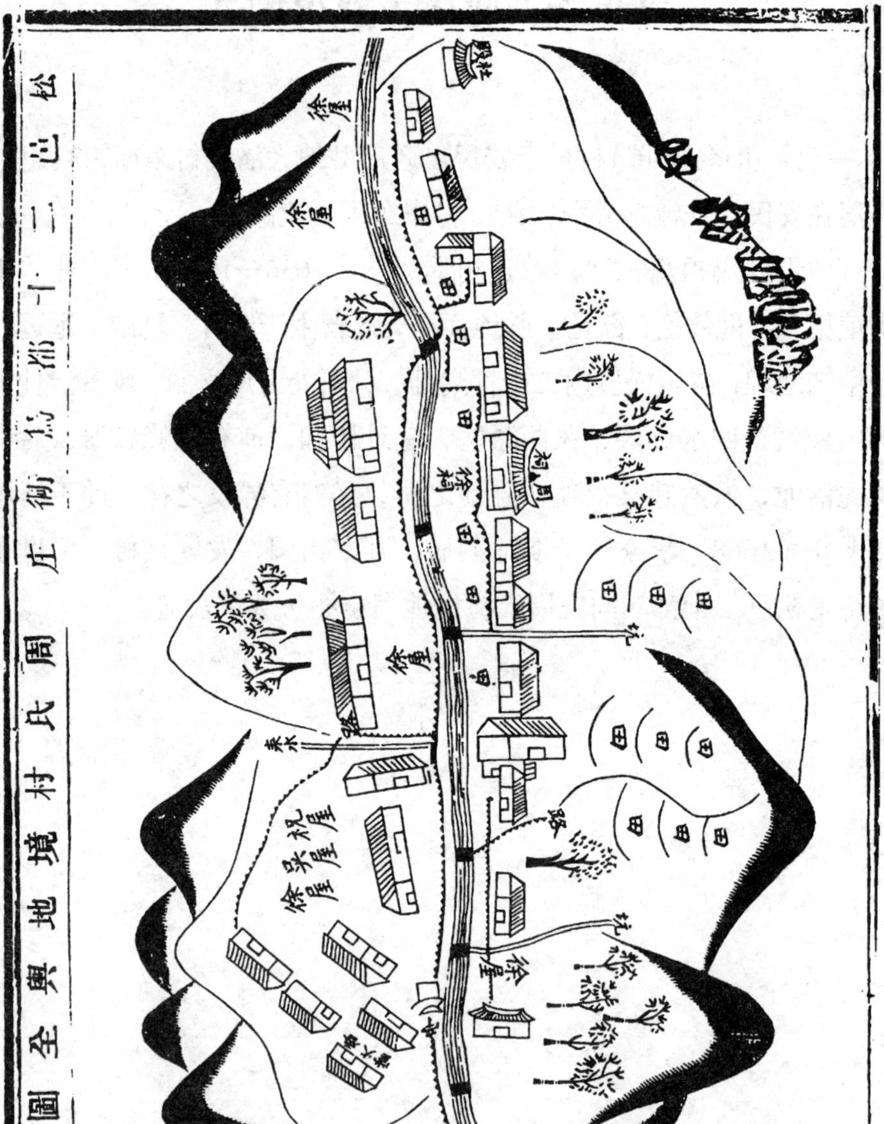

乌弄村（徐氏）村境图介

乌弄（旧名乌同）村位于安民乡政府驻地大潘坑村东南3.3公里，坐落在安民源支流乌弄源中游，村庄布列在溪流两岸。

乌弄徐氏祖籍福建，始迁祖徐良兴因祖居地年荒岁欠，饥馑兼臻，粮税维难，动择地另居之念。客游至松邑内二十都乌弄，见其地之胜景，青山蔚云，绿水漪漪，来脉耸翠，水口为美，询可以适彼乐土卜筑家焉。遂偕子启功、启发、启明、启顺于清康熙（1662—1722）间，由福建省寿宁县淳池庄迁至松阳县乌弄庄卜筑而家，勤耕竭作，发族兴村。后世子孙绘《松邑二十都乌同庄徐氏村境地舆全图》载于宗谱。

乌弄徐氏宗谱·松邑二十都乌同庄徐氏村境地舆全图

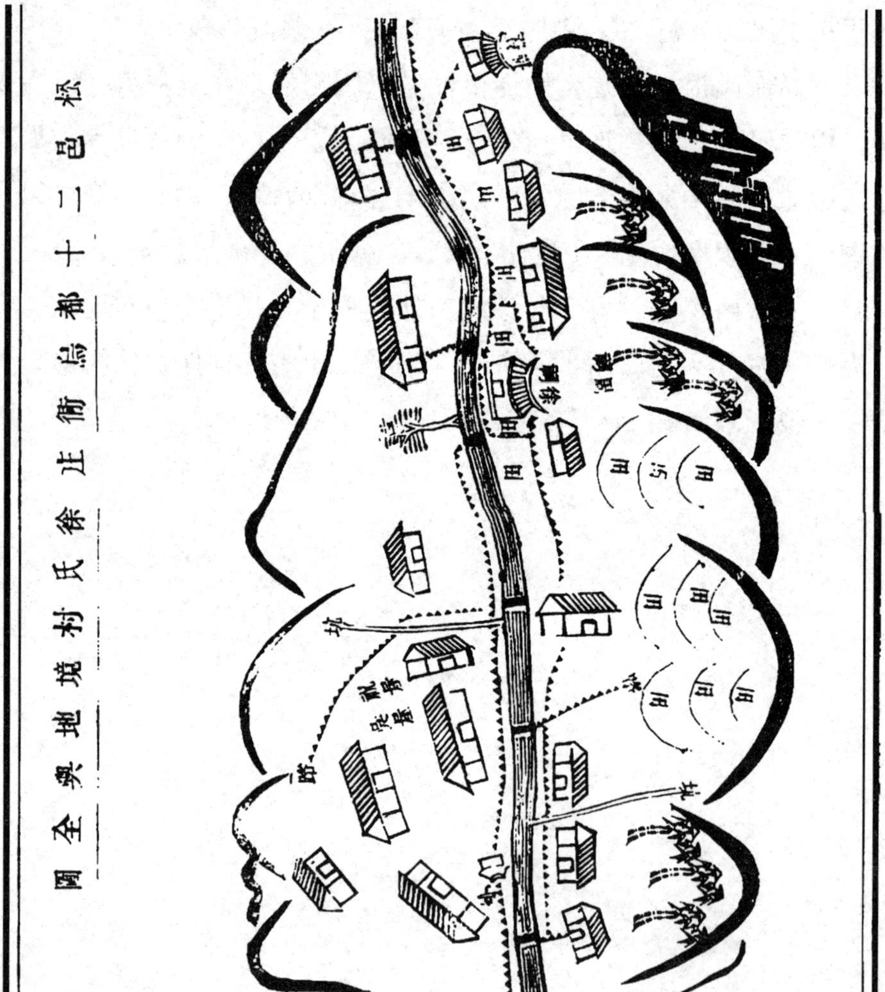

2. 李坑村

李坑村村境图介

李坑村位于乡政府驻地大潘坑村西北3公里，坐落在安民源支流李坑上游，村庄布列在溪流两岸。

李坑潘氏祖籍景宁。太祖潘缵胤（1712—？）自幼便有大志，及年至成长，客游至松阳内二十都李坑。见其地山明水秀，松茂竹苞，田园膴膴，物产丰饶，俗美风淳，遂偕父克文（1682—？），于清乾隆（1736—1795）初年，由景宁四都下坑头徙于斯，耕于斯，饮于斯，聚戚于斯。尊潘克文为一世祖，发脉聚族，建宅兴村。后世子孙绘《二十都李坑庄村景全图》载于宗谱。

李坑潘氏宗谱·二十都李坑庄村景全图

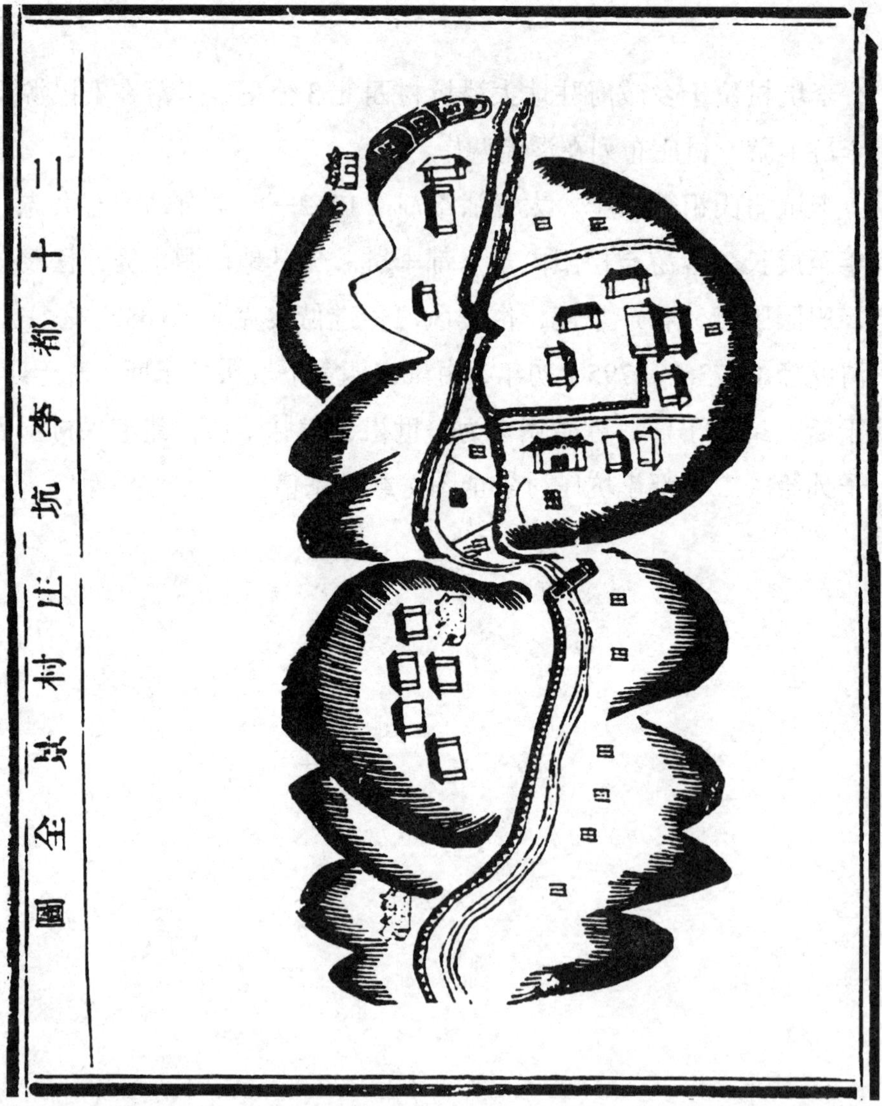

3. 苏马坪村

苏马坪村小源儿自然村村境图介

苏马坪村小源儿自然村（旧名西坑源）位于苏马坪村西，坐落在安民源支流小源中游，村庄布列在溪流东岸。苏马坪村地处松阳县西南部，坐落在安民源中游，位于安民乡政府驻地大潘坑村东 4.9 公里。

小源儿王氏祖籍安徽霍山，始迁祖王宗治（1732—1801），字志林，经商至松阳西南地方，见内二十都司马坪（今苏马坪）青山巍巍，绿水环绕，地势旷阳，泉甘土肥，可安居乐处，遂于清乾隆四十五年（1780）偕妻男由安徽霍山县迁至苏马坪村西小源中段卜筑居住，村名曰：西坑源，后更名为小源儿村。

宗治公生五子，长子迁居内十三都安岱后中垟，其三子、五子迁居本都筏铺。后世子孙合修宗谱，称安岱后王氏宗谱，为不忘祖地，绘《西坑源村景图》载于宗谱。

安岱后王氏宗谱·西坑源村景图

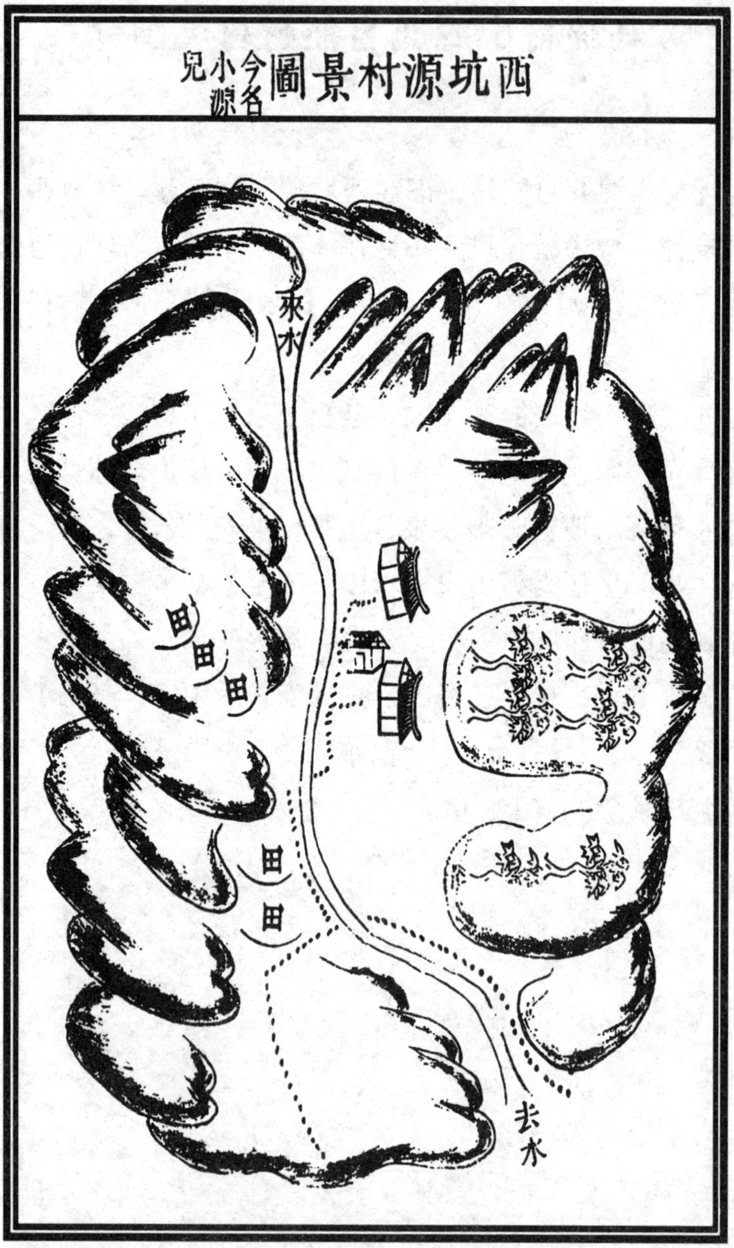

丛　录

安岱后王氏宗谱·小源儿村景

莫道小源地面轻，王家世代有声名。
时寻迁居卜筑久，魏兆三槐作九卿。

追远斋题

苏马坪村筏铺自然村村境图介

苏马坪村筏铺自然村位于苏马坪村东北 1.4 公里。地处安民源中游，村庄布列在溪流两岸。

筏铺王氏派分小源儿王氏。小源儿王氏始迁祖王宗治，长子迁居安岱后中垟。三子王作城（1764—1830），字顺国，五子王作意（1772—1835），字朝国，兄弟俩见筏铺山环水绕，茂林修竹，地势旷阳，泉甘土肥，物产丰富，村庄紧邻安民源溪流，竹木可扎成小排顺流经小港出松阴溪航道直运青田、温州，是经商货物的集散地，遂从小源儿迁居筏铺。随后，宗治公之二子、四子也相继迁居筏铺，共建家园。后世子孙绘《筏铺村景》载于《安岱后王氏宗谱》。

安岱后王氏宗谱·筏铺村景

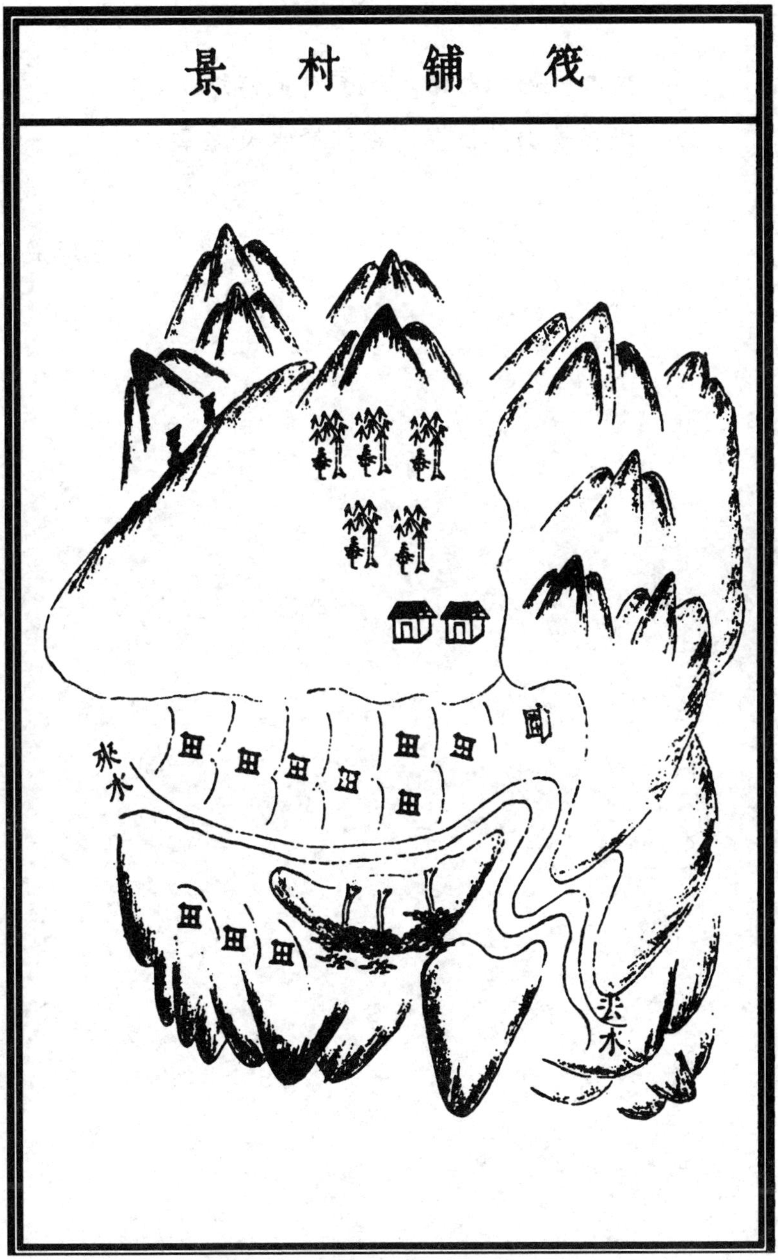

丛　录

安岱后王氏宗谱·筏铺村景

先人经始似非常，毓秀钟灵俾炽昌。
绕屋青山高位置，迎门绿水大文章。

毛琢成题

4. 安岱后村

安岱后村村境图介

安岱后村位于安民乡政府驻地大潘坑村西4.9公里。地处安民源源头，坐落在高山谷地之间，西南与龙泉为邻。安岱后村为革命老区村、浙西南革命根据地旧址，入选第三批中国传统村落名录。

安岱后陈氏先祖陈汪，字济川，于南宋靖康年间（1126—1127），自云和迁居景宁库头村。安岱后陈氏尊陈汪为一世祖，始迁祖陈日政，于清康熙己未年（1715），游览松邑内十三都安岱后，见其山明水秀，一涧萦回，仿佛清风明月，诸峰掩映览瞻鸟语花香，遂效卧龙诸葛躬耕南阳，自景宁迁居于此，开创万世基业。后世子孙绘《安岱后村景全图》载于宗谱。

安岱后陈氏宗谱·安岱后村景全图

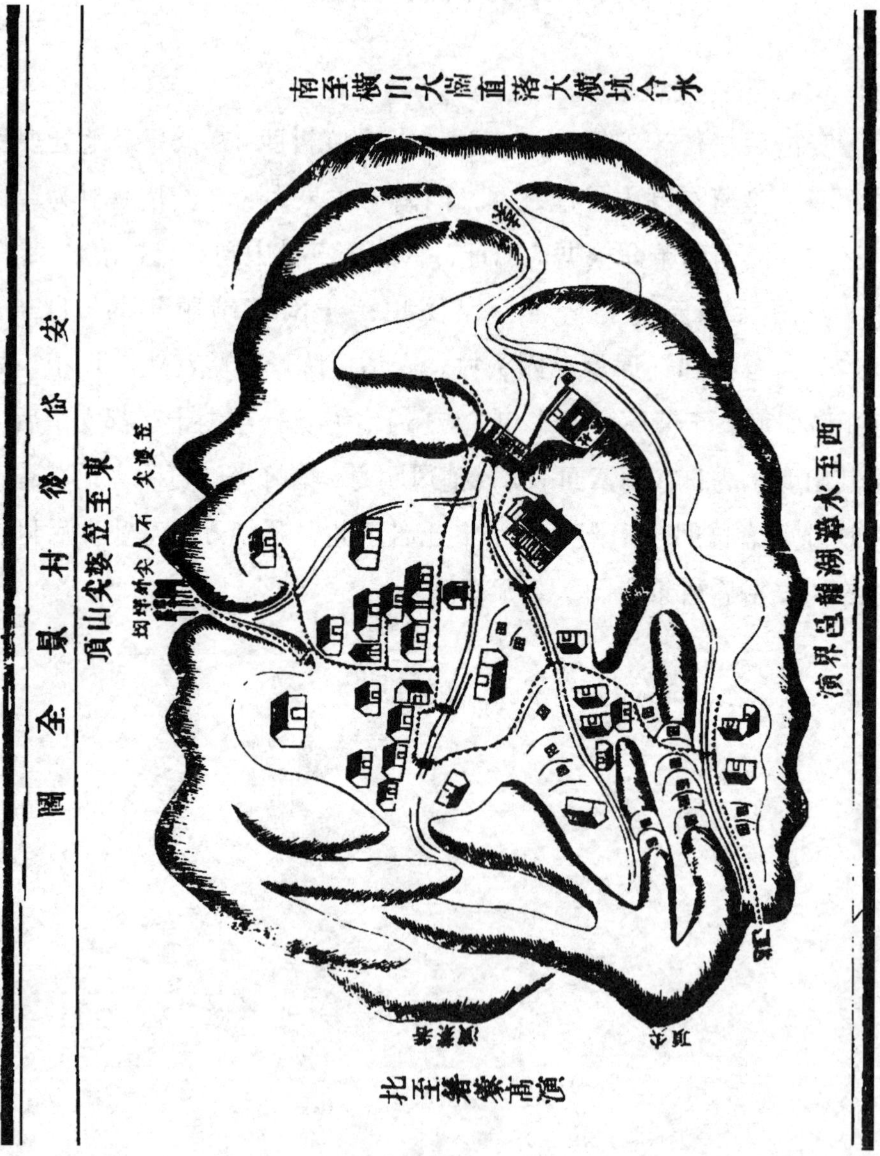

从　录

安岱后陈氏宗谱·安岱后村景志

珊家于宝源。由北行五里许，有安岱后陈姓焉。地虽邻近，县隔松龙。佥曰：此乃日政公肇基之故居也。

见夫山明水秀，柏翠松苍，一涧潆洄仿佛清风明月，诸峰掩映览瞻鸟语花香。仰而观焉，上有青山之路；俯而视矣，下有碧水之流。王摩诘辋川积雨胜景依然，杜少陵庐舍含风佳趣宛若。珊不禁忽然叹曰：美哉！观乎地灵人杰，山川钟毓不信然欤？珊尝究其爰，始而知其所由来也。其先祖日政公，自半山迁居于此。效卧龙之诸葛躬耕南阳，有不胜乐道而忘势之思焉。迄今云礽繁盛，广厦聿新，竹松苞茂，俨然富拟王公，几席琴书是诚山中宰相。上一村、中一村、下一村，不啻鱼鳞叠叠。左有舍、中有舍、右有舍，宛然棱角层层。中间吴氏可卜芳邻，上面黄家堪称好友。源头寮岘游嬉不胜幽闲，水口石鹅赏玩竟忘返旆；石人尖景致幽然亭亭特立，澜浆湖情形如画蔚蔚堪观。

由是思之，地因人传，人从地发，信不诬矣。孔子曰：里仁为美。此之谓也。珊不敏爰书数语以为之志。

清庠生献廷刘世珊撰

安岱后陈氏宗谱·村景诗

四围松竹翠交加，村里回环景色赊。
数亩良田分上下，一溪流水隔邻家。
口随石径罗云覆，源结寮山赤日遮。
此际情形观不尽，游人归去夕阳斜。

刘世珊

安岱后陈氏宗谱·善继桥 七绝

一望桥梁峻且崇，三溪回绕水流东。
苍松翠竹檐前盖，四面云山月正中。

中华民国二十一年岁次壬申巧月上浣　谷旦
庠生献廷刘世珊敬撰

安岱后陈氏宗谱·村景诗 七律

箬寮岘下雨蒙蒙，望看村形似画工。
一水隔流人颇盛，四山回绕色偏丰。
往来不少青衿士，游戏还询丹桂宫。
借问家乡何处住，松南龙北界其中。

廿六世裔孙德　拜题

安岱后村中垟自然村村境图介

安岱后村中垟自然村地处松阳县西南边陲，坐落在高山谷地之中，处在从安民乡政府驻地大潘坑村至安岱后村的步行道上。位于乡政府驻地西 3.5 公里，村北中垟山海拔 1305 米。

中垟王氏派分苏马坪小源儿王氏。小源儿王氏始迁祖王宗治长子王作相（1759—1815），又名元相，字安国，游览至内十三都安岱后中垟，见四周高山如屏，山川源深，谷地平坦旷阳，山地竹木葱郁，谷地可稼可穑，足以乐处。遂于清嘉庆（1796—1820）初年由小源儿迁居中垟，卜筑成村。后世子孙绘《中垟村景》载于宗谱。

安岱后王氏宗谱·中垟村景

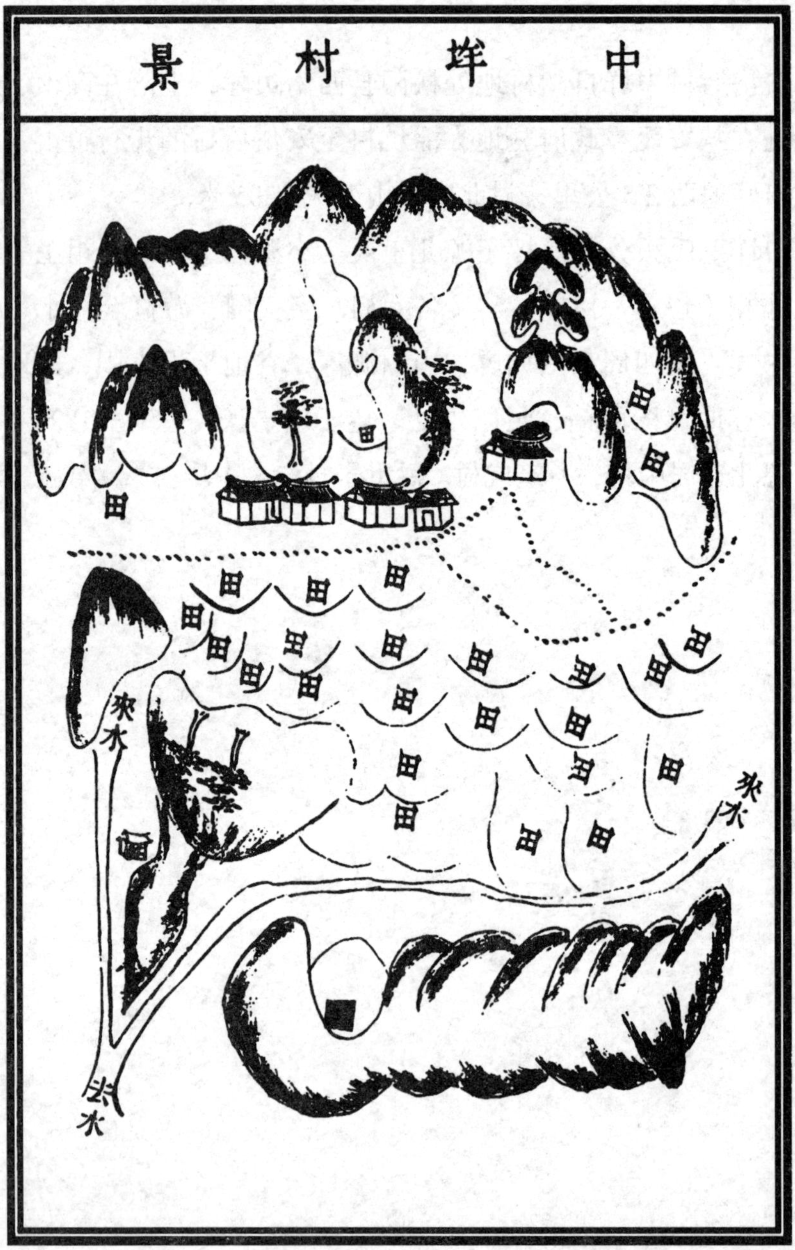

丛　录

安岱后王氏宗谱·中垟村景

为绘村图果超然，秀挹松南别有天。
虎踞龙蟠村卜凤，鸡鸣犬吠室联蝉。

追远斋题

安岱后村内垟自然村村境图介

安岱后村内垟自然村地处松阳县西南边陲，坐落在高山谷地之中，位于安民乡政府驻地大潘坑村西 4.3 公里，处在大潘坑村至安岱后村的步行道上。

安岱后范氏祖居杭州，先祖范日耀徙至福建建宁政和范家山，复徙至浙江庆元二都南阳。日耀公之曾孙范高训，乳名锦泽，于清乾隆丁卯年（1747），游览松邑内十三都安岱后内垟，见其地山峦叠翠，田地膴膴，物产丰饶，遂由庆元二都南阳卜居于此。后世子孙绘《内垟村景图》载于宗谱。

安岱后范氏宗谱·内垟村景图

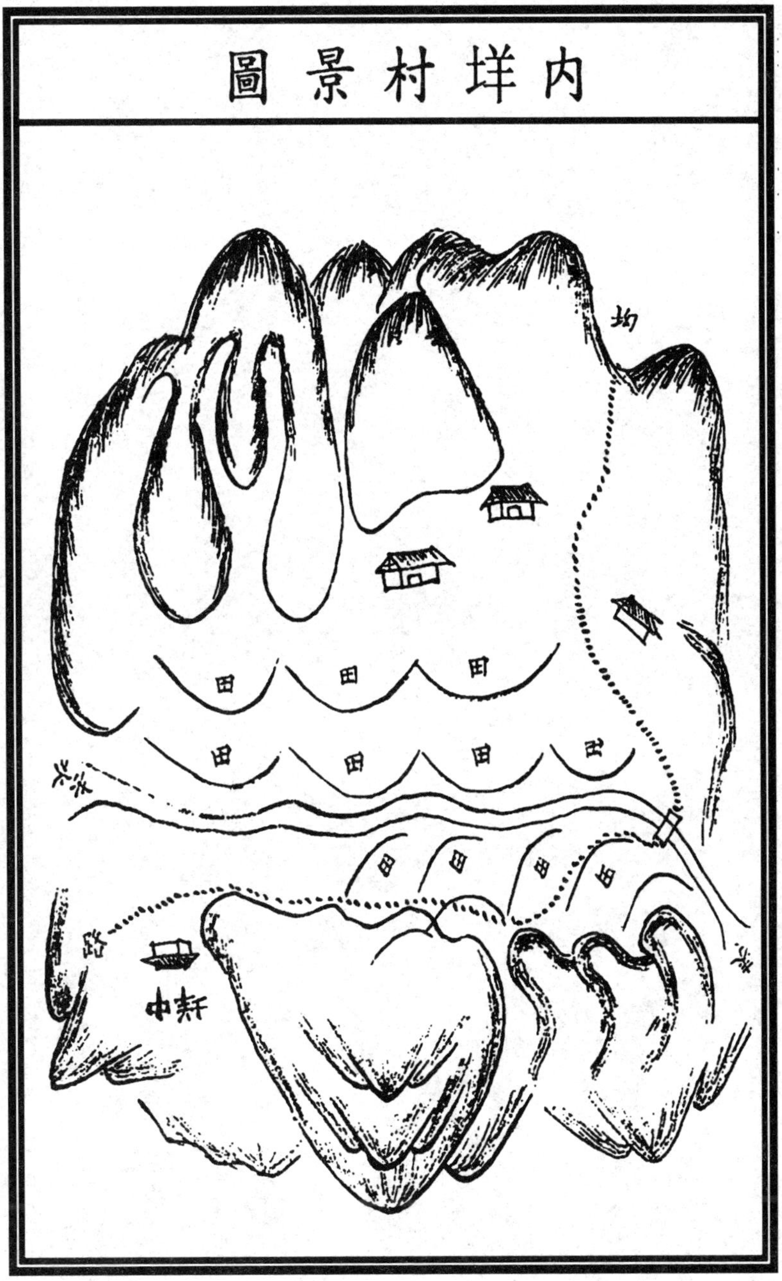

十一

赤寿乡

CHISHOU XIANG

1. 界首村

界首村村境图介

界首村（又名佳溪），为松阳与遂昌交界第一村，故名界首。该村坐落在松阴溪东岸、万寿山西麓，位于赤寿乡政府驻地赤三村西北 5 公里，背山面水，隔溪田园广袤。界首村入选第二批中国传统村落名录。

界首陈氏祖居福建泉州府永春县廿一都苏坑大坪。明崇祯二年（1629），陈文耀，号廷光，迁于浙江处州府云和县五都小顺村，继迁至遂昌龙坛，终见松阳界首之地，山明水秀，田园广袤，物产丰饶，于是由遂邑龙坛择吉家于松邑十一都界首。后世子孙绘《界首村境全图》载于宗谱。

界首陈氏宗谱·界首村境全图

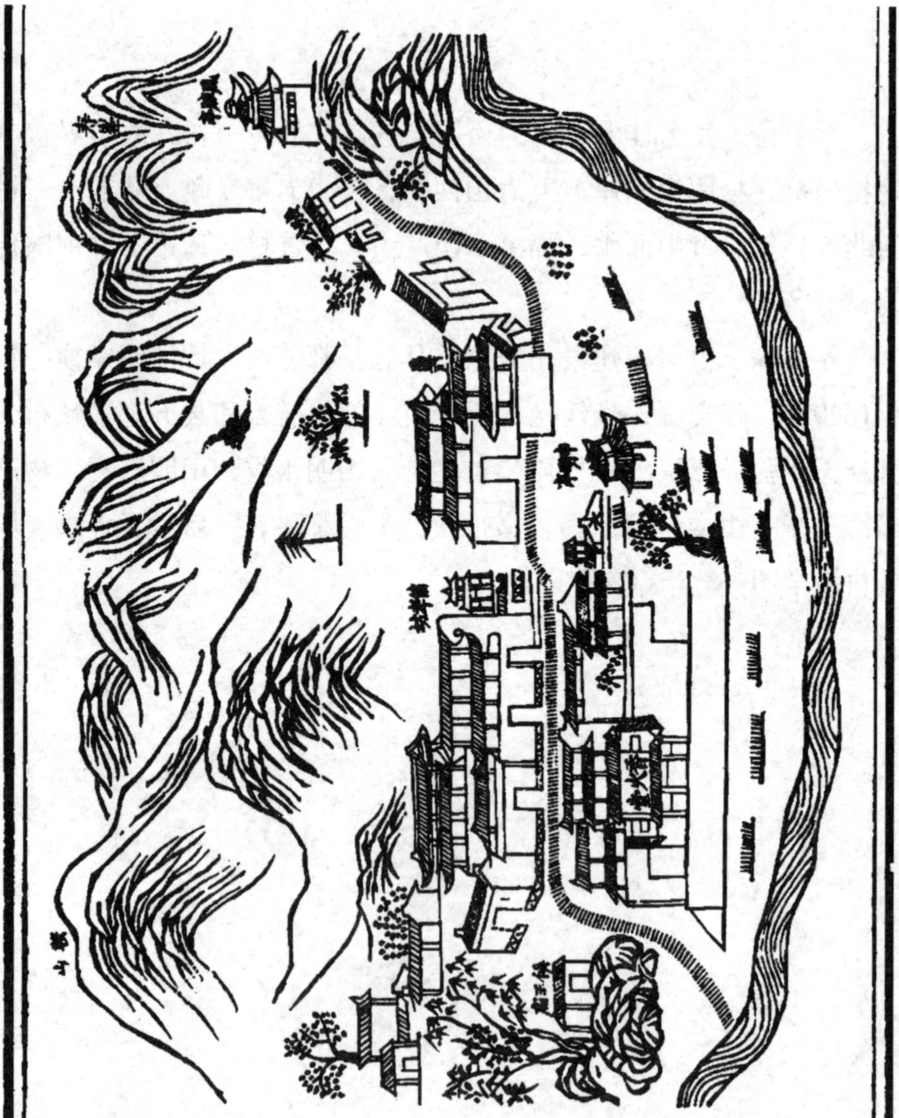

2. 赤岸村

赤岸村（周氏）村境图介

赤岸村，今分设三个行政村：赤三、赤四、章家，坐落在松古盆地西北部，南临松阴溪，四周田园广袤。赤四村为赤寿乡政府驻地，距松阳县城西北 15 公里。

赤岸周氏先祖伯注公自宋熙宁年间（1068—1077），由遂昌唐夏（今长濂村境内）迁居松邑十二都大岭根庄。至明万历间（1573—1620），周小八（1548—1627）自大岭根迁居本邑十一都赤溪。其孙周一德（1598—1675）见赤岸田园广袤，物产丰饶，足可乐处，于明崇祯间（1628—1644）自赤溪迁居本邑十都赤岸卜居，以耕读为乐。后世子孙绘《赤岸周氏地舆之图》载于宗谱。

赤岸周氏宗谱·赤岸周氏地舆之图

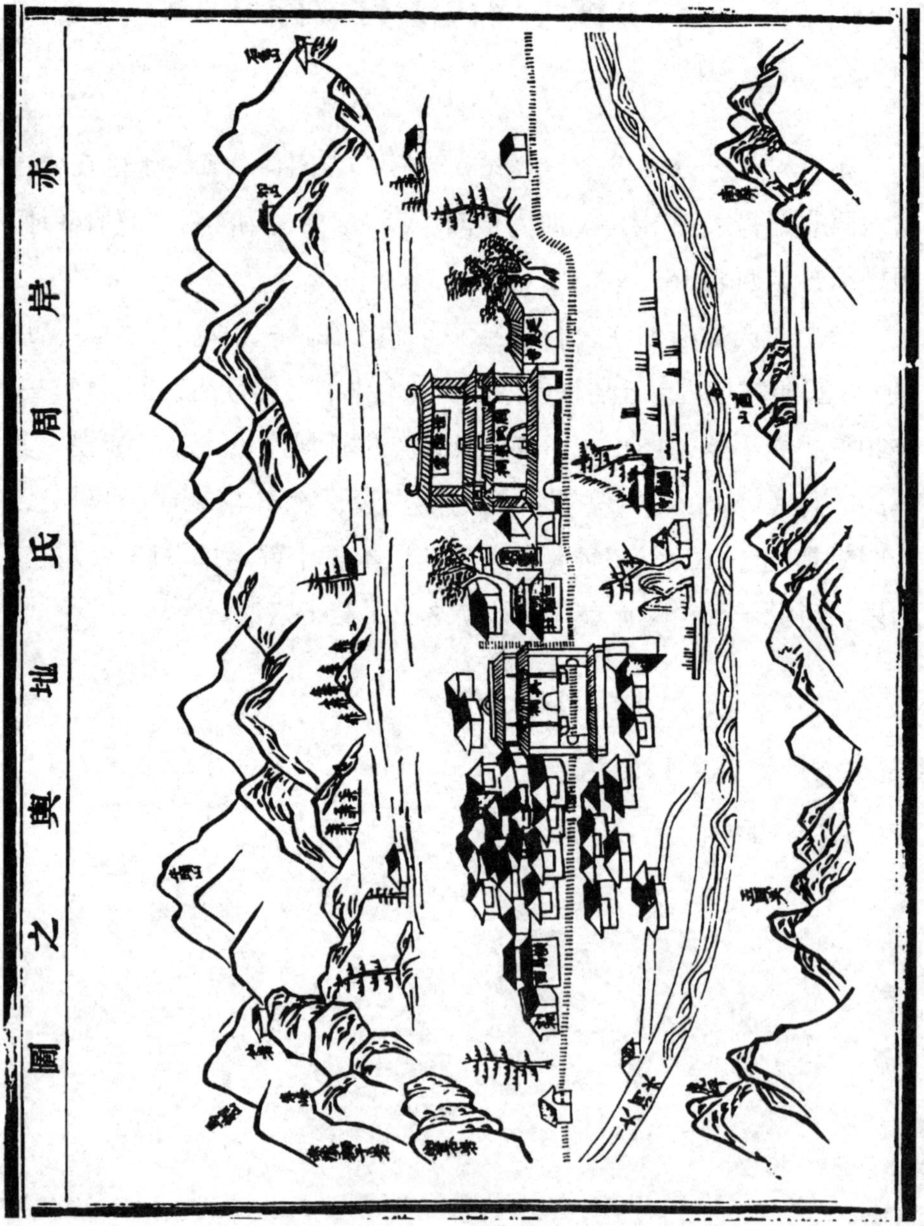

丛　录

赤岸周氏宗谱·赤岸八景诗

梯云书屋

屋以名云梯，吾侪好读书。
登龙从此始，捷足上丹除。

赤溪环带

溪水如环带，长流绕赤居。
众家欣有托，吾亦爱吾庐。

东皋春晓

景物春来妍，良苗日渐新。
东皋多黛色，晓望泽膏匀。

西屏夕照

西屏对面临，夕阳返照侵。
晚来多爽气，试把古诗吟。

牧童晚唱

童子驱犊出，背骑晚唱归。
一声螺髻远，鸦背夕阳稀。

樵子晴歌

恰值晴光好，村樵欢乐多。
口吹鸣得意，共唱太平歌。

延庆禅钟

泠泠何处向，延庆寺钟鸣。
向晚僧敲罢，声闻在太清。

仙石长堤

石以仙遗迹，堤兴百丈长。
村民多乐利，松北一名乡。

家训题

赤岸村（吴氏）村境图介

赤岸村，今分设三个行政村：赤三、赤四、章家，坐落在松古盆地西北部，南临松阴溪，四周田园广袤。赤四村为赤寿乡政府驻地，距松阳县城西北 15 公里。

赤岸吴氏先祖吴祎，字祯洁，初任都巡，诰赠大中大夫。因拒董昌之逆谋，挈家辗转避居栝苍松源（庆元）。传十六世吴万三，讳澍公，经商至松邑卜居外二十都横山（谱称黉山）。之后觅寻山水，至赤岸，喜其地势开朗、土膏沃衍、物产丰盛，遂于元（1271—1368）初，自横山徙居本邑十都赤岸，开基立业。后世子孙绘《赤岸村景全图》载于宗谱。

赤岸吴氏宗谱·赤岸村景全图

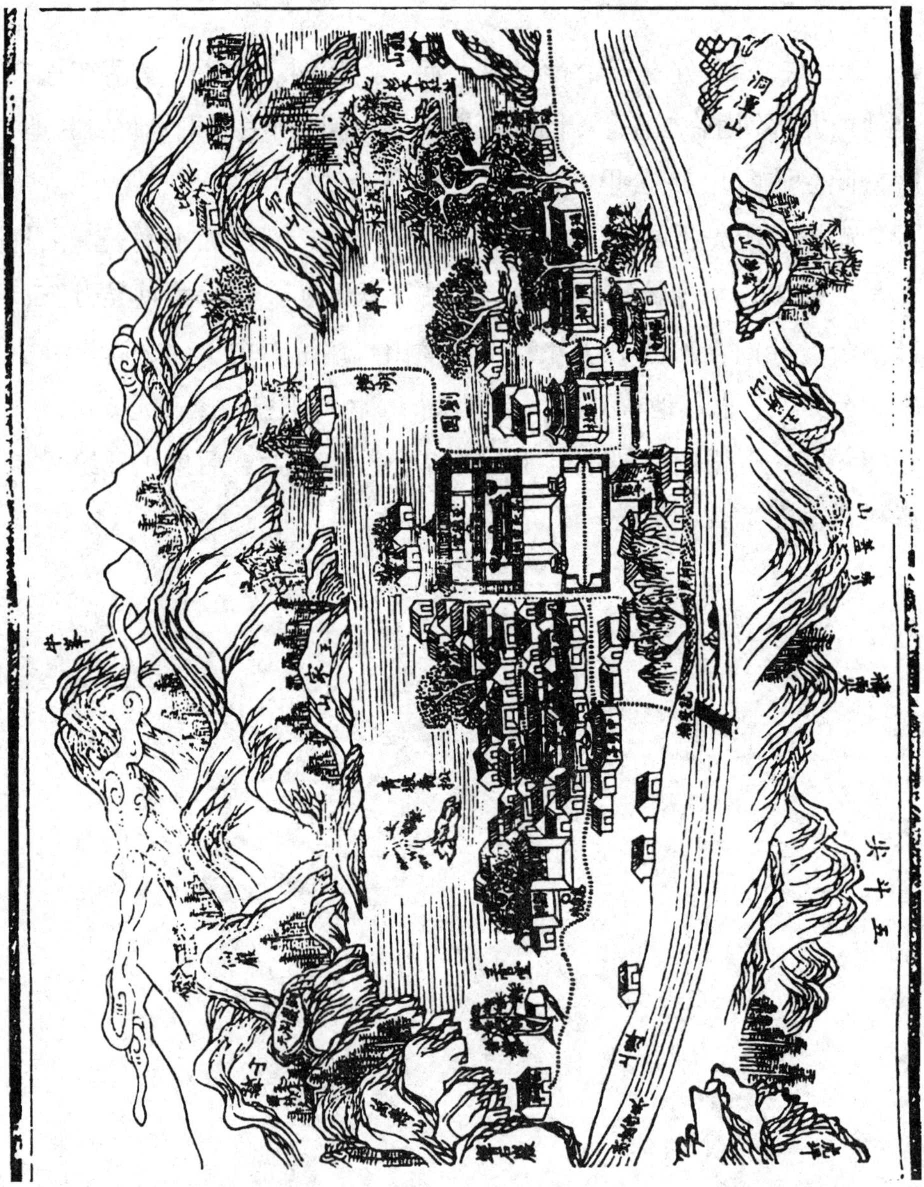

丛　录

赤岸吴氏宗谱·赤岸村志

距邑治西北之三十里，旧市介其左，界首当其右者，赤岸村也。户口赋役，隶司徒之掌不下三百家，四民错居为农者十九。田畴肥美利秫稻，受大河水灌注，永无旱干之患，洵膏腴焉。地势平旷，四塞南临大溪，北枕广野，东望十里龟山障之近，西则有玉印、金牌、藤洞、兔坞、龙井湾诸冈峦，虽皆培塿小阜，若游龙奔马，势骎骎直向庄右而来。其水导派于遂昌，活活东注，流旧市，经邑治，过郡城，由丽而青，数百里而入东瓯。蓬艇松舟日往来芦滩荻渚间，帆影挂空俨如图画亦胜概也。屋舍连绵相望不断，中界通衢阛阓，旁列鱼盐海错米粟布帛弗减于市，不巍然巨庄也哉。

其家于此者，吴为著姓，刘、郑为旧族，周次于吴，叶又次于周。今郑姓无一遗者而社独存，人呼其社尚系以姓不忘旧也。刘、叶亦复寥寥，周虽稍有起色，繁昌尚犹有待。合群族姓不逮吴三之一。

村以内家庙、神祠、兰若、亭榭、桥梁星罗棋置。其一曰：延庆寺，殿堂宏敞，佛像庄严，僧房经院尘飞不到，允为净土。其一曰：福庆寺，环村东南隅之阙，昔人建以锁水口也。横马庙者，乡人祈祷因之。置社，曰三睦，春秋报赛，黄冠合沓，鸡黍杂陈，犹有先民之遗风焉。置社之旁，堂哉！皇哉！吴大宗祠也。高闬闳隆，榱栋跨大，逵而筑垣墉，攘往熙来必由其下，真一方之键钥也。周祠与吴祠相仿佛而规模稍缩。刘祠亦足以妥仙灵之风雨。

庄街之南有父老不时集此，与后生小子谈忠说孝、讲让劝善者则申明亭也。转亭之曲行不数武，溪流浩浩，练影茫茫，跨洪波而横亘者就安桥也。桥兴于光绪丙子年，人不病涉，为地方之一大善举。

此吾村形胜之崖略也。

案吾村畴，昔颇号殷富，今远不如。以溪水正冲薄近村间，如有一视同仁不胡越乡党者，沿溪一带捍以长堤，堤上广树巨木则美荫深护，殷富可仍，此实至要。若捐金以饱空门，而妄冀冥福，是之谓不知务，吾弗取焉。然兵燹以后，士食旧德之名，农服先畴之畎亩，无大富亦无赤贫。

俗敦俭朴，人尚忠义，犹古昔也。如先辈周敏庵太夫子，其弟廷珠翁，族叔云光及我曾祖晓溪公、先大夫昆山公等，以悍贼石达开窜松阳，随邑侯张公越泉防御皆殉难焉。奉旨配享昭忠祠，血食千秋。及我先大父等尤其表表者也，至今委巷穷檐，观法有素，不畏强御，不侮鳏寡。同治六年，傍村之麓突有行旅争攘，村民知而锄梗抚顺为鸣不平。徐邑侯给匾，书“不负皇仁”四大字，并跋数行旌之。此其已事也。光绪己卯，吾邑旱，四乡祈雨者，众概持义棍迎神，谓之抢雨，殊失诚求之意。独吾村迥不随俗，各手擎香楮，诚敬有加。县主朱公见之极其褒奖，亦给匾额，颜曰“民风古朴”，有序冠其首。凡他行事多有类是者不胜殚述。今二匾悬申明亭，为众所观瞻，亦劝善之一助也。至平时有喜庆、疾苦、死丧、水火、盗贼，相救相友相扶持，其所由来者旧矣。若夫读书人士，学问文章为时所仰，敦行洁己，不为利汩，不为俗囿。辟佛禁道崇尚圣教者，固亦未尝无人。而得科名者帮增以上，吾未之前闻焉。

堪舆家言：东南方巽，峰缺如，无文笔，须起三层高阁耸峙之，则人力亦可补天工。庶几科第可希，是所望于有力者。

光绪二十年岁在阏逢敦牂菊秋

昌疁撰　朝冕敬书

赤岸吴氏宗谱·赤岸村景诗

一

一村特立一畴平，奎阁东峥护作城。
北镇康衢横马庙，南翻巨浪大猫坪。
青墩松翠含朝露，白石烟清眺晚晴。
不负皇仁称善里，街西亭上重申明。

朝鼎题

二

小村水木最清华，柳色青青处士家。
牧笛声残炊影乱，一溪烟雨漾桃花。

邦韶敬题

三

几家烟火近黄昏，鸡犬声喧。
柴门临水稻花村，雨过远山痕。
每因世乱怀高蹈，归去田园。
风光不减武陵源，甚朝市，不须论。

朝冕题

3. 大川村

大川村村境图介

大川村位于赤寿乡政府驻地赤四村（赤岸）北 6 公里，因坐落在鼍武岭脚，旧时名鼍川，曾经称大岭脚。1956 年，大川村由遂昌县长濂乡划入松阳县，为松阳县最北的村庄。

大川刘氏始迁祖刘如篪，先由其祖父刘翱，于宋天禧丁巳年（1017）从台州仙居迁居松阳县城，元丰庚申年（1080），因见鼍川群山灵秀，其脉绵远，有龙马奔腾之势，遂自松阳县城卜筑于兹。后世子孙绘《松阳鼍川地舆胜景》载于宗谱。

大川刘氏宗谱·松阳蘴川地舆胜景

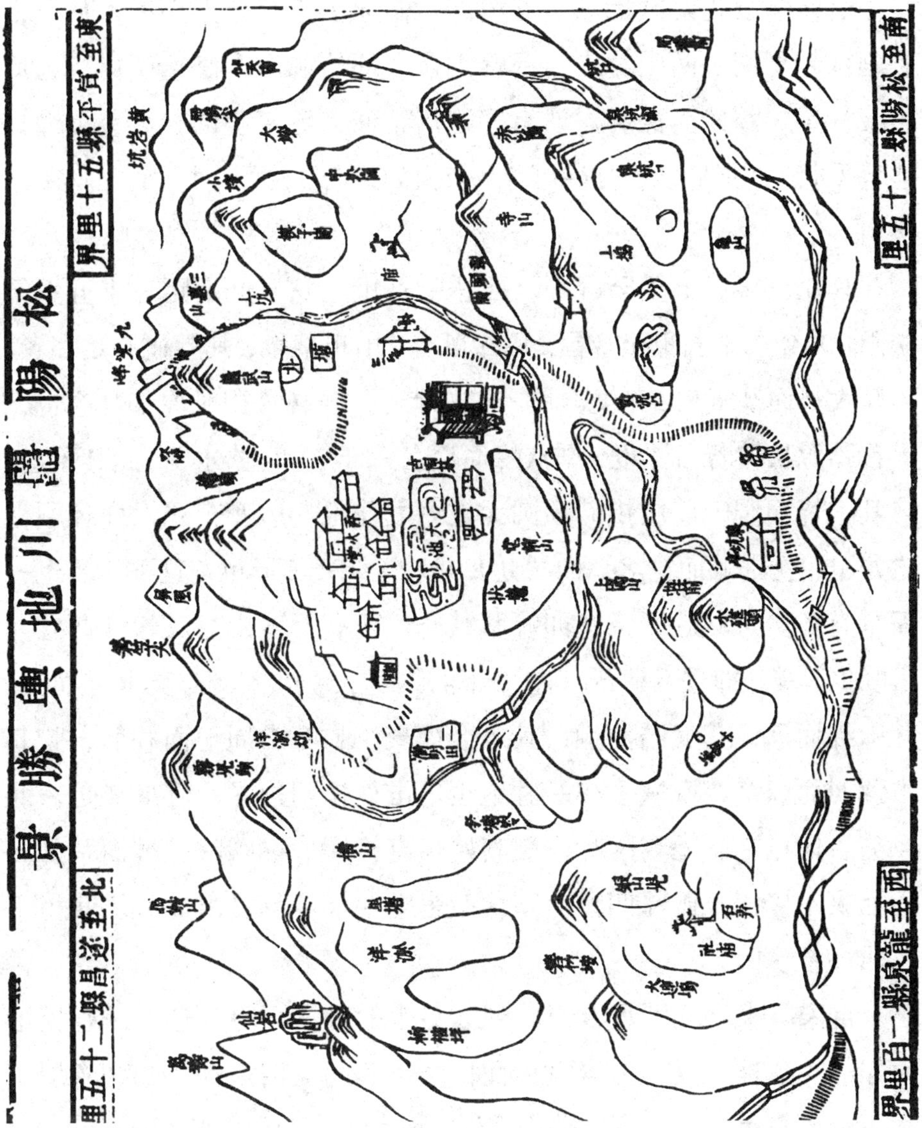

丛　录

大川刘氏宗谱·鼍川地舆记

栝苍松阳北去邑治三十五里许，衢通古市，上方小溪入数里，渡涧水越平岗，两山叠夹，云峰烟峦，郁然靓秀，修篁茂树，远近荫蔽，望之豁然而深廓。然有容碧川萦回，清寒莹洁，可鉴可濯；地势平旷，润泽肥沃，可耕可稼。余祖如篪公，始而卜居焉，古名曰：鼍川。

其地东接五十里至宣平，西达一百里至龙泉，南距三十五里至松阳，北介二十五里至遂昌。疆域既界，山川萃聚，其胜概有足多者。自其大势而观鼍川，来龙奔腾一似马首也，长林鞍山旷原如马腹也，界首踏源长披若马尾也，据众峰而论名，曰“天马饮水”，此其象也。自其一境而观，前山拱峙顶圆无坡譬之珠也，边峦奔趋八面环顾肖之龙也，抚郡岫而论名，曰“九龙戏珠”，又其形也。且不特已也，而东有黄岩争其胜，南有卯峰萃其秀，西有万寿山显其峻，北有九云峰据其雄。抑且天曹压其左，仙岩镇其右，猗欤休哉。其龙健而大，其脉绵而远，其气结而融，其风会而聚。瞻其山周卫而苍毓，睹其水萦回而缭绕，恢恢乎亦一胜地也。虽处松阳边界，其形势足表北乡矣。何也？非无乡巨都。溯其始代有簪缨世称阀阅，继而荒郊寂历烟火不接，于比邻四顾，寒烟茅舍空存于蔓草。由此观之我里不有独远者乎！

自宋以来，流沿数百年，嗣续一十七世，历更变迁，子姓繁衍而如故。数被兵燹，吾家世传而依然。其间风俗染被，阛阓森罗，秀而士者若而人，朴而耕者若而人，而商而工以恬以嬉者更不乏人。萧然一里衡然相接，烟火相望，且其习俗也。贤其贤而亲其亲，乐其乐而利其利，毋论出入也。相友焉，守望也，相助焉，或疾病也，每相扶持焉。夫非岩崖峭历，水土润卤而风气所钟、灵秀所奠与。杜子美所谓天地淳朴处,别为一山川是也。盖篪公卜居之意深且远矣。鼍川兹土可谓千古不朽，万世不迁之地已耳。

余幸叨先世流风，幼习儒业，颇精地理，因以绘图入谱，以记一里之美云。

时隆庆六年岁次壬申菊月之吉

十一世孙大用谨顿首拜书

4. 梧桐口村

梧桐口村村境图介

梧桐口村（谱称梧林）位于松阴溪支流梧桐源中游，坐落在松古盆地西北边缘，位于赤寿乡政府驻地赤四村东北3公里。1956年，该村从遂昌县长濂乡划入松阳县赤寿乡。

梧桐口翁氏祖籍永康，始迁祖翁一七，字起财，号廷逊，借经商之名而喜游玩，至松邑古市相土择地，见梧林之地融松（阳）遂（昌）之风土，山川钟灵毓秀，民风淳朴，遂于明万历年间（1573—1620）偕妻男由永康大田黄雾迁居梧桐口，开创基业。后世子孙绘《梧林村景全图》载于宗谱。

梧桐口翁氏宗谱·梧林村景全图

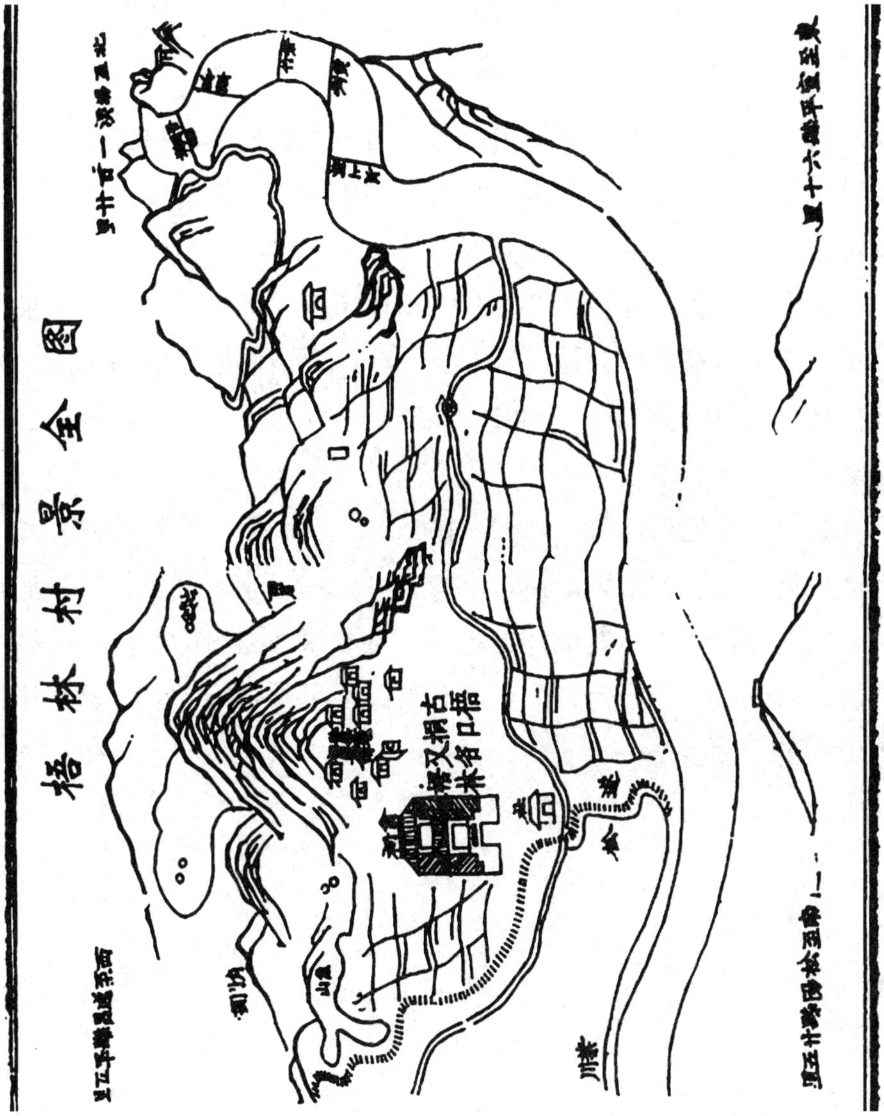

5. 黄山头村

黄山头村村境图介

黄山头村坐落在黄山头山南麓，因山而名村。该村位于赤寿乡政府驻地赤四村东北 8 公里，与遂昌县毗邻，入选第三批中国传统村落名录。

黄山头苏氏，先祖苏洵（1009—1066），字允明，自号老泉，眉山人。其后裔散居各地，其九世孙苏廷捷居遂邑七都马头庄，苏廷捷传至五世孙苏禹敬（1482—1555），自遂邑马头庄迁居松邑九都溪根（今址不详）。

黄山头始迁祖苏潭（1542—1605），字鱼躍，系苏禹敬之孙。因遭兵燹之灾，于明万历年间（1573—1620），偕家迁至他乡避乱，见松邑九都黄山头，其地高处盘曲，竹木深秀幽静，不凡高士隐者之居，遂起栋宇，广园宅，择吉而居于兹。后世子孙绘《黄山头地舆图》载于宗谱。

黄山头苏氏宗谱·黄山头地舆图

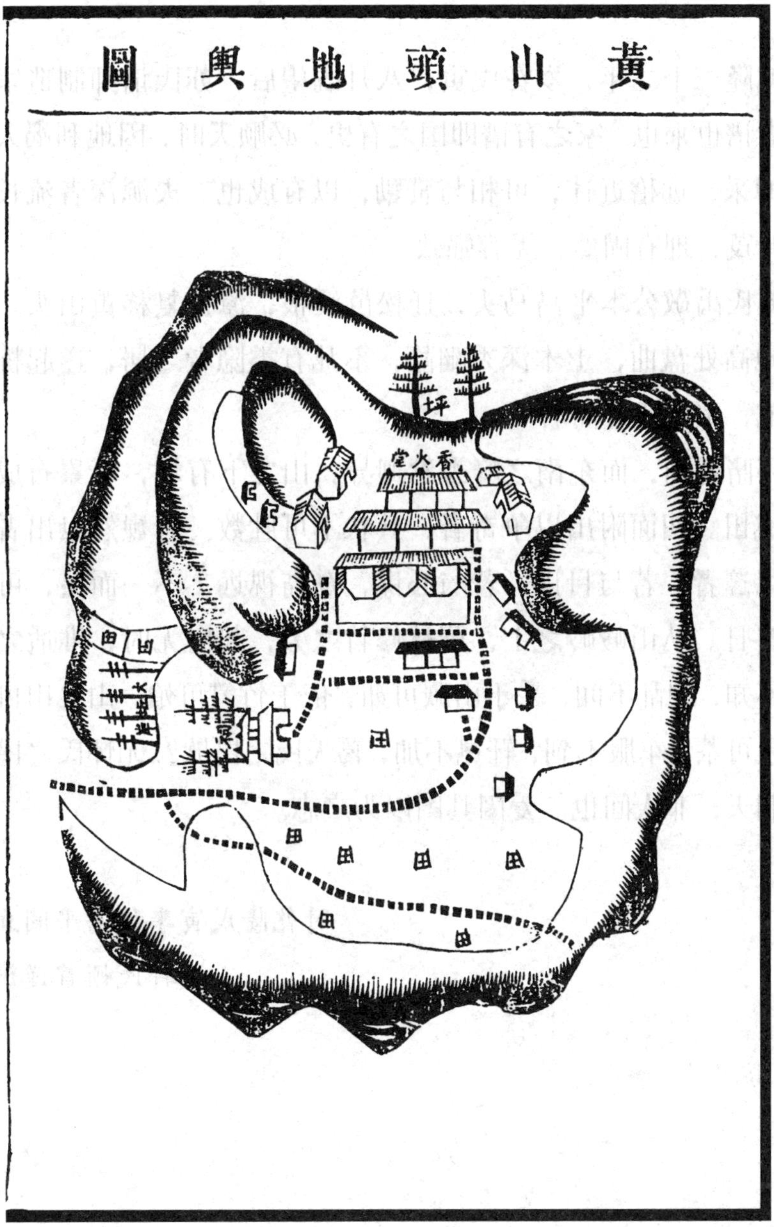

丛 录

黄山头苏氏宗谱·黄山头地舆志

乾隆二十二年，岁在戊寅，八月既望后，苏氏请师制造宗谱，盖谱者谱也乘也。家之有谱即国之有史，必顺天时，因地利竭人力，广搜博采，远稽近述，可相与赞勷，以有成也。夫源深者流长，积厚者叶茂，理有固然，无容强致。

苏氏禹敬公本平昌马头，迁松邑溪根，潭公复移黄山头。其祖见其地高处盘曲，土木深秀幽静，不凡有类隐者之居，遂起栋宇，广园宅，率众比屋而居。

环睹皆山，而东南之峰秀耸迥异，山之下有坪，可累石成丘，平土成田。四面附出以争奇者，其状不可胜数。有巍然以出者，有悠然以邃者，若与目谋，若与心谋，登高视远，不一而足，可坐林木以终日。从山峻岭之上，茂林修竹之旁，起居无时，惟适之安。黜陟不知，理乱不闻，采于山蕨可茹，依于竹笋可飧，山之田可稼，山之泉可茶。车服不到，轩冕不加，葛天氏之民欤？无怀氏之民欤？别一洞天，非人间也。爰因其图以为之志。

时乾隆戊寅季秋嘉平闾丘

淡轩氏顿首谨识

黄山头苏氏宗谱·黄山头村景诗

翠耸危峰映夕阳，白云深处是村乡。
萦回涧水清波细，盘曲龙山巫峡长。
鹤舞松间疑凤彩，鹿鸣郊野应麟祥。
昔人开创林泉景，留落鸿图万古扬。

豫章单子源题赠

十二

象溪镇

XIANGXI ZHEN

1. 雅溪口村

雅溪口村项山头自然村村境图介

雅溪口村项山头自然村，位于象溪镇政府驻地象溪村西北 8.3 公里，坐落在乌龟山岗西南麓。村庄取名项山头者，其初为项姓山也。雅溪口村入选第三批中国传统村落名录。

项山头王氏祖籍福建，王士兆（1712—1779）经商至松阳二十二都项山头，见其地虽处山头之上，但地势较旷平，土地肥厚，物产丰饶，宜居宜家。遂偕妻男同侄王逊官于清乾隆年间（1736—1795）由福建汀州府长汀县濯田王家巷迁居松阳项山头，发脉成族。后世子孙绘《项山头村景图》载于宗谱。

项山头王氏宗谱·项山头村景图

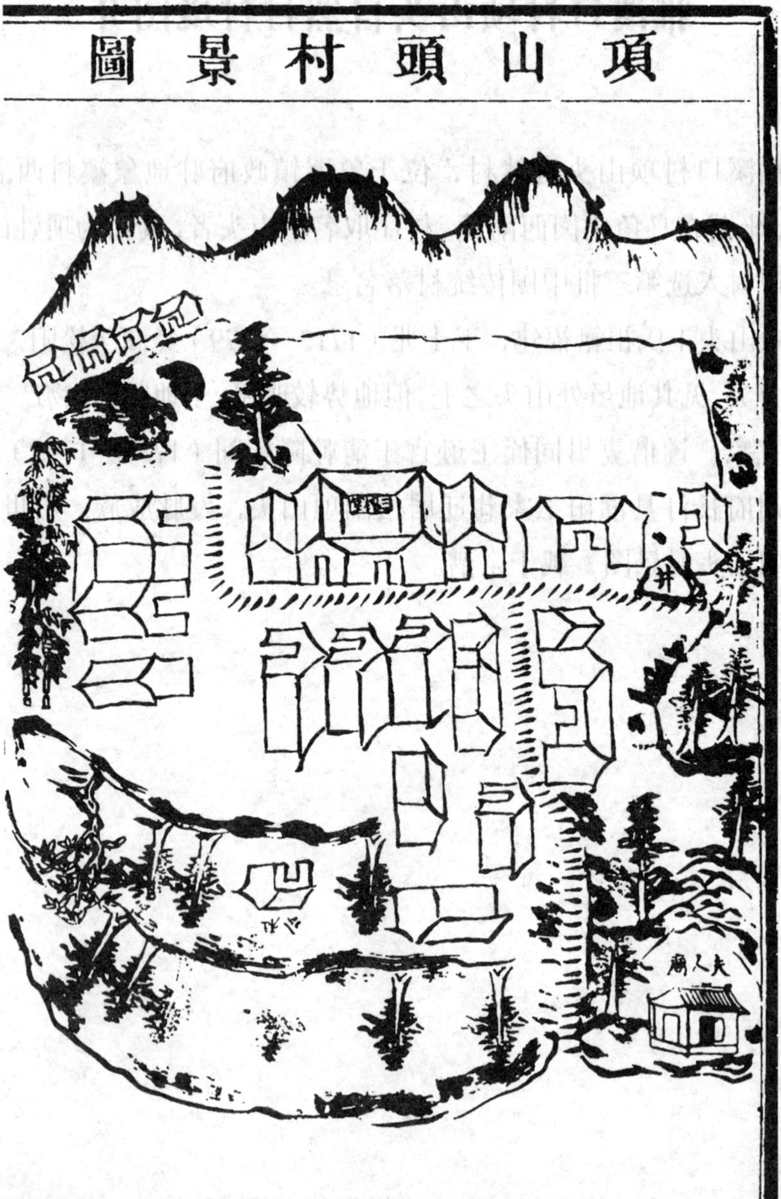

丛　录

项山头王氏宗谱·项山头村景图引

大族巨姓往往于谱中绘成祠图，复将村图刊谱以记盛。王族由闽迁松，七世以来众资欠少，未建宗祠，惟以村中古香火堂为家祠。每逢生终忌祭、岁时节气必在此地供奉，是此村为先人发祥之地，又即先人栖神之所。兹值修谱，故将村景绘图刊谱，以起后人仰止之思焉。

2. 南州村

南州村（罗氏）村境图介

南州村位于松阳县城东南，有“出了松阳东门，南州最平”之说。村庄坐落在松阴溪南岸，位于象溪镇政府驻地象溪二村西北1.7公里，入选第三批中国传统村落名录。

南州罗氏祖籍福建，始迁祖罗民仕（1627—1667），字达寰，性好山水，并精岐黄之术，善医痘科。清顺治年间（1644—1661），罗民仕同侄尔选（1635—1713）客游松邑东乡，偶遇南州乡有痘症，乡民请罗民仕调治，皆获保全，故乡之老成绅士皆盼其留居兹土。民仕见南州山川明秀，民风淳朴，遂与侄尔选卜筑于斯，发家聚族。后世子孙绘《南州里居之图》载于宗谱。

南州罗氏宗谱·南州里居之图

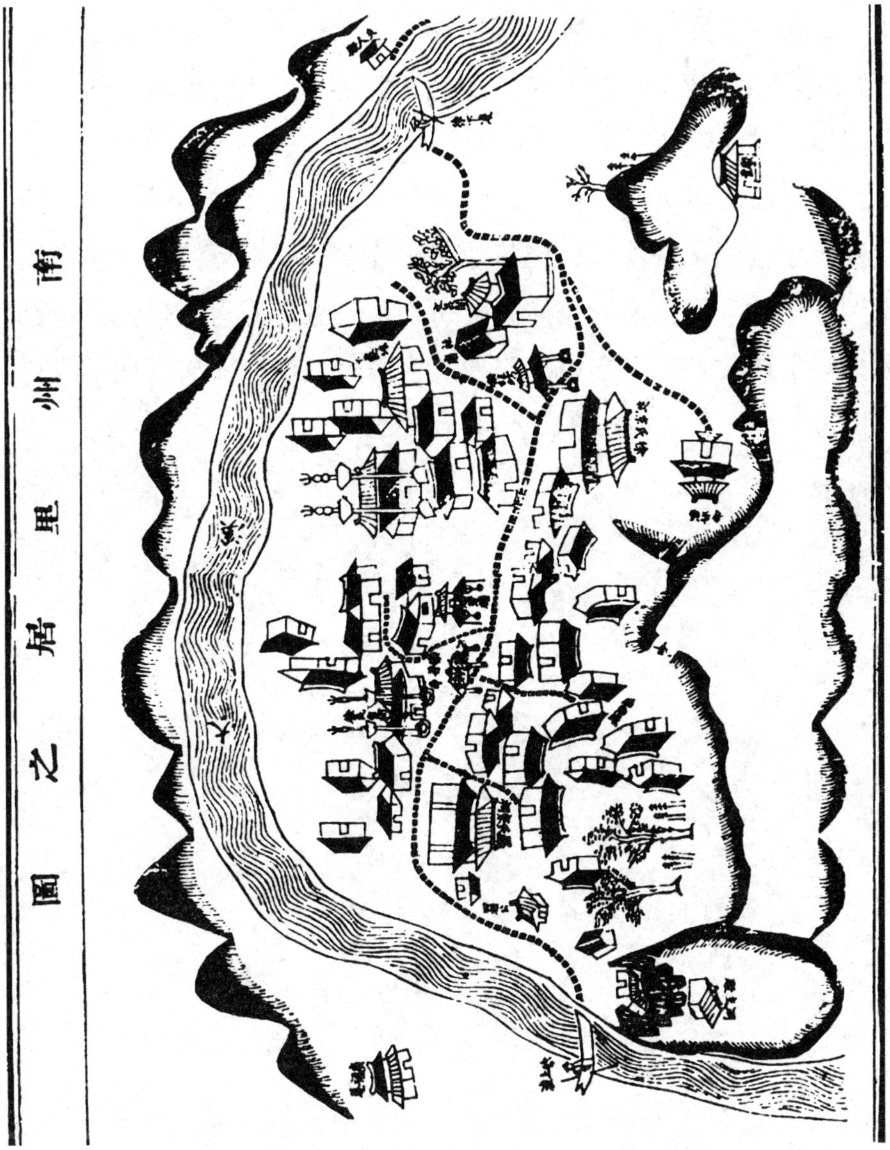

南州村（徐氏）村境图介

南州村地处松阳东乡，旧时属二十二都，今属象溪镇，坐落在松阴溪南岸，位于镇政府驻地象溪二村西北1.7公里，入选第三批中国传统村落名录。

南州徐氏属衢州灵山族派，宋学士徐千馱（1127—1189）因国乱避游于松阳东乡沙溪，见其地双峰耸翠，玉水环流，可樵可渔，遂卜家于此。徐氏祖居地称为南州，东汉徐穉称为南州佳士。徐千馱择地卜居时不忘其本源，改沙溪为南州，聚族而居，繁衍成村。后世子孙绘《南州地舆之图》载于宗谱。

南州徐氏宗谱·南州地舆之图

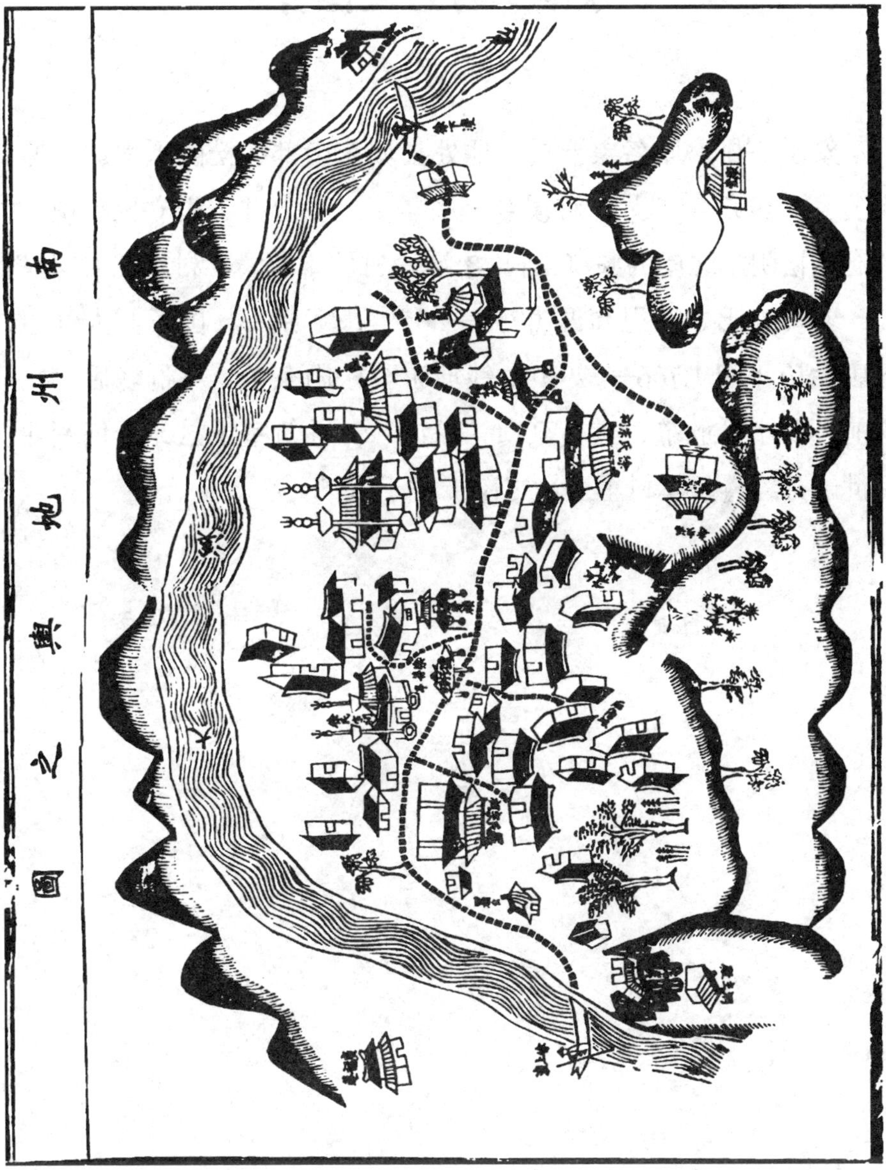

3. 象溪一村

象溪一村村境图介

象溪一村，原名象溪村，地处县城东南部、松阴溪南岸。原属雅溪乡，1992年5月，雅溪乡、靖居乡二乡合并，设立象溪镇。镇政府驻松阴溪北岸的象溪二村。象溪一村位于象溪二村东北1.2公里。

象溪高氏始迁祖高温（758—805），字原一，国子监太学生，于唐大历年间（766—779）由钱塘游至松阳东乡，见群峰后护，清溪前环，十分欣慕，遂名其曰“象溪”，并筑室于兹，开创基业。后世子孙绘《象溪村里全境之图》载于宗谱。

象溪高氏宗谱·象溪村里全境之图

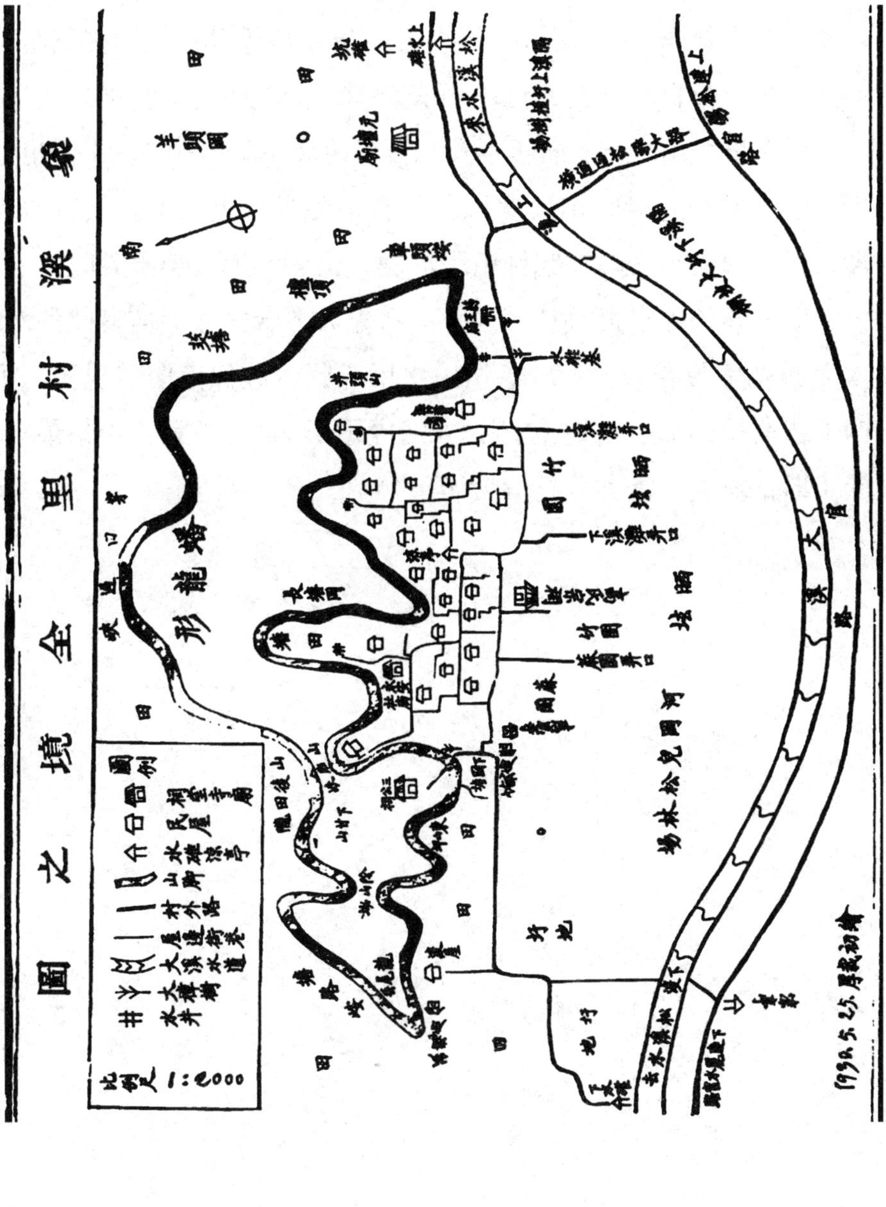

丛　录

象溪高氏宗谱·象溪村里志

谨按旧谱村图，草率不堪。因命五男自立偕侄孙福祯同往测绘，并寄镇江令次男自卑参酌，订正而成斯图，庶较前为详悉矣。

吾村在蟠龙山之下，面积不及几百亩，且高低不平，诚山僻也。惟后有小宗穿田过峡，前有罗城，下有护砂，重重回抱。又有双尖为插笏，第一尖为文峰，铜钟山为华表，山环水抱，美不胜收。

是以本族子孙富贵，财丁恒甲一乡，先人卜吉聚族而居良匪偶然。端木太鹤先生曾有诗云：“象川山水甲松州，胜似南明梦里游。列嶂四围皆堞峙，清溪一曲抱村流。龙蟠虎踞形如绘，竹籁松声景最幽。聚族于斯良匪偶，富称万石贵封侯。”

辛未初秋　焕然志并录

十三

水南街道

SHUINAN JIEDAO

1. 潘　村

潘村村境图介

潘村坐落在县城南，位于水南街道驻地水南村西南 3.2 公里。

潘村熊氏祖籍福建，清乾隆年间（1736—1795），始迁祖熊可远、熊可芳兄弟俩经商至松邑城南，见外二十都潘村山清水秀，可林可垦，可以乐处，遂自福建长汀县五都成下里濯田王家巷卜居潘村。后世子孙绘《潘村地舆图》载于宗谱。

潘村熊氏宗谱·潘村地舆图

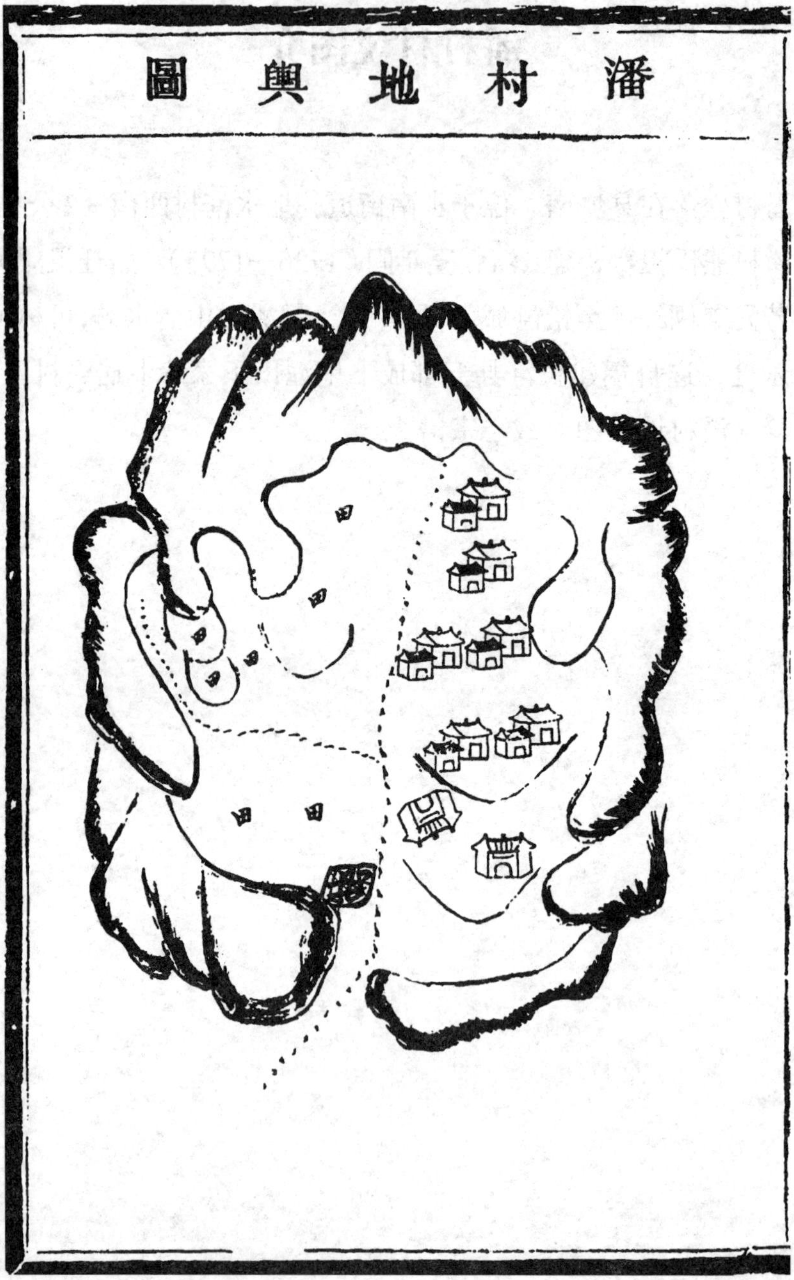

2. 清路村

清路村（熊氏）村境图介

清路村位于水南街道驻地水南村南 4 公里。地处县城南狭长小盆地，南倚高山白峰尖，北靠丘陵双童峰，有山涧溪流汇入黄坑源注入松阴溪，名谓清源垈。村北双童峰为松阳古邑十景之一，名“双童积雪”，俗称“和尚背老婆”。

清路熊氏与潘村熊氏同宗，与清路王氏为甥舅关系。始迁祖熊振泰（1638—1725），见清源垈山水秀美，田园丰饶，于清康熙三十八年（1699）自福建长汀县五都成下里濯田王家巷徙居清路村。后世子孙绘《清路村境全图》载于宗谱。

清路熊氏宗谱·清路村境全图

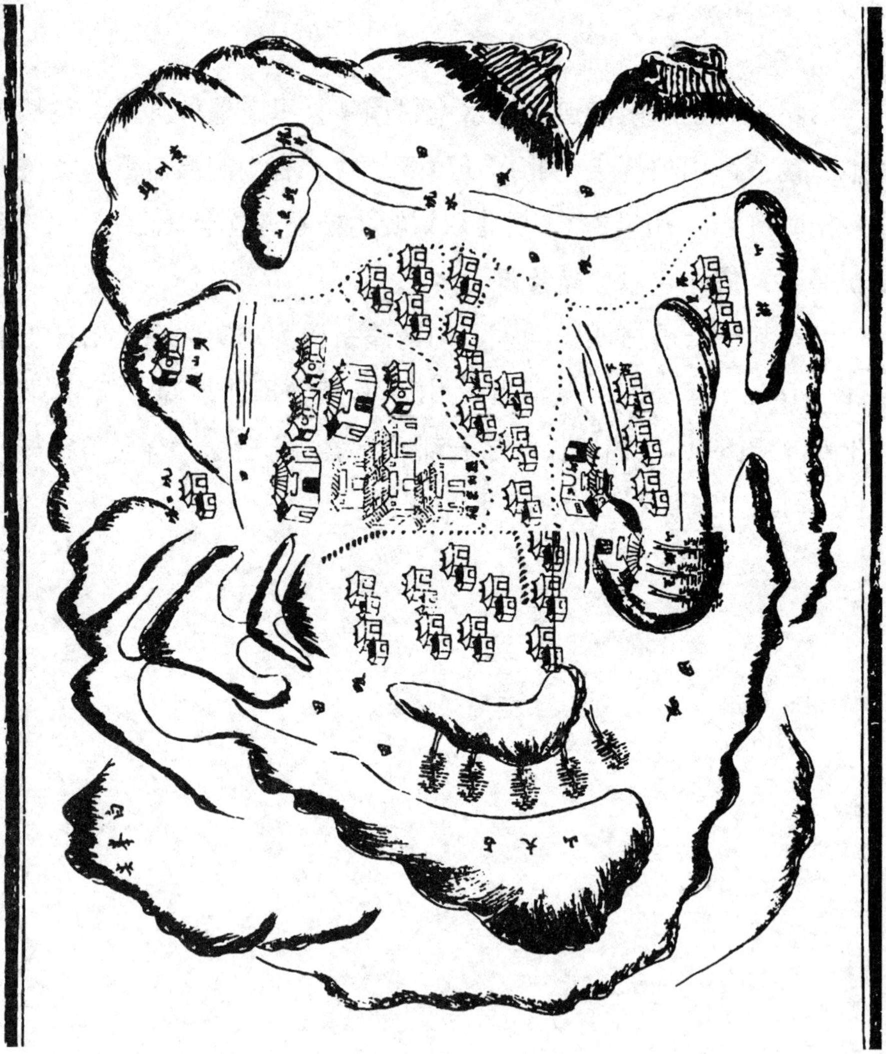

清路村（王氏）村境图介

清路村，谱称清源，位于水南街道驻地水南村南4公里。地处县城南狭长小盆地，南倚高山白峰尖，北靠丘陵双童峰，有山涧溪流汇入黄坑源注入松阴溪，名谓清源垄。村北双童峰为松阳古邑十景之一，名“双童积雪”，俗称“和尚背老婆”。

清路村王氏祖居福建，于清康熙五十三年（1714），王幼碧、王幼琮、王幼芳兄弟三人，自福建长汀县连袂来松，见清路地方群峰拥翠，溪涧环绕，土沃而境幽，宜耕宜读宜居，遂卜筑而居，共创基业。后世子孙绘《清路村境全图》载于宗谱。

清路王氏宗谱·清路村境全图

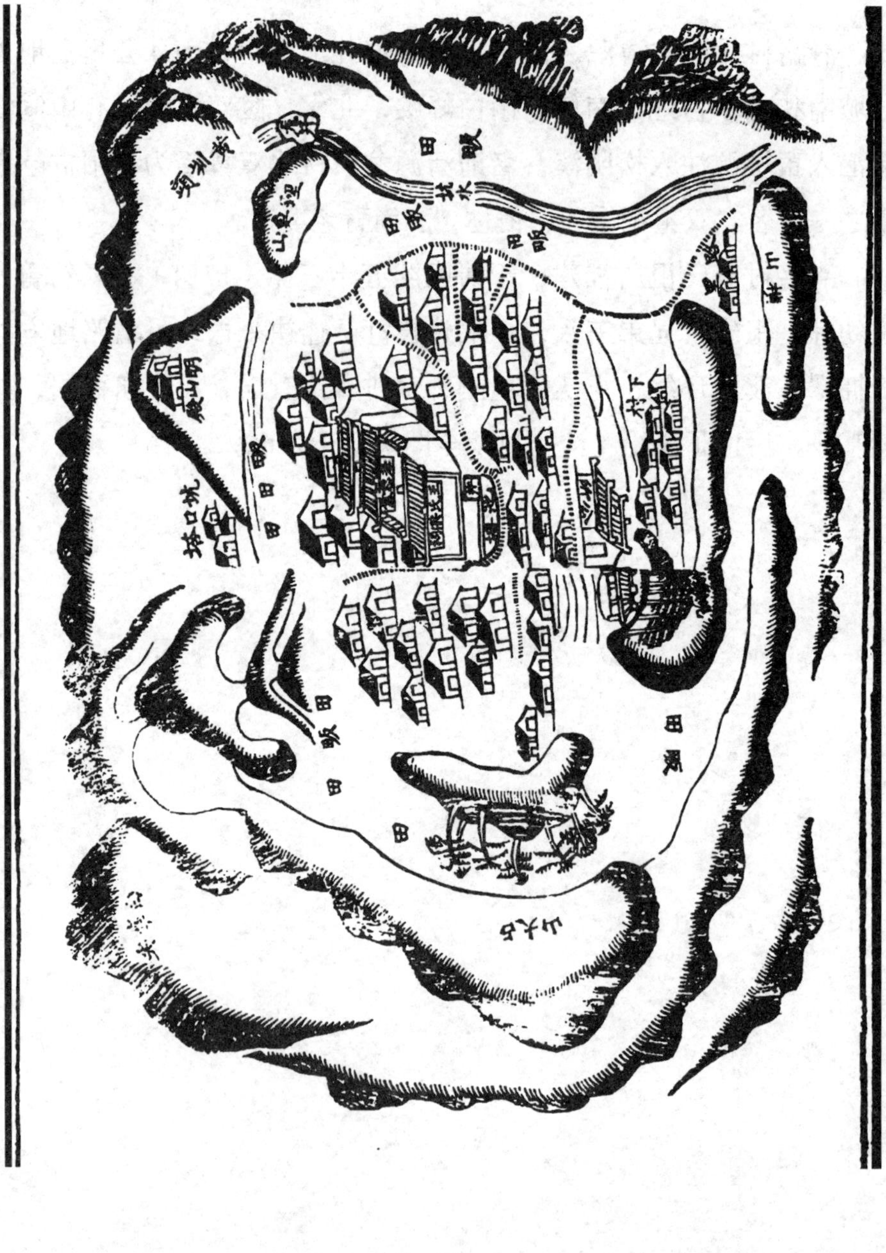

丛　录

清路王氏宗谱·清源村景并王祠记

松南十里有清源。其名者清风徐引，纳粹以畅和，源水潆纡回旋而环绕，古木秀森盘郁一色。群峰耸翠，罗列四围。其源之突而出者，水清之若映焉。是非具择处之知者，谅必不能识也。

盖自康熙五十三年，三公卜筑此都，初兴堂构，疆理乃亩，俨然桑梓，鱼鳞相接，蜗宇而居。后裔之身家，虽幸有托先人之式凭，终觉靡依。故礼有云：君子将营宫室，宗庙为先，示尊其所尊；立国右社稷，左宗庙，示亲其所亲。天子七，诸侯五，大夫三，士庶一，则庙之名通于祠。祠固人之不能缓也。余祖讳殿佐公，因于道光七年，邀同家长、士发、殿仲、殿佑等协力同心，鸠工庀材，曰神室，曰中庭，曰享堂，曰廊厢，曰时并造，岂有侈。竹苞松茂之盛，翚飞鸟革之华，本以为先祖考妣之安，苹藻馨香之荐。当其祠宇告竣，庙貌维新，而流水横其西，清池浸其北，清濯缨，浊濯足，日景波光动摇。其宽闲深静，自可以荅远响而生清风。尤见：堂之后，则七宝毓钟；堂之前，则双童朝拱；堂之中，昭列于左，穆列于右。为春禴，为秋尝，熏熏欣欣，祀事孔明。尊卑长幼之序分，水源木本之思慰。

时值春也，出作入息则有田歌声；时值秋也，晨往昏来则有牧笛声。夏之日，冬之夜，弹琴诵诗则余韵铿铿然，伯埙仲篪则和气蔼蔼然。堂外备境内之象，一郊动四时之思。是以南山、南岩危石为对，因而白峰、白兔层峦作关。人寻沃土，草长平原，绿披野霭，红映朝墩。方虞怀僻境幽难供遨游之顾盼，岂料风高人静足畅隐处之胸怀。于是凉度陌头，香熏巷口，客尽酡颜，兴酣红友。挹爽气于水北水南，拂微飔于村前村后。地实明山古迹，家与路里同乡。小佳为佳，宛似高枕一世，其中可托几忘矮屋三间。此侯枫丹梅白，可计日以高歌。是区俗美风淳，愧涂鸦而作记。

时龙飞光绪十三年岁次丁亥小春之吉

孙明德氏谨书

3. 踏埠头村

踏埠头村匣头自然村村境图介

踏埠头村匣头自然村位于水南街道驻地水南村东南 4.7 公里，坐落在松阴溪西岸，背山面水与青蒙塔隔溪相望。

匣头陈氏始迁祖陈息，于明（1368—1644）自福建建宁府寿宁县游浙至栝苍，见松川山水秀丽，可林可垦可渔，遂择吉卜居松邑二都匣头村（旧名峡头）。后世子孙绘《匣头村景全图》载于宗谱。

匣头陈氏宗谱·匣头村景全图

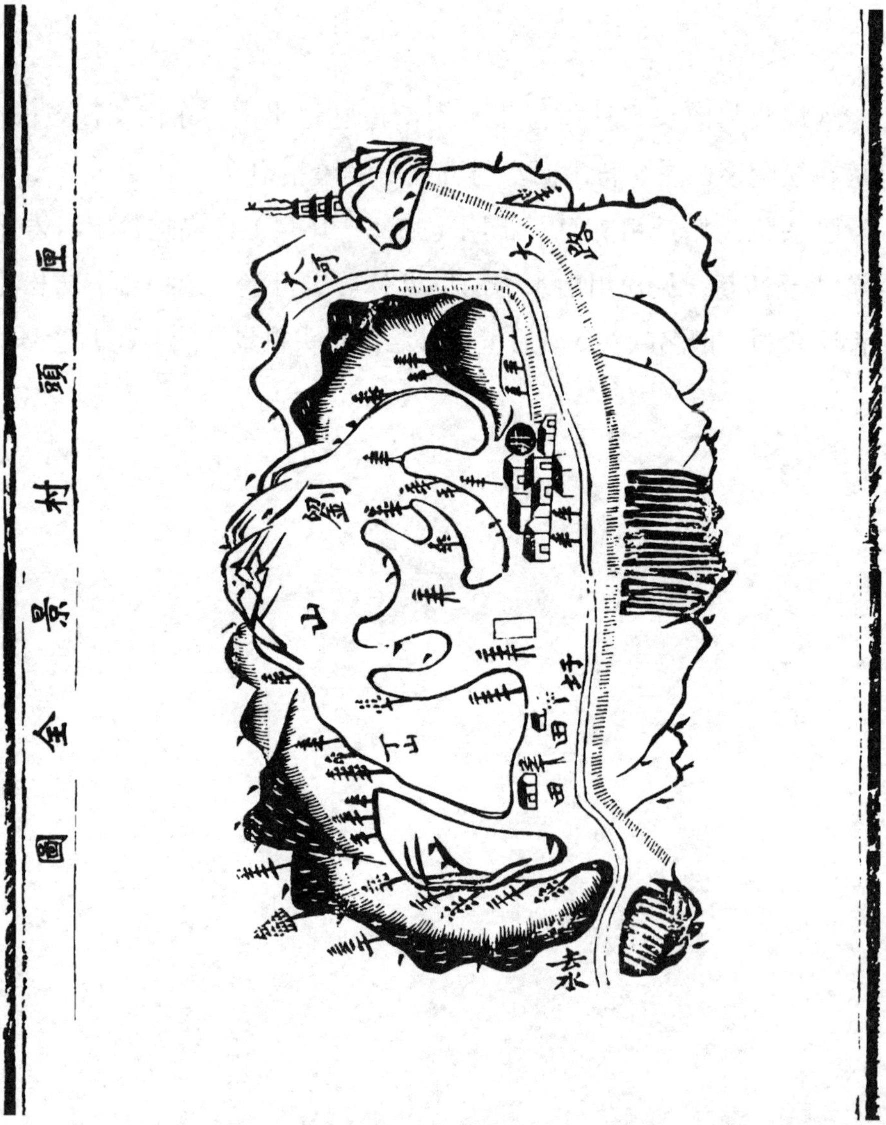

十四

叶村乡

YECUN XIANG

1. 横坑村

横坑村村境图介

横坑村是东坞水库水源地之一，坐落在坳岱尖东麓，村庄坐北朝南，位于叶村乡政府驻地河头村西 8.5 公里，入选第三批中国传统村落名录。

横坑叶氏祖籍地古市卯峰，叶渭于明代弘治年间（1488—1505），观风寻迹游至上十八都横坑，见崇山峻岭，茂林修竹，山水得汇绕之势，土地得肥腴之利，可兴族里，于是，偕妻男由八都塘岸迁至此地，披荆斩棘开基创业为家。之后，叶孚洪从古市卯山迁入横坑，叶存吉从塘岭背迁入横坑，三支叶氏族人丁口繁盛，合力兴村。后世子孙绘《横坑村境图》载于宗谱。

横坑叶氏宗谱·横坑村境图

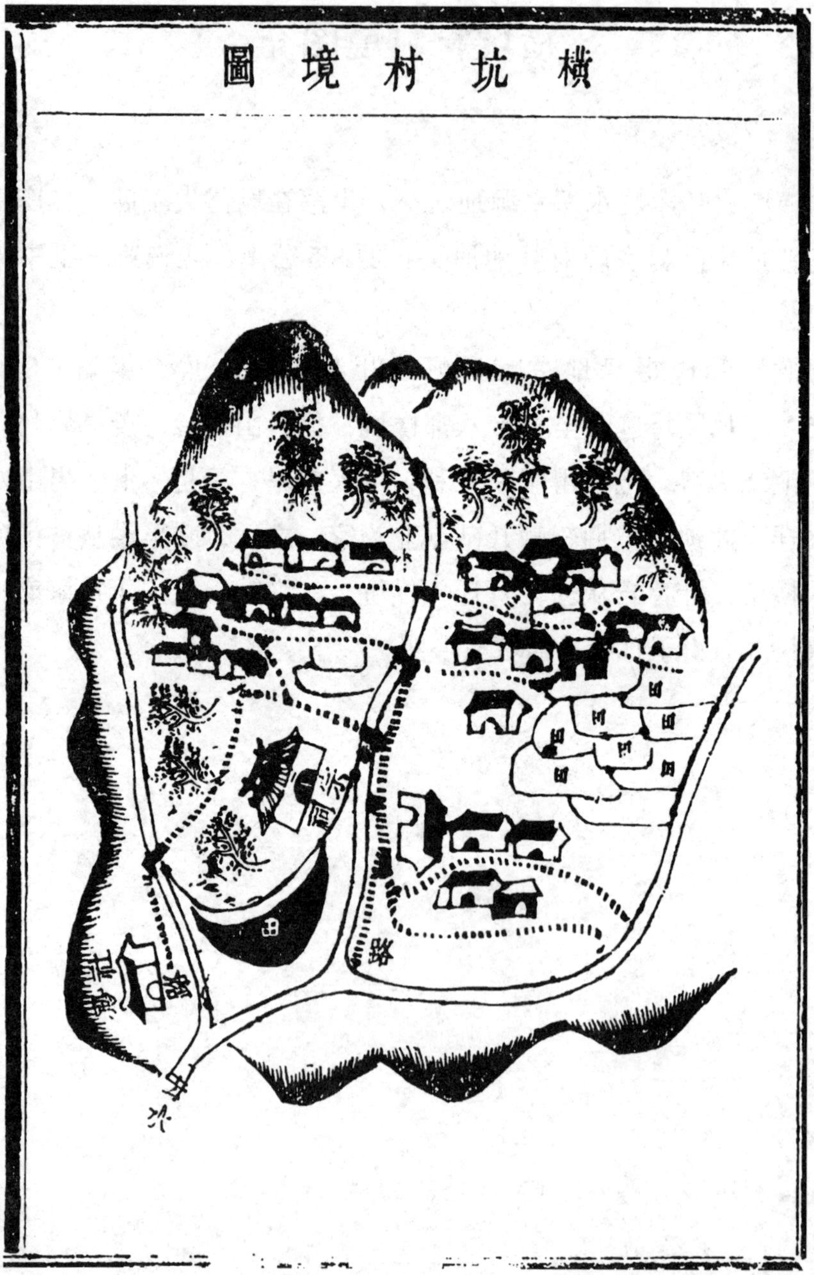

2. 斗米坳村

斗米坳村村境图介

斗米坳村是东坞水库水源地之一，坐落在东坞源上游溪流西岸。村头有松（阳）龙（泉）古道必经之坳口，故村以地名。村庄位于叶村乡政府驻地河头村西南8.5公里，入选第三批中国传统村落名录。

斗米坳周氏祖居松邑城北永庆铺，始迁祖周敬余，行千七，游览至本邑上十八都斗米坳，见其地四周环山，绿水潆洄，地势虽坳，旷阳藏气，山有茂林修竹，地产五谷杂粮，为贤士乐居之地。遂偕妻男于宋乾道年间（1165—1173）由松邑城北永庆铺迁居斗米坳，发脉成族，聚居成村。后世子孙绘《斗米坳村图》载于宗谱。

斗米坳周氏宗谱·斗米坳村图

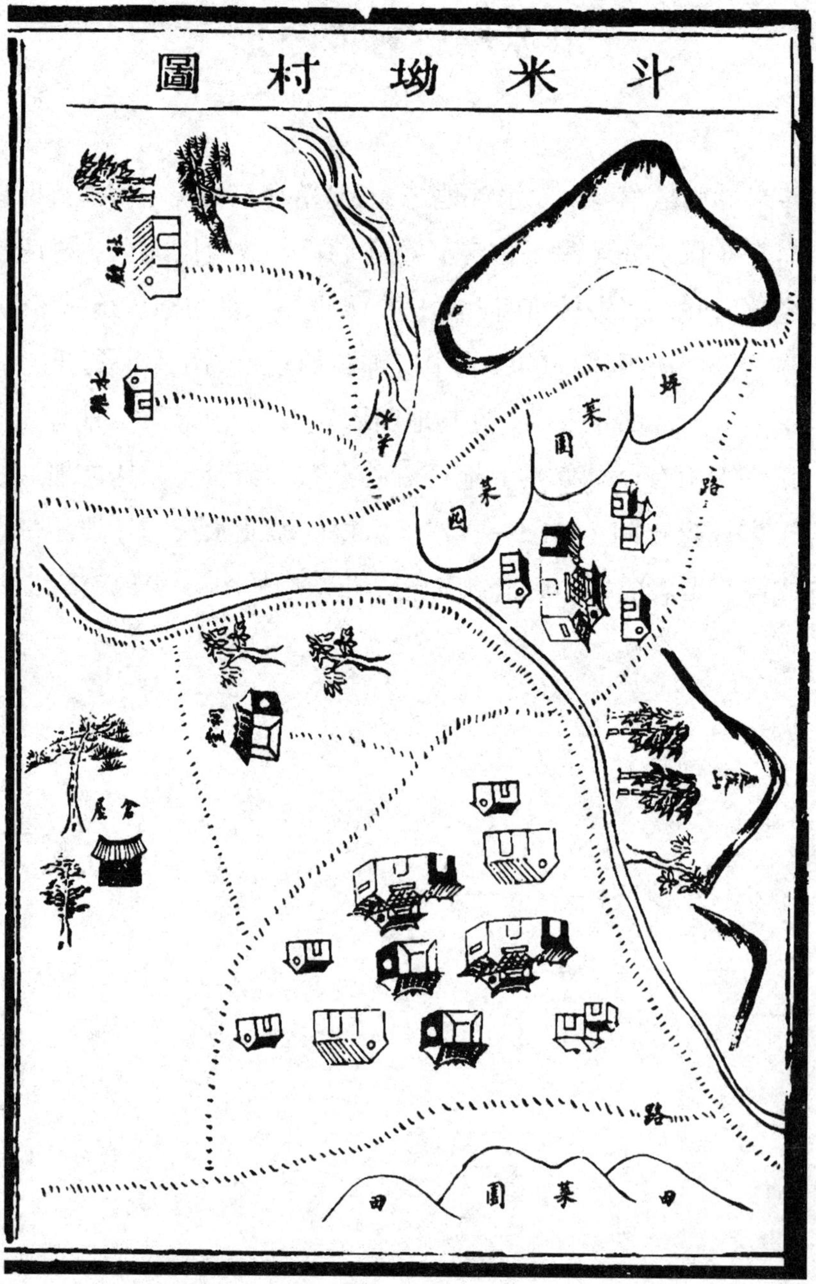

十五

望松街道

WANGSONG JIEDAO

六都村

六都村村境图介

六都村（旧名太村）地处松古盆地中部北缘，属望松街道，位于街道办事处新望社区（乌井村）西北 3 公里。

六都项氏始迁祖项首芝，字君生，号松州，于宋隆兴年间（1163—1164），因寇避难，途经松邑，游览太村，见此地山清水秀，茂林修竹，可耕可读，遂卜筑定居于兹。后世子孙绘《太村项氏地舆之图》载于宗谱。

六都项氏宗谱·太村项氏地舆之图

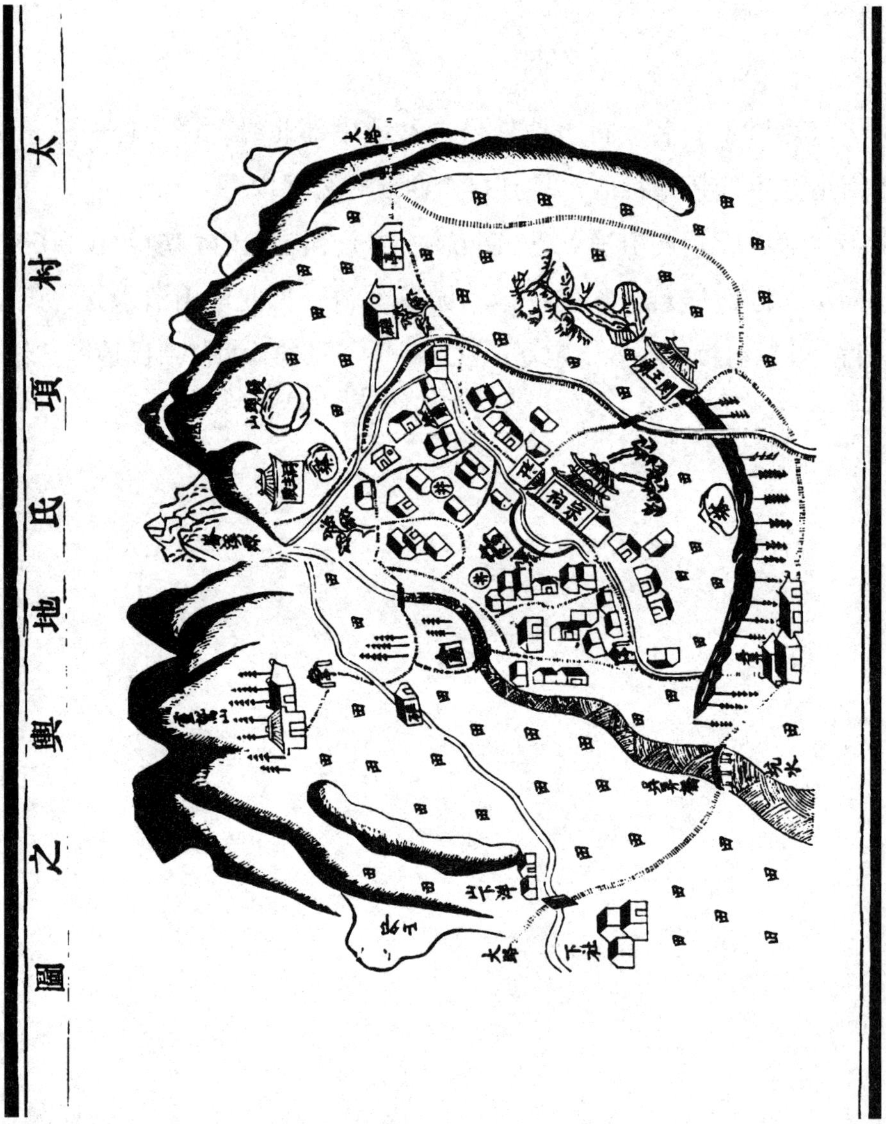

从　录

六都项氏宗谱·太村项氏地舆之图志

邑城之旌义乡，约十里之遥为六都地界，名曰太村。

我祖来松游乎其间，览其仑溪水秀，壁峰高峙，竹修林茂，畴平土肥，爰卜筑而家居焉。历数传，前筑泥堜栽树木以护荫，旁建殿亭崇祀典以祈报。不觉人丁日繁，屋宇稠密成百有余，家之钜庄焉。所最足羡者，树间虫鸟可作四时笙歌，圃内藜蔬堪为一室珍颐。其子弟挺生其地，往往朴耕立业，秀读成名。斯固地之灵，抑亦人之杰欤?

时大清光绪七年岁次辛巳孟秋月下澣之吉

邑庠生有利谨志

十六

斋坛乡

ZHAITAN XIANG

金梁村

金梁村湾口自然村村境图介

金梁村湾口自然村，坐落在松古盆地中部，地处松阴溪西，金梁堰自北而南贯穿村境，位于斋坛乡政府驻地斋坛村东北 0.5 公里。

湾口叶氏始迁祖叶立贤（1110—1184），字桂芳，游览至西乡十六都湾口，见其地旷阳，其气融结，有茂林修竹，翠柏苍松，水绕山环，田园膴膴，如龙蟠虎踞之形，为贤士之人所乐择里居之地。遂偕妻男由九都卯峰徙十六都湾口筑室而居，世守勤俭，耕读传家，隐德赞颂称仁里。后世子孙绘《湾口阳宅地舆之图》载于宗谱。

湾口叶氏宗谱·湾口阳宅地舆之图

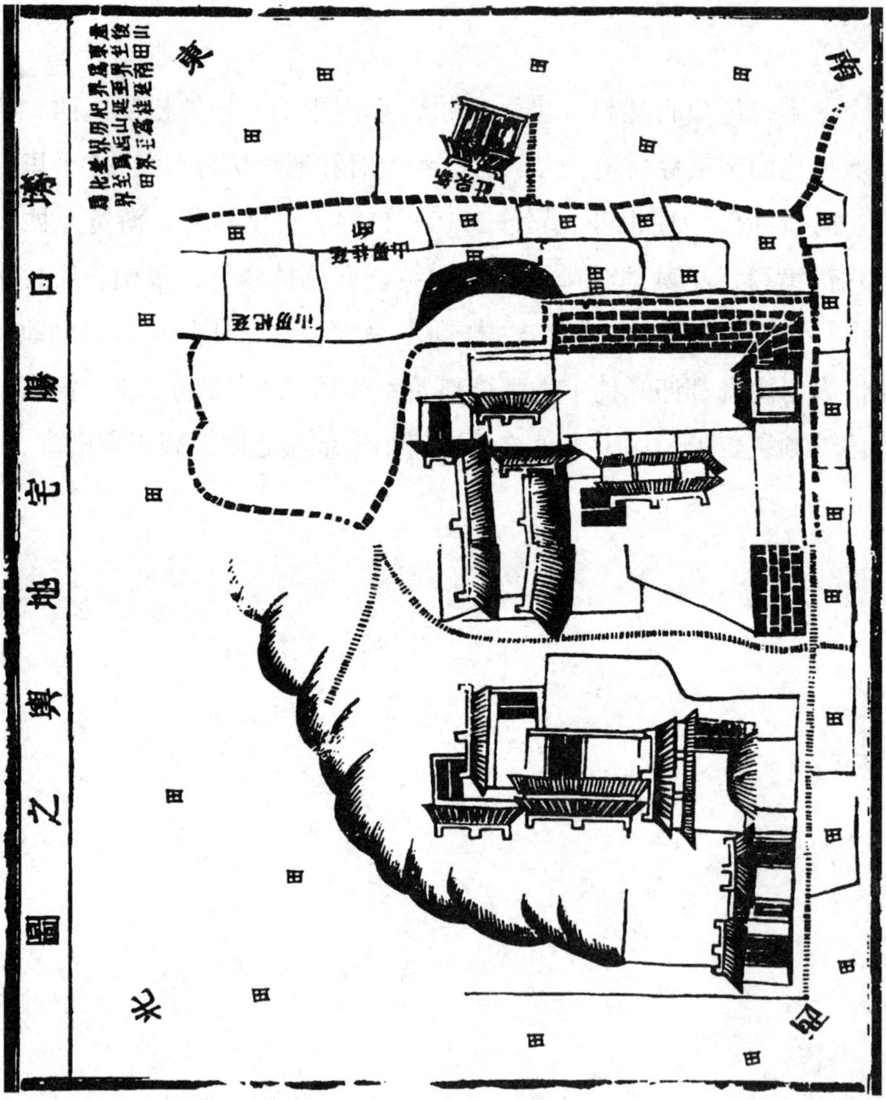

十七

三都乡

SANDU XIANG

淡竹村

淡竹村村境图介

淡竹村位于县城东北部，坐落在淡竹山南麓。距三都乡政府驻地里庄村西北2公里。

淡竹村蔡氏祖居宣平外岭脚。蔡伯八因感族众咸多，难以同居此地，所以闲游山水，偶至松川内三都淡竹庄，见其崇山峻岭，山明水秀，竹木森森，足可乐处，雅爱此地，于是自明宣德年间（1426—1435），由宣邑迁徙淡竹，择地卜居。后世子孙绘《淡竹蔡祠地舆图》载于宗谱。

淡竹蔡氏宗谱·淡竹蔡祠地舆图

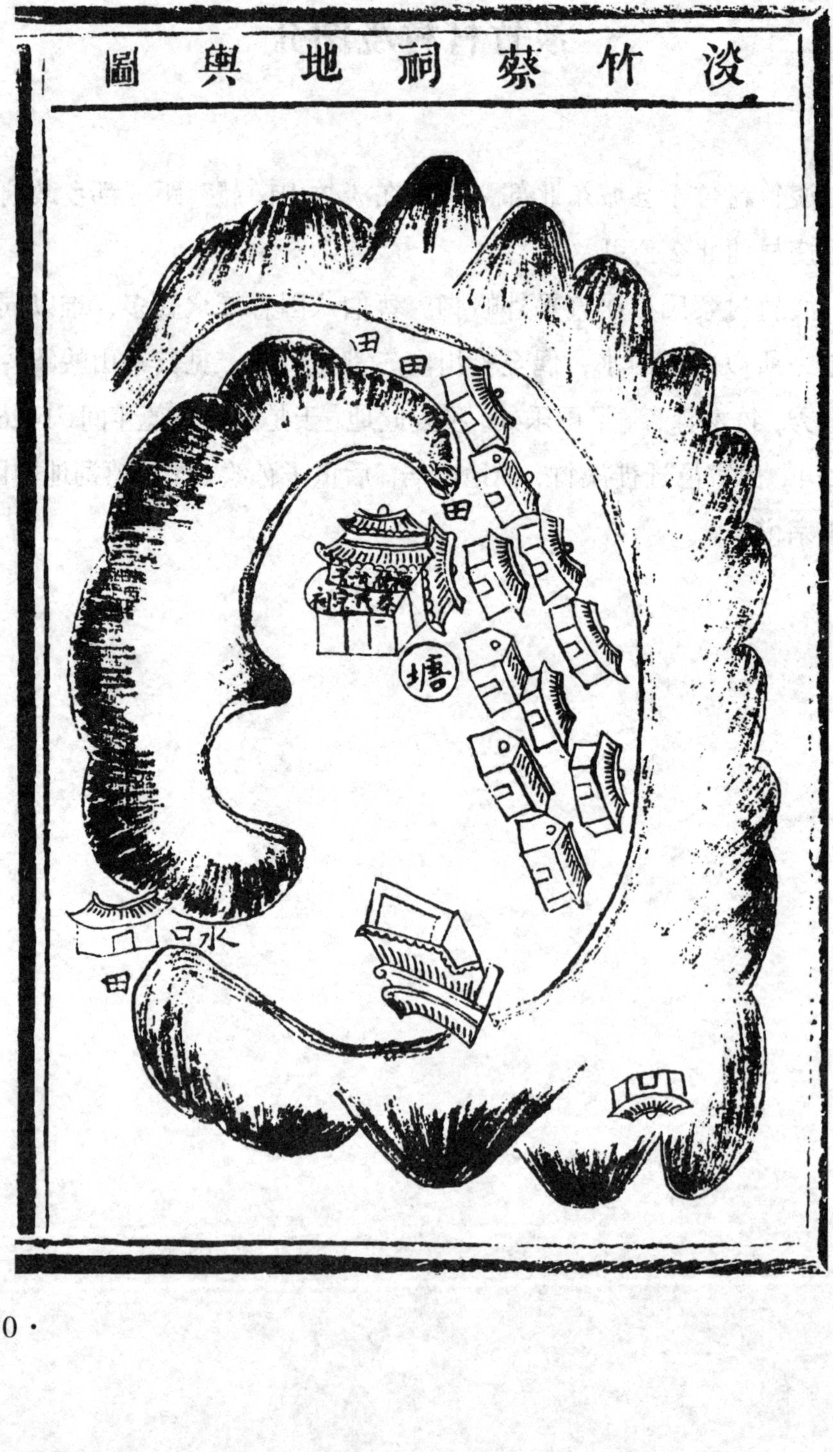

丛　录

淡竹蔡氏宗谱·淡竹胜景

一

我祖迁徙在三都，淡竹胜就足堪夸。
茂林修竹重重翠，崇山四环叠叠环。
峻岭似梯步天衢，巍峨高耸接烟雾。
山水清秀犹可羡，提笔挥毫把诗补。

二

淡竹地舆如画图，巧笔妙手书不楚。
后立新凤戏花枝，前居青狮把球拖。
左边青龙拥卫护，右手白虎卧山坡。
四围绿水挂玉带，一轮红日满舍途。

淡竹蔡氏宗谱·淡竹四时之景

春风和缓佳气多，草木萌芽满地铺。
百花放艳蛱蝶舞，芝馥兰香满道途。

夏天炎热日正张，往来避暑淡竹庄。
三伏之中无酷暑，不用蒲扇有风凉。

秋景之时风渐多，桐叶渐黄满山坡。
远近一片黄金色，金菊助景更是夸。

冬风惨烈有惨伤，家家暖炉在兰房。
滕六飞下九天界，锦秀乾坤更是尝。

民国十九年岁次上章敦牂律中夷则维中澣　谷旦
十六裔孙养性静观题

十八

四都乡

SIDU XIANG

章田村

章田村村境图介

章田村（古之名称罗塘）坐落在高山小盆地，原属宣平县竹客乡，1956年从宣平县划入松阳县。今属松阳县四都乡，因实施下山脱贫工程，村民已迁至西屏街道西垒村。

章田曾氏乃南宗支派，尊曾子为一世祖。其先代由闽汀徙居浙江青田。四十八世孙曾浤道从青田迁居宣平柳城下街，其子孙分迁本邑曾溪、白马、罗塘等地。罗塘与章田近邻。五十五世孙曾惟旺（1492—？），性好山水，爱章田境地清幽，峰峦明秀，地势旷阳，宜居宜家，遂偕妻男从罗塘迁居本邑章田。曾惟旺为章田曾氏一世祖。后世子孙绘《章田村境图》载于宗谱。

章田曾氏宗谱·章田村境图

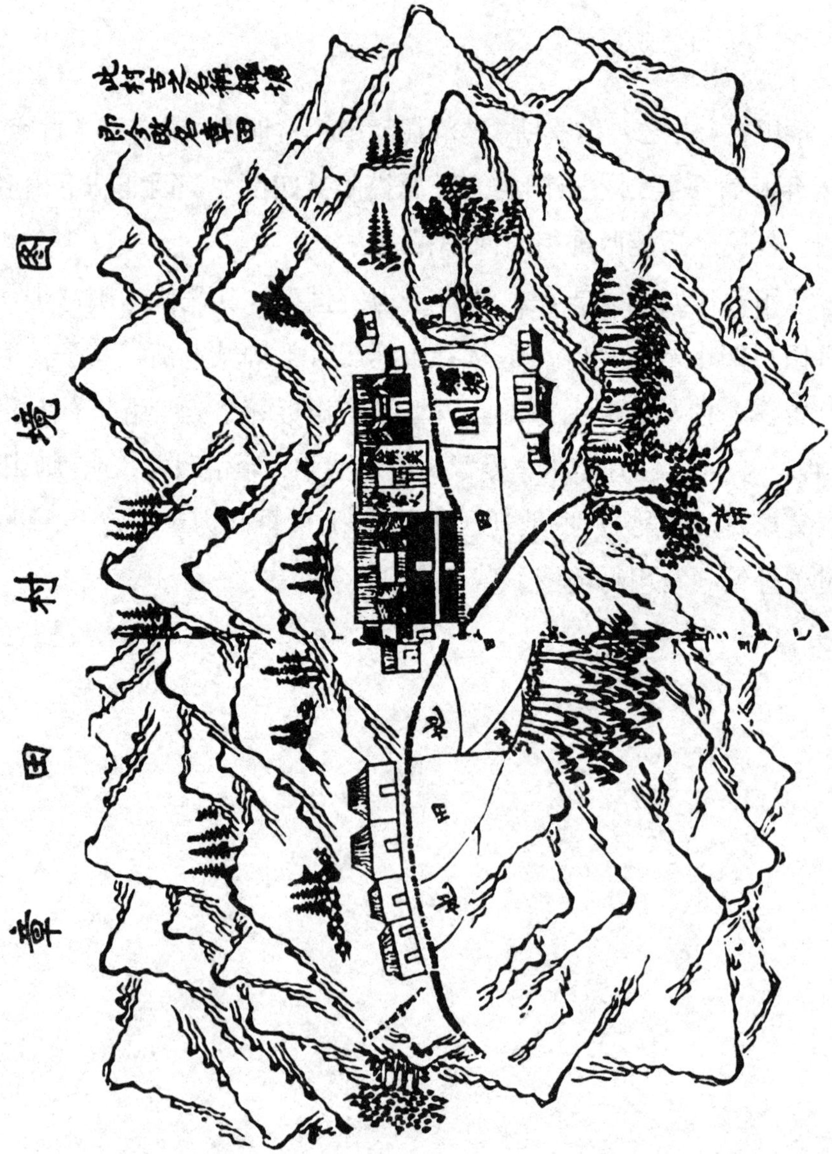

十九

板桥乡

BANQIAO XIANG

板桥村

板桥村下仓自然村村境图介

板桥村下仓自然村，旧称苍山，距板桥村东 0.5 公里，坐落在宣平港支流板桥源源头，村庄布列在溪流北岸。板桥村为板桥畲族乡政府驻地，位于县政府驻地东 17 公里。

下仓叶氏祖居松邑卯山，传至叶梦得（1077—1148）五世孙叶峦，其自卯山游玩本邑二十五都苍山，见斯地山环水绕，茂林修竹，地舆奇观，可为子孙发祥之地，遂筑室安家于此。后世子孙绘《板桥下仓（苍山）村景图》载于宗谱。

下仓叶氏宗谱·板桥下仓（苍山）村景图

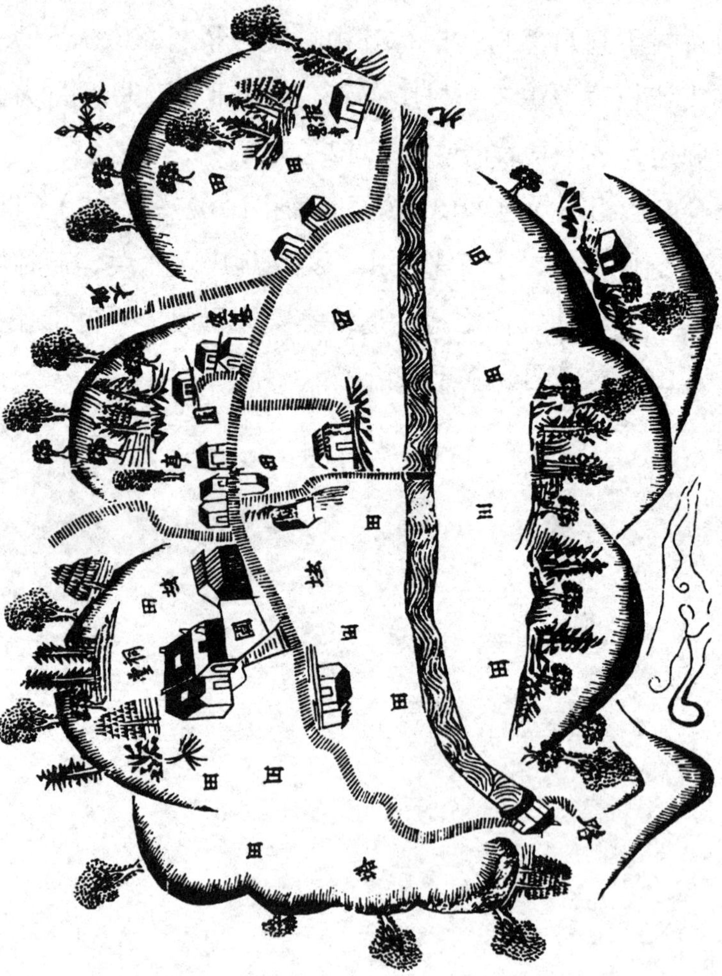

附 外县

WAI XIAN

1. 宣平上黄村

宣平上黄村村境图介

上黄村位于武义县柳城畲族镇西南，西与遂昌接壤，南与松阳县四都乡为邻。村庄坐落在崇山峻岭中，民居错落，被称为江南布达拉宫，入选第四批中国传统村落名录。

上黄王氏，系出温州府乐清县御史大夫王十朋第六世孙王德用，其字宇新，因宋末避乱至栝苍丽水三港口为家。德用公生四子，其中三子王科六，字宏远，于大元年间（1271—1368）客游宣平上黄之地（即今柳城畲族镇上黄村），见其四山盘环，异峰翠秀，遂自丽水卜居于斯。其后裔播及松阳，仍与上黄族人合修宗谱，绘《上黄村宅地舆全图》载于谱中。

宣平上黄王氏宗谱·上黄村宅地舆全图

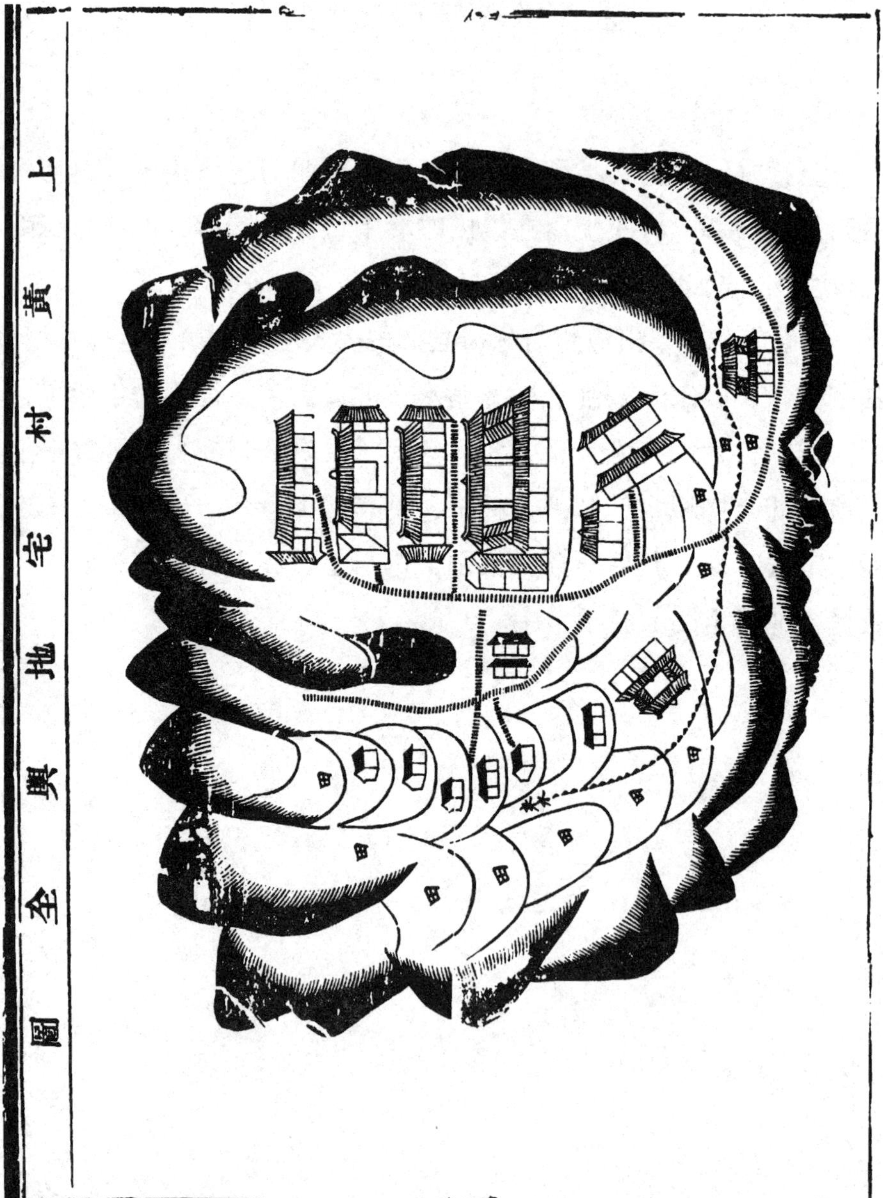

从 录

宣平上黄王氏宗谱·上黄地舆志

宣邑之西去城三十里为一都上黄，汉宋以来，版属丽水，自明景泰，籍辖宣平，地界松宣。踞崇山峻岭之险，路远滙涧成茂林修竹之趣。脉迢迢而耸秀适成蓬岛，境翳翳而盘旋别一洞天。碧峰映照，飞霞与落日交辉；岚光四射，秋月并峦影齐明。吠啼霜涧偕鹿鸣而俱呦，鸡唱云间对鸟语以争清。诚幽人所寄托，达士所凭。

而王氏者世居于是，无尘境之氛扰，无俗务之樱情，无车声马迹之往来，无毂击肩摩之劳形。勤理南亩，自获仓箱之庆。早完国课，足屏追呼之声。忍耐三思，不畏翻云覆雨。修身睦族，奚管花落水流。朝见牧童之追逐，俨若仙洞初出。夜闻织女之机，不殊漏滴久传。四时笙歌，取诸树间之虫鸟。一室珍颐，挹彼园内之藜蔬。既无求而自足，亦守俭而可久。倘既庶而既富，则可含哺而鼓腹。抑既富而复教，更可作孝以作忠。

最尔上黄，李之盘谷，欧之黄岗，何以异焉。相传为披马颅列之像、将军大坐之形。

古峄虚素子志

宣平上黄王氏宗谱·上黄村景诗

百尺危岩带夕阳，白云深处是村乡。
萦回活水茶烟细，盘曲龙山尽景长。
四野花开时富贵，一簾月照夜清凉。
昔人披马凌霄去，遗落雄图待后良。

虚素子题

2. 宣平东社村

宣平东社村村境图介

东社村(今名东西村)属武义县柳城镇,南与松阳县四都乡为邻,坐落在高山谷地之间,竹客溪穿村而过,为第四批中国传统村落。

东社曾氏派分松阳四都章田。1956年以前,东社村、章田村同属宣平县竹客(竹川)乡。章田曾氏一世祖曾惟旺九世孙曾世海(1708—1790)与弟世发(1711—1782),见竹川东社山高如屏,谷地旷阳,阴阳相济,有八景之美,泉甘土肥,物产丰饶,民风淳厚,可以乐处,相偕从章田迁居东社。广置田园山场,营造民居宗祠,聚族兴村,成为远近闻名的传统村落。后世子孙仍与章田族人合修宗谱,绘《东社八景地舆图》载于谱中。

章田曾氏宗谱·东社八景地舆图

丛　录

章田曾氏宗谱·宣阳（宣平）东社
曾氏山居八景诗

清拔贡　俞锦云

双潭印月

天上一轮月，北溪双境潭。
近傍添个匣，蟾影化为三。

曲涧流泉

何处无山水，每嫌太平直。
惟兹石上泉，曲曲嗟难得。

佛阁晨钟

参佛不能言，闻钟却竦息。
天天平旦时，觉我悟空色。

石牛望月

石牛夜不眠，夜夜望明月。
若与吴易地，无端喘不歇。

白象饮溪

偃鼠饮于河，满腹而已矣。
将军腹似瓠，吸尽溪中水。

西山积雪

西山高万丈，雪积浮云端。
顶上开三径，登临夏亦寒。

虎谷啸风

龙盘虎踞中，深谷每生风。
一啸振林木，万山群兽空。

鸟山红云

凤翥朝阳候，鸦翻夕照中。
山色相辉映，迟迟花坞红。

3. 云和汤侯门村

云和汤侯门村村境图介

汤侯门村（又称龙门）原属龙泉县，民国三十一年（1942）划归云和县。因紧水滩电站建设需要，原龙门村于1986年被淹没在紧水滩水库库底。

汤侯门汤氏，先祖汤玑由汴梁仕青田主簿，致仕后遂居青田，是为栝苍汤氏始迁祖。二世祖汤永高于北宋初自青田迁居龙泉西乡石笏（今龙泉市八都镇安田村）。八世祖汤高，于北宋（960—1127）末期，由石笏迁居龙泉县东南界首汤侯门。至清代（1644—1911），汤高之后裔汤启芳迁居松邑二十一都香菇寮，汤学圣迁居松邑北门，汤家护迁居松邑内二十都潘坑上马山。迁居松阳的族人仍与祖地族人合修宗谱，绘《汤侯门村景全图》载于谱中。

汤侯门汤氏宗谱·汤侯门村景全图

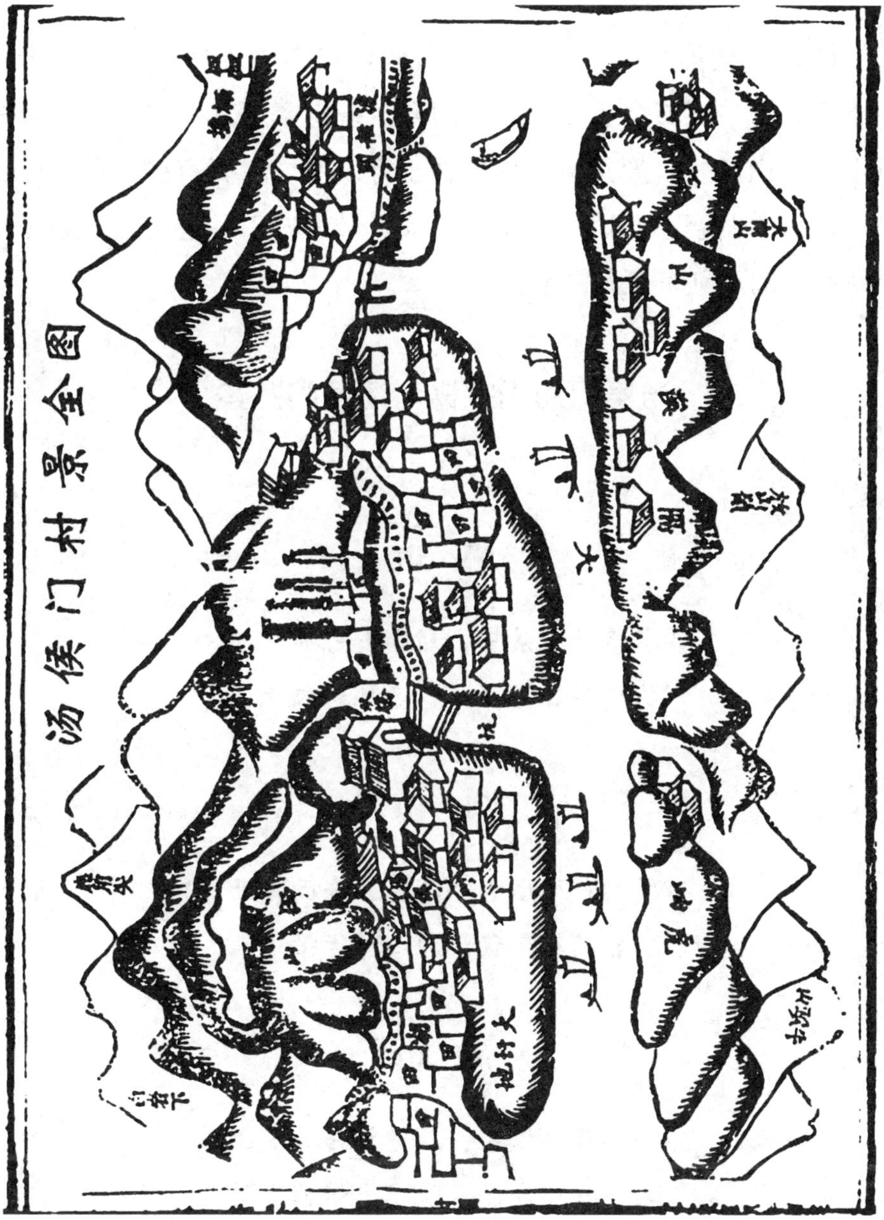

丛 录

汤侯门汤氏宗谱·汤侯门村景记

村在龙泉县东一百二十里，东至云和县三十里，北至松阳县八十里，自治区域名为龙泉县龙门乡。砻空寨扼其水口，纱帽岩据其上游，山脉发自鹿角尖，住屋朝于方山岭。村旁有狮、凤、虎、龟四山，并两寨、双桥、柳岸、河沟八景为村中胜迹，骚人墨客常留题咏，洵为剑东著名古里云。

汤侯门汤氏宗谱·汤侯门八景

狮 山

箬水狮居八景中，斯山灵秀亦相同。
试从隔岸登高望，状态翻疑画未工。

凤 山

峦冈幻作凤凰台，尾翼齐全面目开。
谁道非梧栖不稳，此山自古早飞来。

虎 山

终年蹲伏色斓斑，胜地相传号虎山。
鹿岫牛峰谈色变，隔溪坐镇作重关。

龟 山

山形奇幻似元龟，疑是仙人网漏遗。
不爱水晶宫殿好，长留古岭伴灵蓍。

两 寨

古寨传呼一对鸡，雌雄峙立若齐眉。
当年防守成陈迹，人自伤心草自萎。

双 桥

山泉直泻路疑穷，横架双桥古刹东。
两岸人家相对住，桑麻鸡犬乐融融。

柳 岸

依依杨柳护村西，不羡苏堤与白堤。
飞絮浑疑春日雪，客来唤渡晓光迷。

河 沟

相传宋代有汤侯，村尾沿河浚一沟。
恐到砻空成紧水，故教弯曲少勾留。

箬溪则先陈尧初稿

4. 遂昌华溪村

遂昌华溪村村境图介

华溪村位于遂昌县金竹镇，地处乌溪江上游。20世70年代，衢州乌溪江建造水库，华溪包氏部分后裔移民至松阳叶川头等村庄。

华溪包氏祖籍金华，派分松阳。松阳包氏始祖包仁，字茂德，宋绍熙四年（1193）癸丑科进士，仕宋大理寺右评事。晚年致仕，自金华兰溪迁居松阳蟾湖。其四世孙包毅，字重任，号行洪，周游四方，遍览山川，至遂昌之西阅碱山奇秀，其间三台高耸，华峰挺峙，溪水曲折，青松叠翠，遂名“华溪”而宅居于斯。移民松阳的后裔子孙仍与华溪族人合修宗谱，将《华溪村境图》载于谱中。

华溪包氏宗谱·华溪村境图

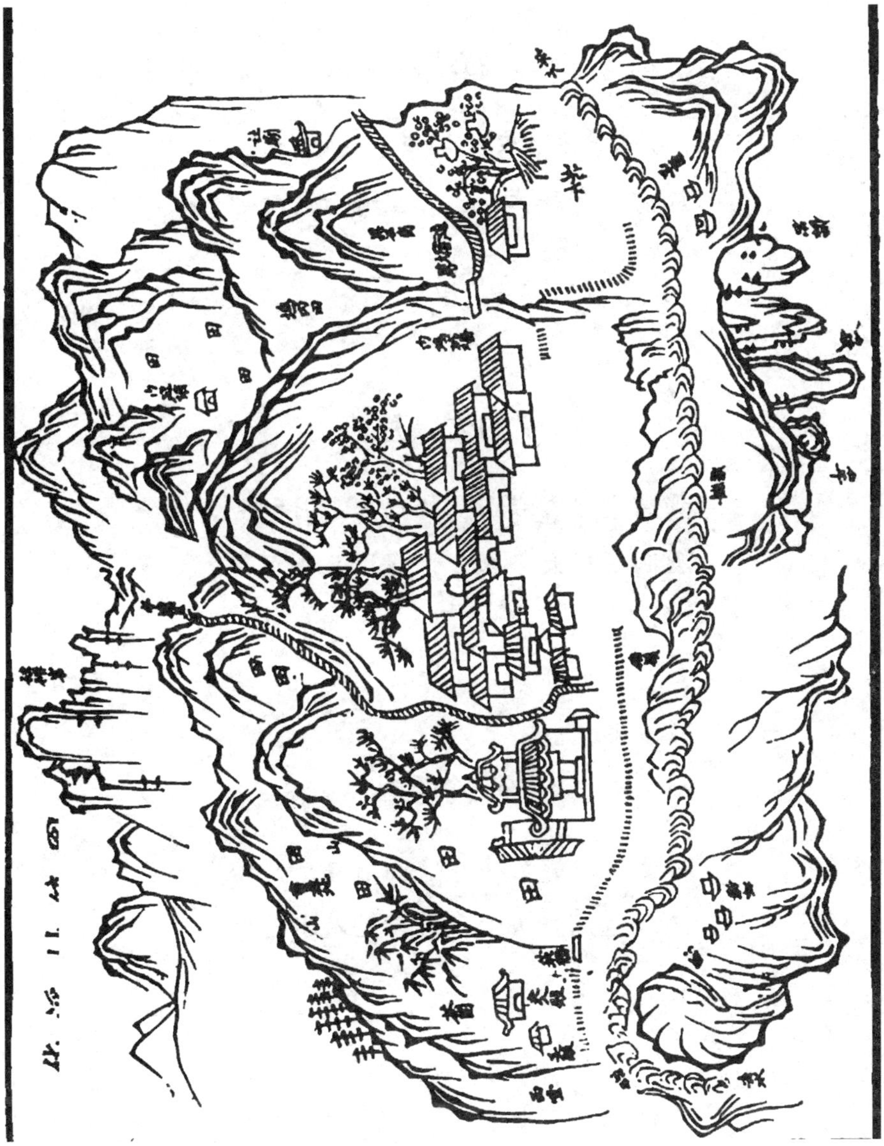

丛　录

华溪包氏宗谱·华溪八景

石凌霄

石巍峨接碧穹，烟岚出没击天风。
庭前喜有丹梯在，万里青云此处通。

世勲

仙岩捧月

露滴空庭雪满山，仙姑岩上月初还。
秋高夜夜天香入，许我墙头手可攀。

叶菁

碓岭朝烟

一曲清流绕碧峰，峰高烟锁断崖松。
晓风送落岩头雨，野碓无人水自舂。

登庸

茶园晚籁

茶园改作竹园深，六月清飙掠地阴。
闲抱瑶琴歌一曲，竿头习习和鸾音。

朱慕渊

白坛归樵

日落西崖万壑阴，两三樵客出云林。
高歌未了柴门到，新月当窗酒自斟。

蕃润

隔潭垂钓

叠石为桥雨一蓑，落花流水兴如何。
客来未审人何处，忆是桃源洞里多。

玉槐

卤堂映雪

山回水远锁烟霞，竹韵松阴处士家。
昨夜庭前高咏罢，今朝梅影透窗纱。

玉树

东野耕云

布谷声中雨正酣，侵晨蓑笠偏东南。
莫辞服力经季苦，稼穑由来味最甘。

一泉

5. 遂昌洋坞村

遂昌洋坞村村境图介

洋坞，今属遂昌县湖山乡建洋村，位于遂昌县城西南部、乌溪江上游。20 世 70 年代，乌溪江建造水库，洋坞包氏有部分后裔移民松阳。

洋坞包氏派分松阳后周包氏。后周包氏十世孙包嘉龙（1661—1731），乳名银龙，经商至遂昌湖山地界，见其地四面环山，溪流盘绕，地面旷阳，泉甘土肥，物产丰富，足可乐处。遂于清康熙（1662—1722）年间，偕妻男由松阳十一都后周迁居遂昌西乡洋坞，广置田园，营造广厦，卜筑兴村。其后世子孙仍与后周包氏合修宗谱，绘《洋坞村图》载于谱中。

后周包氏宗谱·洋坞村图

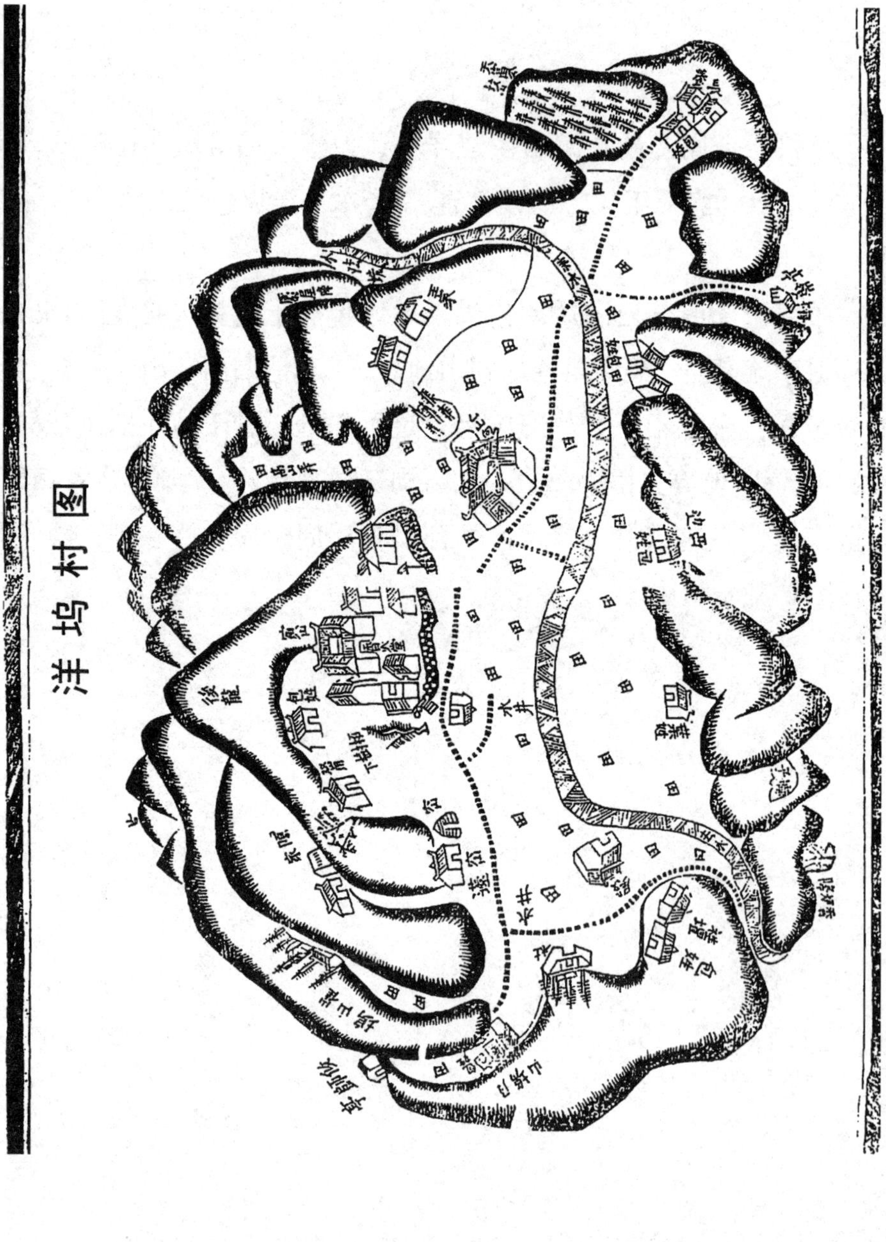

6. 遂昌湖山前店坪

遂昌湖山前店坪居址图介

遂昌县湖山是一个集镇型聚落，民国时，曾设立湖山镇，1950年后，为湖山区、湖山乡（公社）领导机关驻地，分设五个行政村。湖山吴氏聚居地，湖山前店坪沿革为湖山下街。

湖山位于遂昌县城西南46公里，坐落在乌溪江上游。1978年，乌溪江水库建成，湖山为淹没区，湖山五个行政村的村民迁移到松阳，分别安置到松阳县赤寿岗寺、新兴、望松等乡镇（街道）。

湖山吴氏与麻洋吴氏同宗，祖居福建，元末八四郎公自宁化徙居长汀宣河里吴家坊，被尊为一世祖。

清乾隆三年（1738），吴宙嘉自福建商游来浙，游山川，观流泉，见遂昌湖山之地山水秀美，遂卜筑于湖山前店坪，开基创业。湖山吴氏始迁祖吴宙嘉，字世顺，与麻洋吴氏始迁祖吴万嘉系堂兄弟，同为八四郎之后裔。分迁不分宗，合修宗谱，共敬祖宗。移民至松阳的后裔子孙仍与湖山族人合修宗谱，将《湖山前店坪居址全图》载于谱中。

湖山吴氏宗谱·湖山前店坪居址全图

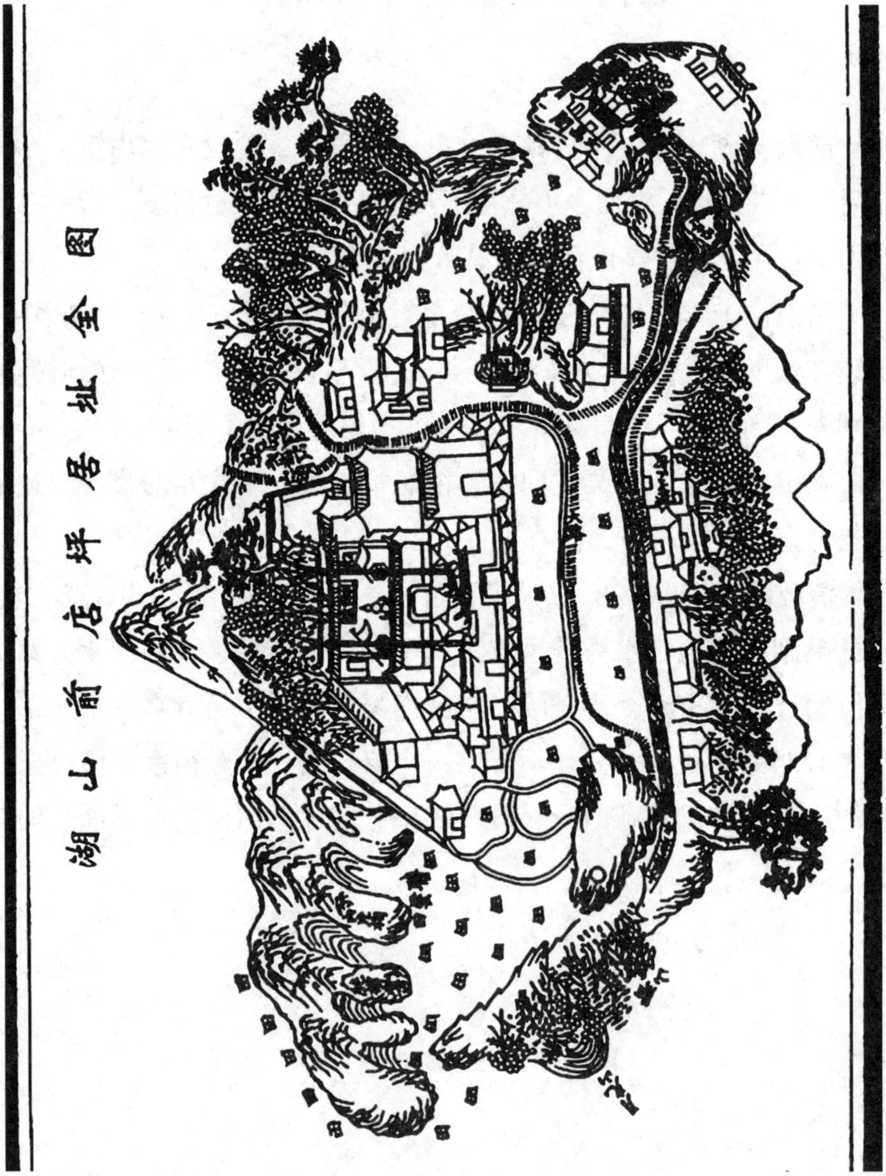

7. 遂昌麻洋村

遂昌麻洋村村境图介

麻洋村是遂昌县妙高街道仙岩村的自然村。仙岩村位于妙高街道西南 15 公里，东与松阳县毗邻。

麻洋吴氏与湖山吴氏同宗，祖居福建，元末八四郎公自福建宁化徙居长汀宣河里吴家坊，被尊为一世祖。

麻洋吴氏始迁祖吴万嘉，字正万，系八四郎十五世孙，于清康熙四十年（1701），经商至遂邑，见遂邑廿二都麻洋之地山明水秀，土地肥厚，物产丰饶，足可乐处，遂偕弟自福建长汀宣河里吴家坊卜筑于此，开基创业。

麻洋始迁祖吴万嘉与湖山前店坪始迁祖吴宙嘉为堂兄弟，麻洋吴氏与湖山吴氏合修宗谱，共敬祖宗，后世子孙绘《麻洋村境图》载于宗谱。

湖山吴氏宗谱·麻洋村境图

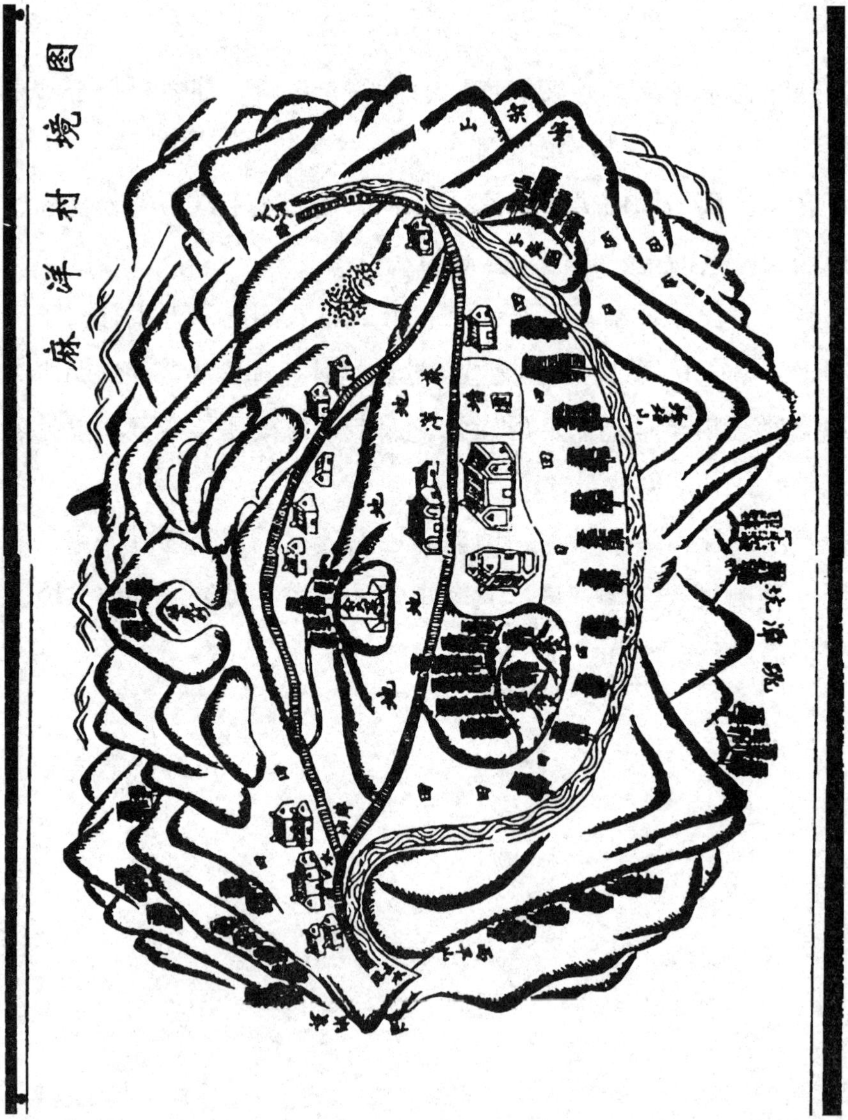

8. 遂昌周山头村

遂昌周山头村村境图介

周山头村是遂昌县妙高街道仙岩村的自然村，与松阳县新兴镇平卿村为邻。

周山头张氏系唐朝开元名相张九龄后裔，张九龄四世孙张伟（822—891）唐乾符间任遂昌主簿，卒于任，其子张轲（848—893）移居遂昌马步金坳。至十五世孙张万九（1238—1306）为避战乱从金坳迁居周山头村，发族聚居而成村落。

平卿张氏与周山头张氏同宗，合修宗谱。始迁祖张德安（1612—1684）从周山头张氏分迁。分迁不分宗，仍与周山头张氏绘《周山头屋后屋内屋下之总图》载入宗谱，以示不忘祖地。

平卿张氏宗谱·周山头屋后屋内屋下之总图

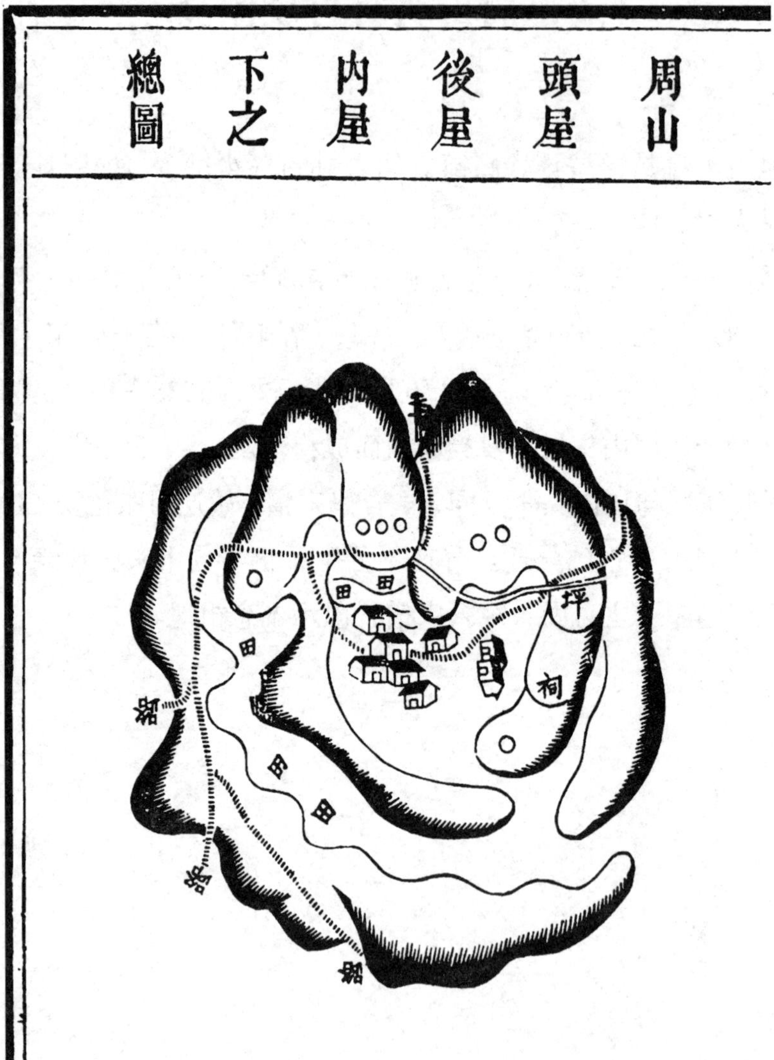

9. 遂昌阴坑村

遂昌阴坑村村境图介

遂昌县仙岩村阴坑（宗谱称阴坑头）自然村位于妙高街道西南，东与松阳县新兴镇为邻，入选第五批中国传统村落名录。

阴坑李氏派衍福汀，源分乾溪。先祖频公，唐宣宗时进士，为建州刺史，徙居汀州。至宋代，岩公自福建汀州徙居浙江睦州寿昌（今建德市寿昌镇）五十里，仍名其地曰长汀。至元代，京义公迁居遂邑乾溪。

阴坑李氏始迁祖李新六，系京义公五世孙，于明代中期，游玩山水，见阴坑之境，山水清秀，田土肥沃，遂择吉自乾溪迁居于此。新六公十八世孙李元玺徙居松邑十二都道惠口，后世子孙仍与阴坑族人合修宗谱，绘《遂邑阴坑头村境图》载于谱中。

阴坑李氏宗谱·遂邑阴坑头村境图

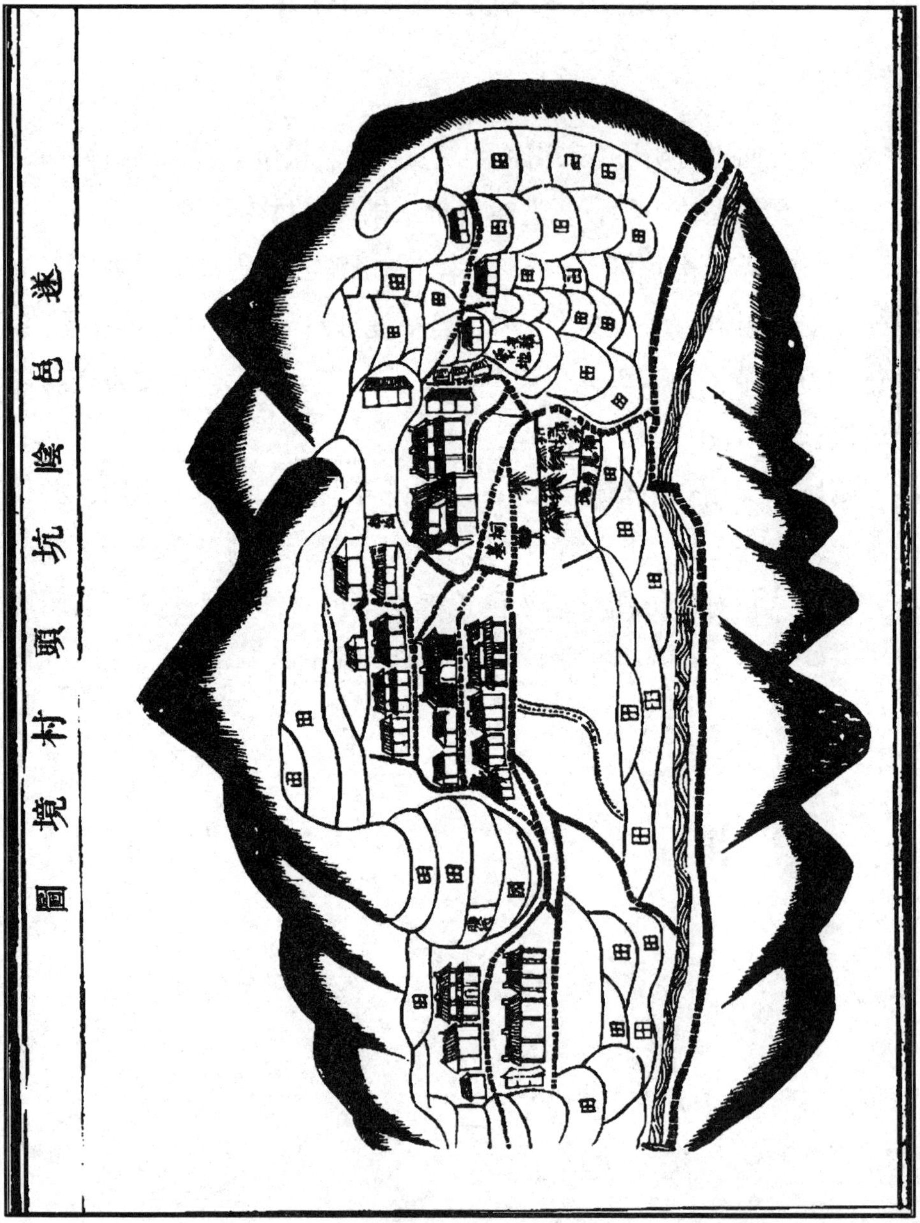

丛 录

阴坑李氏宗谱·遂邑阴坑头村境图引

阴坑其地旷阳，其气融结，有茂林修竹，翠柏苍松，水绕山环，如龙蟠虎踞之形，为贤士之人所乐择里而居者也。乃吾祖，讳新六公，游览地舆，见此山川秀丽，田园膴膴，卜云其吉，因筑室而居焉。所以世守勤俭耕读之风，恪遵孝悌力田之德，至今犹仁里猗欤休哉。

10. 遂昌源口村

遂昌源口村村境图介

源口村位于遂昌县妙高街道环城西路路口。

源口李氏与阴坑李氏同宗，派衍福汀，源分乾溪，支出阴坑。阴坑始迁祖新六公十八世孙李元玺自遂邑阴坑迁居松邑十二都道惠口。

道惠口李元玺长子李士福（1855—1897）、次子李士禄（1857—1913），因爱遂邑源口一带茂林修竹，田园广阔，遂自松邑道惠口返迁至遂邑源口卜筑而家，为源口李氏始迁祖。后世子孙仍与阴坑族人合修宗谱，绘《遂邑源口村境全图》载于谱中。

阴坑李氏宗谱·遂邑源口村境全图

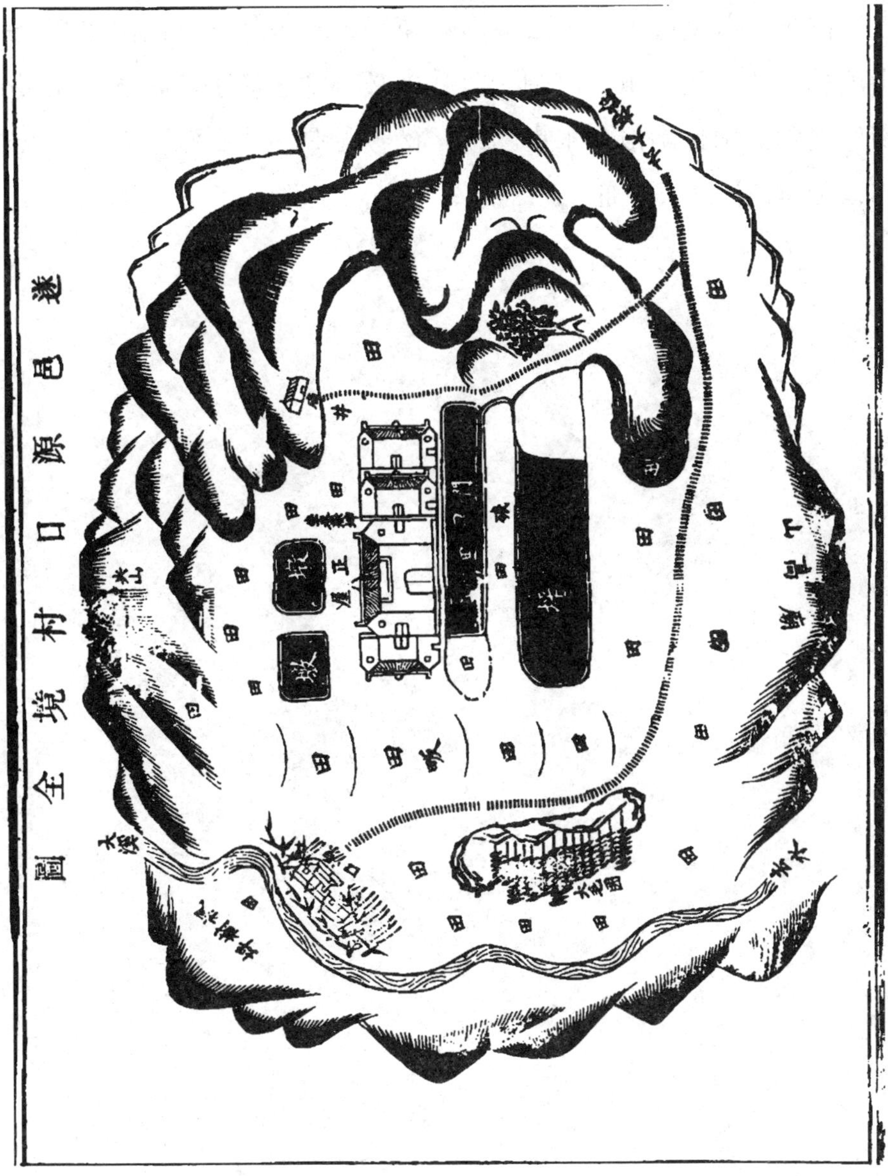

丛　录

阴坑李氏宗谱·地方引

村居源口溪边冈，坐后尖山对庙高，旷阳其气，山回水绕，一带茂林修竹，见其田园广阔，此其中必有隐逸者乎？果然有元玺公所乐居焉。山也幽哉，水也幽哉，松号无调曲，石漱不弦琴，既耕亦以种时还读我书。仙乡原不远，何必问桃源。

11. 遂昌横坑儿村

遂昌横坑儿村村境图介

根竹口村横坑儿自然村位于遂昌县西南，东与松阳县玉岩镇为邻。

横坑儿周氏派分安徽绩溪，支衍松阳玉岩程路。程路周氏始祖周伯成（1400—1486），传三世，分怀一、怀三、怀八三大宗支。传至十一世，怀一公支系下裔孙周继明（1678—？），游览遂邑横坑儿之地，爱其山水秀美，遂自松邑程路卜居于斯。后世子孙仍与程路族人合修宗谱，共敬祖宗，绘《遂邑横坑儿村境全图》载于谱中。

程路周氏宗谱·遂邑横坑儿村境全图

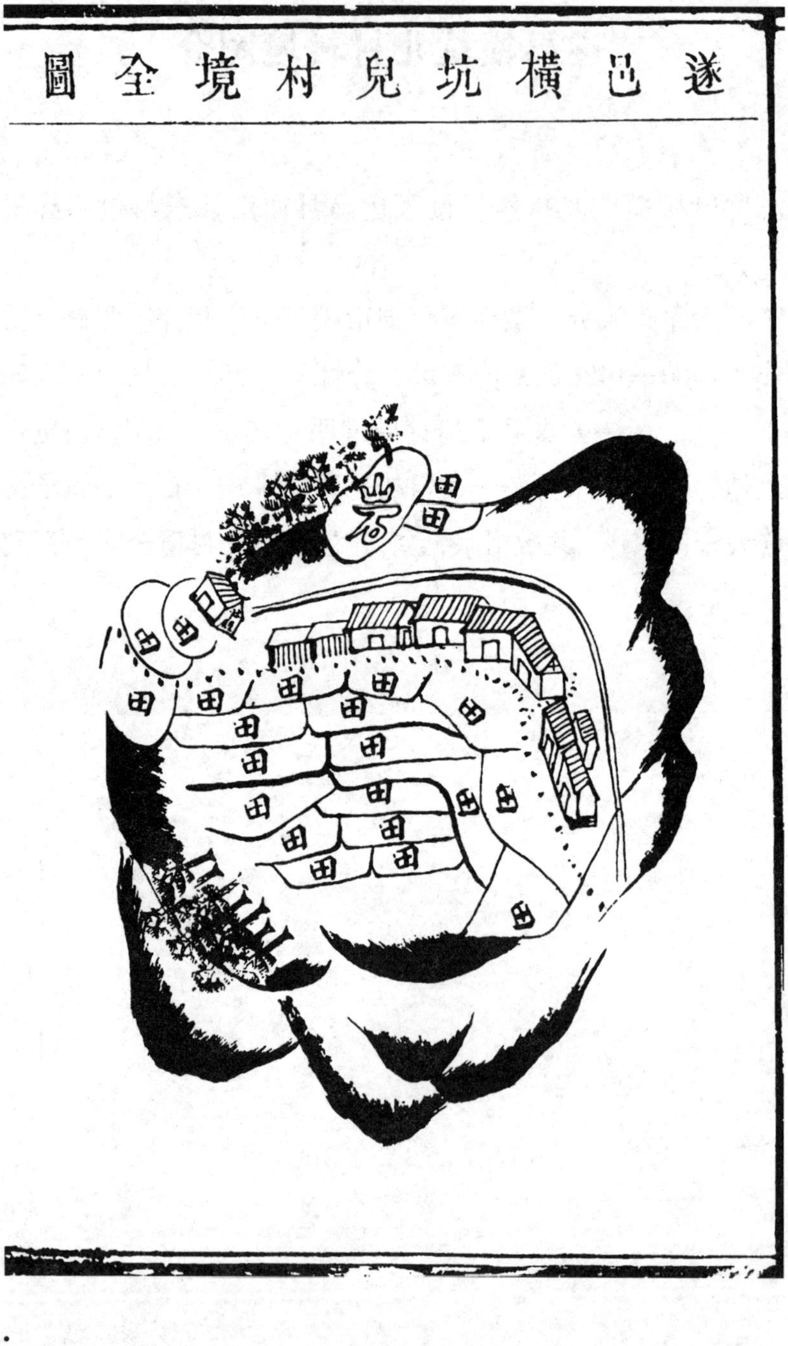

12. 遂昌洪武岱村

遂昌洪武岱村村境图介

洪武岱村，今名壬午岱，属遂昌县妙高街道仙岩村的一个自然村。仙岩村位于妙高街道西南15公里，东与松阳县新兴镇毗邻。

洪武岱周氏与横坑儿周氏同宗，均是派分安徽绩溪，支衍松阳程路。程路周氏始祖周伯成（1400—1486），传三世，分怀一、怀三、怀八三大宗支。传至十一世，怀三公支系下裔孙周法成（1690—？），游览遂邑洪武岱之地，爱其山水秀美、茂林修竹，遂自松邑程路卜居于斯。后世子孙仍与程路族人合修宗谱，绘《洪武岱村境全图》载于谱中。

程路周氏宗谱·洪武岱村境全图

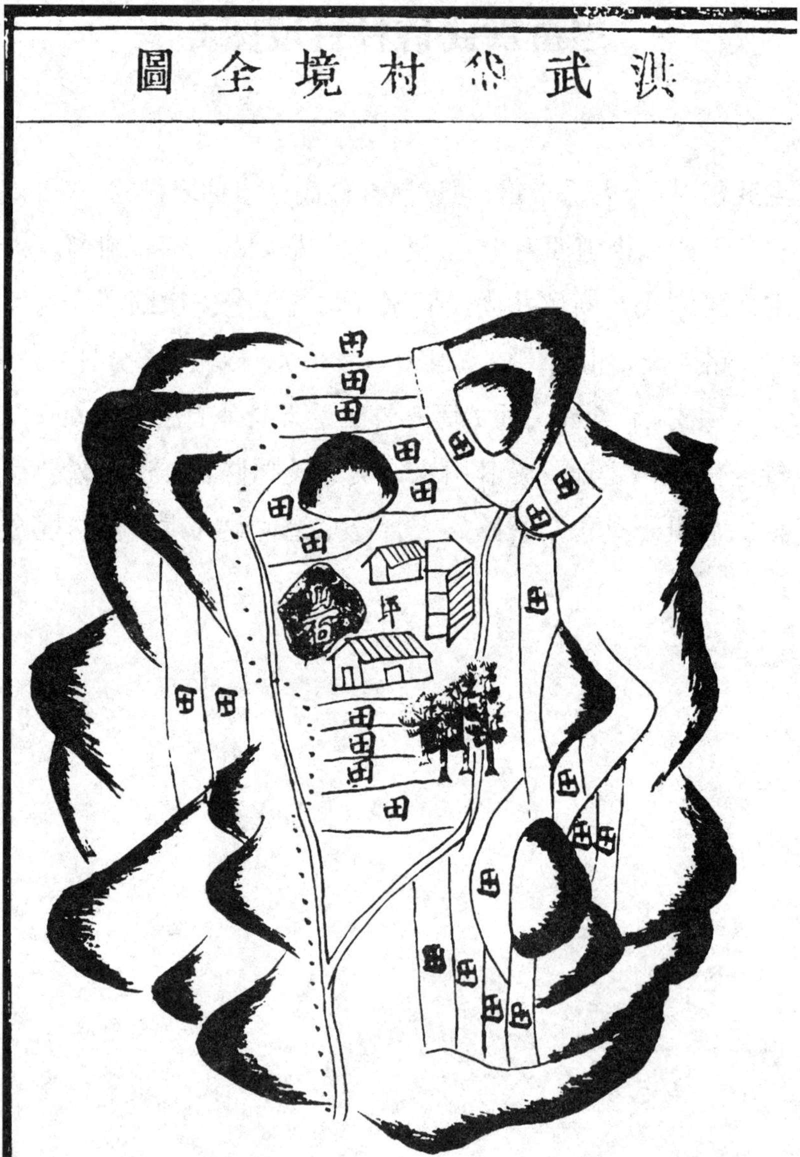

13. 遂昌孟岭村

遂昌孟岭村村境图介

孟岭村属遂昌县妙高街道上南门村的自然村，位于妙高街道的南部，东与松阳县新兴镇相邻。

宋淳熙年间（1174—1189），孟世醴卜居松邑内孟开基创业，子孙繁衍，散居各地。至明末（1368—1644），其十一世孙德明、德豪兄弟俩，沿松遂古道游览遂昌孟岭，见此地茂林修竹，溪涧清澈，景色宜人，可以乐居，遂自松邑内孟择吉卜筑于斯。后世子孙仍与内孟族人合修宗谱，绘《孟岭村景图》载于谱中。

内孟孟氏宗谱·孟岭村景图

丛 录

内盂盂氏宗谱·行香子·盂岭村记

卜筑高峰，亦近城墉，几家鸡犬白云中。周遭峦翠，隔断尘红，有一林梅，五株柳，七根松。

聚族相从，一脉情通，超然仙隐之芳踪。著书闭户，采药扶筇，似辟桃源，栖葛岭，住崆峒。

平濂家骕题

14. 遂昌千义坑村

遂昌千义坑村村境图介

千义坑村原隶属松阳县，1961 年划归遂昌县。位于遂昌县濂竹乡东部，距乡政府驻地治岭头村 16 公里，西与松阳县赤寿乡黄山头村为邻，入选第五批中国传统村落名录。

千义坑刘氏，先祖刘焕，宋任颍川令，徙居龙泉安宁。千义坑刘氏始迁祖刘忠四，于宋大观年间（1107—1110），宦游金华，道经松北，仰窥天象，俯察地理，见千义坑其地峻峰叠出，四山环绕，可以乐其隐。致仕而归，遂自龙泉安宁徙居松邑千义坑，开基创业。千义坑刘氏后裔分迁松阳十四都溪下、十五都小石居住。后世子孙不忘祖居地，与千义坑刘氏合修宗谱，绘《千义坑阳宅全图》载于谱中。

千义坑刘氏宗谱·千义坑阳宅全图

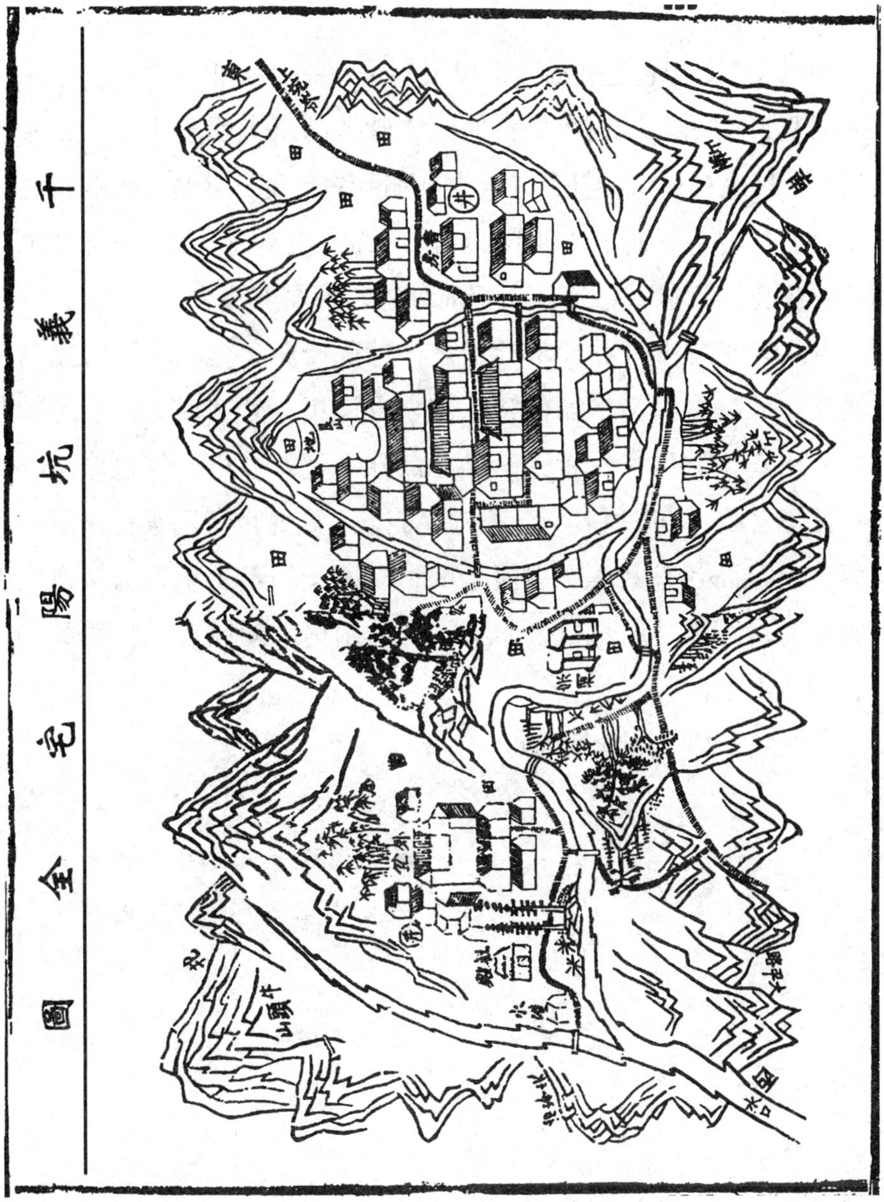

丛　录

千义坑刘氏宗谱·千义坑纪

坑以义名，纪良也。曷云千以义不可以一二名也？是名始于宋。

据其形而图之：北发牛头仙山之脉，南拱大明戴火之峰；水流县治，下接瓯栝；众山补其左，大岭弼其右。茂林修竹，民居稠密，其间处者迁者不一而足，均属彭城氏忠四公之苗裔。观其谱无浮词，擒藻无昌托，贵显重孝悌，力田尚勤俭，廉耻非卓乎。

古之以义制事者欤，闲尝论之，见危授命士之义也，财无苟得民之义也。处常以义，而仁智礼信之良该焉；处变以义，而忠孝节烈之人出焉。诚以义也者，一身之命脉，亿万姓之元气也。义以固其则菁华自绍，义以厚其元气则流衍自长。处此也者刚柔智愚不一。斯等士农工商各有其业，果能不询私以害义，不孑孑以为义，无为其所不为，无欲其所不欲，而义不可胜用矣。闻风者亦将慷慨慕义之心勃然生乎！

余纪之不独为斯地斯名也。

时大清道光三十年荷月之吉

邑庠生岳松叶方暄谨记

15. 龙泉朱山下村

龙泉朱山下村村境图介

朱山下村位于龙泉市道太乡，与松阳县相邻。

朱山下周氏始迁祖周春廉（1700—1774），见朱山下之地茂林修竹，可以安身，遂自景邑后溪卜居兹土，开基创业。尔后，富有日积，子孙昌盛。其后裔散居朱山下村、朱山下窟、草鱼墩、双隔、下杏头等自然村以及松邑之大横坑、小吉苦竹下等村。小吉苦竹下周氏不忘祖地，绘《朱山下老屋并坳下生丙村景合图》《朱山下窟坐亥向巳村景全图》等载于宗谱。

小吉苦竹下周氏宗谱·朱山下老屋并坳下坐丙村景合图

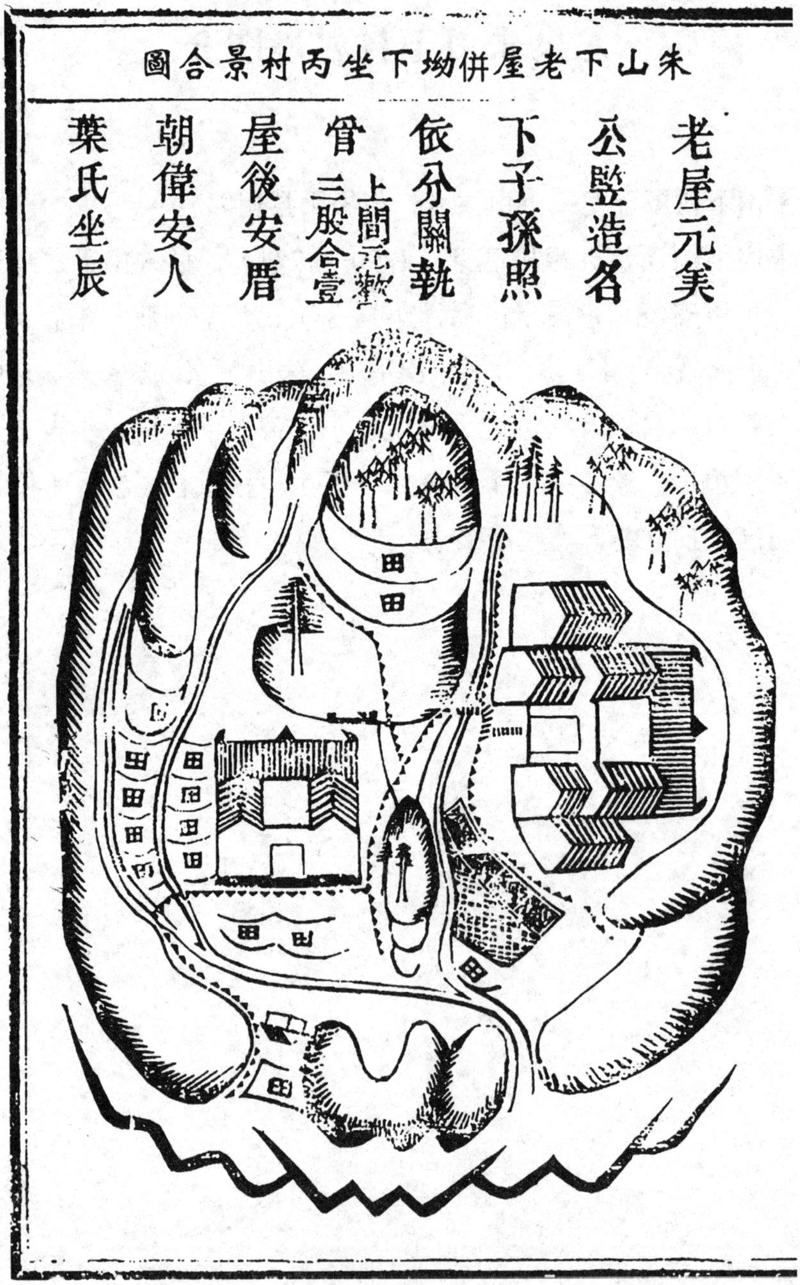

小吉苦竹下周氏宗谱·朱山下窟坐亥向巳村景全图

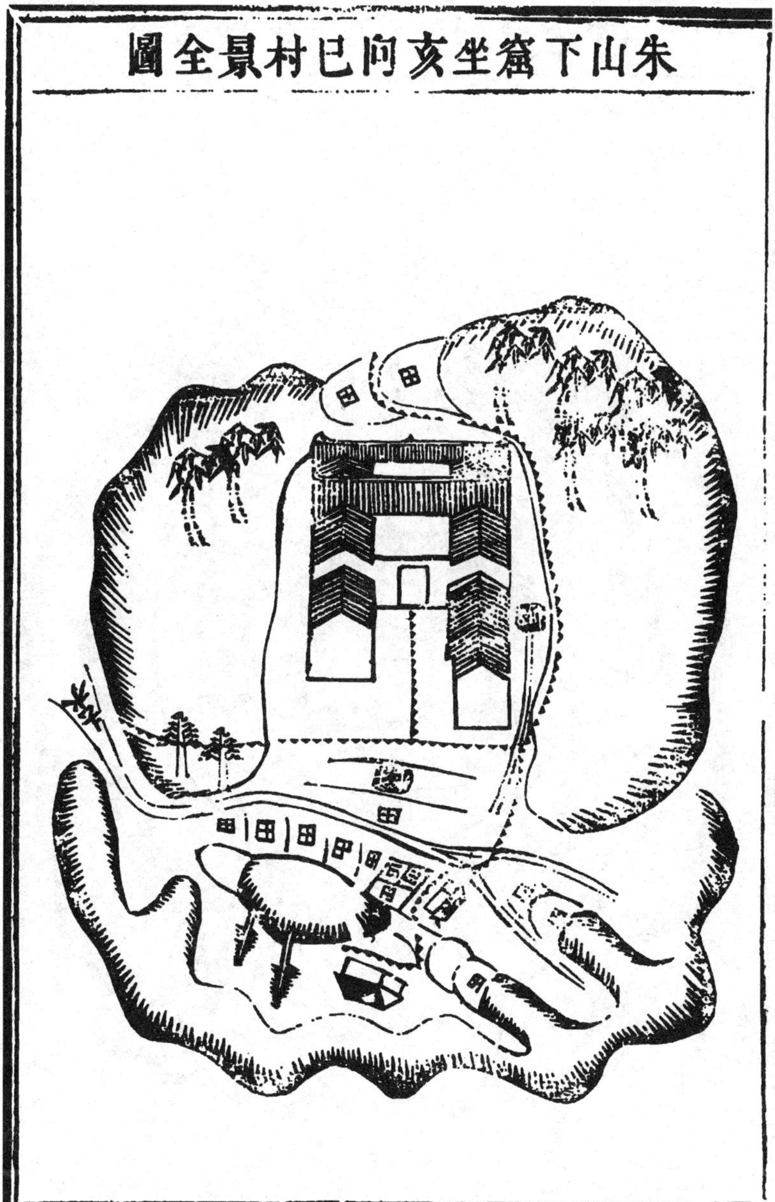

小吉苦竹下周氏宗谱·草鱼塅坐辛向乙村景全图

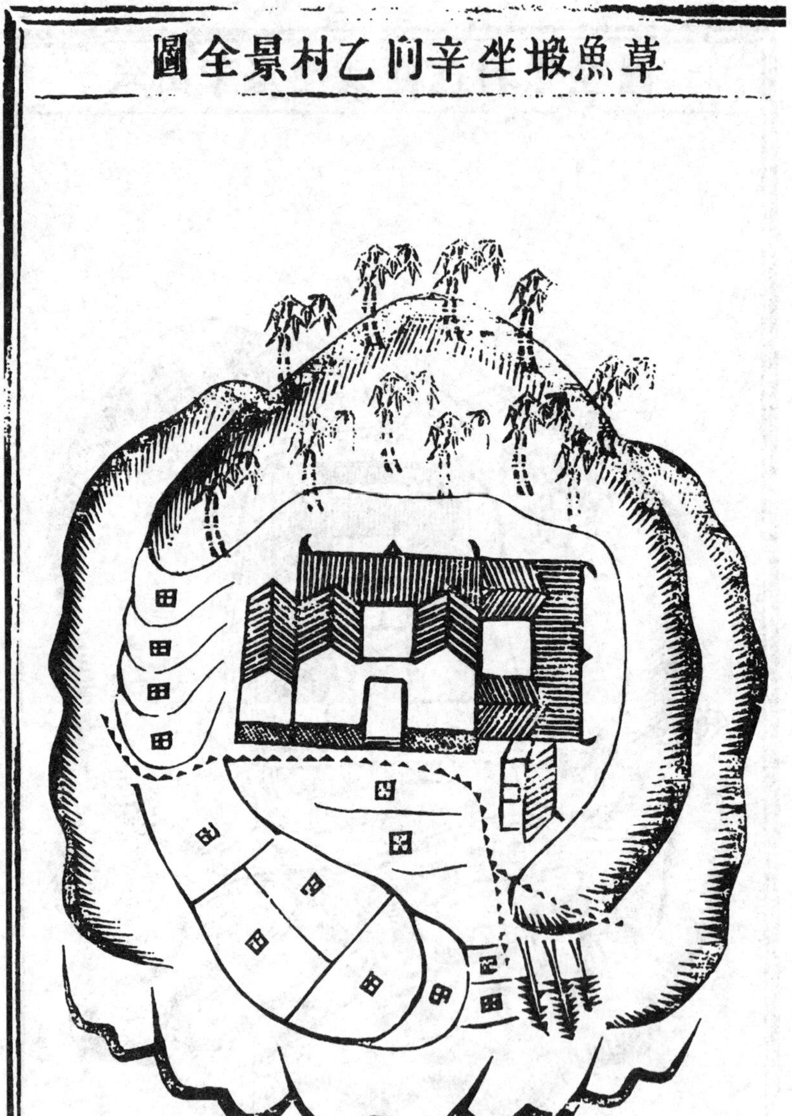

小吉苦竹下周氏宗谱·双隔坐壬向丙村景全图

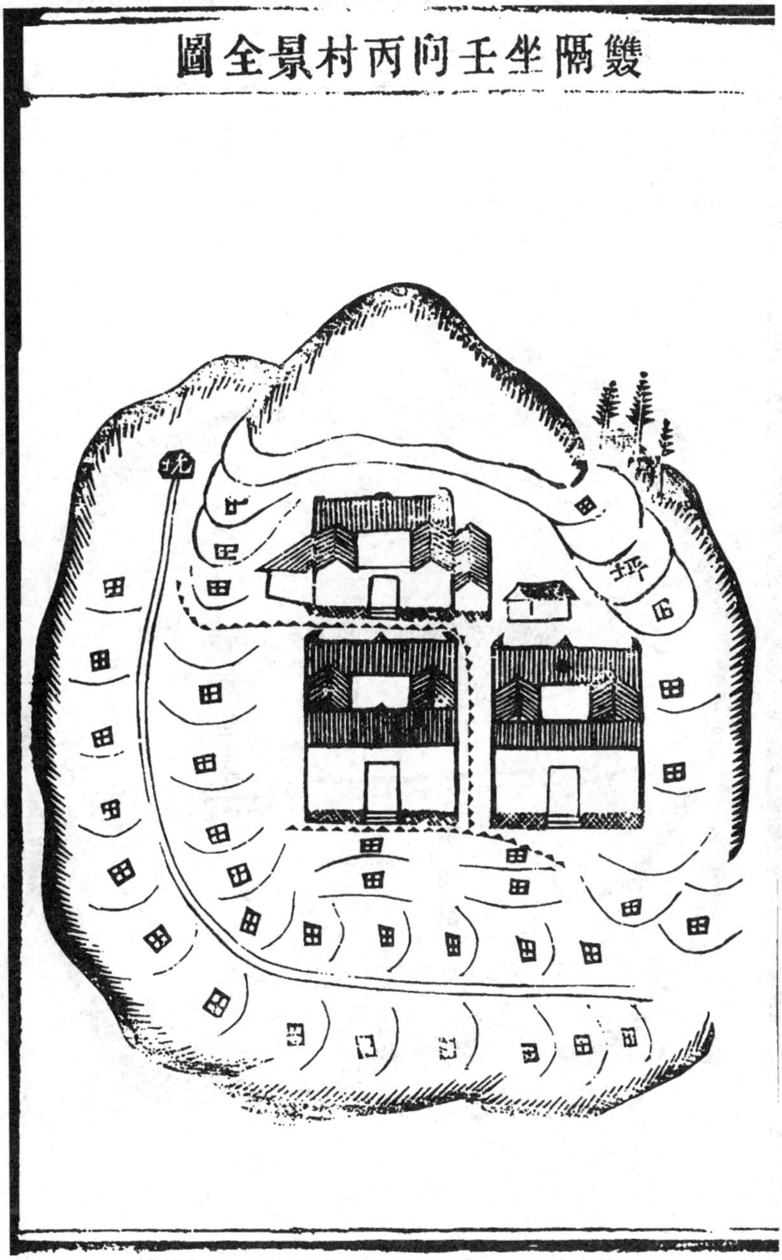

小吉苦竹下周氏宗谱·下杏头坐乙向辛村景全图

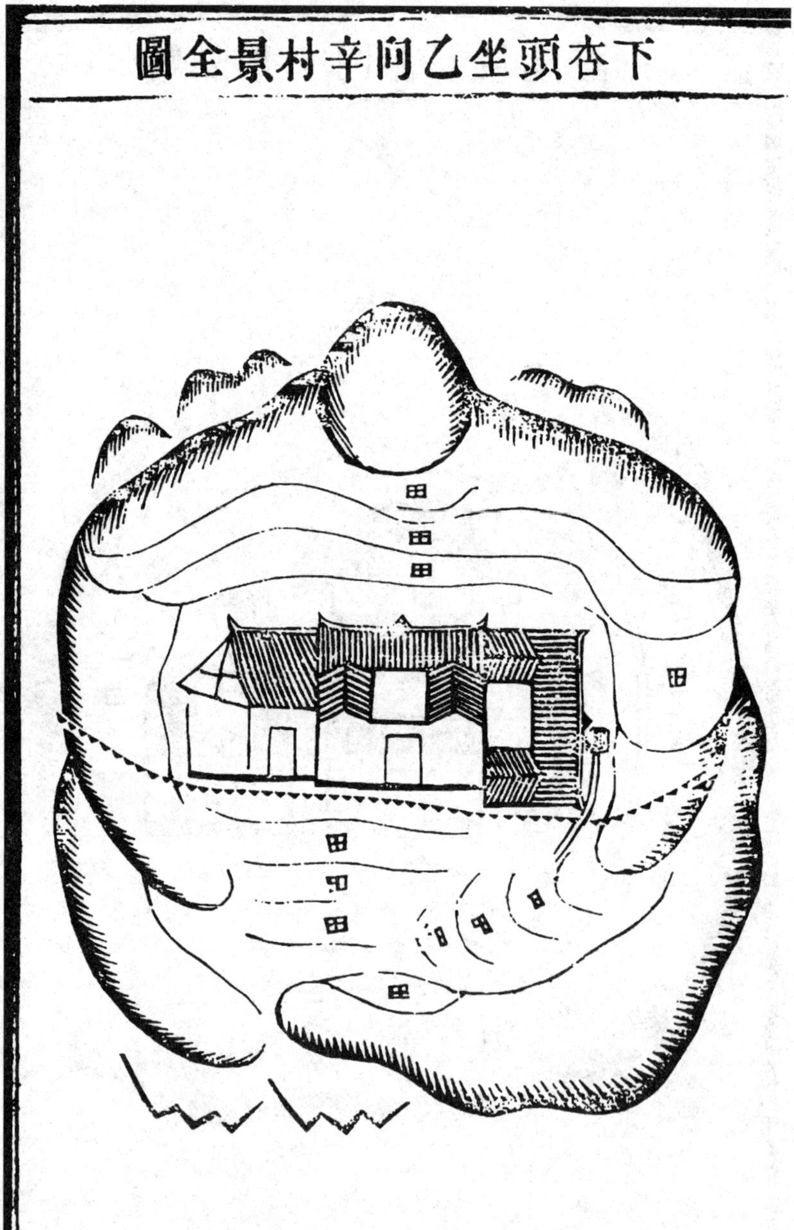

丛 录

小吉苦竹下周氏宗谱·朱山下

老屋井坳下村景诗 七律

朱山村景也堪夸，比户相连十几家。
绿水青峰如叆叇，苍松翠竹巳参差。
游龙落井门前绕，猛虎趋林屋后遮。
此地虽然非闹市，安身容足自喧哗。

时中华民国十九年岁次庚午巧月上浣谷旦
清庠生献廷刘世珊题

小吉苦竹下周氏宗谱·朱山下窟村景诗 七律

村叫朱山是姓周，人丁繁盛壮千秋。
形如谷篓财无限，地似龙蟠任自游。
一水盈盈来复往，两山拂拂去还留。
此中好比蓬莱境，练性修因可渡舟。

时中华民国十九年岁次庚午巧月上浣谷旦
清庠生献廷刘世珊题

小吉苦竹下周氏宗谱·草鱼塅村景诗 七律

人声喧闹一堂中，画栋雕梁气度雄。
左顾刀尖真突兀，右瞻大演助威风。
门对四格为前案，龙似长蛇屋后通。
游玩山明兼水秀，宅当此地定兴隆。

时中华民国十九年岁次庚午巧月上浣谷旦
松邑梓士斐然毛一鹏题

小吉苦竹下周氏宗谱·双隔村景诗 七律

村名双隔也堪扬，上下三堂比户良。
左接高山龙耸峙，右回鱼塅脉绵长。
门前绿野连千亩，屋后青松盖一方。
此地原来堪久往，栖身容膝自流觞。

时中华民国十九年岁次庚午巧月上浣谷旦
清庠生献廷刘世珊题

小吉苦竹下周氏宗谱·下杏头村景诗 七律

散步杏头村景赊，青山绿水已参差。
形如武帝真堪爱，足踏龟蛇亦可嘉。
左右两堂联室户，高低百亩结桑麻。
牧童短笛还归去，不觉匆匆日影斜。

时中华民国十九年岁次庚午巧月上浣谷旦
清庠生献廷刘世珊题

16. 龙泉锦安村

龙泉锦安村村境图介

锦安村位于龙泉市道太乡，与松阳县为邻，入选第二批中国传统村落名录。

锦安吴氏世居遂昌十四都居洋（今桂洋）。时至明朝，吴良二游览至龙泉锦安，见其地山环水抱，有茂林修竹，沃壤清泉，有物产丰饶，可安宅乐处。于是良二公偕妻男由遂昌居洋迁居龙泉锦安，筑室于兹，勤耕田园，丁口日盛，聚族成村。其后裔分迁至松阳枫坪乡外南坑村。松阳外南坑与龙泉锦安为近邻，两地相距 4.7 公里。外南坑吴氏不忘祖地，绘《锦安村境全图》载于宗谱。

外南坑吴氏宗谱·锦安村境全图

丛 录

外南坑吴氏宗谱·锦安村景诗 七律

四壁围山绿竹青，村心岗上起高厅。
庄分左右烟千丈，峰辨高低荫万丁。
始祖宗庙长庇佑，华光殿宇永显灵。
牛眠地脉人才杰，发甲添丁子孙玲。

17. 福建大南村

福建大南村村境图介

福建省三明市建宁县里心镇大南村（何氏宗谱称“大南坊”）位于福建省西部，与江西省为邻。

大南何氏始祖何文高，于唐代迁居福建邵武府建宁县葛藤窠。其十三世何万梧、十四世何宝山叔侄俩见本邑西乡大南，山环水抱，林茂竹苞，地势旷阳，泉甘土肥，物产丰饶，可以乐处，遂从葛藤窠迁居本邑西乡大南堡大南坊。何宝山十二世孙何其蓁（1668—1718），字茂远，于清康熙年间（1662—1722）由福建大南坊迁居浙江省宣平县十一都马村。马村何氏后裔分迁至松阳东乡龙湾、大坑、桐榔等村庄。从马村迁至松阳的何氏仍与马村何氏合修宗谱，共敬祖宗，离土不离乡，不忘祖居地。在修编马村何氏宗谱时仍将祖居地《大南坊图》收录其中，让后世子孙阅览，以示代代对祖先的敬仰之情。

宣平马村何氏宗谱·大南坊图

18. 福建百叶村

福建百叶村村境图介

百叶村系松阳半古月林氏祖居地。半古月村（林氏宗谱称半月庄），坐落在松古盆地西北部、半坑源与大岭脚源交汇处，位于赤寿乡政府驻地赤四村北2公里。

半古月林氏祖籍福建，一世祖林常春于宋淳祐间（1241—1252），卜居福建安溪县新康里大帽山，因其地柏木秀茂，故名百叶村。子孙繁衍就近分居十余个村庄，并把这些村庄绘成总图，以示亲近。十二世林俊奇迁居浙江瑞安南堧，属百叶方厝派。林俊奇五世孙林起鹏，于清乾隆间（1736—1795），从瑞安南堧迁居松阳县十都半古月村。半古月林氏为不忘祖居地，把福建《百叶村图》收录林氏宗谱，让后世子孙敬仰祖居地。

半古月林氏宗谱·百叶村图

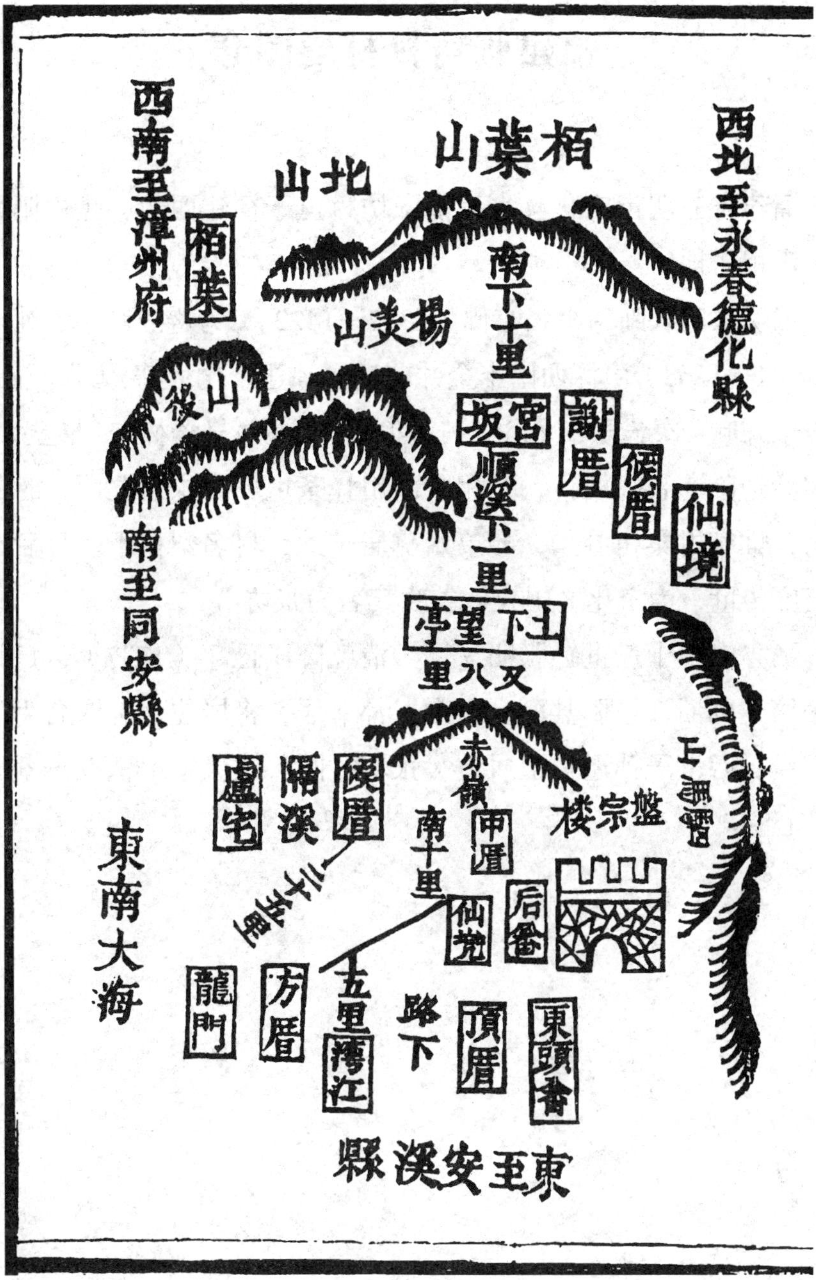

19. 福建张坊村

福建张坊村村境图介

福建省三明市宁化县水茜镇张坊村位于福建西部，是松阳梨树下张氏祖居地。

张坊张氏入闽始祖张心佛（1352—1422），为避战乱，于元至正间（1341—1368），由江西南丰金井前迁居福建宁化大湾，为入闽始祖。其长子开叶，次子开李（1381—1449，字春华，号翠林），早立大志，思大湾地隘非长久之计，乃相厥山川择茶垣下为永远之图，时其地无名，惟有古梨树胜景，兄弟始奠居于此，村名梨树下。日后，子姓繁庶传世，为宁化之望族，遂改其名为张坊。

张心佛第十三世孙张明汉，于清乾隆丁巳年（1737），自闽宁化张坊迁到浙江松阳县西乡内十三都卜居，将居住地也取名为“梨树下”。后世子孙还将祖居地《张坊村图》收录宗谱，以表孝思追远之心。

梨树下张氏族谱·张坊村图

20. 山东邹城峄山

山东邹城峄山图介

邹县，今为邹城，简称“邹”，古称邹鲁圣地，位于山东省西南部，是孟子的诞生地。峄山坐落在邹县南部，是一座历史文化名山，历史悠久，集儒释道文化于一体，古迹众多。秦始皇东巡首临峄山，刻石记功。

孟子之后裔孟世醴，号东瀛，自宋淳熙年间（1174—1189），由秘书郎改授松阳主簿，见松邑内孟其地山水秀丽，解组后，卜居于斯。传至第十七世孙孟修彩，于清乾隆四年（1739），赴邹县敬谒孟庙，并登峄山，绘《峄山图》，题望峄山诗。是年修谱，将图、诗载于谱中，以供后世尊仰。

内孟孟氏宗谱·峄山图

丛　录

内盂盂氏宗谱·望峄山诗

城上高楼接大荒（柳宗元），
忽看青嶂白云间（陆游）。
峄山传刻典型在（苏轼），
万丈丹梯尚可攀（杜甫）。

时乾隆四年岁在己未仲春，出京道经邹鲁登望峄楼，集唐宋人句

裔孙　修彩题

21. 山东富村

山东富村村境图介

孟子生于邹国的邹兴乡，今名凫村，亦称傅村、富村。古称孟儒里、邹儒里。富村位于邹城北 12.5 公里。

孟子之后裔孟世醴，号东瀛，自宋淳熙年间（1174—1189）由秘书郎改授松阳主簿，见松邑内孟其地山水秀丽，解组后，遂卜居于斯。传至第十七世孙孟修彩，于清乾隆四年（1739），赴邹县敬谒孟庙，并为富村绘图赋诗。是年修谱，将图、诗载于谱中，以供后世尊仰。

内孟孟氏宗谱·富村村景图

丛 录

内孟孟氏宗谱·富村诗

圣贤钟毓处，人想必瑰异。
驱车过邹疆，富村饶郁蔚。
孟子故里坊，辉耀宸翰赐。
忆未生大贤，不过乡曲地。
五百名世出，地以人传易。
又闻曾三迁，未于此习礼。
天命本性善，何况是上智。
即近市墓居，岂便不成器。
地非能囿人，人须自惕励。
披图拓见闻，期各高位置。
十室有忠信，斯言载挹味。

后　记

旧时，人们把城镇、村庄的地域绘制成地域图，称之为舆地图或地舆图，并配上图说、图引、舆地志、村居志、村境诗，编入志书和各姓氏宗谱、族谱中，为后人保留了完整的历史信息。

松阳古城、古镇、古村落保存了浓郁的传统文化气息，是祖先留下的丰厚的历史文化遗产。松阳县城西屏街道、松阳古县治古市镇，以及全县乡村都较完整地保存了传统建筑格局和建筑风貌，被誉为江南秘境。

为了进一步挖掘古城、古镇和古村落文化内涵，我们编纂《松阳舆地图志》（以下简称《图志》），揭示古人在选择城镇、村落基址时，把避风向阳、水源充足、物产丰饶作为首要条件的科学理念，彰显其深刻的文化内涵。先辈们创建的古城、古镇、古村落保存了许多不可移动的文物，具有重要的历史、科学、艺术价值。截至 2019 年，经国务院公布，松阳有全国重点文物保护单位 3 处。经浙江省人民政府公布，松阳有省级文物保护单位 9 处、省级历史文化名城 1 处、省级文化传承生态保护区 2 处。经松阳县人民政府公布，全县有县级历史文化保护区 6 处、县级文物保护单位 23 处、县级文物保护点 188 处、县级历史文化建筑 1042 处。经住房城乡建设部、原文化部、财政部等联合公布，松阳有中国传统村落 75 座。这些不可移动文物和传统村落分布在全县城镇和乡村，载入志书和各姓氏宗谱、族谱的舆地图是保护不可移动文物和古城、古镇、古村落的重要历史依据。我们要把先辈们创建的古城、古镇、古村落保护好，为乡村振兴提供传统文化的实物例证。

《图志》编纂，从2018年8月开始搜集资料，内容包括舆地图、图说、图引、舆地志、村居志、村境诗等。至2019年1月，将辑录的资料汇编成初稿，书名初定为《堪舆图志诗汇编》，后改为《图志》。2020年6月，完成《图志》的编纂工作。

舆地图关联的古地名与今地名不一致者，经调查考证加以注释。对每幅舆地图所进行的介绍，称为图介。图介由编者撰写，编排在舆地图前；辑录于志书和各姓宗谱、族谱的图说、图引、舆地志、村居志、村境诗等，经编者校注、标点附于舆地图后。

《图志》编纂得到了松阳县史志研究室洪关旺、刘关洲、刘永根、潘云飞、王发来等先生的帮助，松阳县博物馆罗俊、宋子军、郑升、宋春红等同志提供了资料和帮助，在此一并感谢。

囿于我们学识水平和掌握的资料等有限，本书一定会存在不足或错误，敬请读者批评指正，帮助我们把今后的编纂工作做得更好。

编 者

2020年8月